Julia Isla Espada

SABER HACER contigo

ESO 4

# Lengua y Literatura

SERIE **COMENTA**

El libro Lengua y Literatura 4, para el cuarto curso de ESO, es una obra colectiva concebida, diseñada y creada en el Departamento de Ediciones Educativas de Santillana Educación, S. L., dirigido por **Teresa Grence Ruiz**.

En su elaboración y edición ha participado el siguiente equipo:
**Carolina Blázquez González**
**Rosario Calderón Soto**
**Susana Gómez Sánchez**
**Mónica Mendoza Abad**
**Luis Navarro Torre**
**Paula Rojo Cabrera**
**Concha Romero Suárez**
**Beatriz Ruiz Rodríguez**
**Mónica Sánchez Pérez**

DIRECCIÓN DEL PROYECTO
**Leonor Romo Fernández**

Las actividades de este libro no deben ser realizadas en ningún caso en el propio libro. Las tablas, esquemas y otros recursos que se incluyen son modelos para que los alumnos y alumnas los trasladen a su cuaderno.

SANTILLANA

# Índice

## EDUCACIÓN LITERARIA

## Te encantará SABER HACER CONTIGO porque:

**1** Contiene una gran **variedad de textos** en distintos formatos y de diferentes épocas.

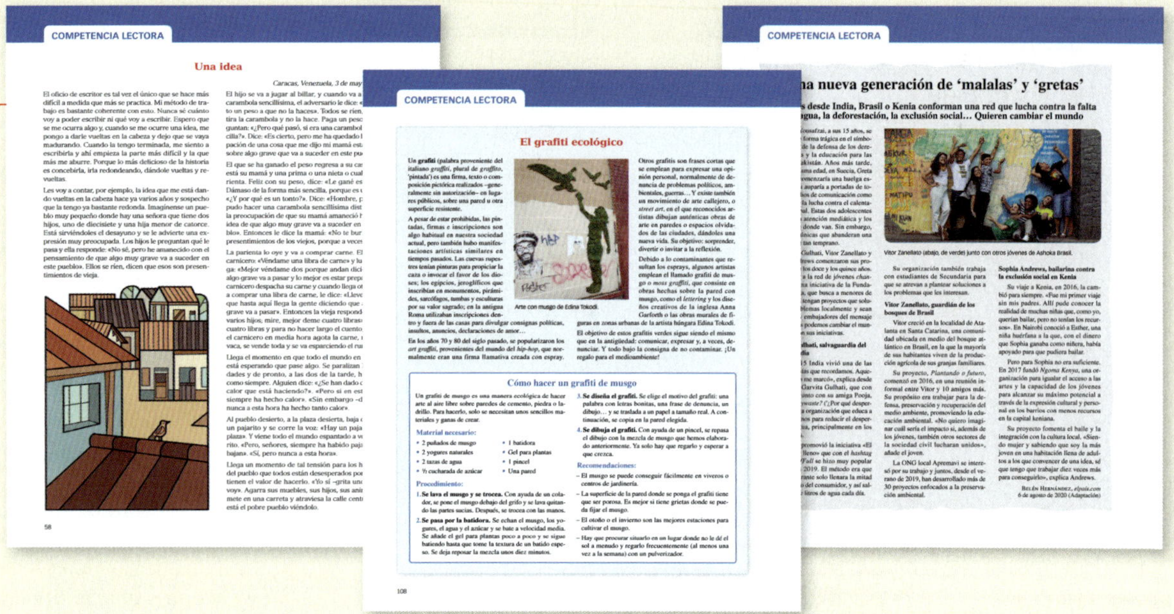


**2** Plantea una **aplicación competencial** de los contenidos comunicativos y literarios (sección Saber hacer).

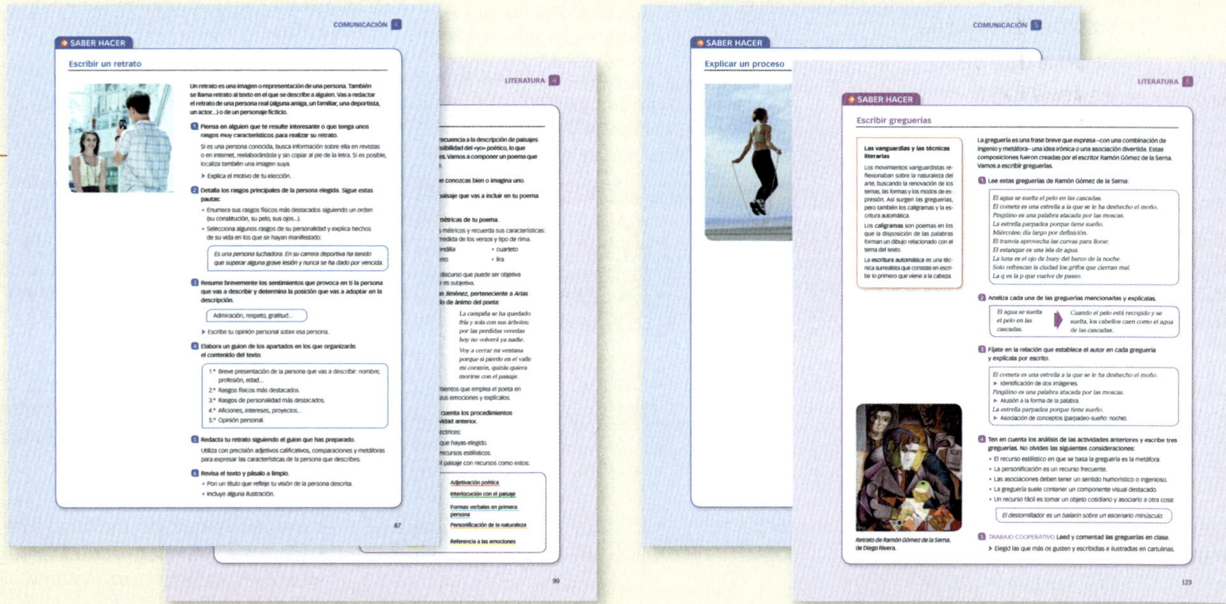


**3** Realiza **propuestas que van más allá del libro** de texto (utilización de audios, Internet…).

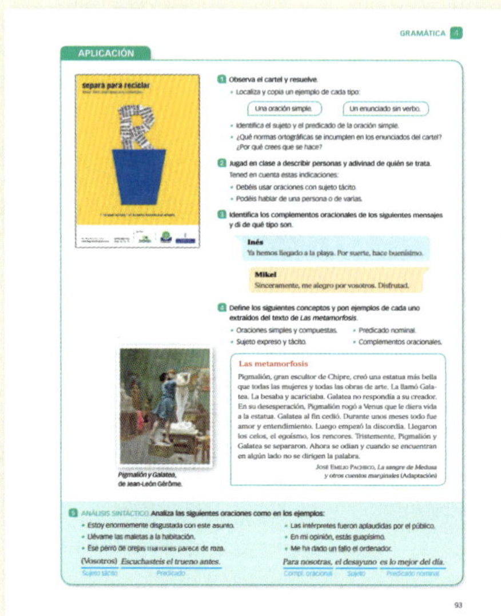


**4** Ofrece **más y mejores actividades** (individuales, en parejas, en grupo…) para aprender y aplicar lo aprendido a otros contextos.

5 Incorpora a la **historia de la literatura autoras y textos clave** escritos por mujeres.

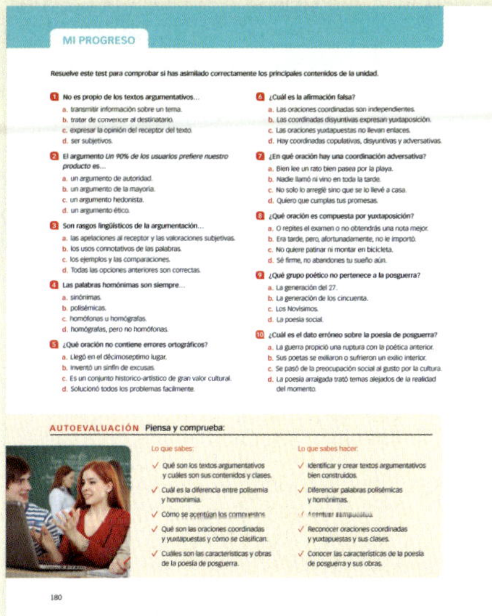


6 Plantea un cierre de unidad que permite realizar **más actividades**, **evaluar lo aprendido** en un texto y **comprobar el progreso** de cada alumno mediante un test.

7 Ofrece una **selección de textos para abordar en clase los ODS** (Objetivos de Desarrollo Sostenible) de la ONU e implicar al alumnado en su consecución.

***Lo imprescindible*** presenta una síntesis de los contenidos fundamentales del curso y actividades variadas para aplicarlos.

Este material te permitirá repasar eficazmente antes de cualquier prueba.

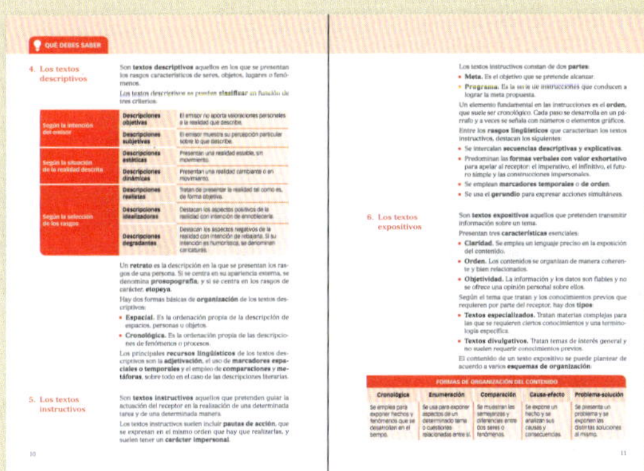

# UNIDAD 1

**Comunicación**
- El texto y sus propiedades

**Léxico**
- El léxico del castellano

**Ortografía**
- Las mayúsculas

**Gramática**
- Clases de palabras

**Literatura**
- La Ilustración

**Escucha y resuelve.**
- ¿De qué trata la grabación que has oído? Resume su contenido.
- ¿A quién crees que va destinado el reportaje?
- ¿Te parece que el tono es adecuado a los destinatarios?
- ¿Te parece un buen reportaje? ¿Por qué?
- ¿Crees que contiene algún error o que presenta alguna dificultad para comprenderlo bien?

**Si el *homo sapiens* es el 'hombre sabio', ¿qué será el *homo digitalis*? Trabajad por parejas.**
- Documentaos en Internet sobre el significado de este término recientemente acuñado.
- Buscad en la red imágenes de la evolución desde el *homo sapiens* al *homo digitalis* y explicad qué representa cada figura.
- Proponed una posible definición del *homo digitalis* y compartidla con el resto de la clase.

# Mi abuelo Jerónimo

El hombre más sabio que he conocido en toda mi vida no sabía leer ni escribir. A las cuatro de la madrugada se levantaba del catre y salía al campo, llevando hasta el pasto la media docena de cerdas de cuya fertilidad se alimentaban él y la mujer.

Vivían de esta escasez mis abuelos maternos, de la pequeña cría de cerdos que después del desmame eran vendidos a los vecinos de la aldea. Azinhaga era su nombre, en la provincia del Ribatejo. Se llamaban Jerónimo Melrinho y Josefa Caixinha esos abuelos, y eran analfabetos uno y otro. En el invierno, cuando el frío de la noche apretaba hasta el punto de que el agua de los cántaros se helaba dentro de la casa, recogían de las pocilgas a los lechones más débiles y se los llevaban a su cama. Debajo de las mantas ásperas, el calor de los humanos libraba a los animalillos de una muerte cierta. Aunque fuera gente de buen carácter, no era por primores de alma compasiva por lo que los dos viejos procedían así: lo que les preocupaba, sin sentimentalismos ni retóricas, era proteger su pan de cada día.

Ayudé muchas veces a este mi abuelo Jerónimo en sus andanzas de pastor, cavé muchas veces la tierra del huerto anejo a la casa y corté leña para la lumbre, muchas veces, dando vueltas y vueltas a la gran rueda de hierro que accionaba la bomba, hice subir agua del pozo comunitario y la transporté al hombro, muchas veces, a escondidas de los guardas de las cosechas, fui con mi abuela, también de madrugada, a recoger en los rastrojos la paja suelta que después habría de servir para lecho del ganado.

Y algunas veces, en noches calientes de verano, mi abuelo me decía: «José, hoy vamos a dormir los dos debajo de la higuera». Había otras dos higueras, pero aquella, ciertamente por ser la mayor, por ser la más antigua, por ser la de siempre, era, para todas las personas de la casa, la higuera. Más o menos por antonomasia, palabra erudita que solo muchos años después acabaría conociendo y sabiendo lo que significaba.

En medio de la paz nocturna, entre las ramas altas del árbol, una estrella se me aparecía, y después, lentamente, se escondía detrás de una hoja, y, mirando en otra dirección, tal como un río corriendo en silencio por el cielo cóncavo, surgía la claridad traslúcida de la Vía Láctea, el camino de Santiago, como todavía lo llamábamos en la aldea.

Mientras el sueño llegaba, la noche se poblaba con las historias y los sucesos que mi abuelo iba contando: leyendas, apariciones, asombros, episodios singulares, muertes antiguas, escaramuzas de palo y piedra, palabras de antepasados, un incansable rumor de memorias que me mantenía despierto, al mismo tiempo que suavemente me acunaba.

Nunca supe si él se callaba cuando descubría que me había dormido, o si seguía hablando para no dejar a medias la respuesta a la pregunta que invariablemente le hacía en las pausas más demoradas que él, calculadamente, introducía en el relato: «¿Y después?».

Tal vez repitiese las historias para sí mismo, quizá para no olvidarlas, quizá para enriquecerlas con peripecias nuevas. En aquella edad mía, no será necesario decir que yo imaginaba que mi abuelo Jerónimo era señor de toda la ciencia del mundo.

Cuando, con la primera luz de la mañana, el canto de los pájaros me despertaba, él ya se había ido al campo con sus animales, dejándome dormir.

Entonces me levantaba, doblaba la manta, y, descalzo, todavía con pajas enredadas en el pelo, pasaba de la parte cultivada del huerto a la otra, donde se encontraban las pocilgas, al lado de la casa.

Mi abuela, ya en pie desde antes que mi abuelo, me ponía delante un tazón de café con trozos de pan y me preguntaba si había dormido bien. Si le contaba algún mal sueño nacido de las historias del abuelo, ella siempre me tranquilizaba: «No hagas caso, en sueños no hay firmeza».

José Saramago
Discurso de aceptación del Premio Nobel de Literatura (Adaptación)

## Comentario de texto

### Comprensión

**1** Responde.

- ¿Quién es para José Saramago el hombre más sabio que jamás ha conocido? ¿Por qué?
- ¿Cómo protegían sus abuelos a los lechones más vulnerables? ¿Y por qué lo hacían?
- ¿En qué labores del campo ayudaba el autor a su abuelo?
- ¿Cómo transcurrían las noches de verano bajo la higuera antes de dormirse?

**2** Localiza en el texto el lugar en el que se desarrollan los hechos y describe el paisaje a partir de la información que se da.

- ▶ Di en qué país crees que se encuentra y señala qué datos del texto te proporcionan esa información.

**3** ¿Cómo era un día en la vida de Jerónimo Melrinho? Cuéntalo ordenando temporalmente sus actividades.

**4** ¿La familia de José Saramago era pobre? Argumenta tu respuesta a partir de la información del texto.

### Estructura

**5** Numera los párrafos y señala dónde aparecen los siguientes contenidos:

- Generalidades sobre la vida de los abuelos del autor.
- La narración de una noche de verano compartida por abuelo y nieto.
- Una descripción del entorno que rodea a los personajes.
- Una extensa enumeración.

**6** ¿Crees que el título, *Mi abuelo Jerónimo*, refleja adecuadamente el contenido del texto? Justifícalo.

- ▶ Inventa otro título relacionado con el discurso, pero que no contenga un nombre de persona.

### Estilo

**7** ¿Piensas que este texto cuenta hechos reales o crees que se trata de un texto de ficción? Razona tu respuesta.

**8** Un discurso debe tener las siguientes características:

- Claridad de exposición.
- Orden en la presentación de la información.
- Cohesión textual.

Identifica algunos de esos rasgos en el texto de José Saramago.

**9** ¿Qué expresión se repite en varias ocasiones a lo largo del tercer párrafo? ¿Qué pretende el autor con dicha repetición?

- ▶ Lee la primera oración del párrafo siguiente y explica cómo se vincula por contraste con el anterior.

**10** ¿Qué recurso emplea José Saramago para describir poéticamente la Vía Láctea en el quinto párrafo?

### Valoración

**11** Responde.

- ¿Qué propósito crees que tenía el autor al recordar a sus abuelos?
- ¿Por qué crees que los menciona en el discurso de aceptación del Premio Nobel de Literatura?

**12** Expón el concepto de sabiduría que transmite el texto a partir de la frase «El hombre más sabio que he conocido en toda mi vida no sabía leer ni escribir».

- ▶ ¿Dónde cree Saramago que se obtiene ese saber?

**13** Elabora un texto en el que compares el modo de vida que tenían los abuelos de José Saramago y el que observas en tu entorno social y familiar.

# El texto y sus propiedades

Los textos de los mensajes publicitarios se apoyan en las imágenes para cumplir las propiedades que hacen que resulten eficaces como actos de comunicación.

## 1 El texto, unidad de comunicación

La comunicación entre hablantes suele realizarse por medio de textos.

Un **texto** es un mensaje completo que se transmite oralmente o por escrito en un acto de comunicación.

La mayoría de los textos están formados por un conjunto de enunciados. Pero puede haber textos con una sola palabra como *¡Cuidado!*

## 2 Características de los textos

Dos son las características principales de un texto:

- Es un **mensaje completo**, es decir, transmite una información que no necesita de nada más para ser comprendida.
- Es un **mensaje cerrado**, es decir, tiene un comienzo y un final.

Esto no impide que un texto pueda formar parte de un conjunto mayor, como un capítulo de una novela, y que pueda ser ampliado.

## 3 Propiedades textuales

Para que un texto resulte eficaz como acto de comunicación debe cumplir unas exigencias de adecuación, coherencia, cohesión y corrección.

### Adecuación

Un texto es adecuado cuando resulta apropiado al acto de comunicación para el que se crea. La adecuación depende de los siguientes factores:

- El **destinatario** al que se dirige el texto. No hablamos igual a un familiar que a una persona con la que no tenemos ninguna relación.
- La **situación** en que se produce el texto. No nos expresamos del mismo modo en un entorno formal que en una situación informal.
- El **medio** elegido para transmitir el mensaje. Los mensajes escritos exigen formas de expresión distintas de las de los mensajes orales.

### Coherencia

Un texto es coherente cuando las ideas que contiene se expresan de tal manera que es posible comprender la información que trata de transmitir.

Para que un texto resulte coherente, sus ideas deben cumplir tres requisitos o principios:

- Principio de **relación temática**. Las ideas de un texto deben estar relacionadas con el tema principal o con uno de los aspectos de ese tema.
- Principio de **pertinencia**. Toda idea de un texto debe ser acorde con el contexto en el que se introduce y con la intención general del texto.
- Principio de **no contradicción**. Las ideas que transmite un texto deben ser compatibles entre sí.

## Cohesión

Un texto posee cohesión cuando entre sus enunciados existen las relaciones gramaticales y léxicas que hacen que estos tengan sentido. Así, por ejemplo, el siguiente enunciado no tiene sentido aislado:

*Uno de los puntos que se abordó fue la necesidad de mitigar ese cambio que, según se dijo, parece ya irreversible.*

Dicho enunciado cobra sentido, sin embargo, cuando se presenta en un contexto como un conjunto cohesionado de enunciados que trata el tema del cambio climático:

*El pasado mes se celebró en Madrid la cumbre internacional sobre el cambio climático. Uno de los puntos que se abordó fue la necesidad de mitigar ese cambio que, según se dijo, parece ya irreversible.*

## Corrección

Un texto es correcto cuando en él no se infringen las reglas ortográficas, gramaticales y léxicas de la lengua.

La corrección afecta, por tanto, a la escritura de las palabras, a la construcción de los enunciados (no decimos, por ejemplo, *Estamos ante una obra y una autora extraordinario*) y al empleo de las unidades léxicas (no usamos el término *empresa* para referirnos a un Ayuntamiento).

## ACTIVIDADES

**1** ¿Cuáles de estos mensajes crees que constituyen un texto? Justifica tu respuesta.

> El pueblo entero parecía dormir. El sol caía de plano sobre las blanquísimas casas y cegaba los ojos de los pocos que se empeñaban en salir a la calle a esa hora.

> Últimas noticias. Rescatadas con vida las cuatro personas perdidas en Sierra Nevada el pasado fin de semana.

> Pasen sin llamar.

**2** Localiza en anuncios publicitarios textos que tengan diferente extensión: de una sola palabra, de un enunciado, de varios párrafos…

**3** ¿Crees que la siguiente señal contiene un texto? Razona tu respuesta.

- Localiza otras señales que contengan textos.

**4** Imagina dos situaciones comunicativas distintas en las que cuentes la última película que has visto y escribe el texto adecuado en cada caso.

**5** Explica por qué no es coherente la siguiente noticia. ¿Qué principio incumple?

### Graves inundaciones en el área mediterránea

Las comarcas del este peninsular han sufrido el pasado fin de semana las peores inundaciones de los últimos veinticinco años. Varias localidades han tenido que ser desalojadas. La población en la zona había aumentado mucho con el repunte de la actividad industrial.

**6** Proponed en clase situaciones en las que los siguientes enunciados resulten comprensibles:

- Te lo confirmaré cuando lo sepa.
- La policía trabaja para localizar al dueño.
- Sus habitantes eran unos extraños seres.
- Nada hacía pensar que ocurriera algo así.
- Para eso ha venido él aquí.

**7** Identifica los errores que contiene este texto:

> Entre las distintas posivilidades que habían las autoridades elegiron la menos dañadora para la mayoría de los ciudadanos afectados.

- Indica en cada caso de qué tipo de error se trata: léxico, gramatical u ortográfico.

RECURSOS

## Los conectores textuales

Los **conectores textuales** son palabras o locuciones cuya función es relacionar las ideas de un texto permitiendo su comprensión.

### Clases de conectores

Desde el punto de vista gramatical, la mayoría de los conectores son **adverbios** o **locuciones**.

Según el tipo de relación semántica que establecen entre los enunciados de un texto, existen distintos tipos de conectores:

| | |
|---|---|
| **De orden** | *En primer lugar, después, finalmente…* |
| **Ejemplificativos** | *Por ejemplo, particularmente, así…* |
| **Aditivos** | *También, además, incluso, asimismo…* |
| **Adversativos** | *No obstante, por el contrario, sin embargo…* |
| **Consecutivos** | *Así pues, en consecuencia, entonces…* |
| **Explicativos** | *Es decir, esto es, a saber…* |
| **Recapitulativos** | *En suma, en resumen, en definitiva…* |

El siguiente texto, por ejemplo, contiene un conector adversativo y otro ejemplificativo:

> *Tener sentido del humor significa pillar enseguida la gracia de un chiste o compartir una anécdota divertida.* ***No obstante****, un análisis más detenido nos muestra que el humor no es siempre algo tan directo.* ***Por ejemplo****, ¿por qué algunos chistes resultan hilarantes para algunos y ofensivos para otros?*
>
> Scott Weems, *¡Ja! La ciencia de cuándo reímos y por qué*

### Conectores y cohesión textual

La **cohesión textual** es la propiedad según la cual los enunciados de un texto están bien relacionados entre sí.

El uso de conectores es uno de los principales mecanismos de cohesión de un texto. Sin embargo, en ocasiones un texto puede carecer prácticamente de conectores y mantener la cohesión. La falta de conectores puede responder a una intención estilística, propia del lenguaje literario, o a una intención comunicativa, como en el siguiente ejemplo:

> *Para hoy se prevén intervalos de nubes bajas en el sudeste peninsular y Baleares, sin descartar alguna lluvia débil en el Estrecho. Predominio de cielo poco nuboso en el resto del país.*

## El carrito

Estaban en la carretera. Él empujaba el carrito y entre los dos cargaban las mochilas. En las mochilas había cosas básicas. Por si tenían que abandonar el carrito y echar a correr. Asegurado al asa del carrito había un retrovisor de motocicleta que él utilizaba para mirar la carretera a sus espaldas. Se subió un poco más la mochila y observó el campo devastado. La carretera estaba desierta. En el pequeño valle la serpiente todavía gris de un río. Inmóvil y precisa. A lo largo de la orilla unos carrizos secos. ¿Estás bien?, dijo. El chico asintió con la cabeza. Echaron a andar por el asfalto bajo una luz gris plomo, arrastrando los pies por la ceniza, cada cual el mundo entero para el otro.

Cruzaron el río por un viejo puente de hormigón y varios kilómetros más adelante llegaron a una estación de servicio. Se quedaron observando desde la carretera.

Cormac McCarthy, *La carretera* (Adaptación)

**1** Explica qué efecto estilístico produce la ausencia de conectores en el texto.

**2** Reescribe el texto empleando algunos conectores.

- Indica de qué tipo es cada uno de los conectores que has utilizado.

SABER HACER

## Presentarse oralmente

**El autorretrato**

Un autorretrato es una descripción que una persona hace de sí misma. Los autorretratos suelen contener una prosopografía (descripción de rasgos físicos) y una etopeya (descripción de rasgos psicológicos).

Nos presentamos cuando estamos en una situación de comunicación ante una persona o un grupo de personas que no nos conoce o nos conoce poco. Vas a practicar presentándote ante tu clase como si la mayoría no te conociera.

**1** Anota los datos más importantes de tu biografía:

- Tu nombre completo.
- Cuántos años tienes.
- Dónde naciste.
- Cómo es tu familia.
- En qué otros lugares has vivido.
- En qué centros has estudiado.

**2** Piensa y toma algunas notas sobre otros aspectos de tu persona:

- Cuáles son los rasgos de tu personalidad que consideras más relevantes.

*Me considero una persona…*

- Cuáles son tus principales aficiones, qué cosas te gustan más y qué cosas te desagradan.
- Qué proyectos tienes para el futuro.

**3** Reflexiona sobre tus expectativas para este curso: en los estudios, en la relación con los demás, en las situaciones que crees que vas a experimentar… y resúmelas brevemente.

*Me gustan las asignaturas de este curso y voy a intentar…*
*Espero disfrutar y pasarlo bien…*

**4** Elabora un guion en el que recojas los apartados en los que vas a organizar tu presentación.

- Datos personales.
- Familia.
- Vida.
- Personalidad.
- Gustos y aficiones.
- Expectativas para el curso.

**5** Preséntate ante la clase. Sigue estas pautas:

- Sitúate de pie frente a la clase de manera que puedan verte bien.
- Empieza con un breve saludo.
- Sigue el guion que has elaborado, pero sin leer literalmente los distintos apartados que abordes.
- Procura expresarte con sencillez y claridad, evitando utilizar muletillas.
- Muestra un gesto agradable y trata de conseguir que tus oyentes empaticen contigo.

**6** Invita a los demás a intervenir haciéndote alguna pregunta sobre algo que quieran conocer de ti.

# El léxico del castellano

## 1 El léxico heredado

La mayor parte del léxico del castellano está formada por palabras de **origen latino**, pero también contiene palabras procedentes de **otras lenguas**. Así, un grupo numeroso de palabras procede del árabe (*almohada, jabalí, visir…*); algunas han llegado a través de lenguas germánicas (*sopa, venda, falda…*), y otras proceden del inglés (*fútbol, beicon…*), del francés (*bahía, autobús…*), del italiano (*cartulina, soprano…*), del alemán (*cuarzo, zepelín…*), etc.

Las palabras del castellano tienen diferentes orígenes, pero la mayoría procede del **latín**.

## 2 El léxico ampliado

El vocabulario del castellano ha aumentado mediante la creación de nuevas palabras a partir de otras ya existentes. Para ello, la lengua dispone de distintos procedimientos de formación de palabras, entre los que destaca la **derivación**, ya sea mediante el uso de prefijos o de sufijos.

- Los **prefijos** son partículas que se anteponen a una palabra. Algunos de los prefijos más productivos son los siguientes:

*des-* ▶ *desenredar* *re-* ▶ *reabrir* *entre-* ▶ *entreacto*
*a-* ▶ *atípico* *anti-* ▶ *antivirus* *inter-* ▶ *interanual*

- Los **sufijos** son partículas que se colocan detrás de la raíz de las palabras. Algunos de los sufijos más productivos son los siguientes:

*-aje* ▶ *patinaje* *-dad* ▶ *suciedad* *-ismo* ▶ *atletismo*
*-al* ▶ *cultural* *-dor* ▶ *pensador* *-ero* ▶ *zapatero*

La **parasíntesis** consiste en añadir un prefijo y un sufijo simultáneamente a la raíz de una palabra, o una raíz y un sufijo a otra raíz.

*anaranjado* (no existen las palabras **anaranja* ni **naranjado*)
*sietemesino* (no existen las palabras **sietemés* ni **mesino*)

SABER MÁS

**La composición**

La composición es también un procedimiento de formación de palabras. Consiste en la unión de varias raíces o palabras para formar otras nuevas.

- *par(ar) + aguas* ▶ *paraguas*
- *tele- + -fono* ▶ *teléfono*
- *verd(e) + y + rojo* ▶ *verdirrojo*
- *corre + ve + y + di + le* ▶ *correveidile*

## ACTIVIDADES

**1** USA LAS TIC. Busca en el diccionario de la Real Academia Española (*dle.rae.es*) el origen de estas palabras y cópialo.

- público
- zapato
- billete
- eslogan
- níquel
- aceite
- manzana
- erizo
- charol

**2** Escribe dos palabras con cada morfema derivativo.

- sub-
- in-
- -ble
- -izo

▶ ¿Qué significado aporta cada uno de esos prefijos o sufijos a la palabra o raíz a la que se añade?

**3** Estas tres palabras tienen el sufijo *-ero*. Explica el significado del sufijo en cada caso.

cartero | trastero | limonero

**4** Añade prefijos o sufijos a estas palabras:

- rosa
- alimentar
- maquillar
- sensación

**5** Explica cómo se han formado estas palabras y di si son o no palabras parasintéticas.

- reanimación
- encuadernar

# Las mayúsculas

## 1 Uso de las mayúsculas

En el siguiente cuadro se recogen los principales usos de la mayúscula inicial:

| SE ESCRIBEN CON MAYÚSCULA INICIAL | | NO SE ESCRIBEN CON MAYÚSCULA INICIAL | |
|---|---|---|---|
| La palabra con la que comienza un escrito y la que va detrás de un signo que indica cierre de enunciado. | *¡Hola, Silvia! Me preguntaba si… ¿Te apetecería ir al cine?* | Las palabras que siguen a los puntos suspensivos y forman parte del mismo enunciado. | *¡Ten cuidado con… el árbol!* |
| Los nombres propios (de personas, lugares…), hipocorísticos y apodos. | *Ana Ruiz, Carlitos, Europa, Juana la Loca* | Los gentilicios y los nombres de idiomas. | *riojana, extremeño, francés* |
| Los apellidos que comienzan por preposición y no van detrás del nombre y los que comienzan por artículo. | *De la Peña, De Arriaga, Gema La Guardia, La Merced* | Las preposiciones y los artículos de los apellidos cuando van detrás del nombre, y las conjunciones que unen apellidos. | *Alejandro de la Vega, Ruiz de Loizaga, Barreda y Velasco* |
| Los nombres comunes que forman parte del nombre propio. | *Costa Rica, Sierra Leona* | Los nombres comunes que acompañan a los propios y tienen un carácter genérico. | *la calle Velázquez, el río Tajo, el pico Aneto* |
| Las abreviaturas de los tratamientos de respeto. | *D., Sra., Excmo., Ud.* | Los tratamientos, títulos nobiliarios, dignidades, cargos… | *don, duquesa, rey, santa* |
| Los nombres de asignaturas. | *Lengua y Literatura, Matemáticas* | Los nombres de las disciplinas científicas y las ramas del conocimiento. | *ortografía, numismática* |
| Los nombres de los grandes movimientos culturales y periodos históricos. | *Edad Media, Renacimiento* | Los nombres de los días de la semana, los meses y las estaciones del año. | *viernes, diciembre, primavera* |
| Todas las palabras significativas de entidades, instituciones y organismos. | *Real Academia Española, Ministerio de Educación* | Los nombres de los puntos cardinales, así como los hemisferios y las líneas imaginarias. | *oeste, hemisferio norte, ecuador* |
| La primera palabra del título de una obra de creación: libros, películas, cuadros… | *La joven de la perla, La guerra de las galaxias* | Los nombres de las notas musicales. | *do, re, mi* |

### ACTIVIDADES

**1** Escribe correctamente las siguientes oraciones:

- esta sinfonía en do mayor la popularizó alicia de larrocha.
- el papa francisco fue elegido en marzo de 2013.
- el cuadro de las meninas es una obra del pintor sevillano diego rodríguez de silva y velázquez.
- la señora de las heras llegó hace rato… está esperando en el despacho.
- el viernes hay una cumbre en el parlamento europeo.

**2** Escribe los gentilicios e idiomas oficiales relacionados con estos lugares:

París · Cataluña · Irlanda · Suiza

**3** USA LAS TIC. Averigua con ayuda de Internet sus nombres completos y escríbelos correctamente.

- molière
- gabriela mistral

➤ Escribe una breve reseña de cada uno en la que cites sus obras más representativas.

**4** AUTODICTADO. Copia este texto poniendo mayúscula inicial en las palabras que lo requieran.

**Nota informativa**

la asociación de madres y padres de alumnos informó a la sra. directora de dos nuevas actividades extraescolares: huerto urbano y reciclaje. estas actividades complementarán las asignaturas de biología y geología, fomentando el cuidado medioambiental.

# Clases de palabras

### Claves para empezar

- Recuerda qué son las clases de palabras y escribe, si puedes, un ejemplo de cada tipo.
- Fíjate en los ejemplos que has escrito. ¿Crees que todas las clases de palabras tienen significado?
- Piensa y explica. ¿Es correcto decir que los sustantivos nombran cosas y los verbos expresan acciones?

## 1 Las palabras

Las **palabras** son unidades lingüísticas dotadas de significado que se escriben separadas unas de otras.

La oración *No juego más con ella* tiene cinco palabras: *no, juego, más, con* y *ella*.

## 2 Las clases de palabras o categorías gramaticales

En función de su significado y sus propiedades gramaticales, las palabras se agrupan en distintas clases, que reciben el nombre de **categorías gramaticales**:

| CLASES | CONCEPTO | EJEMPLOS |
|---|---|---|
| **Sustantivos o nombres** | Designan entidades (seres, objetos, sentimientos, ideas…). | *carpintera, mesa, afecto, dignidad…* |
| **Verbos** | Expresan acciones, estados o procesos que se sitúan en el tiempo. | *investigar, sufrir, crecer, llover…* |
| **Adjetivos** | Expresan cualidades o propiedades que se atribuyen a un sustantivo. | *simpática, triangular, fácil, imposible…* |
| **Adverbios** | Expresan circunstancias (lugar, tiempo, modo…), negación, afirmación o duda. | *aquí, después, no, sí, tranquilamente, quizás…* |
| **Pronombres** | Son palabras equivalentes a un sintagma nominal. | *él, tú, ellas, me, les, se, alguien, nada, quién…* |
| **Determinantes** | Son palabras que preceden a un sustantivo, concretándolo. | *el, las, esta, mis, cuatro, muchos, algunas…* |
| **Preposiciones** | Son enlaces que subordinan un elemento lingüístico, generalmente un sustantivo, a otro. | *a, ante, bajo, con, contra, de, desde, durante, en…* |
| **Conjunciones** | Son enlaces que relacionan entre sí palabras, sintagmas u oraciones. | *y, o, pero, que, porque, si, aunque…* |
| **Interjecciones** | Son palabras de valor exclamativo que pueden constituir por sí mismas enunciados. | *ah, eh, ay, bueno, venga, vaya…* |

### ACTIVIDADES

**1** Indica la categoría gramatical de cada una de las palabras del texto.

#### Cada cosa en su lugar

Hay dramas más aterradores que otros. El de Juan, por ejemplo, que por culpa de su pésima memoria cada tanto optaba por guardar silencio y después se veía en la obligación de hablar y hablar y hablar hasta agotarse porque el silencio no podía recordar dónde lo había metido.

Luisa Valenzuela

**2** Elige una de estas posibilidades y escribe un texto de diez o doce líneas que cumpla ese requisito.

- Sin verbos.
- Sin conjunciones.
- Sin adverbios.
- Sin adjetivos.

▶ Explica por qué has elegido esa opción y qué recursos has empleado para escribir el texto.

**3** PARA PENSAR. Explica qué tienen de particular las formas *al* y *del* desde el punto de vista de la categoría gramatical a la que pertenecen.

## Clases de sustantivos

| | | |
|---|---|---|
| **Comunes** | Designan un ser u objeto sin distinguirlo de otros de su misma clase. | *alumna, río, pintor…* |
| **Propios** | Designan un ser u objeto diferenciándolo de los demás de su clase. | *Mercedes, Volga, Goya…* |
| **Individuales** | Designan en singular un solo ser u objeto. | *perro, avión, letra…* |
| **Colectivos** | Designan en singular un conjunto de seres u objetos. | *jauría, escuadrilla, alfabeto…* |
| **Concretos** | Designan seres u objetos que se pueden percibir por los sentidos. | *nariz, carcajada, balón…* |
| **Abstractos** | Designan conceptos o sentimientos que normalmente no captamos por los sentidos. | *temor, alegría, deportividad…* |

SABER MÁS

**Clasificación de los sustantivos**

Los sustantivos se dividen en comunes y propios.

Los nombres comunes, a su vez, se clasifican en contables y no contables; individuales y colectivos; concretos y abstractos.

## Clases de verbos

| | | |
|---|---|---|
| **Transitivos** | Son verbos que se construyen con complemento directo. | *Tengo un problema; Elegí un reloj.* |
| **Intransitivos** | Son verbos que se construyen sin complemento directo. | *Anduve todo el día; Vivo aquí.* |
| **Copulativos** | Son los verbos *ser*, *estar* y *parecer*, que se construyen con un atributo. | *Soy paciente; Estoy tranquila; Parece fácil.* |
| **Semicopulativos** | Son verbos que expresan manifestación, permanencia o cambio y se construyen con un atributo. | *Se mostró enfadado; Permanecí quieta; Se puso testarudo.* |
| **Pronominales** | Son verbos que se conjugan con los pronombres personales: *me, te, se, nos, os*. | *Quejarse de todo; No se atreve a decirlo.* |

SABER MÁS

**El grado de los adjetivos**

Los adjetivos expresan grado:

- Positivo: *Noa es alta.*
- Comparativo: *Noa es más alta que tú; Noa es menos alta que tú; Noa es tan alta como tú.*
- Superlativo:
  - Absoluto: *Noa es altísima; Noa es muy alta.*
  - Relativo: *Noa es la más alta del grupo.*

## Clases de adjetivos

| | | |
|---|---|---|
| **Adjetivos de una terminación** | Tienen la misma forma para el masculino y para el femenino. | *breve, gris, teatral, feliz…* |
| **Adjetivos de dos terminaciones** | Tienen formas distintas para el masculino y para el femenino. | *largo, larga; rojo, roja; atento, atenta…* |

## ACTIVIDADES

**4** Identifica los sustantivos, verbos y adjetivos del texto.

**Era…**

Era más inteligente que yo, más rico que yo, más desprendido que yo; era más alto que yo, más guapo, más listo; vestía mejor, hablaba mejor; si ustedes creen que no son eximentes, son tontos. Siempre pensé en la manera de deshacerme de él. Hice mal en envenenarlo: sufrió demasiado. Eso, lo siento. Yo quería que muriera de repente.

MAX AUB, *Crímenes ejemplares*

- Indica la clase de los sustantivos y los adjetivos que has identificado.
- ¿Es la palabra *mejor* un adjetivo en el texto? ¿Qué clase de palabra es?

**5** Di a qué clase crees que pertenece cada uno de estos verbos y explica por qué:

estudiar | maullar | arrepentirse

**6** Escribe un texto similar al de Max Aub en el que estén representadas todas las clases de sustantivos y adjetivos de los cuadros de esta página.

**SABER MÁS**

**Los adverbios adjetivales**

Algunos adverbios, llamados **adverbios adjetivales**, tienen la misma forma que el masculino singular de algunos adjetivos. Así ocurre con adverbios como *alto, bajo, lento, rápido*... en oraciones como las siguientes:

*Por favor, habla bajo.*

*Volved rápido a casa.*

## Clases de adverbios

| | |
|---|---|
| **De lugar** | *aquí, ahí, allí, cerca, lejos, arriba, abajo, fuera, dentro, detrás, delante...* |
| **De tiempo** | *ahora, antes, después, hoy, entonces, pronto, siempre, aún...* |
| **De modo** | *bien, mal, así, deprisa, despacio, amablemente, mejor, peor...* |
| **De cantidad** | *más, menos, muy, mucho, poco, bastante, demasiado, casi...* |
| **De afirmación** | *sí, también, claro, efectivamente...* |
| **De negación** | *no, tampoco...* |
| **De duda** | *quizá, quizás, acaso, probablemente...* |

## Clases de pronombres

| | |
|---|---|
| **Demostrativos** | *esto, eso, aquello, esta, esos...* ▶ *prefiero esta; me llevaré esos...* |
| **Numerales** | *cuatro, ocho, veinte...* ▶ *coge cuatro; dame veinte...* |
| **Indefinidos** | *alguien, algo, nadie, nada, otra, pocos...* ▶ *ponme otra; tengo pocos...* |
| **Interrogativos** | *quién, qué...* ▶ *¿quién lo ha hecho?; ¿qué prefieres?...* |
| **Exclamativos** | *quién, qué...* ▶ *¡mira quién habla!; ¡qué has hecho!...* |
| **Relativos** | *que, quien...* ▶ *el poema que leí; la persona de quien hablas...* |
| **Personales** | *él, yo, vosotras, le, ti, se...* ▶ *él llega tarde; vosotras lo sabéis...* |

## Clases de determinantes

| | |
|---|---|
| **Demostrativos** | *este, esa, aquel...* ▶ *este periódico; esa chica; aquel río...* |
| **Posesivos** | *mi, tus, nuestras, vuestro, sus...* ▶ *mi vecina; vuestro coche...* |
| **Numerales** | *dos, cien, quince...* ▶ *dos patas; cien personas...* |
| **Indefinidos** | *algún, otro, mucho...* ▶ *algún día; otro clima; mucho dinero...* |
| **Interrogativos** | *qué, cuánto...* ▶ *¿qué letra?; ¿cuánto viento?...* |
| **Exclamativos** | *qué, cuánto...* ▶ *¡qué sol hace!; ¡cuánto dolor siente!...* |
| **Relativos** | *cuyo, cuanto...* ▶ *Ana, cuyo apoyo tenía, se fue; di cuantas dudas tengas...* |
| **Artículos** | *el, la, las, un, unos...* ▶ *el salero; unos clips...* |

## ACTIVIDADES

**7** Copia el texto, identifica los pronombres y los determinantes y clasifícalos.

**Sospechas fundadas**

–¿Ha venido alguien? ¿Lo has visto otra vez?

–No ha venido nadie. Al menos, yo no he visto nada.

–¿Y esas orejas verdes y puntiagudas que sobresalen por detrás del sillón?

–¿A qué orejas te refieres?

–A esas. Las veo. ¿Quién está ahí?

–Es él. Pasará aquí unos días... ¿De acuerdo?

**8** Escribe oraciones que contengan pronombres de las clases que no están representadas en el texto anterior.

**9** Identifica los adverbios de estas oraciones y clasifícalos.

- Esperó fuera del cine porque había llegado pronto.
- ¿Aquí, allí...? No sé dónde poner este mueble.
- Alicia debe conducir más despacio.
- Siempre se sentaba detrás de mí.
- Ayer, Juan llegó demasiado tarde a casa.
- Quizá le diga esta vez que sí.

## Los artículos

Los **artículos** son una clase de determinantes que indican si lo designado por el grupo nominal del que forman parte constituye o no una información conocida.

Hay dos clases de artículos: determinados e indeterminados.

- **Determinados:** *el, la, los, las, lo*. Se integran en sintagmas nominales que designan seres u objetos conocidos: *La mujer salió a las diez*.

  Solo los artículos *el, la, los* y *las* son propiamente determinantes, pues *lo* no precede a sustantivos, sino a adjetivos: *lo bueno, lo absurdo*.

- **Indeterminados:** *un, una, unos, unas*. Se integran en sintagmas nominales que designan seres u objetos no conocidos: *Entró un hombre*.

## Las preposiciones

Las **preposiciones** son *a, ante, bajo, con, contra, de, desde, durante, en, entre, hacia, hasta, mediante, para, por, según, sin, sobre, tras, versus* y *vía*.

## Clases de conjunciones

| | | |
|---|---|---|
| **Coordinantes** | Enlazan dos unidades equivalentes sin establecer entre ellas ninguna relación de dependencia: *y, e, o, u, pero, sino...* | *rosa y negro; un techo alto o un techo bajo; no está salado, sino soso...* |
| **Subordinantes** | Enlazan dos elementos estableciendo entre ellos una relación de dependencia: *que, porque, si...* | *dile que voy; lo haré porque quiero; iré si puedo...* |

Hay tres clases de conjunciones coordinantes: **copulativas**, que expresan adición (*y, e, ni*); **disyuntivas**, que expresan opción (*o, u*), y **adversativas**, que expresan contraste (*pero, mas, sino*).

## Clases de interjecciones

| | | |
|---|---|---|
| **Interjecciones propias** | Se usan solo como interjecciones: *eh, ay, uy...* | *¡eh, vuelve!; ¡ay!; uy...* |
| **Interjecciones impropias** | Son palabras de otras categorías que se usan como interjecciones. | *¡vaya!; hombre, no es así; bueno...* |

## ACTIVIDADES

**10** Copia estas oraciones y complétalas con artículos, preposiciones, conjunciones o interjecciones.

- ______ silla ______ ahí está rota.
- No puedo ir ______ mi hermano no va.
- Dile ______ hay otras formas ______ actuar.
- ¡______, qué sorpresa! Son Álex ______ Inma.
- Tengo ______ abanico ______ colores.

➤ Indica en cada caso la categoría de la palabra que has escrito.

**11** Di la categoría gramatical de cada palabra del texto.

**Ríos**

Cruzo un río atravesando un puente. Nado y cruzo otro río. El tercero lo cruzo en un bote. A lo lejos se divisa otro río. Extraña comarca, le comento a mi acompañante. ¿Faltan todavía muchos ríos? Tantos como puedas cruzar sin despertarte, me contesta sin boca.

ANA MARÍA SHUA, *La sueñera* (Adaptación)

SABER MÁS

**Dos análisis**

En algunas oraciones en las que tradicionalmente los demostrativos se consideran pronombres, la *Nueva gramática de la lengua española* de la RAE los considera determinantes de un núcleo elidido:

*No me gusta esa camisa; prefiero esta Ø.*

Lo mismo ocurre en el caso de los numerales e indefinidos en oraciones como estas:

*No llevo un libro, sino tres Ø.*

*Me bebí el café, tomaré otro Ø.*

**Claves para estudiar**

Comprueba lo que has aprendido resolviendo estas actividades:

- Nombra las categorías gramaticales y defínelas.
- En los sustantivos, verbos y adjetivos, ¿qué criterios de clasificación se emplean?

## 3 Las clases de palabras transversales

Algunas de las palabras mencionadas en los apartados anteriores pueden pertenecer a distintas categorías gramaticales. Son las llamadas **clases de palabras transversales**.

En el siguiente cuadro se han agrupado esas palabras de diversas categorías:

| CLASES | CONCEPTO | CATEGORÍAS Y EJEMPLOS |
|---|---|---|
| **Demostrativos** | Palabras variables que sitúan a los seres y las cosas en el espacio o en el tiempo, señalando la distancia que media entre ellos y el hablante. | Determinantes (*esta silla; ese libro*), adjetivos (*la silla aquella; el libro ese*) o pronombres (*eso no me gusta; prefiero esta*). |
| **Posesivos** | Palabras variables que expresan relaciones de posesión o pertenencia. | Determinantes (*tu sitio*) o adjetivos (*una gran amiga suya*). |
| **Numerales** | Palabras que indican número u orden de modo preciso. | Determinantes (*tres ejercicios*), adjetivos (*la segunda puerta*) o pronombres (*me llevé dos*). |
| **Indefinidos** | Palabras que expresan de forma imprecisa nociones relacionadas con la cantidad o la existencia. | Determinantes (*algún día*), adjetivos (*una tarde cualquiera*), pronombres (*nadie vino*) o adverbios (*leí mucho*). |
| **Relativos** | Palabras que hacen referencia a una expresión anterior del enunciado y funcionan como enlaces. | Pronombres (*el chico que cantó*), adverbios (*el bar donde como*) o determinantes (*la actriz cuyo nombre no recuerdo*). |
| **Interrogativos** | Palabras que se emplean para introducir una pregunta. | Pronombres (*¿qué te pasa?*), adverbios (*no sé dónde estabas*) o determinantes (*¿qué hora es?*). |
| **Exclamativos** | Palabras que se emplean para introducir una exclamación. | Pronombres (*¡pero qué haces!*), adverbios (*¡mira dónde se mete!*) o determinantes (*¡qué calor!*). |

### ACTIVIDADES

**12** **Identifica en estas oraciones las palabras que pertenecen a clases transversales:**

- Aquel día pocas personas confirmaron tus palabras.
- Es el chico cuya madre vino hace dos días a vernos.
- ¿Cómo pudiste hacer eso sin mi permiso?
- Ocupo el duodécimo puesto en la lista esa.
- ¡A qué horas vienes!
- Pronto será vuestra la casa donde vivimos.
- Aquello me resultó muy sospechoso.
- ¿A cuántas personas ayudaste?
- Los tres poemas que leíste eran míos.
- Puedes coger algunas peras, aunque ya no quedan muchas.

▸ Determina la clase y la categoría gramatical de las palabras que has identificado.

▸ Indica a qué otras categorías gramaticales pueden pertenecer esas palabras.

**13** **Escribe con cada palabra dos oraciones en las que esa palabra pertenezca a categorías distintas:**

qué · mucho · aquel · tres

▸ Indica en cada caso la categoría de la palabra que has escrito.

**14** PARA PENSAR. **Explica de forma razonada si podrías realizar una actividad como la anterior con la palabra *quién*.**

▸ Pon ejemplos que justifiquen tu respuesta.

## APLICACIÓN

**1** Lee el siguiente poema e identifica en él una palabra de cada categoría gramatical: sustantivo, verbo, adjetivo, adverbio, pronombre, determinante, preposición y conjunción.

### Álamo blanco

Arriba canta el pájaro
y abajo canta el agua.
(Arriba y abajo,
se me abre el alma).

¡Entre dos melodías,
la columna de plata!
Hoja, pájaro, estrella;
baja flor, raíz, agua.

¡Entre dos conmociones,
la columna de plata!
(¡Y tú, tronco ideal,
entre mi alma y mi alma!)

Mece a la estrella el trino,
la onda a la flor baja.
(Abajo y arriba,
me tiembla el alma).

JUAN RAMÓN JIMÉNEZ

- Añade un verso que contenga una interjección.

**2** Lee estos posibles pies de foto para la imagen y contesta.

Un pastor guiando a unas ovejas. | Un pastor guiando a un rebaño.

- ¿Los sustantivos que aparecen en ellos son concretos o abstractos?
- ¿Qué diferencia hay entre los sustantivos *ovejas* y *rebaño*?

**3** Por parejas, elegid por turnos el adjetivo aplicable a cada sustantivo y formad una oración con esas dos palabras.

Debéis buscar la relación de significado entre las dos palabras.

| | | | | | |
|---|---|---|---|---|---|
| letra | popular | dieta | invernal | caballo | filial |
| plegable | tiempo | salvaje | número | rocoso | silla |
| paisaje | ilegible | música | saludable | amor | impar |

**4** Identifica el tipo de verbo usado en cada cartel.

Estamos abiertos | Vigilen su equipaje | Vuelvo enseguida

**5** Jugad en clase a escribir oraciones que contengan el mayor número posible de determinantes diferentes.

**6** ANÁLISIS MORFOLÓGICO. Analiza morfológicamente las palabras de cada oración.

- He recibido una llamada tuya.
- La mesa está ya preparada.
- En la película interviene tu actor favorito.
- No traerán nuestro equipaje hasta mañana.
- Quien bien te quiere te hará llorar.
- ¡Bravo por las dos directoras!
- Ha habido muchos accidentes este fin de semana.
- No conseguiréis nada de ese modo.

Ejemplo: *he recibido* ▶ Primera persona del singular del pretérito perfecto compuesto de indicativo del verbo *recibir*.
*una* ▶ Artículo indeterminado femenino singular.

# La Ilustración

## 1 La Ilustración

La Ilustración es un movimiento ideológico que se desarrolló en Francia durante el siglo XVIII y que se caracteriza por la **defensa de la razón** frente a la fe y la **confianza en la ciencia y en la educación** como únicos medios posibles para conseguir el bienestar de la población.

En la organización social, se mantienen los privilegios de la nobleza y el clero, aunque la burguesía continúa su ascensión hacia los puestos de poder. Este deseo de obtener representación política dará lugar hacia finales del siglo XVIII a la **Revolución francesa** (1789).

En España, el siglo XVIII comenzó con la coronación de Felipe V, que pertenecía a los **Borbones**, la casa real francesa. Este hecho propició la entrada en España del pensamiento ilustrado, el cual, aunque al principio chocó con la mentalidad conservadora de gran parte de la sociedad, paulatinamente se extendió a todo el país. Los Borbones emprendieron un conjunto de reformas cuyo objetivo era la **modernización del país**. Para ello, se rodearon de una minoría culta, los llamados **ilustrados**, que gobernaba según los principios del despotismo ilustrado: «Todo para el pueblo, pero sin el pueblo».

Para promover el desarrollo cultural, en España se crearon numerosas instituciones como la Real Academia Española, la Biblioteca Nacional y el Museo del Prado (en la imagen).

## 2 El Neoclasicismo

La Ilustración favoreció un ideal estético basado en la **razón** y la **sobriedad formal**, en detrimento de los excesos de la imaginación y de la expresión propios de la literatura barroca. El **arte clásico**, conjunto de principios de la Antigüedad grecorromana, se convirtió en el modelo a seguir, motivo por el que a este movimiento estético se le llama **Neoclasicismo**.

La literatura neoclásica defendía los siguientes principios:

- Las obras literarias, guiadas por la razón, debían ser un reflejo de la realidad y manifestar un **espíritu crítico** ante el mundo que las rodea.
- Se imitaban las formas grecolatinas ajustándose a los **cánones clásicos**, que fijaban las normas específicas para cada género.
- La literatura tenía una **intención didáctica**: la finalidad no era entretener, sino transmitir una enseñanza.

## 3 El ensayo

Durante el siglo XVIII, el ensayo fue la forma literaria más cultivada en prosa, dado que era el género más eficaz para difundir los propósitos reformadores. Los ensayistas más destacados fueron Feijoo y Jovellanos.

### Benito Jerónimo Feijoo (1676-1764)

La ingente obra de Feijoo, recogida en el *Teatro crítico universal* y las *Cartas eruditas y curiosas*, tuvo como finalidad **divulgar el conocimiento**, **criticar las costumbres de la sociedad española** y **desterrar las supersticiones**.

Feijoo emplea un estilo sencillo en el que utiliza múltiples ejemplos y anécdotas que hacen las ideas más cercanas y accesibles. En este sentido, se le considera precursor del ensayo contemporáneo en España.

La lucha contra la superstición, presente en la obra de Feijoo, fue compartida por otros artistas ilustrados. En la imagen, *El entierro de la sardina*, de Francisco de Goya.

### Gaspar Melchor de Jovellanos (1744-1811)

Jovellanos consigue mezclar la **intención didáctica y crítica** del Neoclasicismo con un estilo que muestra una **gran sensibilidad artística**. Sus obras más importantes son la *Memoria para el arreglo de la policía de espectáculos y diversiones públicas* y el *Informe sobre la ley agraria*, en las que plasma su ideario político y social reformador.

## 4 La prosa de ficción

En el siglo XVIII, la prosa de ficción se centra en el **análisis de la realidad** y en la **crítica de las costumbres**, lo que la aproxima al ensayo o al género epistolar. En este campo destaca la obra de José Cadalso.

### José Cadalso (1741-1782)

Realizó continuos viajes por Europa, lo que le proporcionó una formación cosmopolita que se refleja en las *Cartas marruecas* y las *Noches lúgubres*, sus obras más destacadas.

- ***Cartas marruecas*** es una obra inspirada en las *Cartas persas* del ilustrado francés Montesquieu. Contiene noventa cartas en las que Cadalso realiza un análisis crítico de las creencias, costumbres y modos de ser de la sociedad española del siglo XVIII. Las cartas están escritas por tres personajes: Gazel, un joven árabe que visita España; su preceptor Ben-Beley; y el español Nuño, amigo de Gazel. El diálogo que se establece entre los personajes permite introducir diferentes perspectivas sobre el mismo tema. Sus opiniones se ilustran con relatos y anécdotas cargados de humor e ironía.
- ***Noches lúgubres*** es un diálogo en el que un joven se lamenta por la muerte de su amada. Tanto por el tema que trata como por la expresión de los sentimientos personales, algunos críticos han considerado esta obra un precedente del Romanticismo del siglo XIX.

SABER MÁS

María Isidra de Guzmán.

**Mujeres ilustradas**

En el siglo XVIII varias escritoras hicieron aportaciones relevantes a la ciencia ilustrada, pese a los obstáculos con los que contaban como mujeres para el acceso al conocimiento y la investigación. Entre ellas destacaron la botánica Luisa Gómez Carabaño, las traductoras María Isidra de Guzmán e Inés Joyes y Blake y la pedagoga Josefa Amar y Borbón.

## ACTIVIDADES

**1** Explica las razones que utiliza Feijoo en este fragmento para criticar la creencia en la astrología:

> Entre tantos millares de predicciones determinadas como formaron los astrólogos de mil y ochocientos años a esta parte, apenas se cuentan veinte o treinta que saliesen verdaderas; lo que muestra que fue casual y no fundado en reglas el acierto. Es seguro que si algunos hombres, vendados los ojos un año entero, estuviesen sin cesar disparando flechas al viento, matarían algunos pájaros. ¿Quién hay –decía Tulio– que flechando aun sin arte alguna todo el día no dé tal vez en el blanco? [...] Pues esto es lo que sucede a los astrólogos.
>
> BENITO JERÓNIMO FEIJOO, *Teatro crítico universal*

**2** Lee el siguiente texto y explica a partir de él las características de la literatura neoclásica.

> Trabajemos nosotros a las ciencias positivas[1], para que no nos llamen bárbaros los extranjeros; haga nuestra juventud los progresos que pueda; procure dar obras al público sobre materias útiles, deje morir a los viejos como han vivido, y cuando los que ahora son mozos lleguen a edad madura, podrán enseñar públicamente lo que ahora aprenden ocultos. Dentro de veinte años se ha de haber mudado todo el sistema científico de España insensiblemente, sin estrépito, y entonces verán las academias extranjeras si tienen motivo para tratarnos con desprecio.
>
> JOSÉ CADALSO, *Cartas marruecas*

[1] **ciencias positivas:** ciencias aplicadas, prácticas.

**3** PARA PENSAR. Valora uno de los principios de la Ilustración: ¿crees que solo a través de la razón se puede impulsar el progreso de la sociedad? Argumenta tu respuesta.

El estreno en 1806 de *El sí de las niñas* fue un éxito rotundo. La obra se mantuvo en escena durante veintiséis días consecutivos, algo excepcional para la época. En la imagen, una representación de la obra de Moratín.

## 5 La poesía

Los principios neoclásicos en la poesía se manifiestan a través de dos tendencias: la **lírica clasicista**, en la que predomina una visión armónica e idealizada de la naturaleza, y la **poesía social y filosófica**, que exalta los principios culturales de la Ilustración. El poeta que desarrolla ambas tendencias en su obra es **Juan Meléndez Valdés**.

La **fábula** fue un género muy cultivado en el siglo XVIII, ya que responde a la preocupación didáctica de la época. Se trata de una composición narrativa en verso en la que animales o seres inanimados protagonizan una historia que contiene una enseñanza o una moraleja. Los fabulistas españoles más destacados son **Tomás de Iriarte** y **Félix María Samaniego**. Tomás de Iriarte escribió la obra *Fábulas literarias*, en la que trata sobre los principios de la creación literaria; y Félix María Samaniego es autor de las *Fábulas morales*, que versa sobre temas de carácter moral, a imitación de los fabulistas clásicos y franceses.

## 6 El teatro

Durante el siglo XVIII el panorama teatral estuvo marcado por el **debate** que hubo entre quienes defendían el teatro popular barroco, cuyo fin era el entretenimiento del público, y quienes exigían una renovación del teatro siguiendo los principios neoclásicos.

En la Ilustración, el teatro restablece los **preceptos clásicos**: el mantenimiento de las unidades de tiempo, lugar y acción; la organización en cinco actos; la estricta separación de los géneros; la verosimilitud en la acción y el decoro en el lenguaje. Las obras debían huir de la mera diversión y contribuir a la reforma de las costumbres de la sociedad. En esta actitud renovadora de las formas teatrales destacaron **María Rosa de Gálvez** y **Leandro Fernández de Moratín**.

### Leandro Fernández de Moratín (1760-1828)

Su estilo se corresponde con su propósito literario: crear una comedia sobria, sin adornos superfluos, en la que se muestren las conductas, errores y virtudes de la clase media. Sus principales obras son ***La comedia nueva o El café***, en la que el autor se propone reformar el teatro del periodo anterior, y ***El sí de las niñas***. En esta comedia, Moratín, a través de la crítica de los matrimonios de conveniencia, en los que se casaba a una joven con un hombre mayor, reflexiona sobre la educación que en aquella época se daba a las mujeres.

**Claves para estudiar**

Comprueba lo que has aprendido respondiendo a estas preguntas:

- ¿Qué es la Ilustración?
- ¿Cuáles son las principales ideas del Neoclasicismo?
- ¿Cuáles son los géneros más cultivados en este periodo? ¿Por qué?
- ¿En qué consiste la renovación del teatro del siglo XVIII? ¿Quién es su máximo exponente?

### ACTIVIDADES

**4** Lee el siguiente fragmento de *La comedia nueva o El café*, de Moratín, y explica qué critica el personaje de esta obra:

> DON PEDRO. ¿Qué? ¿No hay más sino meterse a escribir, a salga lo que salga, y en ocho días zurcir un embrollo, ponerlo en malos versos, darle al teatro, y ya soy autor?

**5** USA LAS TIC. Averigua en *cervantesvirtual.com* el título de dos tragedias y dos comedias de María Rosa de Gálvez y di cuántos actos tienen.

**6** USA LAS TIC. Busca en Internet la fábula *La rana y el renacuajo*, de Tomás de Iriarte, y explica qué enseñanza pretende transmitir.

Representación de *La comedia nueva o El café*.

SABER HACER

## Componer una fábula en verso

*El zorro y las uvas*, de Marc Chagall.

La fábula es una narración, en prosa o en verso, normalmente protagonizada por animales y con una finalidad didáctica que se suele reflejar en una moraleja final. La tradición literaria tiene mucha importancia en las fábulas, ya que, con frecuencia, se retoman los modelos y temas de fabulistas anteriores. Vamos a componer una fábula en verso.

**1** USA LAS TIC. **Localiza en una biblioteca o en Internet las siguientes fábulas de Esopo y léelas:**

- *El ratón campestre y el cortesano*
- *La zorra y el cuervo hambriento*
- *La liebre y la tortuga*
- *La zorra y las uvas*

▶ Selecciona una de esas fábulas y escribe un resumen con tus propias palabras del argumento.

**2** **Determina cuál va a ser el esquema métrico de tu fábula.**

Para ello, ten en cuenta los siguientes criterios:

- Número de estrofas.
- Número de versos de cada estrofa.
- Longitud del verso (octosílabo, endecasílabo…).
- Tipo de rima (asonante o consonante).
- Estructura de la rima (abba, ABAB…).

**3** **Decide el contenido de tu poema y cómo lo vas a distribuir haciendo un esquema de la información que quieres que contenga cada estrofa.**

*Primera estrofa: omitir el principio de la fábula y comenzar con la presentación de los dos personajes (el ratón campestre y el cortesano) y la invitación a la casa de la ciudad.*

*Segunda estrofa: describir lo que comen los ratones (primeros dos versos) y, luego, los halagos del ratón campesino hacia el ratón de ciudad (últimos dos versos).*

**4** **Escribe los versos de tu fábula.**

Debes respetar la estructura métrica que has elegido y emplear un lenguaje elaborado y expresivo, con recursos estilísticos que resulten atractivos y llamen la atención.

*Un ratón muy cortesano* 8a
*a un familiar invitó.* 8b
*Era este un ratón de campo,* 8a
*que con gran gusto accedió…* 8b

▶ Incluye al final de la composición la moraleja expresada en verso. Debes adaptarla para que se ajuste al esquema métrico del poema.

### Una fábula de Samaniego

El primer conjunto de fábulas conocidas se atribuye al escritor griego Esopo, que vivió en torno a los siglos VII o VI a. C. Su obra sirvió de inspiración a fabulistas posteriores como Tomás de Iriarte o Félix María Samaniego. A este último corresponde la siguiente fábula:

La zorra y las uvas

*Es voz común que a más del mediodía,*
*en ayunas la zorra iba cazando;*
*halla una parra, quédase mirando*
*de la alta vid el fruto que pendía.*

*Causábala mil ansias y congojas*
*no alcanzar a las uvas con la garra,*
*al mostrar a sus dientes la alta parra*
*negros racimos entre verdes hojas.*

*Miró, saltó y anduvo en probaduras,*
*pero vio el imposible ya de fijo.*
*Entonces fue cuando la zorra dijo:*
*«No las quiero comer. No están [maduras».*

*No por eso te muestres impaciente,*
*si se te frustra, Fabio, algún intento:*
*aplica bien el cuento,*
*y di: «No están maduras», frescamente.*

# Las consecuencias del sí

*Don Diego descubre que su sobrino Carlos ama a Francisca y a continuación informa a doña Irene, madre de Francisca, quien, indignada, se abalanza sobre su hija. Carlos, que está observándolo todo desde una sala contigua, sale a escena para defender a su amada.*

*DON CARLOS, DON DIEGO, DOÑA IRENE, DOÑA FRANCISCA, RITA*

*Sale DON CARLOS del cuarto precipitadamente; coge de un brazo a DOÑA FRANCISCA, se la lleva hacia el fondo del teatro y se pone delante de ella para defenderla. DOÑA IRENE se asusta y se retira.*

DON CARLOS. Eso no... Delante de mí nadie ha de ofenderla.

DOÑA FRANCISCA. ¡Carlos!

DON CARLOS. *(Acercándose a DON DIEGO).* Disimule usted mi atrevimiento... He visto que la insultaban y no me he sabido contener.

DOÑA IRENE. ¿Qué es lo que sucede, Dios mío? ¿Quién es usted?... ¿Qué acciones son estas?... ¡Qué escándalo!

DON DIEGO. Aquí no hay escándalos... Ese es de quien su hija de usted está enamorada... Separarlos y matarlos viene a ser lo mismo... Carlos... No importa... Abraza a tu mujer. *(DON CARLOS va a donde está DOÑA FRANCISCA, se abrazan y ambos se arrodillan a los pies de DON DIEGO).*

DOÑA IRENE. Conque ¿su sobrino de usted?

DON DIEGO. Sí, señora; mi sobrino, que, con sus palmadas y su música y su papel, me ha dado la noche más terrible que he tenido en mi vida... ¿Qué es esto, hijos míos; qué es esto?

DOÑA FRANCISCA. Conque ¿usted nos perdona y nos hace felices?

DON DIEGO. Sí, prendas de mi alma... Sí. *(Los hace levantar con expresiones de ternura).*

DOÑA IRENE. ¿Y es posible que usted se determine a hacer un sacrificio?...

DON DIEGO. Yo puedo separarlos para siempre y gozar tranquilamente la posesión de esta niña amable, pero mi conciencia no lo sufre... ¡Carlos!... ¡Paquita! ¡Qué dolorosa impresión me deja en el alma el esfuerzo que acabo de hacer!... Porque, al fin, soy hombre miserable y débil.

DON CARLOS. *(Besándole las manos).* Si nuestro amor, si nuestro agradecimiento pueden bastar a consolar a usted en tanta pérdida...

DOÑA IRENE. ¡Conque el bueno de don Carlos! Vaya que...

DON DIEGO. Él y su hija de usted estaban locos de amor, mientras usted y las tías fundaban castillos en el aire, y me llenaban la cabeza de ilusiones, que han desaparecido como un sueño... Esto resulta del abuso de la autoridad, de la opresión que la juventud padece, estas son las seguridades que dan los padres y los tutores, y esto, lo que se debe fiar en el sí de las niñas... Por una casualidad he sabido a tiempo el error en que estaba... ¡Ay de aquellos que lo saben tarde!

DOÑA IRENE. En fin, Dios los haga buenos, y que por muchos años se gocen... Venga usted acá, señor; venga usted, que quiero abrazarle. *(Abrázanse DON CARLOS y DOÑA IRENE. DOÑA FRANCISCA se arrodilla y la besa la mano).* Hija, Francisquita. ¡Vaya!, buena elección has tenido... Cierto que es un mozo galán... Morenillo, pero tiene un mirar de ojos muy hechicero.

RITA. Sí, dígaselo usted, que no lo ha reparado la niña... Señorita, un millón de besos. *(DOÑA FRANCISCA y RITA se besan, manifestando mucho contento).*

DOÑA FRANCISCA. Pero ¿ves qué alegría tan grande?... ¡Y tú, como me quieres tanto!... Siempre, siempre serás mi amiga.

DON DIEGO. Paquita, hermosa. *(Abraza a* DOÑA FRANCISCA*)*. Recibe los primeros abrazos de tu padre... No temo ya la soledad terrible que amenazaba a mi vejez... *(Asiendo de las manos a* DOÑA FRANCISCA *y a* DON CARLOS*)*. Vosotros seréis la delicia de mi corazón; y el primer fruto de vuestro amor..., sí, hijos, aquel..., no hay remedio, aquel es para mí. Y cuando le acaricie en mis brazos, podré decir: a mí me debe su existencia este niño inocente; si sus padres viven, si son felices, yo he sido la causa.

DON CARLOS. ¡Bendita sea tanta bondad!

DON DIEGO. Hijos, bendita sea la de Dios.

LEANDRO FERNÁNDEZ DE MORATÍN, *El sí de las niñas*

## Comentario de texto

### Comprensión

**1** Explica la situación que se produce al comienzo de la escena.

- ¿Qué personajes aparecen en el escenario?
- ¿Qué relación existe entre ellos?
- ¿Por qué sale Carlos de su escondite?
- ¿Por qué se sorprende la joven Francisca?
- ¿Conoce doña Irene al recién llegado?

**2** Don Diego pone orden en la escena. Expón la información que da este personaje y la propuesta que hace.

**3** Comentad en clase por qué llama doña Irene «sacrificio» a la decisión que toma don Diego y en qué consiste ese sacrificio.

**4** PARA PENSAR. Explicad a qué se refiere don Diego cuando exclama «¡Ay de aquellos que lo saben tarde!».

### Estructura

**5** Divide la escena según estas partes:

- Conflicto.
- Resolución del conflicto.
- Concordia final.

▶ Identifica en cuál de esas partes está presente la tesis que defiende el autor.

**6** Localiza el fragmento que da sentido al título de la obra: *El sí de las niñas*.

### Estilo

**7** La agitación de la escena hace que los personajes se expresen apasionadamente.

Indica de qué medios se vale el autor para expresar los vivos sentimientos de los personajes.

**8** Cita algunos ejemplos de coloquialismos en el texto que has leído.

**9** En las obras de Moratín es común el laísmo.

Localiza los casos de laísmo que se dan en el texto.

### Valoración

**10** *El sí de las niñas* es una obra didáctica. ¿Qué enseña? ¿Es una enseñanza válida en la actualidad?

**11** PARA PENSAR. Valora la figura de don Diego, tanto por su forma de actuar como por sus ideas.

**12** El tema del matrimonio desigual o hecho por interés era una preocupación de los intelectuales de la época.

Explica cómo se refleja ese tema en el siguiente cuadro:

*Matrimonio a la moda. El contrato,* de W. Hogarth.

**13** USA LAS TIC. Goya, en uno de sus cartones para tapices, abordó de forma crítica el tema del matrimonio desigual.

Consulta la página web del Museo del Prado y averigua de qué cuadro se trata.

**14** El matrimonio es un tema habitual en la literatura y el cine.

Localizad libros o películas con esta temática, explicad su argumento en clase y comparadlos con el fragmento de la obra de Moratín.

## Carta XLIV. De Nuño a Gazel

El siglo pasado no nos ofrece cosa que pueda lisonjearnos. Se me figura España desde fin de 1500 como una casa grande que ha sido magnífica y sólida, pero que por el discurso de los siglos se va cayendo y cogiendo debajo a los habitantes. Aquí se desploma un pedazo del techo, allí se hunden dos paredes, más allá se rompen dos columnas, por esta parte faltó un cimiento, por aquella se entró el agua de las fuentes, por la otra se abre el piso; los moradores gimen, no saben dónde acudir; aquí se ahoga en la cuna el dulce fruto del matrimonio fiel; allí muere de golpes de las ruinas, y aún más del dolor de ver a este espectáculo, el anciano padre de la familia; más allá entran ladrones a aprovecharse de la desgracia, no lejos roban los mismos criados, por estar mejor instruidos, lo que no pueden los ladrones que lo ignoran.

Si esta pintura te parece más poética que verdadera, registra la historia, y verás cuán justa es la comparación. Al empezar aquel siglo, toda la monarquía española, comprendidas las dos Américas, media Italia y Flandes, apenas podía mantener veinte mil hombres, y esos mal pagados y peor disciplinados. Seis navíos de pésima construcción, llamados galeones, y que traían de Indias el dinero que escapase de los piratas y corsarios; seis galeras ociosas en Cartagena, y algunos navíos que se alquilaban según las urgencias para transporte de España a Italia, y de Italia a España, formaban toda la armada real. Las rentas reales, sin bastar para mantener la corona, sobraban para aniquilar al vasallo, por las confusiones introducidas en su cobro y distribución. La agricultura, totalmente arruinada, el comercio, meramente pasivo, y las fábricas, destruidas, eran inútiles a la monarquía [...]. ¿Quién, pues, aplaudirá tal siglo?

José Cadalso, *Cartas marruecas*

### ACTIVIDADES

**1** Di qué tipo de texto es *El zapatero médico*.

- ¿Qué dos partes tiene? ¿Cuál es la finalidad de los dos últimos versos?

**2** Explica la relación entre el empleo de la fábula por autores como Félix María Samaniego y Tomás de Iriarte y el pensamiento ilustrado.

**3** PARA PENSAR. ¿A quién se critica en este poema: a los crédulos o a los charlatanes? Razona tu respuesta.

### ACTIVIDADES

**1** Entre los siglos XVI y XVII reinaba en España la dinastía de los Austrias.

**Explica, a partir de la comparación que hay en el texto, cómo era la situación de España después de ese periodo.**

- Cadalso emplea una alegoría en esta carta. Explica con ayuda del diccionario en qué consiste este recurso.

**2** Los ilustrados emprendieron una serie de reformas para la modernización de España.

**¿Crees que esta idea se refleja en el texto? Razona tu respuesta.**

## El zapatero médico

Un inhábil y hambriento zapatero
en la corte por médico corría[1];
con un contraveneno que fingía
ganó fama y dinero.

Estaba el rey postrado en una cama,
de una grave dolencia;
para hacer experiencia
del talento del médico, le llama.

El antídoto pide, y en un vaso
finge el rey que le mezcla con veneno:
se lo manda beber; el tal galeno[2]
teme morir, confiesa todo el caso,

y dice que sin ciencia
logró hacerse doctor de grande precio
por la credulidad del vulgo necio.
Convoca el rey al pueblo. «¡Qué demencia

es la vuestra –exclamó– que habéis fiado
la salud francamente
de un hombre a quien la gente
ni aun quería fiarle su calzado!».

*Esto para los crédulos se cuenta,*
*en quienes tiene el charlatán su renta.*

Félix María Samaniego, *Fábulas*

[1] **corría:** pasaba. [2] **galeno:** médico.

## De comedias y reglas

*DON ANTONIO sentado junto a una mesa; PIPÍ paseándose.*

DON ANTONIO. Parece que se hunde el techo, Pipí. ¿Qué gente hay arriba, que anda tal estrépito? ¿Son locos?

PIPÍ. No, señor; poetas.

DON ANTONIO. ¿Cómo poetas?

PIPÍ. Sí, señor. Y han tenido una gran comida.

DON ANTONIO. ¿Y con qué motivo se hace esa francachela[1]?

PIPÍ. Yo no sé; pero supongo que será en celebridad de la comedia nueva que se representa esta tarde, escrita por uno de ellos.

DON ANTONIO. ¿Conque han hecho una comedia? ¡Haya picarillos!

PIPÍ. ¿Pues qué, no lo sabía usted? Pues ahí está el anuncio en el diario.

DON ANTONIO. En efecto, aquí está. *(Leyendo el diario que está sobre la mesa).* COMEDIA NUEVA, INTITULADA: EL GRAN CERCO DE VIENA. ¡No es cosa! Del sitio de una ciudad hacen una comedia. Si son el diantre[2]. ¡Ay, amigo Pipí, cuánto más vale ser mozo de café que poeta ridículo!

PIPÍ. Pues mire usted, la verdad, yo me alegrara de saber hacer, así, alguna cosa de versos... ¡Me gustan tanto los versos!

DON ANTONIO. ¡Oh!, los buenos versos son muy estimables; pero hoy día son tan pocos los que saben hacerlos; tan pocos, tan pocos.

PIPÍ. Ayer, ¡qué!, les hubiera dado con una tranca. Vinieron ahí tres o cuatro a beber ponche, y empezaron a hablar, hablar de comedias, ¡vaya! Yo no me puedo acordar de lo que decían. Para ellos no había nada bueno: ni autores ni cómicos ni vestidos ni música ni teatro. ¡Qué sé yo cuánto dijeron aquellos malditos! Y dale con el arte; el arte, la moral y... Deje usted, las... ¿Si me acordaré? Las... ¡Válgate Dios! ¿Cómo decían? Las... las reglas... ¿Qué son las reglas?

DON ANTONIO. Hombre, difícil es explicártelo. Reglas son unas cosas que usan allá los extranjeros, particularmente los franceses.

PIPÍ. Pues, ya decía yo: esto no es cosa de mi tierra.

DON ANTONIO. Sí tal, aquí también se gastan, y algunos han escrito comedias con reglas; bien que no llegarán a media docena (por mucho que se estire la cuenta) las que se han compuesto.

PIPÍ. Pues, ya se ve; mire usted, ¡reglas! No faltaba más. ¿A que no tiene reglas la comedia de hoy?

DON ANTONIO. ¡Oh!, eso yo te lo fío: bien puedes apostar ciento contra uno a que no las tiene.

LEANDRO FERNÁNDEZ DE MORATÍN
*La comedia nueva* o *El café* (Adaptación)

---

[1] **francachela:** reunión o fiesta.
[2] **diantre:** el diablo.

### ACTIVIDADES

**1** Identifica las palabras con las que don Antonio y Pipí se refieren a los escritores de la obra de teatro que se menciona en el texto.

- ¿Cuál crees que es la intención de Moratín al escoger esos términos?
- Localiza la expresión con la que se denomina en el texto al teatro de la época.

**2** En el texto los dos personajes hablan sobre *las reglas.* ¿A qué tipo de reglas se refieren?

**3** ¿Qué tipo de teatro le gusta a Pipí? ¿Y a don Antonio? Busca en el texto las ideas que reflejen estas dos posturas.

## NIVEL I

**1** COMUNICACIÓN. **Explica cuáles son las principales características de un texto y qué propiedades debe cumplir.**

➤ Di cómo debe ser un texto para que cumpla cada una de las propiedades textuales.

**2** COMUNICACIÓN. **Transforma el siguiente texto para que sea adecuado en un contexto familiar:**

> ¿Sería usted tan sumamente amable, querida madre, de permitirme ver la película de esta noche?

**3** LÉXICO. **Identifica los prefijos o sufijos que contienen las siguientes palabras:**

- pluralidad
- inalámbrico
- marcaje
- afirmación
- desconocimiento
- distanciamiento
- olivar
- exageración
- prealerta
- insensato
- rosado
- entrenadora

➤ Identifica la palabra parasintética y explica cómo se ha formado.

**4** ORTOGRAFÍA. **Copia las oraciones corrigiendo los errores en el uso de las mayúsculas y las minúsculas.**

- Estudié en el Colegio el sol hasta… Los doce años.
- Ellos veranearon en El Pirineo Aragonés.
- María, la amiga de Javier, lo llama siempre por su apellido: De la fuente.
- En el renacimiento se empleaba mucho la Escultura.
- El ministerio del Interior reforzará la vigilancia en los Aeropuertos.
- mi hermana vive en la Calle Río Tajo, junto al ministerio de justicia.

**5** GRAMÁTICA. **Indica la categoría gramatical de cada una de las palabras de estas oraciones:**

- Algunos periódicos recogen hoy la alegre noticia.
- Aunque me lo había dicho, no recordaba su nombre.
- Con este disfraz no te va a reconocer nadie.
- Todos propusieron que fuéramos al cine.

**6** GRAMÁTICA. **Di la clase y la categoría gramatical de las palabras destacadas en estos enunciados:**

- **Eso** está bien. • Me gusta **tu** idea. • Fui **dos** veces.

**7** LITERATURA. **Expón las características del Neoclasicismo.**

Debes mencionar los géneros literarios que se cultivaron, los autores y autoras más representativos y sus obras.

## NIVEL II

**1** COMUNICACIÓN. **Explica por qué la siguiente oración no puede considerarse un texto:**

> Además, le he dicho también lo que ella misma nos comunicaría a Claudia y a mí.

➤ Incluye ese enunciado en un contexto en el que quede integrado para que pueda considerarse un texto.

**2** COMUNICACIÓN. **Identifica el principio que incumple este texto y hace que no sea coherente:**

> La obra de esa autora, una de las más prolíficas de nuestra literatura, es escasa.

➤ Enuncia y explica las propiedades que debe cumplir un texto para poder ser considerado como tal.

**3** LÉXICO. **Explica qué son el léxico heredado y el léxico ampliado. ¿Se emplea la derivación en los dos?**

**4** ORTOGRAFÍA. **Copia estos enunciados escribiendo mayúscula en las palabras que deban llevarla:**

> *¿cuál es la capital de nueva zelanda? ¿en qué país está el everest? ¿por dónde pasa el río duero? ¿con qué otro nombre se conoce el cuadro las meninas?*
>
> *si le asaltan las dudas y no soporta esperar… instale en su móvil la app enciclosab. todas las respuestas en un clic.*

**5** GRAMÁTICA. **Identifica la categoría gramatical de cada una de las palabras de estas oraciones y di de qué clase es cada verbo:**

- El alumno permaneció callado durante toda la clase.
- La reclamante se expresó con absoluta corrección.
- Está aquí una chica; parece muy enfadada.
- Nos mudamos a una casa mejor.

**6** GRAMÁTICA. **Escribe dos oraciones con demostrativos que pertenezcan a categorías gramaticales diferentes.**

**7** LITERATURA. **Explica las características de la literatura neoclásica y por qué nació en la Ilustración.**

**8** LITERATURA. **Di las características de los géneros literarios del Neoclasicismo y comenta las obras más importantes de estos autores:**

- Leandro Fernández de Moratín
- José Cadalso

## Aquel mensaje

El mensaje decía:

«aún no le he dicho nada. me cuesta tanto. Uf. Tq ♥».

Pero el mensaje no era para mí. La vida cambia cuando los mensajes de amor no son para ti. Aquel mensaje, que llegó como un relámpago, inesperado y eléctrico, cambió mi vida.

Yo estaba a pie de barra, rozaba con los dedos la bandeja donde se posaba el pedido que envolvía un cocinero. Noté el teléfono vibrar en el bolsillo. No tengo un sonido asignado para las llamadas y mensajes. Me molestan los timbres. Con el móvil me basta la vibración. A veces sufro eso que llaman el síndrome del teléfono que vibra. La falsa impresión de que vibra en tu bolsillo y al sacarlo encuentras que no hay llamada ni mensaje, solo una sugestión. Mi amigo Carlos dice que los móviles serán como el tabaco, sesenta años después de extendidos por toda la población pasarán a estar perseguidos como una adicción dañina. Dice que habrá muertos, juicios millonarios y clínicas de desintoxicación. Dice que afecta a los órganos vitales y que, si lo guardas en el bolsillo, cada vez que recibes una llamada los espermatozoides de tus genitales sufren algo parecido a un electrochoque. Por eso ahora nacen tantos niños hiperactivos, dice. Mi amigo Carlos hubiera dicho, de estar allí conmigo en ese momento, ¿ves el daño que hacen los móviles? Porque la vibración era cierta y el mensaje me había llegado, aunque no fuera yo el destinatario. Lo enviaba Marta. Así que me volví para mirarla desde la barra hacia la mesa en que nos acabábamos de instalar muy poco antes de que todo cambiara en mi vida.

DAVID TRUEBA, *Blitz* (Adaptación)

### ACTIVIDADES

**1** ¿Cuáles son las ideas principales del texto? ¿Qué relación existe entre ellas?

➤ Teniendo en cuenta lo que has respondido, ¿crees que el texto cumple el principio de coherencia? ¿Por qué?

**2** Identifica sufijos y prefijos en las siguientes palabras:

- inesperado
- cocinera
- desintoxicación
- bolsillo
- electrochoque
- hiperactivo

➤ Explica qué significado aportan esas partículas a las palabras en las que aparecen.

**3** Busca en un diccionario con información etimológica las palabras *juicio, tabaco, síndrome* y *bandeja*, y escribe cuál es su origen.

**4** Especifica qué reglas ortográficas incumple este texto:

«aún no le he dicho nada. me cuesta tanto. Uf. Tq ♥».

**5** Especifica a qué categoría gramatical pertenecen las siguientes palabras:

- vibración
- dañina
- hacia
- conmigo
- uf
- muy
- instalar
- ni
- cambiara
- no
- por
- lo

➤ La palabra *solo*, dependiendo del contexto, puede pertenecer a dos categorías gramaticales. ¿A cuáles? ¿De qué categoría es la que aparece en el texto?

**6** Localiza en el texto *Aquel mensaje* alguna palabra de cada tipo:

- Sustantivo abstracto.
- Adjetivo de una terminación.
- Determinante indefinido.
- Verbo pronominal.
- Adverbio de tiempo.
- Determinante posesivo.

**7** Escribe el título de una obra perteneciente a cada uno de los géneros literarios cultivados en el Neoclasicismo.

## MI PROGRESO

Resuelve este test para comprobar si has asimilado correctamente los principales contenidos de la unidad.

**1** Un texto...

a. es siempre escrito.
b. debe ser un mensaje completo y cerrado.
c. no siempre contiene información.
d. debe ser un conjunto de enunciados.

**2** ¿Qué propiedad alude a la relación de las ideas en un texto?

a. Adecuación.
b. Coherencia.
c. Cohesión.
d. Corrección.

**3** ¿Qué afirmación es correcta?

a. Todas las palabras castellanas vienen del latín.
b. La mayoría de nuestro léxico procede del inglés.
c. El léxico se puede ampliar formando nuevas palabras.
d. Todas las opciones anteriores son correctas.

**4** ¿Cuál de estas palabras es parasintética?

a. Submarino.
b. Enamorar.
c. Prejuzgar.
d. Mediodía.

**5** ¿Cuál de estas oraciones está bien escrita?

a. El Ministerio de Justicia está al Sur de la ciudad.
b. Viví hace tiempo ahí, en... La calle Mayor.
c. Marta hizo un trabajo sobre la Reconquista en enero.
d. Me gusta *La Casa Amarilla*, de Van Gogh.

**6** Son palabras invariables...

a. los pronombres, preposiciones y conjunciones.
b. los adverbios, pronombres, conjunciones e interjecciones.
c. las preposiciones, conjunciones e interjecciones.
d. todas, excepto los sustantivos y los adjetivos.

**7** ¿Qué lista incluye todas las clases de esa categoría gramatical?

a. Comunes, individuales, colectivos, concretos y abstractos.
b. Transitivos, intransitivos, semicopulativos y pronominales.
c. Demostrativos, posesivos, numerales e indefinidos.
d. Lugar, tiempo, modo, cantidad, afirmación, negación y duda.

**8** ¿Cuál de estas oraciones contiene un pronombre?

a. Álex vino ayer a las doce de la mañana.
b. La chica que está en la puerta es asturiana.
c. ¡Guau! Has metido la canasta otra vez.
d. El vestido negro es realmente bonito.

**9** ¿Qué actitud no es propia del Neoclasicismo?

a. Preferir la expresión recargada al estilo claro y sencillo.
b. Imitar las formas del arte clásico grecolatino.
c. Adoptar una postura crítica ante la realidad.
d. Emplear la literatura con un propósito didáctico.

**10** Identifica la afirmación incorrecta sobre estos autores:

a. Jovellanos divulgó ideas reformadoras.
b. José Cadalso fue un destacado fabulista.
c. Feijoo quiso con su obra desterrar las supersticiones.
d. Moratín retrata en sus comedias a la burguesía.

### AUTOEVALUACIÓN Piensa y comprueba:

**Lo que sabes:**

- ✓ Cuáles son las propiedades textuales más relevantes.
- ✓ De dónde procede el léxico castellano.
- ✓ Qué palabras se escriben con mayúscula inicial y cuáles no.
- ✓ Cuáles son las categorías gramaticales y qué son las clases transversales.
- ✓ Cómo influyó la Ilustración en la literatura del siglo XVIII.

**Lo que sabes hacer:**

- ✓ Identificar si un texto resulta eficaz en un acto comunicativo.
- ✓ Reconocer el léxico heredado y ampliado.
- ✓ Escribir correctamente palabras que deben llevar mayúscula inicial.
- ✓ Diferenciar clases de palabras por su significado y propiedades gramaticales.
- ✓ Comprender y analizar obras de la literatura neoclásica.

# UNIDAD 2

## Comunicación
- Creación y comprensión del texto

## Léxico
- Palabras de origen latino

## Ortografía
- Signos de puntuación (I)

## Gramática
- Clases de sintagmas

## Literatura
- El Romanticismo

**Escucha y resuelve.**
- ¿Qué provoca hoy en día la recepción de una carta según la locutora? ¿Estás de acuerdo?
- ¿Llega a tu casa alguna carta a tu nombre? ¿Qué tipo de cartas son?
- ¿De qué clase de literatura se habla en el audio? ¿En qué consiste?
- ¿Por qué se afirma que hoy en día todos somos escritores y lectores?

**La novela epistolar fue muy popular en el siglo XVIII. Investiga en Internet sobre este subgénero literario.**
- En parejas, recopilad las principales características de la novela epistolar.
- Imaginad el argumento de una novela epistolar del siglo XXI. Pensad en una trama, unos personajes y la relación que existe entre ellos.
- En clase, poned en común vuestras ideas.

# Un día bueno

La convicción de que la vida tiene una finalidad está grabada en todas las fibras del hombre. Aquí y hoy, nuestra finalidad es llegar a la primavera. Por la mañana, todos escrutamos el cielo acechando los primeros indicios de la dulce estación.

Hoy, por primera vez, el sol ha surgido vivo y nítido fuera del horizonte de barro. Es un sol polaco, frío, blanco y lejano, pero cuando se ha deshecho de las últimas brumas ha corrido un murmullo por nuestra multitud sin color, y he comprendido que se pueda adorar al sol.

A mediodía se veían las montañas; al poniente, familiar e incongruente, el campanario de Auschwitz (¡un campanario aquí!). Por primera vez nos hemos dado cuenta de que, a los dos lados de la carretera, también aquí los prados están verdes: porque, si no hay sol, un prado es como si no fuese verde. La Buna[1] no: la Buna es esencialmente opaca y gris. Este desmesurado enredo de hierro, de cemento, de barro y de humo es la negación de la belleza. Sus calles y sus edificios se llaman como nosotros, con números o letras, o con nombres inhumanos y siniestros. La Buna es grande como una ciudad; allí trabajan, además de los dirigentes y los técnicos alemanes, cuarenta mil extranjeros, y se hablan quince o veinte idiomas. Todos los extranjeros viven en distintos *lagers*[2], que rodean la Buna como una corona: el *lager* de los prisioneros de guerra ingleses, el *lager* de las mujeres ucranianas, el *lager* de los voluntarios franceses, y otros que no conocemos.

Hoy es un buen día. Miramos alrededor, como ciegos que recobran la vista, y nos miramos unos a otros. Nunca nos habíamos visto al sol: algunos sonríen. ¡Si no fuese por el hambre! Porque así es la naturaleza humana, las penas y los dolores que se sufren simultáneamente se esconden, los menores detrás de los mayores, según una ley de perspectiva muy clara. Es algo providencial y que nos permite vivir aquí. Por eso, aún no acaba de cesar el frío, que durante todo el invierno nos ha parecido el único enemigo, y ya nos damos cuenta de que tenemos hambre, y, repitiendo el mismo error, decimos hoy: «¡Si no fuese por el hambre!»... Pero ¿cómo podría pensarse en no tener hambre? El *lager* es el hambre: nosotros somos el hambre, un hambre viviente.

Sigi tiene diecisiete años y es el más hambriento. Había empezado a hablar de su casa de Viena y de su madre, pero luego ha pasado al tema de la cocina y ahora nos habla sin parar de no sé qué banquete de bodas y recuerda, con verdadero desconsuelo, que no terminó el tercer plato de potaje de habas. Todos lo mandan callar, y no han pasado diez minutos cuando Bela nos describe su campiña húngara, y los campos de maíz, y una receta para hacer polenta dulce con maíz tostado, y manteca, y especias, y... y lo insultan, y hay otro que empieza a contar... ¡Qué débil es la carne!

Pero no solo debido al sol es el de hoy un día alegre: a mediodía nos espera una sorpresa. Además del rancho normal de la mañana, encontramos en la barraca una maravillosa marmita de cincuenta litros, de las de la cocina de la fábrica, casi llena. Templer nos mira triunfante: esta «organización» es obra suya. Templer es el organizador oficial de nuestro *kommando*[3]: tiene para la sopa de los civiles una sensibilidad exquisita, como las abejas para las flores. Nuestro *kapo*[4], que no es un mal *kapo*, le deja las manos libres, y con toda la razón.

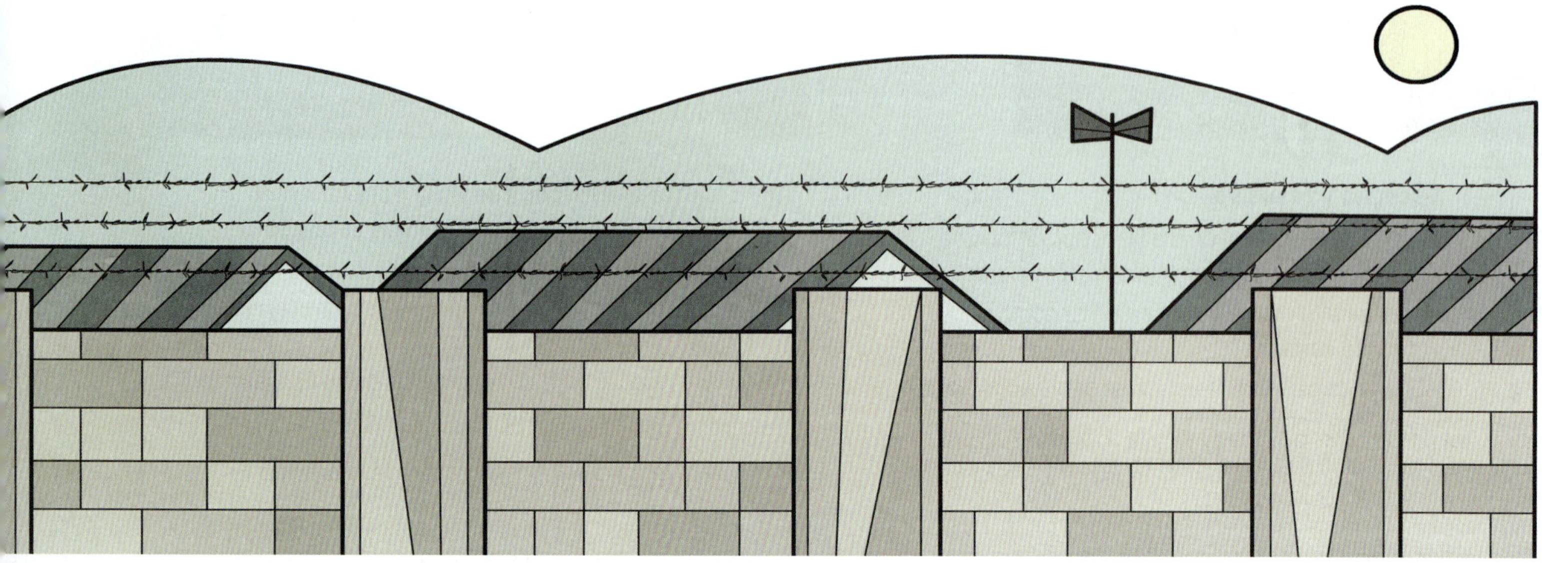

Templer se echa a andar siguiendo pistas imperceptibles, como un sabueso, y vuelve con la preciosa noticia de que los obreros polacos de la fábrica de alcohol metílico, a dos kilómetros de aquí, han dejado cuarenta litros de sopa porque sabía a rancio, o que un vagón de nabos se ha quedado sin guardia en la vía muerta de la cocina de la fábrica. Hoy, los litros son cincuenta, y nosotros somos quince. Son tres litros por cabeza. ¿Qué más podría desearse? Hasta el trabajo nos parece ligero ante la perspectiva de la sopa densa y caliente que nos espera en la barraca.

Al atardecer, suena la sirena que indica el final del trabajo; y puesto que todos estamos, al menos durante unas horas, saciados, no hay lugar a litigios. Hoy podemos ser infelices a la manera de los hombres libres.

PRIMO LEVI, *Si esto es un hombre* (Adaptación)

[1] **Buna:** fábrica en la que trabajaban algunos prisioneros del campo de concentración nazi de Auschwitz.

[2] **lager:** campo de concentración nazi.

[3] **kommando:** grupo de prisioneros.

[4] **kapo:** preso que lidera un grupo de trabajo.

## Comentario de texto

### Comprensión

1. ¿Por qué afirma Primo Levi al principio del texto que la finalidad en la vida de los presos de Auschwitz es llegar a la primavera?
   - ¿Sería ese su objetivo si los personajes no estuvieran en un campo de concentración? ¿Por qué?
2. ¿Por qué dice el autor al principio del cuarto párrafo que «hoy es un buen día»?
3. Explica cuáles son, según el texto, las principales preocupaciones de un preso de Auschwitz y por qué ocupan su pensamiento día y noche.
4. Describe con tus palabras cómo se las arregla Templer para conseguir comida extra.
5. ¿Qué simbolizan el color verde del prado y el gris de la Buna mencionados en el tercer párrafo?
   - ¿Crees que esos símbolos se entienden universalmente o son exclusivos de esta obra?
6. Busca una definición de estas palabras que se ajuste al significado que tienen en el texto:
   - escrutar
   - providencial
   - rancho
7. ¿De qué trata el texto? Resume en una oración el contenido del mismo.

### Estructura

8. Numera los párrafos y sitúa estos pasajes del texto:
   - Un pasaje en el que predomine la descripción.
   - Un pasaje que contenga recuerdos de los personajes.
   - Un pasaje que contenga una reflexión sobre la existencia del ser humano.

### Estilo

9. ¿Qué tipo de texto es *Un día bueno*? Aporta datos que lo demuestren.
   - Una narración de un acontecimiento.
   - Una descripción de un lugar.
   - Un texto con información de los campos de concentración.
10. ¿Crees que la manera desapasionada de narrar se corresponde con la crudeza de los hechos? ¿Por qué?
    - ¿Qué crees que pretendía el autor con ello?
11. Localiza los enunciados exclamativos del texto y di qué pretende expresar el autor en cada uno.
12. Identifica los adjetivos empleados en los párrafos segundo y tercero para referirse a estos elementos:
    - el sol
    - el campanario
    - el prado
    - la fábrica
13. Primo Levi utiliza en su narración un estilo neutro, claro y sencillo, despojado de figuras retóricas.

    ¿Crees que tiene relación con el hecho de que se trate de un testimonio real y no de una obra de ficción?

### Valoración

14. Según el diccionario de la RAE, la resiliencia es la 'capacidad de adaptación de un ser vivo frente a un agente perturbador o un estado o situación adversos'.

    Explica de qué manera el texto de Primo Levi ejemplifica el concepto de resiliencia.
15. Comentad en clase el significado de la oración con la que termina el texto.
    - ¿Creéis que es irónica? ¿Por qué?

# Creación y comprensión del texto

## 1 La creación de un texto

Todo **texto** es el resultado de un proceso que se desarrolla en el ámbito de un acto de comunicación.

Si bien el proceso de creación normalmente se identifica con la comunicación planificada propia de los textos escritos, ese proceso también existe en la comunicación no planificada o espontánea, propia de los textos orales.

### La situación comunicativa

Los textos son unidades de comunicación, y por ello, para su elaboración es necesario definir previamente los **elementos de la comunicación** (el código o lengua que se empleará, el canal oral o escrito por el que se transmitirá, el receptor al que se destina…) y el **propósito** o finalidad que se persigue (informar de un hecho, convencer a alguien…).

Para planificar un texto se deben considerar principalmente dos elementos de la situación de comunicación:

- El **tema** del que va a tratar el mensaje que se transmite.
- El **destinatario** al que se dirige.

Los elementos que se dan en la situación de comunicación y el propósito que se persigue definen, en gran medida, el tipo de texto y sus características. Así, por ejemplo, una noticia es un tipo de texto en el que se cuentan unos hechos de actualidad (tema) a un público general (destinatario) con la intención de informar (propósito).

### La elaboración del texto

La elaboración de un texto exige las siguientes acciones:

- **La selección de la información.** Para elaborar un texto se debe comenzar por elegir las ideas que se quieren transmitir. Para ello, la mayoría de las veces se requiere una tarea previa de documentación sobre el tema a tratar, que conduce a la selección del contenido final. En la selección de la información, se tiene en cuenta la información que el receptor ya posee sobre el tema (presuposiciones), que no aparece en el texto, pero es necesaria para la comprensión del mismo.
- **La organización del contenido.** Las ideas de un texto se relacionan unas con otras y se presentan de un modo que hace comprensible el mensaje que se transmite. Existen distintos criterios de ordenación según el tipo de texto y el tema que trata. Así, por ejemplo, las narraciones suelen seguir un orden cronológico; mientras que en las descripciones se sigue frecuentemente un orden espacial. Los conectores textuales sirven para relacionar las distintas partes del texto y expresan el tipo de relación que establecen.
- **La disposición formal.** Los textos escritos suelen aparecer divididos en párrafos, en los que se desarrollan las distintas ideas. Además, existen textos complejos que se dividen en unidades menores o apartados; por ejemplo, una novela suele estar dividida en capítulos. En los textos orales la organización externa se marca por medio de pausas.

SABER MÁS

**El proceso de escritura de un texto**

La escritura de un texto es un proceso que consta de cuatro fases:

- **Proyecto.** A partir de una idea inicial, se define la tarea (tema, propósito, destinatario y tipo de texto), se seleccionan las ideas y se planifica el modo de exponerlas.
- **Redacción.** Siguiendo el proyecto inicial, se crea una primera versión o borrador.
- **Revisión.** Se evalúa si el texto cumple los objetivos propuestos y se realizan las correcciones necesarias.
- **Redacción definitiva y edición.** Se da la forma final al escrito para que pueda ser leído por otras personas.

Los procesadores de textos facilitan la tarea de escritura. Disponen de muchas herramientas gráficas que permiten realizar cambios y ayudan a mejorar la presentación de un escrito.

## 2 La comprensión de un texto

Cada texto contiene información sobre uno o varios aspectos de un tema determinado. Esa información se expresa a través de una serie de ideas relacionadas entre sí que en conjunto constituyen el texto.

Comprender un texto es entender las **ideas** que transmite sobre el **tema** que trata, así como las relaciones que existen entre ellas.

Un texto puede tratar distintos temas. En esos casos, existe un **tema principal** y otros **temas secundarios**. El tema principal es el elemento unificador que proporciona coherencia al texto. Los temas secundarios mantienen una relación con el tema principal, que puede ser de consecuencia, de ejemplificación, de comparación…

Por lo general, cada párrafo de un texto desarrolla una **idea**, aunque no todas las ideas tienen la misma importancia en el conjunto del texto. Hay párrafos en los que se presentan las ideas principales; en otros, sin embargo, se desarrolla alguna idea relacionada con algún aspecto del tema; y hay otros que amplían información sobre la idea principal o introducen un tema secundario. Las ideas muestran, por tanto, una **organización jerárquica**.

Cuando un hablante comprende un texto debe ser capaz de resumir su información. El **resumen** expresa las ideas principales contenidas en un texto y las relaciones que existen entre ellas. Hay dos criterios para determinar la importancia de las ideas de un texto:

- **La relación con el tema principal.** Las ideas principales dicen algo sobre el tema principal o sobre algún aspecto sustancial del mismo.
- **La autonomía.** Las ideas principales no dependen de otra idea, mientras que las secundarias con frecuencia sirven de explicación, ejemplificación o complemento de una idea principal.

### ACTIVIDADES

**1** Identifica en el siguiente texto el tema, el destinatario y el propósito.

**La risa adelgaza**

Un equipo de científicos y científicas de la Universidad Vanderbilt en Nashville, Tennessee (EE. UU.), concluyó que reírse durante 15 minutos al día puede ayudar a perder peso, ya que la risa hace que el corazón lata más rápido, trabajando a la vez una serie de músculos, lo que redunda en un aumento del gasto de energía. Además, la vibración del diafragma provoca un masaje interno tanto en el estómago como en el hígado, generando jugos gástricos que reducen los ácidos grasos y nos ayudan a eliminar toxinas del organismo. Podemos llegar a perder 2 kg al año con nuestro aporte de risa diario.

*muyinteresante.es*

➤ Añade un párrafo al texto.

**2** Di cuál es el tema principal del siguiente texto y contesta. ¿Cuáles son las ideas básicas que se expresan en él? ¿Qué otras ideas contiene?

**Los conejos australianos**

Los conejos fueron introducidos en Australia hacia 1850. Los primeros habitantes de aquellas tierras, de origen británico, dejaron en libertad unos cuantos ejemplares, que, por su capacidad reproductiva, acabaron convirtiéndose en una plaga.

Desde 1950 las autoridades vienen intentando reducir el número de esos animales valiéndose de mosquitos infectados con el virus de la mixomatosis, que es letal para los conejos. La evolución natural del parásito y de su hospedador ha permitido controlar la situación.

➤ Elabora un resumen del texto.

RECURSOS

## La edición profesional de textos

La escritura de un texto es un proceso que consta de varias fases: el **proyecto** inicial, la primera **redacción**, la **revisión**, la **redacción definitiva** y la **edición**. En el caso de las obras que van a ser publicadas (una novela, un ensayo, un manual, un libro de texto...), este último proceso se lleva a cabo normalmente en una **editorial**.

El proceso de edición sigue también diversas fases o etapas, desde que el texto es entregado a la editorial hasta que esta lo envía al taller que se encarga de la impresión. A grandes rasgos, estas son las etapas:

- Cuando se entrega a la **editorial** el texto original (normalmente, un archivo digital creado con un procesador de textos), se lee el documento y se revisan aspectos como la adecuación del contenido, la coherencia interna, la corrección ortográfica y de estilo, la distribución del texto en los apartados...
- Una vez que el original está revisado, se realiza la **maquetación** del documento utilizando un programa adecuado. Se distribuye el texto de la forma más eficiente posible y se deciden las ilustraciones que deben ir en cada página, aplicando los criterios de diseño que se hayan determinado previamente para la publicación: ancho del texto, número de columnas, márgenes, tipo y tamaño de letra, formato de los títulos... Con la maquetación se obtiene un modelo o primera versión de cada una de las páginas del libro. Este modelo se denomina **maqueta**.
- La maqueta se somete a **revisión**. El proceso de revisión y corrección suele realizarse varias veces para detectar los errores (ortográficos, gramaticales, tipográficos, de diseño... e, incluso, de contenido) que pueda tener el texto. Esta revisión se realiza normalmente en papel y posteriormente se incluyen las **correcciones** en el documento digital de la maqueta. Frecuentemente, se hace llegar una copia del documento maquetado a la persona que escribió el original para que haga las observaciones que considere oportunas.
- Terminada la corrección, se cierra el proceso de edición y se entrega el documento digital de la maqueta a **producción**. Allí se encargan de darle el tratamiento necesario para enviarlo al **taller** gráfico, que realiza la impresión y encuadernación de los ejemplares del libro.

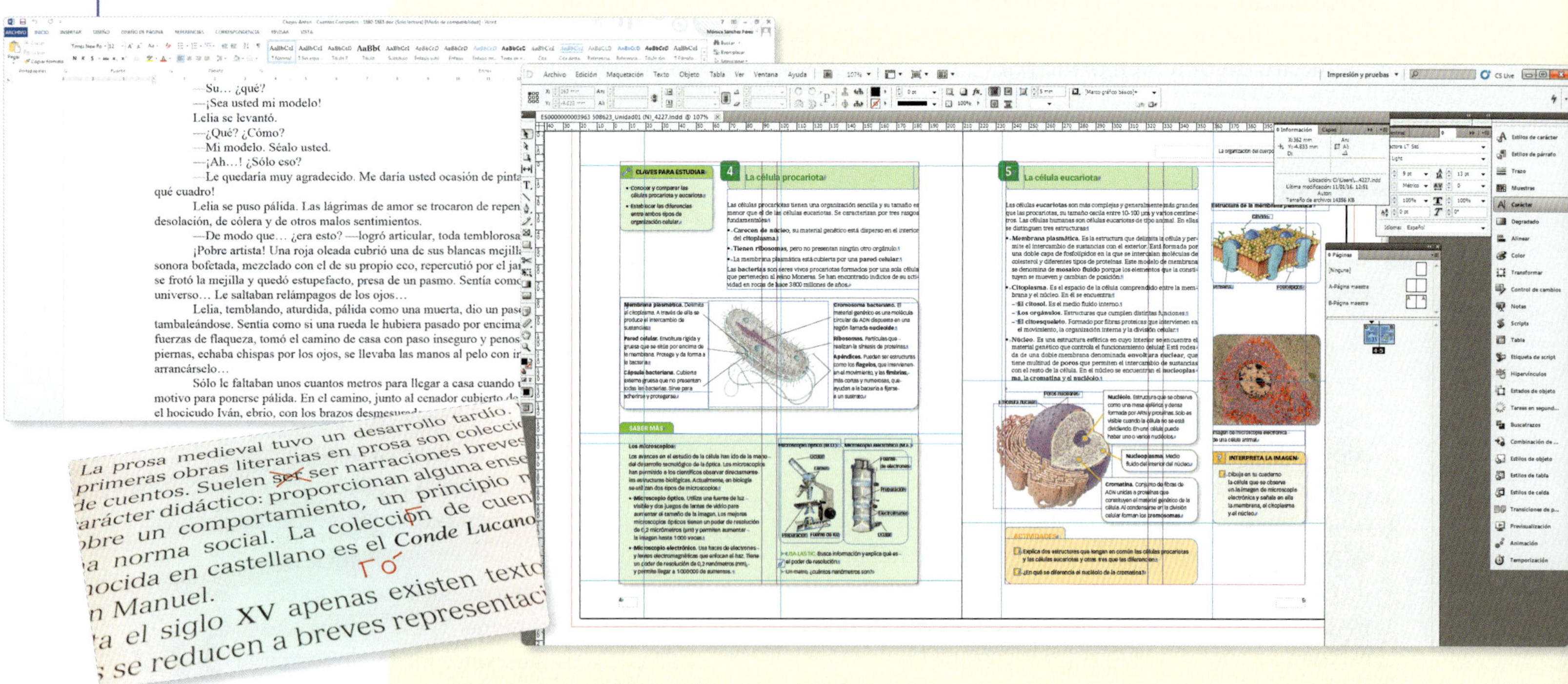

**1** Indica a qué fase de la edición profesional de textos corresponde cada imagen y explica qué se hace en cada una de ellas.

**2** PARA PENSAR. ¿Qué valor crees que aporta la edición al texto?

- ¿Has encontrado alguna vez un error en un libro? ¿Qué impresión dirías que produce?

SABER HACER

## Elaborar un glosario

**La definición esencial**

Se denomina definición esencial a la que incluye el contenido indispensable del término a definir. Tiene dos partes: en la primera parte se expresa el género próximo al que pertenece el concepto definido y, en la segunda, se detalla la diferencia específica que no comparten otros términos del mismo género.

Un glosario es un catálogo de palabras usadas en una disciplina o ámbito temático determinado, que aparecen con su definición y algunos comentarios explicativos. Los glosarios son instrumentos de consulta muy útiles. Vais a elaborar en grupo un glosario sobre un tema de vuestro interés.

1 TRABAJO COOPERATIVO. Proponed en grupo posibles temas sobre los que elaborar el glosario y elegid el que más os interese a todos:

- El baloncesto.
- Los videojuegos.
- La música actual.
- La escalada.
- Las redes sociales.
- La moda juvenil.

2 Un campo léxico es un conjunto de palabras de distinta categoría relacionadas con un ámbito temático.

Elaborad un esquema detallado del campo léxico relacionado con el tema del glosario y asignad un apartado a cada miembro del grupo.

El baloncesto
- Personas
- Lugares
- Acciones
- Jugadas
- ...

3 Elaborad un listado de términos y expresiones del apartado que se os ha encomendado y ponedlo en común. Completad el listado buscando información sobre el tema del glosario.

4 Repartid los términos del listado definitivo entre los miembros del grupo y seleccionad la información sobre cada término.

Recoged la información en fichas:

- Escribid en la parte superior el término de la forma como queréis que aparezca.
- A continuación, redactad la definición y, tras ella, añadid otras informaciones que os parezcan de interés.

> *Triple. En baloncesto, canasta de tres puntos en un tiro lanzado desde fuera de la línea dibujada en la pista a 6,75 m de la vertical del aro. Procede del baloncesto americano y se extendió al europeo...*

5 Leed las fichas. Corregidlas y completadlas entre todos.

6 Elaborad el glosario definitivo.

- Ordenad los términos alfabéticamente.
- Decidid el modo en que vais a destacar el término que se define y se explica.
- Incluid algunas ilustraciones.

# Palabras de origen latino

Los latinismos son palabras o expresiones latinas que se siguen utilizando tal cual en el castellano actual: *in extremis* ('en el último momento'), *grosso modo* ('más o menos'), *ipso facto* ('en el acto')…

## 1 Palabras patrimoniales y cultismos

En castellano podemos distinguir dos tipos de palabras de origen latino según el momento en que se incorporaron y los cambios que sufrieron.

Son **patrimoniales** las palabras castellanas procedentes del latín que sufrieron un proceso de adaptación fonética durante la Edad Media.

Las palabras patrimoniales se incorporaron muy pronto al castellano y, por eso, muchas de ellas sufrieron grandes transformaciones.

*dubitare* (latín) ▶ *dubdare* (castellano medieval) ▶ *dudar*

*formosus* (latín) ▶ *fermoso* (castellano medieval) ▶ *hermoso*

Son **cultismos** las palabras que proceden del latín y se incorporaron al castellano en época tardía sin sufrir apenas adaptaciones.

*animum* (latín) ▶ *ánimo*    *digitum* (latín) ▶ *dígito*

La mayoría de los cultismos se introdujeron en los siglos XVI y XVII.

## 2 Los dobletes

En algunos casos, una misma palabra latina dio origen en castellano a una forma patrimonial y a un cultismo.

Son **dobletes** las palabras procedentes de una misma palabra latina que dio origen a una palabra patrimonial y a un cultismo.

Los dobletes suelen tener, por su origen común, una relación de significado.

*filium* (latín) ▶ *filiar* (cultismo) ▶ *hijo* (palabra patrimonial)

*auricula* (latín) ▶ *aurícula* (cultismo) ▶ *oreja* (palabra patrimonial)

## ACTIVIDADES

**1** Indica cuáles de estas palabras son patrimoniales y cuáles cultismos.

Puedes buscar su origen en el diccionario.

- regente
- hormiga
- vetusto
- cátedra
- pared
- delicado
- legal
- límpido
- oír

**2** Escribe en cada caso al menos una palabra más que proceda de la misma palabra latina.

- *integrum* ▶ entero…
- *clamare* ▶ llamar…
- *plenum* ▶ lleno…
- *fabulare* ▶ hablar…

**3** Escribe una palabra patrimonial para cada imagen.

▶ Averigua el origen de esas palabras y escribe un cultismo que proceda de esa misma palabra latina.

**4** PARA PENSAR. Explica si es lo mismo un cultismo que una palabra culta usando las palabras destacadas.

Sintió **hastío** al ver al virus **mutar** nuevamente.

# Signos de puntuación (I)

**SABER MÁS**

**Usos incorrectos de la coma**

Es incorrecto escribir coma entre el sujeto y el verbo, incluso cuando el sujeto es una enumeración.

**Mi tío, es jefe de bomberos.*

**Carla, Santi y Maite, vendrán esta tarde a casa.*

También es incorrecto escribir coma entre el verbo y sus complementos obligatorios: atributo, complemento directo, indirecto, predicativo, de régimen y agente.

**Preparé, un bizcocho.*

**Se avergüenza, de su actitud.*

## 1 La coma

La coma (,) es un signo de puntuación que debe emplearse en estos casos:

| USO DE LA COMA | EJEMPLOS |
|---|---|
| Para aislar los elementos de una enumeración que no van unidos por *y*, *ni*, *o*. | *Compra leche, pan y algo de fruta.* *Vendrá el lunes, el martes o el miércoles.* |
| Delante de enlaces como *pero*, *sino que*, *ya que*, *puesto que*, *así que*… | *Tenía clase, pero me quedé dormido.* *Está enferma, así que no vendrá.* |
| Para señalar la omisión de una forma verbal. | *Ana prefiere la montaña; Javier, la playa.* |
| Si se sitúan en primer lugar expresiones largas de carácter circunstancial. | *Cuando nos den las vacaciones de invierno, iremos a esquiar.* |
| Cuando nos dirigimos a nuestro interlocutor por su nombre u otro apelativo. | *Toma, Ana, se te ha caído el pañuelo.* *Abuela, ¿te apetece dar un paseo?* |
| Para delimitar un inciso. | *Jorge, el vecino de Luis, te ha llamado.* |

## 2 El punto y coma

El punto y coma (;) es un signo de puntuación que debe utilizarse en estos casos:

| USO DEL PUNTO Y COMA | EJEMPLOS |
|---|---|
| Para separar los elementos de una enumeración cuando alguno de ellos ya lleva comas. | *Preparó menestra para Iván; pollo asado, que le encanta a María; y flan.* |
| Para delimitar oraciones yuxtapuestas que, aun siendo independientes, están estrechamente relacionadas por el sentido. | *Estaré estudiando durante todo el fin de semana; el martes tengo un examen.* |
| Ante conectores (*sin embargo*, *por tanto*, *así pues*…) para relacionar enunciados extensos. | *Pensé que había perdido el número de teléfono de mi dentista; sin embargo, lo tenía anotado en la agenda.* |

### ACTIVIDADES

**1** Copia las oraciones y pon coma, punto y coma o ambos donde corresponda.

- Dijo que esta vez sería puntual pero llegó tarde.
- Mi madre adora a los perros mi padre a los gatos.
- Lucas he de irme mañana seguimos con esto.
- Diana la amiga que te presenté quiere ser médica.
- La clase quiso hacer una obra de teatro divertida así que les sugerí una de Miguel Mihura.
- Escucha Mónica esta es mi guitarra nueva sin embargo me gustaría regalártela.

**2** Escribe dos enumeraciones con estos requisitos:

- Una que contenga al menos cuatro comas.
- Una que contenga al menos dos comas y tres punto y coma.

**3** PARA PENSAR. **Explica el cambio de significado que establece la coma en estos casos:**

Laura, mi prima y yo jugamos al tenis.

Laura, mi prima, y yo jugamos al tenis.

# Clases de sintagmas

## Claves para empezar

- Define qué es un sintagma y escribe uno de cada tipo que recuerdes.
- Subraya el núcleo de los sintagmas que has escrito. ¿A qué categorías gramaticales pertenecen? ¿Y las demás palabras?
- Di qué función es característica del sintagma nominal y cuál del sintagma verbal.

## 1 Los sintagmas

En la oración *El hijo de Alberto trajo los postres*, se distinguen estos sintagmas: *el hijo de Alberto; de Alberto; Alberto; trajo los postres;* y *los postres*.

Un sintagma puede constar de tres componentes: el **núcleo**, el **complemento del núcleo** y el **modificador** (que precede al núcleo o al conjunto del núcleo y su complemento). De estos elementos, el **núcleo** es el principal; de hecho, el sintagma puede considerarse una «expansión» o proyección de él.

Según la **naturaleza del núcleo**, hay cinco clases de sintagmas: nominal (SN), verbal (SV), adjetival (SAdj), adverbial (SAdv) y preposicional (SPrep).

## 2 El sintagma nominal

El **sintagma nominal** es el sintagma que tiene como núcleo un sustantivo o nombre.

Son sintagmas nominales *un día soleado, pan de molde, el Goya pintor* o *mesa*.

Además del **núcleo**, el sintagma nominal puede tener estos componentes:

- Un **modificador**, que es siempre un determinante (Det.): *un día*.
- Un **complemento** (Compl.), que suele ser un sintagma adjetival (*día soleado*), preposicional (*pan de molde*) o nominal (*el Goya pintor*).

| *un* | *día* | *soleado* |
|---|---|---|
| Det. | Núcleo (Sust.) | Compl. (SAdj.) |
| | Núcleo + Compl. | |
| | SN | |

El sintagma nominal puede desempeñar las funciones de sujeto (*el aire me agrada*), complemento directo (*busco trabajo*), complemento circunstancial (*iré un día de estos*), atributo (*ella es una buena chica*), complemento predicativo (*la han nombrado directora de ventas*), complemento del nombre (*vive en la calle Águeda*) o término de preposición (*fui por ti*).

## ACTIVIDADES

**1** Di cuáles de los siguientes segmentos subrayados son sintagmas nominales:

**La lechera pragmática**

De camino al mercado, la lechera solo pensaba en las ganas que tenía de beber la fresquísima leche del cántaro. Pero logró resistirse, y al llegar le dieron una suma exorbitante por la mercancía. Ello hizo que, en adelante, no soñara lo que hubiese soñado si el cántaro se hubiera roto.

IRENE BREA
*Por favor, sea breve*

**2** Identifica los sintagmas nominales de las siguientes oraciones, analiza su estructura e indica su función:

- Una compañera tuya no vino ayer.
- Afortunadamente, los habitantes de aquella ciudad nunca se rindieron.
- María y Víctor emprendieron un gran viaje.
- Cada año nos reunimos el segundo sábado del mes de marzo.
- Se oyen muchos rumores inciertos.
- Sus promesas no tienen validez alguna.

## 3 El sintagma verbal

El **sintagma verbal** es el sintagma que tiene como núcleo un verbo.

Son sintagmas verbales *no debes ir hoy, espero tu orden, está alegre, carece de ideas* o *vendrá*.

Además del **núcleo**, que es una forma verbal (*espero*) o una perífrasis verbal (*debes ir*), el sintagma verbal puede tener estos componentes:

- Un **modificador** (Mod.), que es un adverbio: *no debes ir*.
- Un **complemento**, que puede ser un sintagma nominal (*espero tu orden*), adjetival (*está alegre*), adverbial (*debes ir hoy*) o preposicional (*carece de ideas*).

| *no* | *debes ir* | *hoy* |
|---|---|---|
| Mod. (Adv.) | Núcleo (V) | Compl. (SAdv.) |
| | Núcleo + Compl. | |
| | SV | |

La función característica del sintagma verbal es la de predicado.

## 4 El sintagma adjetival

El **sintagma adjetival** es el sintagma que tiene como núcleo un adjetivo.

Son sintagmas adjetivales *muy reacio a los cambios, bastante satisfecha* o *útil*.

Además del **núcleo**, el sintagma adjetival puede tener estos componentes:

- Un **modificador**, que es un adverbio: *bastante satisfecha*.
- Un **complemento**, que es un sintagma preposicional: *reacio a los cambios*.

| *muy* | *reacio* | *a los cambios* |
|---|---|---|
| Mod. (Adv.) | Núcleo (Adj.) | Compl. (SPrep.) |
| | Núcleo + Compl. | |
| | SAdj. | |

El sintagma adjetival puede desempeñar las funciones de complemento del nombre (*un problema sencillo*), atributo (*es reacio a los cambios*) y complemento predicativo (*salió bastante satisfecha*).

**SABER MÁS**

**Sintagmas interjectivos**

Hay lingüistas que sostienen la existencia de sintagmas interjectivos, que estarían formados por una interjección y sus complementos, como en *¡Ay de mí!* u *Ojo con ese perro*.

### ACTIVIDADES

**3** Localiza los sintagmas verbales y adjetivales de estas oraciones y explica sus estructuras:

- Quizá aparezca radiante ante el público.
- ¿Podrías hablar más despacio?
- Siempre ha sido amable con mi familia.
- Él no acudió a su cita con la prensa.
- La película parecía muy interesante.

▶ Especifica la función de esos sintagmas.

**4** Reconoce los sintagmas verbales y especifica la estructura de cada uno.

**Los rinocerontes y el amor**

Un rinoceronte enamorado resulta una tragedia. Raspa, durante años, su lomo contra los robles más viejos. Con frecuencia se equivoca. Suspira demasiado.

Un rinoceronte enamorado no asusta a nadie.

ALBERTO BARRERA TYSZKA, *Edición de lujo* (Adaptación)

## 5 El sintagma adverbial

El **sintagma adverbial** es el sintagma que tiene como núcleo un adverbio.

Son sintagmas adverbiales *muy lejos de casa*, *detrás de ti* o *ayer*.

Además del **núcleo**, el sintagma adverbial puede tener estos componentes:

- Un **modificador**, que es un adverbio (*muy lejos*) o un sintagma nominal de valor cuantitativo (*minutos después*).
- Un **complemento**, que es un sintagma preposicional: *lejos de casa*.

| *muy* | *lejos* | *de casa* |
|---|---|---|
| Mod. (Adv.) | Núcleo (Adv.) | Compl. (SPrep.) |
| | Núcleo + Compl. | |
| | SAdv. | |

El sintagma adverbial puede desempeñar funciones de complemento circunstancial (*vendrá antes de la una*), atributo (*él parece lejos de ahí*), complemento predicativo (*te suponía fuera de esto*) o término de preposición (*el de antes de dormir*).

## 6 El sintagma preposicional

Se denomina **sintagma preposicional** al conjunto formado por una preposición y el sintagma que la sigue, por lo común un sintagma nominal.

Son sintagmas preposicionales *desde la boda*, *totalmente de plata* o *con asas*.

Los sintagmas preposicionales constan de dos elementos:

- Una **preposición**: *a la izquierda*.
- Un elemento –por lo común, un sintagma nominal– que recibe el nombre de **término de la preposición**: *a la izquierda*.

| *a* | *la izquierda* |
|---|---|
| Prep. + | Término (SN) |
| SPrep. | |

A veces, añaden un **modificador**, que puede ser un adverbio (*totalmente de plata*) o un sintagma nominal de valor cuantitativo (*unos metros a la izquierda*).

Pueden desempeñar las funciones de complemento de un nombre, un adjetivo o un adverbio; y de complemento directo (*no vi a Raúl*), indirecto (*di sal a Lía*), circunstancial (*leo en casa*), de régimen (*cuento con él*), atributo (*es de oro*) o predicativo (*volví de malhumor*).

### SABER MÁS

**El núcleo del sintagma preposicional**

Aunque se trata de una cuestión debatida, la Real Academia Española se inclina por considerar que la preposición es el núcleo del sintagma preposicional.

### Claves para estudiar

Comprueba lo que has aprendido resolviendo estas actividades:

- Enumera los tipos de sintagmas y di cuál es su núcleo.
- Di qué elementos forman la estructura de cada tipo de sintagma. ¿Son todos iguales?
- Escribe un texto en el que emplees al menos un sintagma de cada tipo e identifícalo.

## ACTIVIDADES

**5** Identifica los sintagmas adverbiales y preposicionales de estas oraciones y analiza su estructura.

- Vivimos muy cerca del centro de la ciudad.
- Actúas con arrojo, casi temerariamente.
- Llegó a Viena más tarde de las diez.
- Se dejó en casa el carné con las prisas.

**6** Identifica la clase de los sintagmas subrayados en este texto y describe su estructura.

**La cena**

Los invitados llegarían en cualquier momento.

Aquel enorme león, agazapado bajo la mesa, esperaba la apetitosa cena. Cuando terminó, se sintió pletórico.

## APLICACIÓN

**1** Copia el título de estos libros y di qué tipo de sintagmas son.

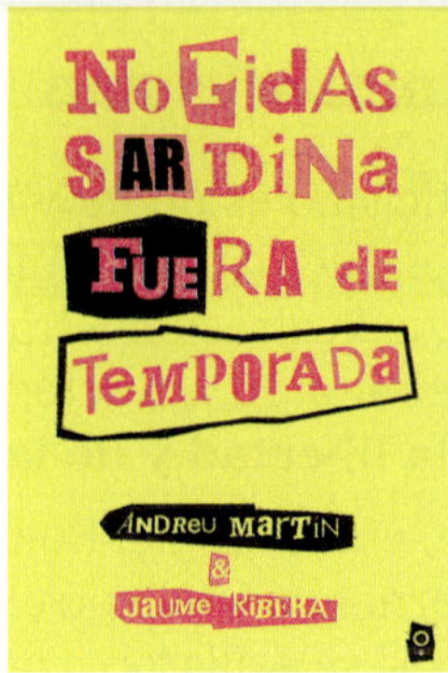

- Explica la estructura de cada sintagma.

**2** Identifica el sintagma nominal del que es núcleo cada uno de los sustantivos destacados en el texto:

> El **café** de la estación era cálido y luminoso. La **madera** de las mesas relucía de tan restregada y había **cestos** de galletitas saladas en bolsas de papel glaseado. Las **sillas** eran labradas, pero los asientos estaban gastados y eran cómodos. Había un **reloj** de madera labrada en la pared y una **barra** en la otra punta del local.
>
> ERNEST HEMINGWAY, *Homenaje a Suiza*

- Añade palabras a esos sintagmas para hacerlos más largos.

**3** En parejas, escribid en cinco minutos el mayor número posible de oraciones que contengan sintagmas adverbiales o preposicionales, pero ningún sintagma nominal.

**Ten en cuenta que...**

No solo es término de preposición el sintagma nominal. También puede serlo un sintagma adjetival o adverbial.

**4** Elige una de estas imágenes y descríbela usando sintagmas adjetivales con distintos componentes. Después, indica su estructura.

**5** ANÁLISIS SINTÁCTICO. Analiza los siguientes sintagmas como en los ejemplos:

- El coche rojo de mi vecina.
- No comprendes nada.
- Es realmente inteligente.
- Bastante cerca de mi casa.
- Un grupo numeroso de aves.
- Ese noble gesto.

*Unos bizcochos de zanahoria.*
Unos: Det. — bizcochos: Núcleo — de zanahoria: Compl. (SPrep.)
SN

*Desde siempre.*
Desde: Prep. — siempre: + Término (SAdv.)
SPrep.

*No enviemos el mensaje.*
No: Mod. — enviemos: Núcleo — el mensaje: Compl. (SN)
SV

# El Romanticismo

SABER MÁS

Johann Wolfgang von Goethe.

**El Romanticismo en Europa**

Algunos de los autores más influyentes del Romanticismo en Europa son los siguientes:

- En Alemania, **Johann Wolfgang von Goethe** (1749-1832), autor de dos obras fundamentales: *Fausto* y *Las desventuras del joven Werther*.
- En el Reino Unido, el poeta **Lord Byron** (1788-1824) y el escritor **Walter Scott** (1771-1832), autor de numerosas novelas históricas, entre las que destaca *Ivanhoe*.
- En Francia, **Victor Hugo** (1802-1885), con célebres novelas como *Nuestra Señora de París* y *Los miserables*, y **Alejandro Dumas** (1802-1870), autor de *Los tres mosqueteros* y *El conde de Montecristo*.

## 1 El Romanticismo

El Romanticismo es un movimiento cultural y político que nació a finales del siglo XVIII en Alemania e Inglaterra como una reacción a los principios racionalistas de la Ilustración y trajo consigo una nueva forma idealista y combativa de ver el mundo, caracterizada por la **exaltación del individuo** y la **defensa de la libertad y de la imaginación**.

En España, el triunfo del Romanticismo se produjo más tarde que en Europa. Cuando Fernando VII llegó al trono en 1814, inició una persecución contra los liberales, que se exiliaron a otros países y tuvieron contacto con el movimiento romántico. La muerte del rey en 1833 les permitió volver a España e introducir las nuevas ideas, que en Europa ya estaban en decadencia. El movimiento perduró hasta 1850. En la segunda mitad del siglo solo lo continuaron **Gustavo Adolfo Bécquer** y **Rosalía de Castro**, que representan su vertiente más intimista y depurada.

### Características de la literatura romántica

Con el Romanticismo se renovaron profundamente temas, géneros y estilos.

- En relación con los **temas**, predominan la exaltación de la libertad y el individuo y, por tanto, el rechazo a la moral y las normas; el amor trágico, que conduce al desencanto; el enfrentamiento con la realidad, que conlleva una evasión hacia tiempos pasados y tierras lejanas; el gusto por lo sobrenatural, la muerte y el misterio; la naturaleza como proyección del estado de ánimo; y el interés por lo popular y lo nacional: canciones, leyendas, la historia…
- Los **géneros literarios** más cultivados son la **lírica** y el **drama**, ya que constituyen el mejor medio para expresar los sentimientos.
- La utilización de un **lenguaje muy retórico** contribuye a subrayar los sentimientos y refuerza la intensidad expresiva.

## 2 La prosa

Las formas narrativas principales fueron la **leyenda**, el **cuadro de costumbres** (un retrato idealizado del habla y el folclore del pueblo) y la **novela histórica**, con un especial gusto por lo medieval. El auge del periodismo hizo que muchas obras se difundiesen por entregas a través de la prensa.

### Mariano José de Larra (1809-1837)

Es el principal prosista de la época, famoso por sus **artículos periodísticos** en los que critica los defectos de la sociedad española y la situación del país. La presencia del **diálogo**, la **viveza narrativa** y, sobre todo, el recurso a la **ironía** y la **sátira** son rasgos esenciales de su estilo. A pesar de su éxito, una profunda crisis sentimental e ideológica lo llevó al suicidio en 1837.

### Gertrudis Gómez de Avellaneda (1814-1873)

Esta autora nacida en Cuba escribió teatro, poesía, leyendas románticas, diarios... Entre sus novelas destaca *Sab*, obra de carácter **autobiográfico** que ha pasado a la posteridad como uno de los primeros **textos antiesclavistas** de la literatura universal.

## 3 La lírica

La poesía romántica se caracteriza por los siguientes rasgos:

- La **polimetría**, es decir, el empleo de diversos metros y estrofas en un mismo poema. También se revitaliza el uso de los metros populares, especialmente el octosílabo y otros versos de arte menor.
- La **mezcla de géneros** y el gusto por lo narrativo se refleja en la recuperación del romance medieval.
- El empleo de un **estilo retórico**, en el que abundan los adjetivos, las exclamaciones y los apóstrofes.

Los poetas más relevantes son José de Espronceda, Rosalía de Castro y Gustavo Adolfo Bécquer.

### José de Espronceda (1808-1842)

En su obra destacan las canciones dedicadas a seres marginales de la sociedad –el pirata, el verdugo, el mendigo…– y dos largos **poemas narrativos**:

- ***El estudiante de Salamanca*** narra la historia de don Félix de Montemar, un joven libertino que seduce y abandona a doña Elvira, quien muere de dolor. Hacia el final del poema, el protagonista persigue a una dama de blanco, que en realidad es el esqueleto de su amada, que lo conduce al infierno. Esta obra es un claro exponente del estilo retórico y exaltado de la lírica romántica.
- ***El diablo mundo*** es un poema de carácter filosófico y social que quedó inconcluso. Destaca por su intensidad el canto dedicado a Teresa Mancha, mujer con la que Espronceda había tenido una tempestuosa relación.

### Rosalía de Castro (1837-1885)

Escribió dos libros en gallego, *Cantares gallegos* y *Follas novas*, antes de publicar en castellano ***En las orillas del Sar***, uno de los poemarios más importantes del siglo XIX.

En sus poemas, esta autora adoptó un **tono sencillo, directo y sentimental** para expresar una profunda melancolía y tristeza. El **paisaje** tiene una enorme importancia en la poesía de Rosalía de Castro y es a menudo una extensión de la propia sensibilidad o estado de ánimo.

Su obra refleja una búsqueda constante de **ideales de amor, justicia y belleza**, que implica con frecuencia una denuncia de situaciones socialmente injustas como la pobreza, la dura vida del campo o la emigración.

El interés de los artistas románticos por lo popular deriva hacia el costumbrismo, que propiciará posteriormente el nacimiento del Realismo. En la imagen, *El censo*, de Isidoro Marín.

**SABER MÁS**

**El resurgimiento de las literaturas catalana y gallega**

En el siglo XIX se produjo una revitalización de la literatura en catalán y en gallego. En Cataluña surge la *Renaixença* (Renacimiento), cuyos mejores representantes son el poeta Jacinto Verdaguer, el dramaturgo Àngel Guimerà y el novelista Narcís Oller. En Galicia se desarrolla el *Rexurdimento* (Resurgimiento), que estuvo representado, sobre todo, por la poesía de Rosalía de Castro, Manuel Curros Enríquez y Eduardo Pondal.

### ACTIVIDADES

**1** Relaciona estas palabras de Larra con las características de la literatura del Romanticismo:

Esperemos que dentro de poco podamos echar los cimientos de una literatura *nueva*, expresión de la sociedad *nueva* que componemos, toda de *verdad*, como de *verdad* es nuestra sociedad, sin más reglas que esa *verdad* misma, sin más maestro que la *naturaleza, joven*, en fin, como la España que constituimos. *Libertad* en literatura, como en las artes, como en la industria, como en el comercio, como en la conciencia.

**2** ¿Qué tema romántico se desarrolla en este fragmento del *Canto a Teresa*, de Espronceda? Argumenta tu respuesta.

¿Por qué volvéis a la memoria mía,
tristes recuerdos del placer perdido,
a aumentar la ansiedad y la agonía
de este desierto corazón herido?
¡Ay! que de aquellas horas de alegría
le quedó al corazón solo un gemido,
y el llanto que al dolor los ojos niegan
lágrimas son de hiel que el alma anegan.

SABER MÁS

**La revalorización de los tiempos antiguos**

En esta época romántica, la Edad Media y el Renacimiento se convirtieron en motivo de inspiración, pues se exaltaban virtudes caballerescas como el honor o la fidelidad.

### Gustavo Adolfo Bécquer (1836-1870)

A pesar de su corta vida, escribió varias obras entre las que destacan las ***Rimas***, en las que plasma una nueva forma lírica caracterizada por el tono melancólico, el simbolismo y la sencillez, y las ***Leyendas***.

- Las ***Rimas*** son un conjunto de poemas breves, de tono popular y de gran musicalidad, publicadas de forma póstuma. Están organizadas en cuatro bloques: las rimas I a VIII, que tratan sobre la poesía y el acto de la creación literaria; las rimas IX a XXIX, que tienen por tema el amor visto con alegría y esperanza; las rimas XXX a LI, centradas en el desengaño amoroso; y las rimas LII a LXXVI, que giran en torno a la soledad, el dolor y la muerte.
- Las ***Leyendas*** son una serie de dieciocho relatos de origen folclórico. En ellas, Bécquer crea una atmósfera de misterio en la que la realidad se confunde con lo fantástico y lo sobrenatural.

## 4 El teatro

El drama fue uno de los géneros preferidos en el Romanticismo. Se caracterizaba por la **libertad creadora** (presencia de prosa y verso, versos de distinta medida o mezcla de lo trágico y lo cómico). Los **temas** más frecuentes son la lucha del individuo por la libertad, la fuerza del destino y el amor trágico. El marco histórico se sitúa en **épocas lejanas o en culturas exóticas** y la acción se desarrolla en muchas ocasiones en **escenarios lúgubres y solitarios**. Suele estar protagonizado por un **héroe misterioso** marcado por un destino trágico que lo lleva hacia un final catastrófico.

Los dramaturgos más importantes son el duque de Rivas y José Zorrilla.

### Ángel Saavedra, duque de Rivas (1791-1865)

Su obra teatral más importante es ***Don Álvaro o la fuerza del sino***, que simboliza la lucha del individuo contra el destino. Tanto por su tema como por su construcción sintetiza las características propias del teatro romántico. Su estreno en 1835 marca el inicio del Romanticismo en España.

### José Zorrilla (1817-1893)

Es el autor de ***Don Juan Tenorio***, obra que cuenta la historia de don Juan, un joven pendenciero que se redime gracias al amor por doña Inés. Aunque el personaje de don Juan contaba con precedentes en la literatura, fue Zorrilla quien le confiere carácter de mito. Una de las claves del éxito de la obra estriba en que el protagonista consigue salvarse a través del amor y el arrepentimiento. Otras claves fundamentales son el **dinamismo** y la **sencillez** de la rima y la versificación, que facilitan la memorización de pasajes completos.

**Claves para estudiar**

Asegúrate de que puedes desarrollar estos temas:

- Características de la literatura romántica.
- La prosa romántica.
- La lírica romántica.
- El teatro romántico.

## ACTIVIDADES

**3** Menciona algunos rasgos estilísticos de *Don Juan Tenorio*, de Zorrilla, en este fragmento:

DON JUAN. ¡Ah! ¿No es cierto, ángel de amor,
que en esta apartada orilla
más pura la luna brilla
y se respira mejor?
Esta aura que vaga, llena
de los sencillos olores
de las campesinas flores
que brota esa orilla amena;
esa agua limpia y serena
que atraviesa sin temor
la barca del pescador
que espera cantando el día,
¿no es cierto, paloma mía,
que están respirando amor?

→ SABER HACER

## Redactar una leyenda de misterio

**Leyendas populares y cultas**

En sus orígenes, las leyendas son relatos anónimos de origen popular que fueron transmitidos de forma oral a través del tiempo y recopilados luego por escrito.

Posteriormente, surgieron las leyendas cultas, que son textos inspirados en las leyendas populares cuya autoría es conocida.

La leyenda es un tipo de narración en el que se presenta un suceso fantástico como si fuera real, de forma que se entremezcla lo real y lo imaginario. En el siglo XIX las leyendas cobraron interés por el gusto romántico hacia lo misterioso. Vamos a redactar una leyenda de misterio.

**1** Selecciona un motivo real en el que se base tu leyenda.

Puedes elegir una de las siguientes posibilidades:

- Un lugar antiguo de tu localidad (edificio, plaza, monumento, fuente...).
- Un entorno natural que conozcas o del que hayas oído hablar (un lago, una serranía, un bosque...).
- Un personaje (histórico o inventado por la tradición popular) que esté relacionado con el lugar donde vives.
- Un suceso histórico o vivido por ti que haya sucedido en tu localidad.

*El caserón de los condes de Santiuste, un gran edificio deshabitado y medio en ruinas.*

**2** Elabora un listado de los personajes que van a intervenir en la narración. Pueden ser ficticios, reales o fantásticos.

*Los condes de Santiuste, su joven hija, un misterioso caballero, una lechuza, un fantasma...*

**3** Inventa una situación misteriosa que guíe la forma de actuar de tus personajes y elabora un esbozo o guion de la trama.

*La joven condesa vive recluida en el caserón por temor a su padre, que es un hechicero. Un día, un misterioso joven le dice que abra la ventana todas las noches hasta que una lechuza se pose en ella...*

**4** Imagina un desenlace o conclusión actual para tu leyenda.

*Desde aquel suceso la casa quedó abandonada. Aún hoy hay quien dice escuchar aullidos de lechuza y voces de muchacha...*

**5** Escribe tu leyenda teniendo en cuenta estas recomendaciones:

Incluye fórmulas que hagan que el relato parezca real.

Emplea léxico que sugiera misterio.

*Los libros de historia indican que el caserón se construyó hace más de trescientos años. Según cuentan los ancianos del lugar, el palacio, hoy oscuro y ruinoso, oculta un terrible secreto. Hace muchos años vivió aquí con sus padres, los condes de Peñagrieta, la joven Rosalinda. Su padre era un hombre hosco y taciturno, de quien se decía que tenía poderes mágicos...*

Introduce elementos fantásticos o sobrenaturales.

# Una boda macabra

*El joven Montemar, calavera y descreído, encuentra en la calle a una extraña mujer cubierta con un velo blanco. Movido por la curiosidad y pensando en una posible aventura sigue a la joven, quien lo conduce a un tétrico lugar.*

Y de pronto en horrendo estampido
desquiciarse la estancia sintió,
y al tremendo tartáreo[1] ruido
cien espectros alzarse miró.

De sus ojos los huecos fijaron
y sus dedos enjutos en él;
y después entre sí se miraron,
y a mostrarle tornaron después;

y enlazadas las manos siniestras,
con dudoso, espantado ademán
contemplando, y tendidas sus diestras
con asombro al osado mortal,

se acercaron despacio, y la seca
calavera, mostrando temor,
con inmóvil, irónica mueca
inclinaron, formando enredor.

Y entonces la visión del blanco velo
al fiero Montemar tendió una mano,
y era su tacto de crispante hielo,
y resistirlo audaz intentó en vano;

galvánica[2], cruel, nerviosa y fría,
histérica y horrible sensación,
¡toda la sangre coagulada envía
agolpada y helada al corazón!...

Y a su despecho y maldiciendo al cielo,
de ella apartó su mano Montemar,
y temerario alzándola su velo,
tirando de él la descubrió la faz.

«¡Es su esposo!», los ecos retumbaron,
«¡la esposa al fin que su consorte halló!».
Los espectros con júbilo gritaron:
«¡Es el esposo de su eterno amor!».

Y ella entonces gritó: «¡Mi esposo!». ¡Y era
–¡desengaño fatal!, ¡triste verdad!–
una sórdida, horrible calavera,
la blanca dama del gallardo andar!...
[...]

El cariado[3], lívido esqueleto,
los fríos, largos y asquerosos brazos,
le enreda en tanto en apretados lazos,
y ávido le acaricia en su ansiedad,
y con su boca cavernosa busca
la boca a Montemar, y a su mejilla
la árida, descarnada y amarilla
junta y refriega repugnante faz.
Y él envuelto en sus secas coyunturas[4],
aun más sus nudos que se aprietan siente,
baña un mar de sudor su ardida frente
y crece en su impotencia su furor.
Pugna con ansia a desasirse en vano,
y cuanto más airado forcejea,
tanto más se le junta y le desea
el rudo espectro que le inspira horror.

Y en furioso, veloz remolino,
y en aérea fantástica danza,
que la mente del hombre no alcanza
en su rápido curso a seguir,
los espectros su ronda empezaron,
cual en círculos raudos el viento
remolinos de polvo violento
y hojas secas agita sin fin.

Y elevando sus áridas manos
resonando cual lúgubre eco,
levantose en su cóncavo hueco
semejante a un aullido una voz
pavorosa, monótona, informe,
que pronuncia sin lengua su boca,
cual la voz que del áspera roca
en los senos el viento formó.

«Cantemos –dijeron sus gritos–
la gloria, el amor de la esposa,
que enlaza en sus brazos dichosa,
por siempre al esposo que amó.

Su boca a su boca se junte,
y selle su eterna delicia,
suave, amorosa caricia
y lánguido beso de amor.

Y en mutuos abrazos unidos,
y en blando y eterno reposo,
la esposa enlazada al esposo
por siempre descansen en paz;
y en fúnebre luz ilumine
sus bodas fatídica tea[5],
les brinde deleites y sea
la tumba su lecho nupcial».

José de Espronceda, *El estudiante de Salamanca*

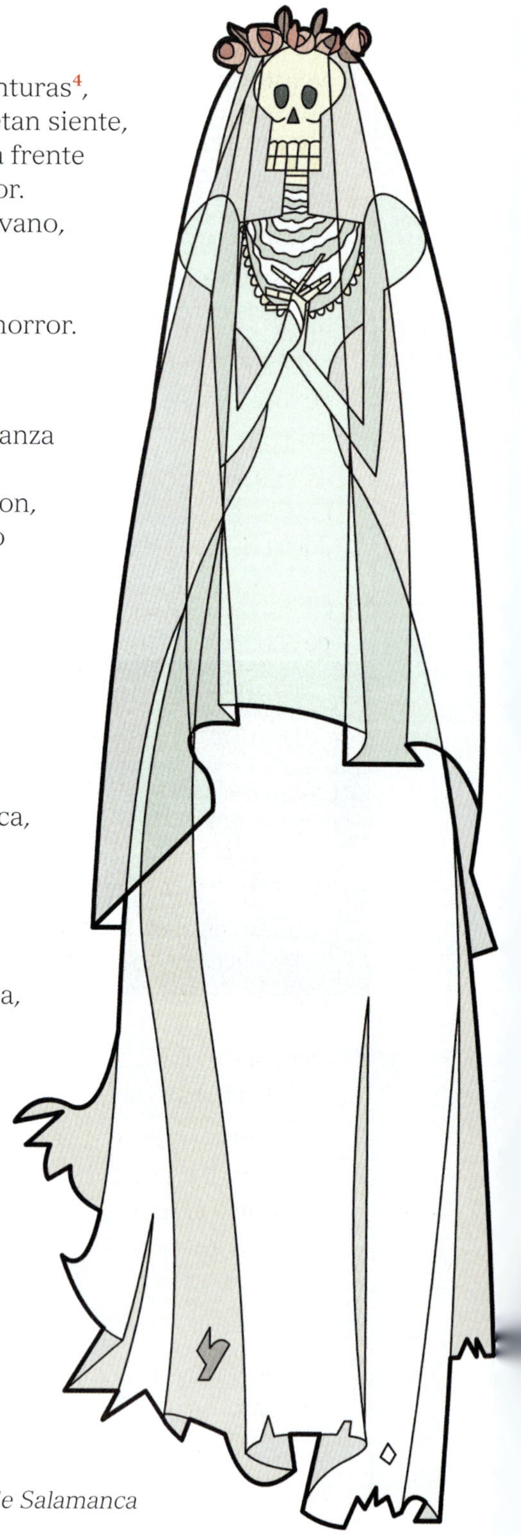

---

[1] **tartáreo:** propio del infierno.
[2] **galvánica:** que sufre convulsiones involuntarias.
[3] **cariado:** podrido, ulcerado.
[4] **coyunturas:** articulaciones.
[5] **tea:** antorcha.

# Comentario de texto

## Comprensión

**1** Explica qué personajes aparecen en el texto y di si son característicos del Romanticismo y por qué.

**2** Haz un resumen en prosa del texto.

**3** ¿A qué parte de *El estudiante de Salamanca* crees que pertenece este fragmento? Da razones para apoyar tu respuesta.

**4** PARA PENSAR. Lee –en un ejemplar impreso o en Internet– los versos finales de la obra *Don Juan Tenorio*, de José Zorrilla.

Contrasta la mano que tiende la tétrica figura femenina a don Félix de Montemar con la que ofrece doña Inés a don Juan en la escena final de la obra de Zorrilla. ¿Qué papel simbólico asigna el autor a la mujer en cada caso?

**5** El texto permite deducir algunos rasgos del carácter de don Félix de Montemar.

Indica cuáles son esos rasgos y traza, a partir de ellos, una semblanza del personaje.

## Estructura

**6** El texto comienza con una situación que va aumentando su intensidad poco a poco hasta llegar al clímax.

¿Qué acción concreta desencadena ese clímax? ¿Cómo influye dicha acción en el contenido y en el ritmo del poema?

**7** Identifica y analiza los dos tipos de estrofa que se utilizan en el texto.

- A partir de este criterio –el empleo de una u otra estrofa–, ¿qué dos partes se pueden distinguir en el texto? Indica el verso con que comienza y acaba cada una.

## Estilo

**8** En este fragmento Espronceda describe una escena fantasmal, confusa y vertiginosa.

Explica la función que desempeña el recurso llamado polisíndeton en esa descripción.

**9** Analiza en el texto uno de los rasgos de estilo propios del Romanticismo: la adjetivación.

Debes fijarte en el número de adjetivos que aparecen, a qué hacen referencia y de qué clase son.

**10** En el texto seleccionado se puede observar la adecuación del ritmo al contenido del poema. Para conseguir ese ritmo, Espronceda tiene en cuenta diferentes elementos, como por ejemplo las características acentuales de las palabras que emplea.

Busca en el texto las estrofas en que más abundan las palabras esdrújulas y explica cómo influye su uso en el ritmo del poema.

**11** Localiza en el texto ejemplos de los siguientes recursos estilísticos y explica cómo contribuye cada uno de ellos a crear el clima agitado y fantástico que pretende el autor.

- Hipérbaton.
- Símil.

## Valoración

**12** La lírica romántica española vivió dos etapas diferentes: una poesía retórica y grandilocuente que se desarrolló en la primera mitad del siglo XIX y una poesía de carácter intimista y sencilla que se cultiva a partir de 1850.

Di en cuál de estas dos etapas del Romanticismo se suele incluir a Espronceda.

**13** USA LAS TIC. Un cineasta actual, Tim Burton, recrea en sus películas ambientes fantásticos y sobrenaturales, inspirados en la literatura romántica y en una de las corrientes que derivaron de ella, la llamada novela gótica.

Busca información en Internet sobre este director y mira algunas escenas de sus películas. Describe en qué consiste esa atmósfera peculiar que recrea en ellas.

Fotograma de *La novia cadáver*, de Tim Burton.

**14** Los motivos espectrales son frecuentes en el arte romántico.

Documéntate sobre los siguientes pintores y localiza algunas de sus obras en las que aparezcan figuras o ambientes fantasmales:

- J. H. Fuseli.
- W. Blake.
- C. D. Friedrich.

## Rima XXIX

Sobre la falda tenía
el libro abierto,
en mi mejilla tocaban
sus rizos negros:
no veíamos las letras
ninguno, creo,
mas guardábamos ambos
hondo silencio.
¿Cuánto duró? Ni aun entonces
pude saberlo.
Solo sé que no se oía
más que el aliento,
que apresurado escapaba
del labio seco.
Solo sé que nos volvimos
los dos a un tiempo
y nuestros ojos se hallaron
y sonó un beso.
. . . . . . .
Creación de Dante era el libro,
era su Infierno.
Cuando a él bajamos los ojos
yo dije trémulo:
–¿Comprendes ya que un poema
cabe en un verso?
Y ella respondió encendida:
–¡Ya lo comprendo!

Gustavo Adolfo Bécquer

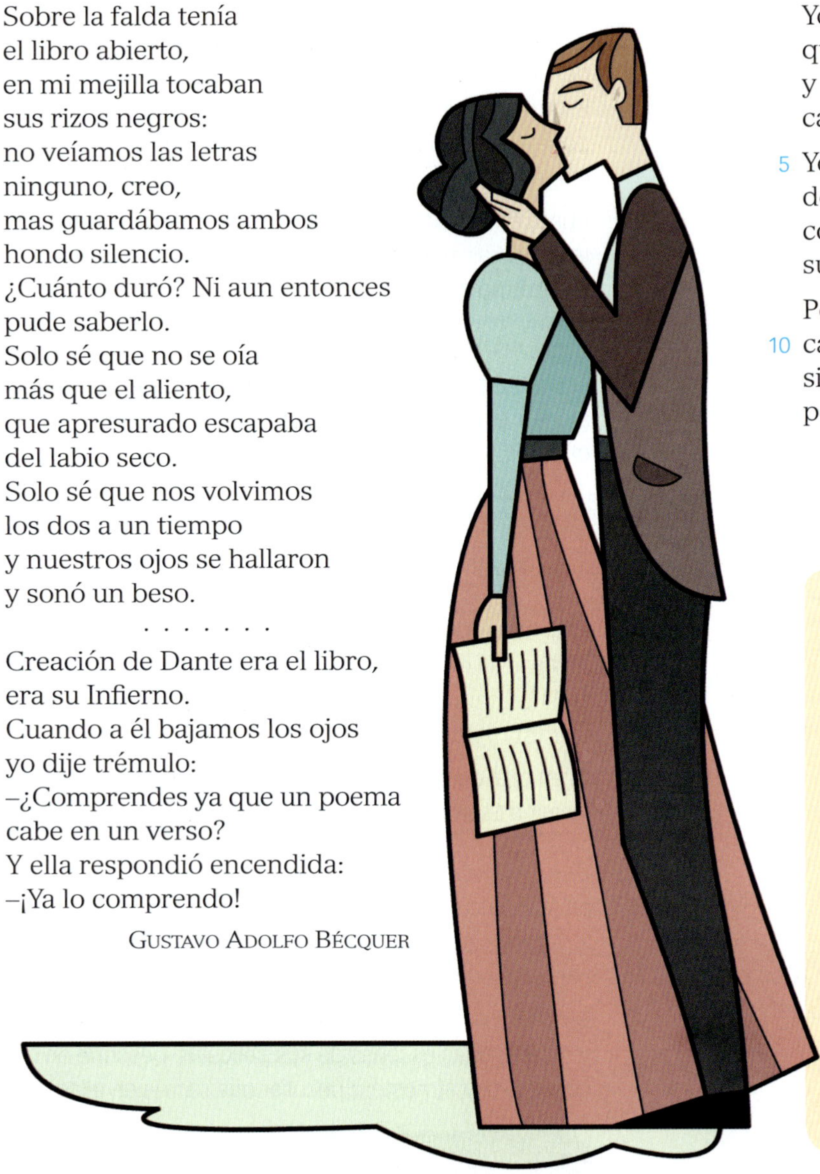

## Rima I

Yo sé un himno grande y extraño
que anuncia en la noche del alma una aurora,
y estas páginas son de ese himno
cadencias que el aire dilata en las sombras.

Yo quisiera escribirlo, del hombre
domando el rebelde, mezquino idioma,
con palabras que fuesen a un tiempo
suspiros y risas, colores y notas.

Pero en vano es luchar; que no hay cifra
capaz de encerrarlo, y apenas ¡oh, hermosa!
si, teniendo en mis manos las tuyas,
podría, al oído, contártelo a solas.

Gustavo Adolfo Bécquer

### ACTIVIDADES

1. Las rimas de Bécquer están organizadas en cuatro bloques. Di qué rimas incluye cada bloque y qué tema trata cada uno.
   - Indica a qué bloque pertenece cada poema de esta página.
2. En la rima I, Bécquer habla de la inspiración poética. ¿Cómo refleja el autor esa idea en el poema?
3. Explica qué rasgos de la lírica romántica se aprecian en la rima XXIX. Copia ejemplos del texto que sirvan de apoyo a tus respuestas.

## Mientras el hielo las cubre…

Mientras el hielo las cubre
con sus hilos brillantes de plata,
todas las plantas están ateridas,
ateridas como mi alma.

Esos hielos para ellas
son promesa de flores tempranas,
son para mí silenciosos obreros
que están tejiéndome la mortaja.

Rosalía de Castro

### ACTIVIDADES

1. Explica a partir de este poema dos de las características de la poesía de Rosalía de Castro:
   - El predominio de la melancolía y la tristeza.
   - La naturaleza como extensión de la propia sensibilidad.
2. Pon ejemplos de símiles y metáforas en este poema.
3. Haz un análisis métrico (rima y medida de los versos) y explica qué elemento es el que da principalmente el ritmo al poema.

## El amor imposible

*Ábrese la puerta con estrépito y entra el* MARQUÉS, *en bata y gorro, con un espadín desnudo en la mano, y detrás, dos criados mayores con luces.*

MARQUÉS. *(Furioso).* ¡Vil seductor!... ¡Hija infame!

DOÑA LEONOR. *(Arrojándose a los pies de su padre).* ¡Padre! ¡Padre!

MARQUÉS. No soy tu padre... Aparta... Y tú, vil advenedizo...

DON ÁLVARO. Vuestra hija es inocente... Yo soy el culpado... Atravesadme el pecho. *(Hinca una rodilla).*

MARQUÉS. ¿Tú morir a manos de un caballero? No; morirás a las del verdugo.

DON ÁLVARO. ¡Señor marqués de Calatrava! Mas, ¡ah!, no; tenéis derecho para todo... Vuestra hija es inocente... Tan pura como el aliento de los ángeles que rodean el trono del Altísimo. La sospecha a que puede dar origen mi presencia aquí a tales horas concluya con mi muerte, salga envolviendo mi cadáver como si fuera mi mortaja... Sí, debo morir..., pero a vuestras manos. *(Pone una rodilla en tierra).* Espero resignado el golpe; no lo resistiré; ya me tenéis desarmado. *(Tira la pistola, que al dar en tierra se dispara y hiere al* MARQUÉS, *que cae moribundo en los brazos de su hija y de los criados, dando un alarido).*

MARQUÉS. Muerto soy... ¡Ay de mí!...

DON ÁLVARO. ¡Dios mío! ¡Arma funesta! ¡Noche terrible!

DOÑA LEONOR. ¡Padre, padre!

MARQUÉS. Aparta; sacadme de aquí..., donde muera sin que esta vil me contamine con tal nombre...

DOÑA LEONOR. ¡Padre!...

MARQUÉS. ¡Yo te maldigo!

*(Cae* LEONOR *en brazos de* DON ÁLVARO, *que la arrastra hacia el balcón).*

DUQUE DE RIVAS
*Don Álvaro o la fuerza del sino* (Adaptación)

### ACTIVIDADES

**1** Localiza y copia fragmentos del texto en los que se reconozcan temas propios de la literatura romántica.

- ¿Qué rasgos del estilo romántico se aprecian en las intervenciones de los personajes?

**2** Explica cómo aparece en el texto la influencia del destino sobre las personas.

## El castellano viejo

A Dios gracias, logro escaparme de aquel nuevo Pandemonio[1]. Por fin, ya respiro el aire fresco y desembarazado de la calle; ya no hay necios, ya no hay castellanos viejos a mi alrededor.

–¡Santo Dios, yo te doy las gracias! –exclamo respirando, como el ciervo que acaba de escaparse de una docena de perros y que oye ya apenas sus ladridos–; para de aquí en adelante no te pido riquezas, no te pido empleos, no honores; líbrame de los convites caseros y de días de días; líbrame de estas casas en que es un convite un acontecimiento, en que solo se pone la mesa decente para los convidados, en que creen hacer obsequios cuando dan mortificaciones, en que se hacen finezas, en que se dicen versos, en que hay niños, en que hay gordos, en que reina, en fin, la brutal franqueza de los castellanos viejos.

MARIANO JOSÉ DE LARRA
*Artículos de costumbres*

### ACTIVIDADES

**1** Explica a quiénes se refiere Larra con la expresión *castellanos viejos*. ¿Con qué intención la emplea el autor? ¿Qué critica?

**2** ¿Piensas que el narrador exagera la situación que está viviendo o es objetivo? Justifica tu respuesta.

- ¿Qué rasgos de la prosa de Larra están presentes en el texto?

**3** Explica el significado que tiene en el texto la expresión *brutal franqueza*.

[1] **Pandemonio:** capital del infierno; coloquialmente, lugar en que hay mucho alboroto y confusión.

# BANCO DE ACTIVIDADES

## NIVEL I

**1** COMUNICACIÓN. **Identifica en el siguiente texto el tema, el destinatario y el propósito:**

*Málaga, 7 de agosto de 2021*

*Me complace comunicarle que ha sido usted galardonada con el premio Musas, que concede cada año la revista* Rimas.

*Aprovecho para transmitirle mi más sincera felicitación por el citado galardón.*

*Atentamente,*

*Eladio Márquez*
*Director de la revista* Rimas

➤ Escribe un texto que tenga el mismo tema, pero distinto propósito y destinatario.

**2** LÉXICO. **Explica la diferencia entre una palabra patrimonial y un cultismo.**

➤ Explica qué es un doblete y pon algún ejemplo.

**3** ORTOGRAFÍA. **Copia las siguientes oraciones escribiendo coma o punto y coma donde sea necesario:**

- Cuando era pequeña vivíamos en una urbanización a las afueras al empezar el instituto nos mudamos al centro.
- Me sentía hambriento sin embargo prefería esperar a que llegara mi familia para comer con ellos.
- En general los exámenes han sido fáciles pero siempre hay excepciones como sucede con la Física.
- En el piso inferior están el salón la cocina y un baño en el primer piso se encuentran los dormitorios.
- Venid un momento chicas no vais a creer lo que veo.

**4** GRAMÁTICA. **Identifica el núcleo de los sintagmas destacados e indica su clase.**

- La corredora llegó **muy acalorada** a la meta.
- La fiesta decayó **poco tiempo después**.
- La noticia fue **totalmente inesperada**.
- El ejército **tomó la colina**.

➤ Detalla la función de los elementos de cada sintagma.

**5** LITERATURA. **Resume las principales características de la literatura romántica.**

**6** LITERATURA. **Elabora un esquema en el que recojas las características de la prosa, la lírica y el teatro románticos, los autores y autoras más destacados y sus principales obras.**

## NIVEL II

**1** COMUNICACIÓN. **Escribe dos textos que tengan el mismo destinatario, pero distinto tema y propósito.**

**2** COMUNICACIÓN. **Identifica la idea principal y la idea secundaria de este texto. Después, ponle un título.**

*La mayor parte del negocio turístico está en manos de grandes mayoristas. Estas empresas realizan las actividades necesarias para la contratación de un viaje.*

*La organización masiva de los viajes tiene como consecuencia la concentración de la mayoría del turismo en unos pocos destinos, que reciben con ello una importante fuente de ingresos.*

➤ Escribe un texto en el que esa idea secundaria sea la principal.

**3** LÉXICO. **Forma parejas de dobletes e identifica en cada caso la palabra patrimonial y el cultismo con ayuda de un diccionario con información etimológica.**

- agüero
- contar
- lidiar
- soltero
- litigar
- directo
- computar
- clamar
- derecho
- llamar
- augurio
- solitario

**4** ORTOGRAFÍA. **Copia el siguiente texto escribiendo coma o punto y coma donde corresponda:**

### La cabaña de la playa

*Sus ventanas eran de color azul verdoso las puertas algo decrépitas parecían haber sido combadas por la humedad las paredes desgastadas por el viento eran ocres y se confundían con la fina arena y la parte superior se remataba con unas tejas llenas de verdín que se entrelazaban de forma irregular.*

**5** GRAMÁTICA. **Escribe una oración con cada uno de estos tipos de sintagma:**

- Un sintagma nominal con un sintagma preposicional.
- Un sintagma verbal con un sintagma nominal y un sintagma adverbial.
- Un sintagma verbal que incluya un sintagma adjetival.

**6** LITERATURA. **Explica las características propias de la literatura romántica en cada género y di por qué se preferían la poesía y el teatro.**

➤ Cita los principales autores y autoras de cada género y sus obras más destacadas.

## Correos y telecomunicaciones

Una vez que un pariente lejano llegó a ministro, nos arreglamos para que nombrase a buena parte de la familia en la sucursal de Correos de la calle Serrano. Duró poco, eso sí. De los tres días que estuvimos, dos los pasamos atendiendo al público con una celeridad extraordinaria que nos valió la sorprendida visita de un inspector del Correo Central y un artículo laudatorio en *La Razón*. Al tercer día estábamos seguros de nuestra popularidad, pues ya venía gente de otros barrios. Entonces mi familia empezó a atender con arreglo a sus predilecciones. En la ventanilla de franqueo, mi hermana obsequiaba un globo de colores a cada vendedor de sellos. La primera en recibir su globo fue una señora gorda que se quedó como clavada, con el globo en la mano. Un joven melenudo se negó de plano a recibir su globo, y mi hermana lo amonestó mientras en la cola de la ventanilla empezaban a suscitarse opiniones encontradas. Al lado, varios provincianos empeñados en enviar insensatamente parte de sus salarios a los familiares lejanos, recibían con algún asombro vasitos de grapa[1] y de cuando en cuando una empanada de carne, todo esto a cargo de mi padre.

Cuando los mirones y la policía invadieron el local, mi madre cerró el acto de la manera más hermosa, haciendo volar sobre el público una multitud de flechitas de colores fabricadas con los formularios de los telegramas, giros y cartas certificadas. Cantamos el himno nacional y nos retiramos en orden. En ese momento vi llorar a una niña que sabía que ya era tarde para que le dieran un globo.

JULIO CORTÁZAR, *Historias de cronopios y de famas* (Adaptación)

---

[1] **grapa:** aguardiente.

## ACTIVIDADES

**1** Identifica el tema de *Correos y telecomunicaciones*. Luego, resume el contenido del texto.

**2** Con ayuda de un diccionario que contenga información etimológica, di si estos términos son palabras patrimoniales o cultismos:

- familia
- hermosa
- llorar
- joven
- inspector
- salario

➤ Explica cómo los has reconocido.

**3** ¿De qué término proceden las palabras de cada pareja? Identifica en cada una la palabra patrimonial y el cultismo.

- laudar/loar
- nombrar/nominar
- llano/plano

**4** Escribe coma y punto y coma donde corresponda.

> En esa sucursal de Correos trabajábamos mi padre mi madre mi hermana y yo no obstante aquello duró poco.

**5** Di de qué clase son los sintagmas destacados en estas oraciones y analiza su estructura.

- Cantamos **el himno nacional**.
- **Sobre el público** volaron **flechitas de colores**.
- Mi padre **no cerró el acto**.
- Estábamos **seguros de nuestra popularidad**.
- La niña llegó **después del cierre del acto**.

**6** Identifica todos los sintagmas de estas oraciones e indica de qué clase son.

- Ahora venía gente de otros barrios.
- El público de la sucursal esperaba impaciente su turno.

**7** Cita los principales temas de la literatura romántica.

**8** Di todo lo que sepas sobre las siguientes obras:

- *En las orillas del Sar*, de Rosalía de Castro.
- *Don Juan Tenorio*, de José Zorrilla.

# MI PROGRESO

Resuelve este test para comprobar si has asimilado correctamente los principales contenidos de la unidad.

**1** Identifica la afirmación incorrecta.

- **a.** Todos los textos tienen un tema principal.
- **b.** Los textos siempre tienen varios párrafos.
- **c.** No todas las ideas de un texto son principales.
- **d.** Las ideas de un texto tienen una organización jerárquica.

**2** Al elaborar un texto hay que tener en cuenta…

- **a.** los conocimientos que el receptor tiene sobre el tema.
- **b.** cómo presentar las ideas de forma cohesionada.
- **c.** cómo reflejar formalmente la organización de la información.
- **d.** los tres aspectos anteriores.

**3** Los cultismos son palabras castellanas que…

- **a.** se usan en situaciones formales.
- **b.** proceden de lenguas distintas del latín.
- **c.** se incorporaron desde el latín sin apenas sufrir cambios.
- **d.** se incorporaron al léxico español en la Edad Media.

**4** Las palabras patrimoniales…

- **a.** son dobletes.
- **b.** son neologismos.
- **c.** proceden del latín y del griego.
- **d.** se incorporaron pronto al castellano.

**5** ¿Cuál de estas puntuaciones es incorrecta?

- **a.** Lucas, tu hermano, te está esperando.
- **b.** Lucas, tu hermano te está esperando.
- **c.** Cuando llegue su hermano, aviso a Lucas.
- **d.** ¡Lucas, ven! Tu hermano, te está esperando.

**6** Todos los sintagmas tienen…

- **a.** un núcleo que determina el tipo de sintagma.
- **b.** una estructura fija.
- **c.** un determinante.
- **d.** un modificador y un complemento.

**7** ¿Qué característica no es propia del sintagma nominal?

- **a.** Puede tener la función de sujeto.
- **b.** Se antepone siempre al sintagma verbal.
- **c.** Es el más empleado como término de la preposición.
- **d.** Su modificador es un determinante.

**8** ¿En qué oración hay al menos un sintagma de cada clase?

- **a.** Esta mañana Ana no escuchó bien las noticias.
- **b.** Los lunes siempre llegamos cansados a casa.
- **c.** Pablo, prepara la mochila verde de las excursiones.
- **d.** Estuvo contento durante aquel verano.

**9** Identifica qué obra romántica está mal descrita.

- **a.** *El diablo mundo*: poema de José de Espronceda.
- **b.** *En las orillas del Sar*: poemario de Rosalía de Castro.
- **c.** *Leyendas*: obra lírica de Gustavo Adolfo Bécquer.
- **d.** *Don Juan Tenorio*: obra teatral de José Zorrilla.

**10** Indica qué opción no es característica de la lírica romántica.

- **a.** La imitación de poetas griegos y romanos.
- **b.** El empleo de diversos metros y estrofas en un poema.
- **c.** La mezcla de géneros y el gusto por lo narrativo.
- **d.** El empleo de un estilo retórico.

## AUTOEVALUACIÓN Piensa y comprueba:

**Lo que sabes:**

- ✓ Cómo crear un texto adecuado y saber qué hace que sea comprensible.
- ✓ Cuál es el origen de las palabras.
- ✓ Cómo se emplean la coma y el punto y coma.
- ✓ Qué características y estructuras tienen los sintagmas.
- ✓ Cómo cambiaron los temas, géneros y estilos en el Romanticismo.

**Lo que sabes hacer:**

- ✓ Elaborar textos adecuados según la situación comunicativa.
- ✓ Conocer el origen del léxico castellano.
- ✓ Puntuar correctamente oraciones complejas.
- ✓ Analizar sintagmas e identificar sus estructuras.
- ✓ Conocer y analizar obras de la literatura romántica.

# UNIDAD 3

## Comunicación
- Los textos narrativos

## Léxico
- Renovación del léxico

## Ortografía
- Signos de puntuación (II)

## Gramática
- Complementos del verbo

## Literatura
- El Realismo

**Escucha y resuelve.**

- ¿A quién está dedicado este reportaje? ¿Con qué otro nombre se menciona a esa persona en el audio?
- ¿Qué opina la locutora de ese escritor? ¿Y qué dice él de sí mismo?
- Toma nota de la información del reportaje que consideres más relevante acerca de este escritor, de su vida y de su obra.

**Buscad en Internet qué escritores y escritoras de habla hispana han recibido el Premio Nobel de Literatura. Después, trabajad en grupos.**

- Elegid uno de los nombres de la lista e informaos sobre su vida y obra. Tomad notas de los datos más relevantes y dadles forma para elaborar una breve biografía.
- Presentad a esa persona oralmente al resto de la clase.

# Una idea

*Caracas, Venezuela, 3 de mayo de 1970*

El oficio de escritor es tal vez el único que se hace más difícil a medida que más se practica. Mi método de trabajo es bastante coherente con esto. Nunca sé cuánto voy a poder escribir ni qué voy a escribir. Espero que se me ocurra algo y, cuando se me ocurre una idea, me pongo a darle vueltas en la cabeza y dejo que se vaya madurando. Cuando la tengo terminada, me siento a escribirla y ahí empieza la parte más difícil y la que más me aburre. Porque lo más delicioso de la historia es concebirla, irla redondeando, dándole vueltas y revueltas.

Les voy a contar, por ejemplo, la idea que me está dando vueltas en la cabeza hace ya varios años y sospecho que la tengo ya bastante redonda. Imagínense un pueblo muy pequeño donde hay una señora que tiene dos hijos, uno de diecisiete y una hija menor de catorce. Está sirviéndoles el desayuno y se le advierte una expresión muy preocupada. Los hijos le preguntan qué le pasa y ella responde: «No sé, pero he amanecido con el pensamiento de que algo muy grave va a suceder en este pueblo». Ellos se ríen, dicen que esos son presentimientos de vieja.

El hijo se va a jugar al billar, y cuando va a tirar una carambola sencillísima, el adversario le dice: «Te apuesto un peso a que no la haces». Todos se ríen, él se ríe, tira la carambola y no la hace. Paga un peso y le preguntan: «¿Pero qué pasó, si era una carambola tan sencilla?». Dice: «Es cierto, pero me ha quedado la preocupación de una cosa que me dijo mi mamá esta mañana sobre algo grave que va a suceder en este pueblo».

El que se ha ganado el peso regresa a su casa, donde está su mamá y una prima o una nieta o cualquier parienta. Feliz con su peso, dice: «Le gané este peso a Dámaso de la forma más sencilla, porque es un tonto». «¿Y por qué es un tonto?». Dice: «Hombre, porque no pudo hacer una carambola sencillísima distraído por la preocupación de que su mamá amaneció hoy con la idea de que algo muy grave va a suceder en este pueblo». Entonces le dice la mamá: «No te burles de los presentimientos de los viejos, porque a veces salen».

La parienta lo oye y va a comprar carne. Ella dice al carnicero: «Véndame una libra de carne» y luego agrega: «Mejor véndame dos porque andan diciendo que algo grave va a pasar y lo mejor es estar preparado». El carnicero despacha su carne y cuando llega otra señora a comprar una libra de carne, le dice: «Lleve dos porque hasta aquí llega la gente diciendo que algo muy grave va a pasar». Entonces la vieja responde: «Tengo varios hijos; mire, mejor deme cuatro libras». Se lleva cuatro libras y para no hacer largo el cuento, diré que el carnicero en media hora agota la carne, mata otra vaca, se vende toda y se va esparciendo el rumor.

Llega el momento en que todo el mundo en el pueblo está esperando que pase algo. Se paralizan las actividades y de pronto, a las dos de la tarde, hace calor como siempre. Alguien dice: «¿Se han dado cuenta del calor que está haciendo?». «Pero si en este pueblo siempre ha hecho calor». «Sin embargo –dice uno–, nunca a esta hora ha hecho tanto calor».

Al pueblo desierto, a la plaza desierta, baja de pronto un pajarito y se corre la voz: «Hay un pajarito en la plaza». Y viene todo el mundo espantado a ver el pajarito. «Pero, señores, siempre ha habido pajaritos que bajan». «Sí, pero nunca a esta hora».

Llega un momento de tal tensión para los habitantes del pueblo que todos están desesperados por irse y no tienen el valor de hacerlo. «Yo sí –grita uno–, yo me voy». Agarra sus muebles, sus hijos, sus animales, los mete en una carreta y atraviesa la calle central donde está el pobre pueblo viéndolo.

Hasta el momento en que dicen: «Si este se atreve a irse, pues nosotros también nos vamos». Se llevan las cosas, los animales, todo. Y uno de los últimos que abandona el pueblo dice: «Que no venga la desgracia a caer sobre lo que queda de nuestra casa», y entonces incendia la casa y otros incendian otras casas.

Huyen, como en éxodo de guerra, y en medio de ellos va la señora que tuvo el presagio clamando: «Yo lo dije, que algo muy grave iba a pasar y me dijeron que estaba loca».

Gabriel García Márquez
*Yo no vengo a decir un discurso* (Adaptación)

## Comentario de texto

### Comprensión

**1** Contesta sobre el texto.

- ¿Dónde transcurre la acción de la historia que cuenta?
- En ella aparecen dos establecimientos, ¿cuáles son?
- ¿Cuál es el clima habitual en el pueblo?
- ¿Cómo queda el pueblo al final del relato?

**2** Haz una relación de las personas que se ven afectadas por el presentimiento de la mujer.

**3** ¿Cuántas libras de carne vende el carnicero a sus dos clientas? ¿Cuántas les habría vendido normalmente?

➤ La libra no pertenece al Sistema Internacional de Unidades. ¿Te parece necesario conocer su equivalente en kilogramos para comprender la historia? ¿Por qué?

**4** ¿Es un fenómeno extraordinario que aparezca un pajarito a mediodía en la plaza desierta del pueblo? ¿Por qué les provoca espanto a sus habitantes?

**5** Resume en un párrafo el contenido del texto.

### Estructura

**6** Elabora una lista con los hechos que se producen desde el primer presentimiento hasta la destrucción del pueblo y la huida de sus habitantes.

➤ ¿En qué párrafo del texto se recrea cada uno de ellos?

**7** En el texto existe una parte de ficción y otra de no ficción. Indica dónde empieza y dónde acaba cada una y cuál es su contenido.

### Estilo

**8** ¿Quién es el narrador del texto *Una idea*? ¿Y del cuento que contiene?

➤ ¿Qué elementos del texto te dan las claves para responder las dos preguntas?

**9** Localiza en el texto una intervención de un personaje y explica cómo se ha introducido.

➤ Redacta esa intervención de otra forma distinta.

**10** Elige la opción correcta y justifícala.

- Es un texto de ficción que incluye uno de no ficción.
- Es un texto de no ficción que incluye uno de ficción.
- Es un texto periodístico que formula una opinión sobre la ficción.

**11** ¿A qué género pertenece la parte de ficción del texto? ¿Y el texto en general? Explica tu respuesta.

**12** ¿Crees que los personajes están caracterizados en profundidad o superficialmente? ¿Por qué?

### Valoración

**13** ¿Te parece paradójico el hecho de que difundir la premonición sea lo que hace que se cumpla? ¿Por qué?

**14** Expresa tu opinión sobre las consecuencias que tiene en el relato hacer caso a los presentimientos.

**15** Explica esta afirmación de Gabriel García Márquez:

> El oficio de escritor es tal vez el único que se hace más difícil a medida que más se practica.

➤ ¿Cuál es la parte más agradable de este oficio según el autor? ¿Por qué?

**16** USA LAS TIC. Busca información en Internet sobre Gabriel García Márquez, y responde.

- ¿En qué país y en qué fecha nació?
- ¿Qué oficio compaginó con la escritura en su juventud?
- ¿Qué obra lo convirtió en un autor de fama mundial?
- ¿Qué importante premio literario obtuvo?
- ¿Qué es el realismo mágico que caracterizó algunas de sus obras más importantes?

# Los textos narrativos

## 1 Los elementos de los textos narrativos

Son **textos narrativos** aquellos en los que un narrador cuenta unos hechos que les suceden a unos personajes.

Los tres elementos que definen al texto narrativo son el narrador, la acción y los personajes.

- El **narrador** es la voz a través de la cual se cuenta la historia, bien adoptando un punto de vista **externo**, como alguien que es ajeno a los hechos, o bien adoptando el punto de vista **interno** de quien participa en ellos. Cuando el narrador conoce todos los detalles sobre los personajes y la acción, recibe el nombre de **narrador omnisciente**.
- La **acción** es el conjunto de hechos que se narran, ocurridos en un periodo de tiempo y en un lugar normalmente determinados. Generalmente, los acontecimientos se exponen en **orden cronológico**, desde los más antiguos a los más recientes; sin embargo, en ocasiones, ese orden se altera y se anticipan hechos que sucederán después (anticipación) o se retrocede en el tiempo para contar hechos anteriores (retrospección).
- Los **personajes** son los seres, reales o ficticios, que participan en los hechos. Entre ellos, destaca quien desempeña el papel de **protagonista**, que lleva el peso de la acción y que, en algunos casos, tiene un oponente o antagonista. Junto a ellos suelen aparecer personajes secundarios.

En el siguiente fragmento del comienzo de una novela se presentan estos elementos básicos: una narradora interna cuenta en primera persona su vida.

> *Nací cuando mis padres ya no se querían. Cristina, mi hermana mayor, era por entonces una jovencita displicente, cuya sola mirada me hacía culpable de alguna misteriosa ofensa hacia su persona, que nunca conseguí descifrar.*
>
> ANA MARÍA MATUTE, *Paraíso inhabitado*

SABER MÁS

**Clases de textos narrativos**

Según la naturaleza de los hechos que cuentan, los textos narrativos pueden ser literarios o no literarios.

- Son literarios textos como los cuentos, las novelas, las leyendas...
- Son no literarios los textos como las noticias, los reportajes, las biografías, los diarios personales...

## 2 La estructura de los textos narrativos

En general, el contenido de un texto narrativo se organiza en tres partes:

- **Planteamiento o marco narrativo.** Se sitúan espacial y temporalmente los hechos, se presenta a los personajes y se expone la situación inicial.

> *No era el hombre más honesto ni el más piadoso, pero era un hombre valiente. Se llamaba Diego Alatriste y Tenorio, y había luchado como soldado de los tercios viejos en las guerras de Flandes. Cuando lo conocí, malvivía en Madrid.*
>
> ARTURO PÉREZ-REVERTE, *El capitán Alatriste*

- **Nudo.** A partir de un hecho desencadenante que altera la situación inicial, se cuentan las acciones que se suceden a continuación. Suele ser la parte más extensa del relato.
- **Desenlace.** Es el relato del final de los hechos, en el que se soluciona el conflicto y se da paso a la situación final.

## 3 Características lingüísticas

Entre los rasgos lingüísticos propios de los textos narrativos destacan los siguientes:

- Predominio de verbos que expresan **tiempo pasado**:
  - Pretérito perfecto simple, pretérito perfecto compuesto o pretérito pluscuamperfecto, para contar hechos pasados:

    *Cuando **amaneció**, todos se **habían ido**.*
  - Pretérito imperfecto, para contar acciones habituales en el pasado:

    *En aquella ciudad todo el mundo **iba** siempre con prisa.*
  - Presente de indicativo con valor de pasado:

    *Un muchacho **camina** sin rumbo por las calles vacías.*
- Abundancia de **marcadores textuales** que expresan la ordenación lógica y temporal de los acontecimientos:

  ***Finalmente**, las palabras que había oído adquirían sentido.*
- Uso del **estilo directo** o del **estilo indirecto**, para introducir las palabras de los personajes:

  Estilo directo ▶ *–Llego tarde –dijo la profesora al entrar en la clase.*

  Estilo indirecto ▶ *La policía le preguntó si había visto entrar a alguien por la noche.*

### ACTIVIDADES

**1** Lee el siguiente fragmento y explica qué información aporta sobre los elementos narrativos de la obra.

#### La presentación

Si de verdad les interesa lo que voy a contarles, lo primero que querrán saber es dónde nací, cómo fue todo ese rollo de mi infancia, qué hacían mis padres antes de tenerme a mí, y demás puñetas estilo David Copperfield, pero no tengo ganas de contarles nada de eso. Primero porque es una lata, y, segundo, porque a mis padres les daría un ataque si yo me pusiera aquí a hablarles de su vida privada. Para esas cosas son muy especiales, sobre todo mi padre. Son buena gente, no digo que no, pero a quisquillosos no hay quien les gane. Además, no crean que voy a contarles mi autobiografía con pelos y señales. Solo voy a hablarles de una cosa de locos que me pasó durante las Navidades pasadas, antes de que me quedara tan débil que tuvieran que mandarme aquí a reponerme un poco.

J. D. Salinger
*El guardián entre el centeno*

▶ Explica el contenido del fragmento. ¿A qué parte de la narración a la que pertenece corresponde?

**2** Identifica los elementos de los textos narrativos presentes en el siguiente fragmento:

#### Una niña especial

Sara había aprendido a leer ella sola cuando era muy pequeña, y le parecía lo más divertido del mundo.

–Ha salido lista de verdad –decía la abuela Rebeca–. Yo no conozco a ninguna niña que haya hablado tan clarito como ella, antes de romper a andar. Debe de ser un caso único.

–Sí, es lista –contestaba la señora Allen–, pero hace unas preguntas muy raras; vamos, que no son normales en una niña de tres años.

–¿Por ejemplo, qué?

–Que qué es morirse, ya ve usted. Y que qué es la libertad. Y que qué es casarse. Una vecina mía dice que a lo mejor habría que llevarla a un psiquiatra.

La abuela se reía.

Carmen Martín Gaite
*Caperucita en Manhattan*

**3** Localiza en el texto de la actividad anterior una intervención en estilo directo que contenga también algún diálogo en estilo indirecto.

RECURSOS

## El estilo indirecto libre

En los textos narrativos en ocasiones se reproduce lo que dicen los personajes o sus pensamientos. Para ello, se pueden emplear estos procedimientos:

- **Estilo directo.** Se reproducen textualmente las palabras o los pensamientos de los personajes.
- **Estilo indirecto.** Se cuenta lo que dicen o piensan los personajes usando verbos de habla: *dijo que, preguntó si…*
- **Estilo indirecto libre.** El narrador o narradora introduce las palabras o pensamientos del personaje en su propio discurso, prescindiendo de verbos de habla y nexos introductorios, de modo que su voz se confunde con la del personaje.

El estilo indirecto libre se emplea, generalmente, para expresar los pensamientos y sentimientos de los personajes; esto es, aquello que no se verbaliza. Aunque, en ocasiones, también se utiliza para reproducir lo que dice un personaje:

> *Una sombra de muerte recorrió el Campamento Uno cuando el* sherpa *Tamng llegó con la noticia de que Philippe Auguste Bloy había caído en una grieta. El bullicio y las risas habituales de la cena cesaron bruscamente, y las tazas de té, humeantes aún, quedaron olvidadas sobre la nieve. Nadie podía hablar. Temiendo que no le hubieran entendido, el* sherpa *repitió la noticia.* ***El hielo se había tragado a Philippe Auguste.***
>
> BERNARDO ATXAGA, *Obabakoak* (Adaptación)

### El estilo indirecto libre en la novela

La expresión de los pensamientos y sentimientos de un personaje mediante el empleo del **estilo indirecto libre** fue muy habitual en las **novelas realistas** de la segunda mitad del siglo XIX, ya que esas obras, escritas en tercera persona, intentaban describir de forma minuciosa la sociedad, profundizando en la psicología de los personajes, y el estilo indirecto libre era el recurso idóneo para ello.

El efecto de ambigüedad que se crea entre la voz narrativa y el pensamiento del personaje contribuye a dotar a la narración de expresividad y hace que la lectura sea más ágil, como en este caso:

> *Maximiliano bajó la escalera como la baja uno cuando tiene ocho años y se le ha caído el juguete de la ventana al patio. Llegó sin aliento al portal, y allí dudó si debía tomar a la derecha o a la izquierda de la calle. El corazón le dijo que fuera hacia la calle de San Marcos. Apretó el paso pensando que Fortunata no debía de andar muy aprisa y que la alcanzaría pronto.* ***¿Sería aquella?*** *Creyó ver la toquilla azul; pero al acercarse notó que no era la nube de su cielo.*
>
> BENITO PÉREZ GALDÓS, *Fortunata y Jacinta* (Adaptación)

Por el contexto, se resuelve la ambigüedad: la duda que manifiesta el enunciado del texto *¿Sería aquella?* pertenece al personaje de Maximiliano y no a quien narra los hechos.

## Patatas fritas en el tren

Había cerrado los ojos, como hace un enólogo ante una cata excelente. Al abrirlos los clavó en la serena mirada azul grisácea del joven sentado enfrente. Tan solo ligeramente avergonzado, Beard hizo un gesto de impaciencia y miró a otro lado. Sabía el aspecto que debía de ofrecer, el de un idiota regordete de cierta edad en intensa comunión con un bocado de comida basura. Se estaba comportando como si estuviera solo. ¿Y qué? Era lícito hacerlo, siempre que no lastimara ni ofendiese a nadie. Ya no le importaba mucho lo que pensaran los demás. Envejecer deparaba pocos beneficios, y aquel era uno de ellos. Como una simple afirmación de sí mismo, más que para satisfacer sus necesidades despreciables, extendió una mano para sacar otra patata y al hacerlo volvió a cruzar la mirada con el otro pasajero. Topó con unos ojos amusgados, duros, impasibles, que expresaban poco más que una curiosidad feroz. A Beard se le pasó por la cabeza que quizás estuviera sentado delante de un psicópata. Y qué. Él mismo podría serlo un poco.

IAN MCEWAN, *Solar*

1. Localiza los pasajes de este texto que ejemplifican el estilo indirecto libre.
2. Adapta las palabras del *sherpa* Tamng del texto de Atxaga al estilo directo y explica las diferencias entre el estilo directo y el indirecto libre.

SABER HACER

## Narrar una anécdota

**El diálogo en la narración**

Con frecuencia en la narración se reproducen diálogos e intervenciones de quienes participan en los hechos. La reproducción del modo de hablar de cada personaje aporta naturalidad y frescura a la narración; al mismo tiempo que sirve para caracterizarlos.

Con frecuencia relatamos hechos que han sucedido y que nos parecen curiosos o divertidos. Vas a escribir una narración a partir de alguna anécdota que te haya sucedido a ti o a alguien que conozcas.

**1** Resume brevemente la anécdota que vas a contar.

**2** Define los datos esenciales de los hechos:

- Sitúalos en un momento determinado.
- Identifica en qué lugar se desarrollaron los acontecimientos que vas a contar y descríbelo con detalle.
- Explica los hechos desencadenantes de la acción.
- Detalla el desenlace.

**3** Realiza un esquema cronológico de los hechos.

> *1.º El cartero llamó a la puerta de la casa y nadie contestaba...*
> *2.º Decidió aprovechar una escalera y subir hasta el balcón...*
> *3.º ...*

**4** Enumera a las personas que intervienen en los hechos que vas a narrar y aporta algunos datos sobre ellas.

Debes responder a las siguientes preguntas sobre cada una:

¿Quién es? ¿Cómo es? ¿Qué hace?

**5** Decide cómo vas a contar lo sucedido.

> Si es una anécdota personal. ▶ Utilizando la primera persona.
> Si son hechos ajenos a ti. ▶ Utilizando la tercera persona.

**6** Redacta tu narración.

Hazlo así:

- Utiliza formas verbales en pasado.
- Escribe en primera o en tercera persona según el tipo de narrador que hayas elegido.
- Emplea marcadores temporales para ordenar las acciones: *Mientras... Después... Al final...*
- Reproduce las palabras de los intervinientes en estilo directo.
- Describe con detalle los personajes, los lugares...
- Introduce tu visión personal de los hechos: *Nunca olvidaré aquel momento... No conozco a nadie que haya hecho eso...*

**7** Inventa un título atractivo que resuma los hechos relatados.

*Una extraña sensación* *Una fiesta accidentada*

**8** Revisa la redacción y la ortografía, y pasa a limpio tu narración.

# Renovación del léxico

SABER MÁS

**La renovación del léxico en el diccionario**

En el diccionario de la Real Academia Española se recogen las palabras que se incorporan a la lengua y, en cada edición, se suprimen o marcan como desusadas las que ya no se emplean.

En sus últimas actualizaciones, la RAE ha incorporado términos como *anisakis*, *ciclogénesis*, *homoparental*, *serendipia*, *tunear*, *arboricidio*, *beatlemanía*, *identitario*, *casoplón*, *zasca*...

## 1 La renovación del léxico

La mayoría de las palabras permanecen en la lengua desde antiguo sin experimentar apenas cambios. Esto permite que se puedan leer sin mucha dificultad textos de épocas pasadas.

Sin embargo, hay términos que con el tiempo dejan de usarse y surgen también otros nuevos. La antigüedad y el uso que se hace de las palabras permiten distinguir entre **arcaísmos** y **neologismos**.

### Los arcaísmos

Son **arcaísmos** las palabras o expresiones de una lengua que en un determinado momento dejan de usarse.

Algunos arcaísmos siguen apareciendo en el diccionario, pero incluyen una nota de uso en la que se indica que son vocablos desusados o remiten a la forma actual de esa palabra.

*maguer* ('aunque') *maese* ('maestro') *alámbar* ('ámbar')

### Los neologismos

Son **neologismos** las palabras de reciente incorporación a una lengua.

Los neologismos surgen para nombrar objetos o realidades nuevas. Muchos se crean por los procesos de derivación o composición propios de la lengua.

*posverdad* (de *pos-* y *verdad*) *cumplemés* (de *cumplir* y *mes*)

Sin embargo, otras veces los neologismos proceden de la asimilación o adaptación de palabras de otras lenguas.

*cracker* (voz inglesa) *amusia* (del alemán *Amousie*)

*asana* (del sánscrito) *hummus* o *humus* (del árabe)

## ACTIVIDADES

1 Localiza y copia los arcaísmos de este fragmento:

**La aventura de don Quijote**

No quiso aguardar más tiempo a poner en efeto su pensamiento, apretándole a ello la falta que él pensaba que hacía en el mundo su tardanza, según eran los agravios que pensaba deshacer, tuertos que enderezar, sinrazones que emendar y abusos que mejorar y deudas que satisfacer. Y así, subió sobre Rocinante y salió al campo.

MIGUEL DE CERVANTES SAAVEDRA
*Don Quijote de la Mancha* (Adaptación)

2 Busca en el diccionario de la RAE las palabras que has identificado como arcaísmos en la actividad anterior y contesta.

- ¿Cuáles de esas palabras están en el diccionario?
- ¿Tienen todas la marca de desusadas? ¿Cuáles remiten a la misma palabra escrita de otro modo?

3 PARA PENSAR. Escribe los nombres de estos objetos y explica de forma razonada si son neologismos.

# Signos de puntuación (II)

> **SABER MÁS**
>
> **Uso incorrecto de los dos puntos**
>
> Es incorrecto escribir dos puntos en enumeraciones no introducidas por un elemento anticipador:
>
> *_Compra: pan, huevos, leche y galletas._
>
> Las formas correctas para escribir una enumeración como la anterior son las siguientes:
>
> _Compra pan, huevos, leche y galletas._
>
> _Compra estos productos: pan, huevos, leche y galletas._

## 1 Los dos puntos

Los dos puntos (:) se emplean en los siguientes casos:

| USO DE LOS DOS PUNTOS | EJEMPLOS |
|---|---|
| Para introducir las palabras de otra persona. | *Le dijo: «Pórtate bien».* |
| Antes de una enumeración introducida por una palabra o expresión que engloba todos los términos que la integran. | *Tengo tres colores distintos: el rojo, el negro y el azul.* |
| Antes de una afirmación que es explicación, resumen, conclusión o consecuencia de lo que se acaba de decir. | *Acertaron con el regalo: una novela de aventuras.* |
| Tras las fórmulas de saludo al comienzo de una carta. | *Querida amiga:* |

## 2 Las comillas

Las comillas («») se utilizan en estos casos:

| USO DE LAS COMILLAS | EJEMPLOS |
|---|---|
| Para indicar que se citan literalmente las palabras de una persona o un fragmento procedente de otro texto. | *La jueza dictó su sentencia: «Declaro al acusado inocente».* |
| Para señalar que una palabra se emplea en un sentido irónico o con un significado diferente al habitual. | *¡Qué «puntual» eres! Siempre llegas una hora tarde.* |
| Para delimitar el título de un artículo, un reportaje, un cuento, un poema… | *El poema «¿Y la Luna...?», de León Felipe, es mi favorito.* |

Existen diferentes tipos de comillas: angulares («»), inglesas (" ") y simples (' '). En los textos impresos, es recomendable emplear en primer lugar las angulares para entrecomillar un texto. Las inglesas y las simples se emplean, en este orden, para entrecomillar un texto incluido en otro que ya está entrecomillado.

*Repitió sus palabras: «Marta dijo: "Fuimos a ver 'El rey león' al teatro"».*

## ACTIVIDADES

**1** Completa las oraciones con una enumeración.

- Le gustan tres estilos de música.
- Esta ensalada contiene muchos ingredientes.

➤ Escribe dos enumeraciones en las que una palabra o expresión introduzca todos los términos.

**2** Transforma la siguiente oración al estilo directo:

> El profesor ha comentado que haremos una lectura de fragmentos del *Quijote* en clase.

**3** AUTODICTADO. Copia y puntúa la carta.

> **Carta a la directora**
>
> Estimada directora
>
> Como delegada de la clase, le comunico que hemos elegido el destino del viaje de fin de curso Italia. Tras leer un reportaje titulado Italia, cuna cultural, decidimos visitar tres ciudades Roma, Florencia y Venecia. Alguien propuso ¿Por qué no Pisa...? Y la incluimos.
>
> Esperando su aprobación, atentamente,
>
> La clase, 4.° C.

# Complementos del verbo

### Claves para empezar

- Recuerda la estructura del sintagma verbal.
- Contesta: ¿qué sintagmas pueden funcionar como complementos del verbo?
- Nombra los complementos que recuerdes y pon ejemplos.

## 1 El atributo

El **atributo** es el complemento exigido por los verbos copulativos (*ser*, *estar* y *parecer*) y por los verbos semicopulativos.

El atributo (Atrib.) expresa una **cualidad** o **estado** que se atribuye al sujeto. Son **atributos** los sintagmas destacados:

*Ella estaba muy atenta.* *Juan se ha vuelto distante.*

- Cuando el atributo es complemento de un verbo copulativo, se puede sustituir por el **pronombre *lo***: *Ella lo estaba.*
- Si es complemento de un verbo semicopulativo, normalmente se puede reemplazar por el **adverbio *así***: *Juan se ha vuelto así.*

La función de atributo la puede desempeñar un sintagma adjetival (*está triste*), nominal (*será un éxito*), preposicional (*parece de goma*) o adverbial (*es así*).

## 2 El complemento predicativo

El **complemento predicativo** informa de una cualidad del sujeto o del complemento directo en oraciones que se construyen con verbos no copulativos ni semicopulativos.

Son **complementos predicativos** (CPred.) los sintagmas destacados:

*Él camina erguido.* *La nombré delegada.*

Puede referirse al **sujeto** o al **complemento directo**:

*Julia paseaba muy tranquila.* *Vi a Julia muy tranquila.*

- El complemento predicativo no es sustituible por *lo*. Pero sí, en ocasiones, por el **adverbio *así*** o el **demostrativo *eso***: *Él camina así; La nombré eso.*

La función de complemento predicativo la puede desempeñar un sintagma adjetival (*aplaudía entusiasmada*), nominal (*lo proclamaron rey*), preposicional (*salió con esperanzas*) o adverbial (*te creía lejos de aquí*).

### SABER MÁS

**Argumentos y adjuntos**

Los complementos exigidos por el significado del verbo se denominan argumentos, y los no exigidos, adjuntos.

- Son **argumentos**, por ejemplo, el complemento directo y el de régimen.
- Son **adjuntos**, por ejemplo, el complemento circunstancial y el predicativo.

## ACTIVIDADES

**1** Identifica los atributos y complementos predicativos de estas oraciones:

- Tus amigos parecen buenas personas.
- La designaron embajadora en Lisboa.
- Estrechó mi mano ufano de su poder.
- Aquel día estaba muy sorprendida.

➤ Indica qué tipo de sintagma desempeña la función de atributo o complemento predicativo en cada caso.

**2** Delimita los complementos de los verbos subrayados en este fragmento e indica su clase:

**Un tanto reservado**

Pedro sigue mostrándose un tanto reservado. Extrema su diligencia y tiene una intención deliberada. Desea pedirme algo.

Si Pedro es razonable, me será grato complacerlo.

Juan José Arreola
*Tres días y un cenicero* (Adaptación)

## 3 El complemento directo

El **complemento directo** es el complemento que nombra al ser u objeto sobre el que recae la acción del verbo.

Son **complementos directos** (CD) los sintagmas destacados:

*Deseaba un cambio.* *Buscaré a mi amiga.*

- El complemento directo puede sustituirse por los **pronombres personales *lo*, *la*, *los*, *las***: *Lo deseaba*; *La buscaré*.
- Cuando la oración admite la transformación en pasiva, el complemento directo asume la **función de sujeto**: *Mi amiga será buscada por mí*.

La función de complemento directo la puede desempeñar un sintagma nominal (*estudió la oferta*), un sintagma preposicional con la preposición *a* (*escuché a Luis*) y los pronombres átonos *me, te, nos, os, lo, la, los, las, se* (*os pedí*).

## 4 El complemento indirecto

El **complemento indirecto** es el complemento que designa al destinatario de la acción verbal, a su beneficiario o a quien la experimenta.

Son **complementos indirectos** (CI) los sintagmas destacados:

*Di un beso a Iván.* *Me gustas.*

- El complemento indirecto puede sustituirse por los **pronombres *le*, *les*, *se***: *Le di un beso*; *Se lo di*.

La función de complemento indirecto la puede desempeñar un sintagma preposicional encabezado por la preposición *a* (*pide perdón a Eva*) y los pronombres personales átonos *me, te, le, nos, os, les, se* (*dime la hora; no se la digas*).

## 5 El complemento de régimen

El **complemento de régimen** es un sintagma preposicional que contiene una preposición seleccionada por el verbo.

Son **complementos de régimen** (CR) los sintagmas destacados:

*Todo consiste en eso.* *Me olvidé de ese día.*

- En muchos casos, no es posible la supresión del complemento de régimen: **Todo consiste*. En otras, en cambio, queda implícito y no aparece: *Me olvidé*.

La función de complemento de régimen es propia del sintagma preposicional.

### SABER MÁS

**Los dativos**

Algunos complementos indirectos que son pronombres personales átonos pertenecen al grupo de los llamados **dativos**. Pueden ser de distintos tipos:

- **Dativo de interés.** Designa a la persona beneficiada o perjudicada por la acción:
  *Te he hecho la cena.*
- **Dativo ético.** Expresa implicación afectiva:
  *El niño nos ha salido listo.*
- **Dativo concordado.** Aporta intensidad a la expresión:
  *Se ha comido toda la nata.*

### ACTIVIDADES

**3** Localiza los complementos y di de qué tipo son.

- No debiste decirle aquellas cosas horribles.
- Participaron muchas personas en la regata.
- Nunca te acuerdas de lo importante.

**4** Indica el tipo y la función de los complementos subrayados.

Se lo di a Ana. | Vi a mi tío. | Aspira a todo.

## 6 El complemento circunstancial

Los **complementos circunstanciales** son complementos que expresan las circunstancias (lugar, tiempo, modo...) que enmarcan la acción verbal.

Son **complementos circunstanciales** (CC) los sintagmas destacados:

*La busqué por todas partes.* *Lo traerán mañana.*

- El complemento circunstancial se puede suprimir sin que el resultado sea una oración incorrecta: *La busqué; Lo traerán.*

La función de complemento circunstancial la puede desempeñar un sintagma adverbial (*salta bien*), preposicional (*canto en el coro*) o nominal (*iré esta tarde*).

Las principales clases de complementos son estas:

| | | | |
|---|---|---|---|
| **De lugar** | *Vivimos todos allí.* | **De compañía** | *Estudia con nosotros.* |
| **De tiempo** | *Iré pronto.* | **De instrumento** | *Escribí con un lápiz.* |
| **De modo** | *Lo hizo muy bien.* | **De beneficiario** | *Trabajo para ti.* |
| **De cantidad** | *Nos reímos mucho.* | **De medio** | *Lo transmiten por la radio.* |
| **De causa** | *Llegó tarde por el atasco.* | **De finalidad** | *Estudia para el examen.* |

### SABER MÁS

**Complementos argumentales de lugar**

Hay complementos que expresan lugar y vienen exigidos por el verbo. Estos complementos no son adjuntos, sino complementos argumentales:

*No ha salido de la casa.*

*Pon la carta ahí.*

## 7 El complemento agente

El **complemento agente** es el complemento que realiza la acción en las oraciones cuyo verbo está en voz pasiva (forma del verbo *ser* + participio).

Son **complementos agentes** (CAg) los sintagmas destacados:

*Elsa fue aplaudida por el público.* *El gato fue salvado por el niño.*

- El complemento agente es un **sintagma preposicional** encabezado por la **preposición *por***: *Elsa fue aplaudida por el público.*
- Puede omitirse (*Elsa fue aplaudida*) y, si la oración se transforma en activa, pasa a ser el sujeto: *El público aplaudió a Elsa.*

### Claves para estudiar

Comprueba lo que has aprendido resolviendo estas actividades:

- Escribe oraciones que contengan un complemento de cada tipo: atributo, complemento predicativo, directo, indirecto...
- Define qué es o qué expresa cada uno de los complementos en la oración.

## ACTIVIDADES

**5** Identifica los complementos circunstanciales y agentes que haya en estas oraciones:

- Colgó el cuadro allí con unos clavos.
- El barrio se inundó por las lluvias.
- Fue arrestado por la policía tras el crimen.
- El caso fue destapado por la prensa.
- Ayer por la tarde lo visitó la médica.
- Isa se preocupa mucho por sus hijos.

**6** Transforma esta oración para que contenga un complemento agente.

La crítica convirtió en un éxito esa película.

**7** Lee el texto, delimita los complementos de los verbos subrayados y clasifícalos.

### La cita de su vida

El lunes sueña con la cita. El martes se entusiasma pensando que se acerca. El miércoles comienza el nerviosismo. El jueves es todo preparativos, revisa su vestuario, va a la peluquería. El viernes lo soporta como puede, sin salir de su casa. El sábado, por fin, se echa a la calle con el corazón rebosante. Durante toda la mañana del domingo llora sin consuelo. Cuando nota que vuelve a soñar, ya es lunes y hay trabajo.

ANDRÉS NEUMAN, *El que espera*

## APLICACIÓN

**1** Completa las oraciones de la tabla con atributos y complementos predicativos. Después, comparadlas en clase.

| | | |
|---|---|---|
| El cliente se mostró ___. | Juan será ___ muy pronto. | Con el tiempo te harás ___. |
| Este edificio parece ___. | El ejercicio no estaba ___. | Laura nos invitó ___ a su casa. |
| El día amaneció ___. | La jugadora se retiró ___. | Alicia esperaba ___. |

- Identifica en cada caso el tipo de complemento que has escrito e indica la clase de sintagma que realiza esa función.

**2** Di de qué tipo es el complemento del verbo de cada anuncio y añade un complemento directo a cada uno.

**3** Localiza los complementos de régimen del texto.

> Se había empeñado en un sueño y, por fin, podía lograrlo. Prescindió de su ayudante y se deshizo de la chistera y los artilugios propios de su oficio. El día decisivo estaba tranquilo. Saludó ceremoniosamente al público, cerró los ojos y se sumió en una especie de éxtasis. Cuando despertó, los espectadores habían desaparecido. Y el mago disfrutó de la gloria sin aplausos.

Las pensiones se salvan con otro crédito

Los 'riders' de Glovo son empleados

Descubren en Brasil un fósil de dinosaurio de unos 115 millones de años

Hacienda rectifica y permite a los Ayuntamientos gastar más

**4** Copia los titulares del margen que contengan un complemento circunstancial.

- Inventa una noticia en la que incluyas complementos circunstanciales que respondan a estas preguntas:
  - cuándo
  - dónde
  - cómo
  - con quién

**5** Elige uno de estos temas y escribe un correo electrónico en el que incluyas varias oraciones pasivas con complemento agente.

- Para comunicar a alguien la entrega del premio que ha ganado.
- Para comunicar el envío de los objetos que alguien ha comprado.

**6** ANÁLISIS SINTÁCTICO. Analiza las siguientes oraciones como en los ejemplos:

- Cuento con vosotras este fin de semana.
- La noticia fue difundida ayer por la prensa.
- Todos recordaban emocionados su juventud.
- No había nadie allí a esas horas.
- Los troncos de estos árboles son muy esbeltos.
- Entregué a Laura el regalo de cumpleaños.

*Los empleados desistieron de la convocatoria de huelga.*

| Los empleados | desistieron | de la convocatoria de huelga. |
|---|---|---|
| | Núcleo | CR (SPrep.) |
| SN - Sujeto | SV - Predicado | |

*Esperamos pacientemente la respuesta.*

| Esperamos | pacientemente | la respuesta. |
|---|---|---|
| Núcleo | CC Modo (SAdv.) | CD (SN) |
| SV - Predicado | | |

# El Realismo

La Revolución Industrial, que se desarrolló a lo largo del siglo XIX en toda Europa, produjo la aparición de una nueva clase social: el proletariado. El arte realista se inspira en los cambios sociales de la época y retrata las duras condiciones en las que vive la clase trabajadora.
En la imagen, *La huelga*, de Robert Koehler (1886).

## 1 El Realismo

El Realismo es un movimiento artístico que surge en Europa en la segunda mitad del siglo XIX caracterizado por la **descripción minuciosa de la realidad** y el **análisis de los comportamientos humanos**. Esta corriente se desarrolló en el contexto de grandes transformaciones políticas, sociales y económicas producidas por la **Revolución Industrial** y por las **revoluciones burguesas** de principios del siglo XIX. Estas circunstancias produjeron un cambio profundo en la percepción de la realidad, superando el punto de vista idealista y exaltado del Romanticismo.

En España, el contexto político de la segunda mitad del siglo XIX se caracteriza por las **desavenencias entre liberales y conservadores**. La **burguesía** se consolida como la clase social más influyente y se desarrollan las **clases medias urbanas**, que se convierten en el tema literario preferente. Asimismo, la reivindicación de los derechos de las mujeres comienza a ser escuchada por la opinión pública gracias a las aportaciones de autoras como **Concepción Arenal** y **Emilia Pardo Bazán**.

### Características de la novela realista

En la novela realista se observa un **interés por la realidad**, que se muestra en los numerosos retratos de la sociedad de la época; una **búsqueda de la objetividad**, mediante descripciones detalladas y la reproducción del habla real; y un **narrador omnisciente**, que conoce las vidas y pensamientos.

## 2 El Realismo en España

Esta corriente literaria se consolidó hacia 1870 y en ella se distinguen tres fases: Prerrealismo, Realismo propiamente dicho, y Naturalismo.

- **Prerrealismo.** En esta etapa, que comienza en 1849 con la publicación de *La gaviota*, de Fernán Caballero, predomina la novela de tintes costumbristas y, con frecuencia, de intención moralizante. Sus principales representantes son **Fernán Caballero**, seudónimo de Cecilia Böhl de Faber, y **Pedro Antonio de Alarcón**, autor de la novela corta más representativa del siglo XIX español: *El sombrero de tres picos*.
- **Realismo.** Se inicia en 1870 con *La Fontana de Oro*, de **Benito Pérez Galdós**. En este periodo se adopta una actitud más objetiva hacia los personajes y el retrato psicológico se convierte en motivo central. La novela más significativa es *Pepita Jiménez*, de **Juan Valera**, que narra la historia de amor entre un joven seminarista y la prometida de su padre. El autor dota al relato de verosimilitud al incluir unos papeles póstumos en los que el protagonista se debate entre el amor y su vocación religiosa. Otro autor destacado de esta corriente es **José María de Pereda**.
- **Naturalismo.** Surge en España en 1881 con la publicación de *La desheredada*, de Benito Pérez Galdós. Este movimiento, derivado del Realismo, tiene su origen en la obra del novelista francés **Émile Zola**. Los escritores naturalistas –entre los que destacan **Benito Pérez Galdós**, **Leopoldo Alas «Clarín»**, **Emilia Pardo Bazán** y **Vicente Blasco Ibáñez**– van más allá de la descripción objetiva de la sociedad e intentan explicar con crudeza las causas de los comportamientos más degradantes del ser humano.

SABER MÁS

**Una nueva mentalidad**

A mediados del siglo XIX se produjo un gran desarrollo en el campo de la ciencia y del pensamiento.

En el ámbito científico, destacan las **teorías evolucionistas** de Charles Darwin y las **leyes de la herencia genética** de Gregor Mendel.

En el panorama filosófico, las corrientes dominantes son el **positivismo y el empirismo**, que se basan en la observación de la realidad y en la experimentación.

El contexto de la ideología política y social es complejo porque, junto a un **liberalismo** conservador y otro de signo progresista, irrumpe el **marxismo**, que defiende la necesidad de abolir la sociedad burguesa e implantar el **socialismo**.

## 3 Benito Pérez Galdós (1843-1920)

Es el máximo representante del Realismo en España, autor de una ingente y variada producción literaria en la que destacan, sobre todo, sus **novelas**. Estas constituyen un cuadro ficcional de la realidad que vive el autor en el que los diálogos aceleran la acción, reflejan la forma de pensar de sus personajes y los caracterizan. El humor y la ironía son otros aspectos destacables de su estilo.

Bajo el nombre de ***Episodios Nacionales***, Galdós agrupó una serie de 46 novelas que narran la historia de España desde la batalla de Trafalgar (1805) hasta la restauración monárquica (1875). Otras obras destacadas son sus **«novelas españolas contemporáneas»**, ambientadas en el Madrid de la época, que dibujan un fresco de la sociedad del momento. Entre ellas cabe citar *Tormento*, *La de Bringas*, *Miau*, *Misericordia* y, sobre todo, *Fortunata y Jacinta*.

### *Fortunata y Jacinta*

Esta novela narra la historia amorosa de Juanito Santa Cruz, un señorito que por presiones familiares se casa con una prima suya, Jacinta, pero mantiene relaciones amorosas con otra mujer, Fortunata. La novela, no obstante, no se limita a contar una historia de amor, sino que ofrece un variado mosaico de la sociedad madrileña, tanto de los ambientes burgueses como de los populares.

Émile Zola consideraba que había que aplicar el método científico a la literatura para describir la realidad. En la imagen, detalle del retrato del autor por Édouard Manet.

## 4 Emilia Pardo Bazán (1851-1921)

Es la principal defensora del Naturalismo en España y autora de numerosas novelas, cuentos, obras dramáticas, artículos de prensa y ensayos que a menudo reivindican los derechos de las mujeres. Entre sus artículos de carácter ensayístico destaca ***La cuestión palpitante***, donde teoriza sobre el Realismo y el Naturalismo.

En sus novelas suele abordar el determinismo del medio sobre los personajes. Destacan *La Tribuna*, ***Los pazos de Ulloa*** y *La madre naturaleza*.

### *Los pazos de Ulloa*

La llegada del sacerdote Julián Álvarez a los pazos del marqués don Pedro Moscoso sirve a la autora para mostrar con crudeza la violencia y barbarie de una aristocracia gallega en decadencia, en la que los personajes son incapaces de huir del ambiente que los rodea y condiciona.

SABER MÁS

**La novela realista en Europa**

En **Francia** despuntan Honoré de Balzac, autor de una serie de novelas denominada *La comedia humana*; Gustave Flaubert, creador de *Madame Bovary*; y Émile Zola, responsable de *Naná*. En **Inglaterra** sobresalen Charles Dickens, con obras como *Oliver Twist*, *David Copperfield* e *Historia de dos ciudades*, y George Eliot (seudónimo de Mary Anne Evans), autora de *Middlemarch*. En **Rusia** destacan Fiodor M. Dostoievski, creador de *Crimen y castigo*, y León Tolstoi, autor de *Guerra y paz*.

### ACTIVIDADES

1. Benito Pérez Galdós fue elegido miembro de la Real Academia Española en 1897.

   **Lee el siguiente fragmento de su discurso de ingreso en la academia y explica su concepto de novela.**

   Imagen de la vida es la novela, y el arte de componerla estriba en reproducir los caracteres humanos, las pasiones, las debilidades, lo grande y lo pequeño, las almas y las fisonomías, todo lo espiritual y lo físico que nos constituye y nos rodea, y el lenguaje, que es la marca de raza, y las viviendas, que son el signo de familia, y la vestidura, que diseña los últimos trazos externos de la personalidad.

2. En este texto de *Los pazos de Ulloa*, Emilia Pardo Bazán denuncia la costumbre burguesa de contratar nodrizas.

   **Explica qué argumentos utiliza la autora.**

   Así andan las cosas de España: mucho de revolución, de libertad, de derechos individuales… ¡Y al fin, por todas partes la tiranía, el privilegio, el feudalismo! Porque, vamos a ver, ¿qué es esto sino reproducir los ominosos tiempos de la gleba y las iniquidades de la servidumbre? Que yo necesito tu hija, ¡zas!, pues contra tu voluntad te la cojo. Que me hace falta leche, una vaca humana, ¡zas!, si no quieres dar de mamar de grado a mi chiquillo, le darás por fuerza.

## 5 Leopoldo Alas, «Clarín» (1852-1901)

**Claves para estudiar**

Comprueba lo que has aprendido respondiendo a estas preguntas:

- ¿En qué consiste el Realismo?
- ¿Cómo se desarrolló el Realismo en España?
- ¿Cuáles son las características de las novelas de Benito Pérez Galdós? ¿Y las de Emilia Pardo Bazán y Leopoldo Alas, «Clarín»?
- ¿Qué técnicas narrativas innovadoras desarrolló Clarín?

Leopoldo Alas Ureña, que adoptó el seudónimo de Clarín, es autor de numerosos artículos periodísticos; de cuentos destacables, como *¡Adiós, Cordera!* y *Pipá*; y de una novela fundamental de la literatura española: ***La Regenta.***

El estilo de Clarín constituye una superación de la corriente naturalista, pues en sus obras ya se anuncian características y técnicas propias de la narrativa actual. Entre sus procedimientos narrativos destacan el uso del **monólogo interior**, a través del cual se transcriben los pensamientos de los personajes como si fluyeran desordenadamente; el **estilo indirecto libre**, que consiste en insertar las palabras o pensamientos de los personajes sin un verbo de habla que los introduzca; y el empleo de la **caricatura**, que, a través de una magistral utilización de la descripción, en ocasiones llega a animalizar a los personajes.

### *La Regenta*

Considerada una de las obras maestras del siglo XIX, esta novela narra el conflicto moral de Ana Ozores, que, casada con un hombre mayor, es pretendida por Álvaro Mesía, un mujeriego, y Fermín de Pas, su confesor.

La novela –cuyo escenario es Vetusta, una ciudad de provincias que representa Oviedo– es mucho más que el retrato psicológico de Ana, ya que supone una crítica a la alta sociedad y refleja el enfrentamiento entre la burguesía y el clero simbolizados, respectivamente, por Álvaro Mesía y Fermín de Pas.

## ACTIVIDADES

**3** Lee este fragmento de *La Regenta*, de Clarín, y contesta.

Don Fermín contemplaba la ciudad. Era una presa que le disputaban, pero que acabaría de devorar él solo. ¡Qué! ¿También aquel mezquino imperio habían de arrancarle? No, era suyo. Lo había ganado en buena lid. ¿Para qué eran necios? También al Magistral se le subía la altura a la cabeza; también él veía a los vetustenses como escarabajos; sus viviendas viejas y negruzcas, aplastadas, las creían los vanidosos ciudadanos palacios y eran madrigueras, cuevas, montones de tierra, labor de topo... ¿Qué habían hecho los dueños de aquellos palacios viejos y arruinados de la Encimada que él tenía allí a sus pies? ¿Qué habían hecho? Heredar. ¿Y él? ¿Qué había hecho él? Conquistar.

Escultura de Ana Ozores en la plaza Alfonso II de Oviedo.

- ¿Qué rasgos de la personalidad de don Fermín se destacan en el texto?
- ¿Qué procedimientos narrativos se reflejan en él? Justifica tu respuesta.

**4** Explica de forma razonada por qué el género de la novela triunfó durante el Realismo.

**5** ¿Cuáles son las principales características de la novela realista?

**6** ¿Qué es el Naturalismo? ¿En qué se diferencia del Realismo?

**7** USA LAS TIC. Busca información sobre alguna de estas novelas y elabora un texto sobre la corriente a la que pertenece y sus principales características:

- *El sombrero de tres picos*
- *Pepita Jiménez*
- *Los pazos de Ulloa*

SABER HACER

## Escribir un relato realista

**La descripción en el Realismo**

En la prosa realista, la descripción es uno de los rasgos más destacados. Además de profundizar en los pensamientos y emociones de los personajes, sirve para definir con precisión el marco espacial y temporal donde tiene lugar la acción.

Esta descripción precisa de personajes y ambientes pretende mostrar cómo influye el entorno en el comportamiento de los personajes.

*Calle de París en un día de lluvia*, de Gustave Caillebotte.

El Realismo del siglo XIX vio en la novela el género más adecuado para expresarse, ya que sus posibilidades eran tantas que permitían representar la sociedad de manera veraz. Sin embargo, también se cultivó el cuento. Vamos a escribir un relato realista.

1. Piensa en un hecho o una situación vividos recientemente de los que conozcas bastantes detalles.

   Si lo deseas, puedes partir de una noticia relacionada con la localidad donde vives.

2. Define el marco del relato y los componentes de la acción.
   - Piensa en qué lugar se van a desarrollar los acontecimientos.
   - Sitúa los hechos en un momento determinado.
   - Elabora un esquema cronológico de los hechos.

   ***Lugar:*** *Alhambra de Granada.* ***Tiempo:*** *la primavera pasada.* ***Planteamiento:*** *visita a la Alhambra en una excursión escolar.* ***Nudo:*** *un chico, Jaime, ha desaparecido y lo buscan.* ***Desenlace:*** *el chico aparece; se había quedado encerrado en el baño.*

3. Caracteriza a los personajes principales y secundarios.

4. Recuerda las características propias del narrador omnisciente y emplea ese tipo de narrador en tu relato.

   Debes incluir sentimientos, pensamientos y recuerdos de los personajes.

   *Jaime se sentía asustado y enfadado. Se lamentaba por no haber avisado a nadie de que iba al baño. Pero se consolaba pensando que antes o después alguien se daría cuenta. Estaba angustiado: los sitios pequeños y cerrados le inquietaban desde una vez que se quedó encerrado en el ascensor...*

   Sentimientos
   Pensamientos
   Recuerdos

5. Describe con detalle y precisión léxica los lugares donde transcurra la acción, especialmente aquellos que puedan influir en el comportamiento o los sentimientos de los personajes.

   *El cuarto era pequeño, recubierto de azulejos blancos en la mitad superior y verdes en la inferior. La puerta, de madera, estaba demasiado cerca de los lavabos, por lo que dejaba poco espacio...*

6. Escribe tu relato teniendo en cuenta estas recomendaciones:
   - Emplea formas verbales de pasado.
   - Indica el paso del tiempo con marcadores temporales.
   - Introduce diálogos en estilo directo.

# Las quejas de don Fermín

*Don Fermín de Pas y Ana Ozores se ven en casa de una señora de la alta sociedad. Allí mantienen a solas una conversación en la que don Fermín presiona a Ana para que le cuente qué hay entre Álvaro Mesía y ella.*

Don Fermín estaba pálido, le temblaba la voz. Estaba más delgado que por el verano. En esto pensaba Anita.

–¡Estoy tan cansado! –dijo él, y suspiró con mucha tristeza.

Ana se sentó a su lado, al verle dejarse caer en una butaca.

–¡Estoy tan solo!

–¿Cómo solo…? No entiendo.

–Mi madre me adora, ya lo sé…, pero no es como yo; ella procura mi bien por un camino… que yo no quiero seguir ya… Usted sabe todo esto, Ana.

–Pero… ¿por qué está usted solo? Y… ¿los demás?

–Los demás… no son mi madre. No son nada mío. ¿Qué tiene usted, Ana? ¿Se pone usted mala? ¿Qué es esto? Llamaré…

–No, no, de ningún modo… Un escalofrío…, un temblor… Ya pasó… Esto no es nada.

–¿Tendrá usted un ataque?

–No…, el ataque se presenta con otros síntomas…, deje usted…, deje usted. Esto es frío…, humedad…, nada…

Callaron. De Pas vio que Ana contenía el llanto que quería saltar a la cara.

–¿Qué sucede aquí? Yo necesito saberlo todo, tengo derecho…, creo que tengo derecho…

Ana cayó de rodillas a los pies de su hermano mayor, y sollozando pudo decir:

–Sí, todo, todo lo sabrá usted…, pero aquí no, en la iglesia… Mañana… temprano…

–¡No, no, esta tarde…!

El Magistral se puso de pie. Sin que lo viese ella, que tenía escondida la cabeza entre las manos, levantó los brazos y llevó los puños crispados a los ojos. Dio dos vueltas por el gabinete. Volvió a paso largo al lado de la Regenta, que seguía de rodillas, sollozando y ahogando el llanto para que no sonase.

–Ahora, Ana, ahora es mejor… aquí…, aún hay tiempo…

–Aquí no, no… Ya es hora… Va usted a llegar tarde…

–Pero ¿qué es esto…, qué pasa? Por caridad…, señora…, por compasión, Ana…, no ve usted que tiemblo como una vara verde… Yo no soy un juguete… ¿Qué pasa…, qué debo temer…? Ayer ese hombre estaba borracho… Él y otros pasaron delante de mi casa… a las tres de la madrugada… Orgaz le llamaba a gritos: «¡Álvaro! ¡Álvaro! Aquí vive… tu rival…». Eso decía: «tu rival…». La calumnia ha llegado hasta ahí…

Ana miró espantada al Provisor… Parecía que no comprendía sus palabras…

–Sí, señora, les pesa nuestra amistad, y quieren separarnos, y así podrán conseguirlo… Echan lodo en medio… y se acabó…

Era la primera vez que el Magistral hablaba así. Jamás se habían acordado en sus conversaciones de aquel peligro, de aquella calumnia; él pensaba en ella, pero no convenía a sus planes decir a la Regenta: yo soy hombre, tú eres mujer, el mundo juzga con malicia… Pero ahora, sin poder contenerse, había dicho: tu rival, con fuerza… aunque aquellas palabras pudiesen asustar a la Regenta.

«Sí, sí, él también era hombre, podía ser rival, ¿por qué no?». No se conocía; se paseaba por el gabinete como una fiera en la jaula; comprendía que en aquel momento diría todo lo que le sugiriese la pasión exaltada, el amor propio herido. Después le pesaría de haber hablado…, pero no importaba, ahora quería desahogar. «¡Ay!, no era el Fermín de antaño».

Ana se levantó, esperó a que el Magistral llegase en sus paseos al extremo del gabinete y dijo:

–No me ha comprendido usted... Yo soy la que está sola... Usted es el ingrato... Su madre le querrá más que yo..., pero no le debe tanto como yo... Yo he jurado a Dios morir por usted si hace falta... El mundo entero le calumnia, le persigue..., y yo aborrezco al mundo entero y me arrojo a los pies de usted a contarle mis secretos más hondos... No sabía qué sacrificio podría hacer por usted... Ahora ya lo sé... Usted me lo ha descubierto... Hablan de mi honra..., ¡miserables! Yo no sospechaba que se pudiera hablar de eso..., pero bueno, que hablen..., yo no quiero separarme del mártir que persiguen con calumnias como a pedradas... Quiero que las piedras que le hieran a usted me hieran a mí..., yo he de estar a sus pies hasta la muerte... ¡Ya sé para qué sirvo! ¡Ya sé para qué nací yo! Para esto... Para estar a los pies del mártir que matan a calumnias...

LEOPOLDO ALAS, «CLARÍN», *La Regenta*

## Comentario de texto

### Comprensión

**1** A lo largo de la escena, tanto Ana como don Fermín se lamentan. Explica de qué se queja cada uno de ellos.

**2** En un momento dado, don Fermín hace unas revelaciones que cree que podrían asustar a Ana.

Localiza ese fragmento y responde.

- ¿Qué revelaciones son esas?
- ¿Por qué cree don Fermín que pueden inquietar a Ana?
- ¿Cómo reacciona Ana ante ellas?

**3** Lo que el Magistral transmite a la Regenta se puede condensar en estas palabras del texto: «Yo soy hombre, tú eres mujer, el mundo juzga con malicia...».

Responde.

- ¿Crees que ella entiende lo que don Fermín siente?
- ¿Con qué palabra se refiere Ana al canónigo en el último enunciado?
- ¿Te parece que ese papel que le asigna Ana contentará a don Fermín? ¿Por qué?

### Estructura

**4** La conversación parece comenzar en un tono relajado y tranquilo para cambiar de ritmo poco después.

¿Qué hecho marca este cambio de ritmo? Explica cómo varía el tono del texto a partir de ese momento.

**5** USA LAS TIC. Fíjate en estas palabras de Ana:

*No sabía qué sacrificio podría hacer por usted... Ahora ya lo sé... Usted me lo ha descubierto...*

Averigua, consultando la novela o a través de Internet, cuál es el sacrificio que piensa hacer la Regenta para mostrar su sumisión a don Fermín.

### Estilo

**6** Clarín fue un gran maestro en el uso del estilo indirecto libre. Explica en qué consiste esta técnica y busca en el texto un ejemplo de ella.

**7** Comenta la función estilística que tienen los puntos suspensivos en el texto. ¿Qué nos revela ese signo de puntuación acerca del estado anímico de los personajes y del tipo de conversación que mantienen?

### Valoración

**8** Juzga la actitud de don Fermín ante Ana.

- ¿Crees que la presiona en exceso o te parece que se comporta correctamente con ella?
- ¿Qué interés crees que mueve a don Fermín?

**9** La conversación entre los dos personajes parece convertirse en una especie de lucha.

Explica según tu opinión quién resulta vencedor de esa lucha y por qué.

**10** TRABAJO COOPERATIVO. El adulterio es uno de los temas más tratados en la novela europea de la segunda mitad del siglo XIX.

Formad equipos y realizad en grupos un trabajo escrito o una exposición oral sobre las novelas que tratan ese tema.

Podéis buscar información sobre obras como *Madame Bovary*, de Gustave Flaubert; *Anna Karenina*, de León Tolstoi; y *El primo Basilio*, de José Maria Eça de Queiroz.

Fotograma de *Anna Karenina*, 2012.

## La miseria

Pasaron junto a las dos damas figuras andrajosas, ciegos que iban dando palos en el suelo, lisiados con montera[1] de pelo, pantalón de soldado, horribles caras. Jacinta se apretaba contra la pared para dejar el paso franco. Encontraban mujeres con pañuelo a la cabeza y mantón pardo, tapándose la boca con la mano envuelta en un pliegue del mismo mantón. Parecían moras; no se les veía más que un ojo y parte de la nariz. Algunas eran agraciadas; pero la mayor parte eran flacas, pálidas, tripudas y envejecidas antes de tiempo.

Por los ventanuchos abiertos salía, con el olor a fritangas y el ambiente chinchoso[2], murmullo de conversaciones dejosas, arrastrando toscamente las sílabas finales. Este modo de hablar de la tierra ha nacido en Madrid de una mixtura entre el dejo andaluz, puesto en moda por los soldados, y el dejo aragonés, que se asimilan todos los que quieren darse aires varoniles.

Nueva barricada de chiquillos les cortó el paso. Al verles, Jacinta y aun Guillermina, a pesar de su costumbre de ver cosas raras, quedáronse pasmadas, y hubiérales dado espanto lo que miraban, si las risas de ellos no disiparan toda impresión terrorífica. Era una manada de salvajes, compuesta de dos tagarotes[3] como de diez y doce años, una niña más chica, y otros dos chavales, cuya edad y sexo no se podía saber. Tenían todos ellos la cara y las manos llenas de chafarrinones[4] negros, hechos con algo que debía de ser betún o barniz japonés del más fuerte. Uno se había pintado rayas en el rostro, otro anteojos, aquel bigotes, cejas y patillas con tan mala maña, que toda la cara parecía revuelta en heces de tintero. Los pequeñuelos no parecían pertenecer a la raza humana, y con aquel maldito tizne extendido y resobado por la cara y las manos semejaban micos, diablillos o engendros infernales.

Benito Pérez Galdós
*Fortunata y Jacinta*

[1] **montera:** gorra.
[2] **chinchoso:** molesto, pesado.
[3] **tagarotes:** muchachos altos y desgarbados.
[4] **chafarrinones:** manchas.

### ACTIVIDADES

**1** Lee el texto y responde las siguientes preguntas:
- ¿Qué personajes aparecen en el texto? ¿A qué clases sociales crees que pertenecen?
- ¿Cómo es el espacio en que se encuentran?
- ▸ Relaciona esos elementos con los rasgos característicos del Realismo.

**2** El texto describe un barrio de Madrid. Explica si crees que se trata de una descripción objetiva o idealizada. Pon ejemplos que justifiquen tu respuesta.

**3** Explica a partir del texto la percepción de la realidad que refleja *Fortunata y Jacinta*, y su valor como muestra de la sociedad de la época.

## Tormento interno

Dios me ha dado fuerzas para resistir, y he resistido. Hace días que no pongo los pies en casa de Pepita, que no la veo.

Casi no tengo que pretextar una enfermedad, porque realmente estoy enfermo. Estoy pálido y ojeroso; y mi padre, lleno de afectuoso cuidado, me pregunta qué padezco y me muestra el interés más vivo.

El reino de los cielos cede a la violencia, y yo quiero conquistarlo. Con violencia llamo a sus puertas para que se me abran.

Con ajenjo[1] me alimenta Dios para probarme, y en balde le pido que aparte de mí ese cáliz de amargura; pero he pasado y paso en vela muchas noches entregado a la oración, y ha venido a endulzar lo amargo del cáliz una inspiración amorosa del espíritu consolador y soberano.

He visto con los ojos del alma la nueva patria, y en lo más íntimo de mi corazón ha resonado el cántico nuevo de la Jerusalén celeste.

Si al cabo logro vencer, será gloriosa la victoria; pero se la deberé a la Reina de los Ángeles, a quien me encomiendo. Ella es mi refugio y mi defensa; torre y alcázar de David de que penden mil escudos y armaduras de valerosos campeones; cedro del Líbano que pone en fuga a las serpientes.

En cambio, a la mujer que me enamora de un modo mundanal procuro menospreciarla y abatirla en mi pensamiento, recordando las palabras del Sabio y aplicándoselas.

Eres lazo de cazadores, le digo; tu corazón es red engañosa, y tus manos cordeles que atan; quien ama a Dios huirá de ti, y pecador será por ti aprisionado.

Meditando sobre el amor, hallo mil motivos para amar a Dios y no amarla.

JUAN VALERA
*Pepita Jiménez*

[1] **ajenjo:** planta amarga.

### ACTIVIDADES

1. Explica qué conflicto interno tiene el protagonista del texto.
   - ¿Qué recursos expresivos utiliza el autor para dar a conocer ese conflicto al lector?
2. Caracteriza al narrador del texto.
   - Relaciona ese tipo de narrador con los rasgos de la novela realista.

## Una dura infancia

Guardiana era huérfana; su padre y madre murieron del pecho, con diferencia de días, quedando a cargo de una muchacha de dos lustros de edad, cuatro hermanitos, todos marcados con la mano de hierro de la enfermedad hereditaria: epiléptico el uno, escrofulosos[1] y raquíticos dos, y la última, niña de tres años, sordomuda. Guardiana mendigó, esperó a los devotos que iban al santuario, rondó a los que llevaban merienda, pidiéndoles las sobras, y tanto hizo, que nunca les faltó a sus chiquillos de comer, aunque ella ayunase a pan y agua.

EMILIA PARDO BAZÁN, *La Tribuna*

[1] **escrofulosos:** aquejados de una enfermedad que se manifiesta en la inflamación de los ganglios.

### ACTIVIDADES

1. Explica qué característica esencial de la novela naturalista se puede apreciar en el texto *Una dura infancia.*
2. PARA PENSAR. ¿Cómo está presente en ese fragmento el determinismo del medio sobre los personajes?
   - ¿Crees que los escritores naturalistas pretendían hacer una denuncia social? ¿Por qué?

# BANCO DE ACTIVIDADES

## NIVEL I

**1** COMUNICACIÓN. Explica qué características del narrador, la acción y los personajes puedes deducir en cada uno de estos fragmentos:

> *Nunca llegaba en hora, pero esta vez demoró más que de costumbre. Mientras compartió la espera con otros chicos, Fernando no se inquietó, pero uno a uno los fueron recogiendo y al final solo quedaron él y el portero, un tipo que además detestaba a los escolares.*
>
> MARIO BENEDETTI, *Buzón de tiempo*

> *No espero ni pido que alguien crea en el extraño aunque simple relato que me dispongo a escribir. Loco estaría si lo esperara, cuando mis sentidos rechazan su propia evidencia. Pero no estoy loco y sé muy bien que esto no es un sueño.*
>
> EDGAR ALLAN POE, *El gato negro*

**2** LÉXICO. Explica estos conceptos y pon un ejemplo de cada uno:

arcaísmo | neologismo

▶ ¿Crees que la palabra *airbag* es actualmente un neologismo? Explica por qué.

**3** ORTOGRAFÍA. Copia estas oraciones y escribe dos puntos o comillas cuando sea necesario:

- Voy al cine a ver Coco, ¿te vienes?
- Tengo tres hermanos dos mayores y uno menor.
- Me dijo que vendría... No, me dijo creo que iré.

▶ Escribe una oración en la que emplees una palabra de forma irónica.

**4** GRAMÁTICA. Identifica los complementos del verbo en cada oración e indica su tipo.

- Carla salió contenta del examen.
- El equipo fue eliminado por su rival.
- Comunicaron el fallo del jurado a los finalistas.
- Los dos estudiantes recogieron los papeles del suelo.
- Marcos, espera aquí a tu hermana.
- Sueña con las vacaciones.

**5** LITERATURA. Resume las principales características de la novela realista.

▶ Explica qué rasgos de la novela realista están presentes en las obras de Benito Pérez Galdós y cita algunas de sus obras.

## NIVEL II

**1** COMUNICACIÓN. Busca en Internet un texto narrativo de poca extensión y analiza ese fragmento teniendo en cuenta estos aspectos:

- El narrador, la acción y los personajes.
- La estructura de la trama y el orden de los acontecimientos.
- Los tiempos verbales empleados, los marcadores textuales y los tipos de diálogo.

**2** COMUNICACIÓN. Elabora un esquema sobre las características de los textos narrativos a partir de tus respuestas de la actividad anterior.

**3** LÉXICO. Explica cómo se renueva el léxico de una lengua.

▶ ¿Quién crees que decide qué términos dejan de usarse? Expón tu opinión de forma razonada.

**4** ORTOGRAFÍA. Escribe oraciones que cumplan estos requisitos y puntúalas correctamente:

- Que contenga una enumeración anunciada.
- Que incluya lo dicho por otra persona de forma literal.
- Que tenga una palabra empleada en sentido irónico.
- Que incluya el título de una novela.
- Que contenga una afirmación y una consecuencia de esa afirmación.

**5** GRAMÁTICA. Identifica los complementos de los verbos destacados e indica su tipo.

### Con el paraguas

*<u>Tenía</u> la costumbre de llevar paraguas. Le <u>parecía</u> muy divertido. Si salía el sol, lo <u>usaba</u> de sombrilla; si hacía viento, <u>detenía</u> las ráfagas de viento con él; y si llovía, lo <u>sacaba</u> y lo <u>utilizaba</u> para lo que realmente servía: para <u>parar</u> la lluvia.*

**6** GRAMÁTICA. Observa estos pares de oraciones y di qué diferencia gramatical hay entre los complementos destacados:

- Escuché **a Jorge**.
- Sonreí **a Sandra**.
- Es **de vergüenza**.
- Carece **de escrúpulos**.

**7** LITERATURA. Explica qué tres etapas se distinguen en el Realismo y di qué rasgos las diferencian.

**8** LITERATURA. Documéntate y elabora un texto sobre la obra de Benito Pérez Galdós o Leopoldo Alas, «Clarín».

## Bucéfalo

Mi nombre es Bucéfalo y me estoy muriendo. La vida me abandona a través de esta herida que una flecha enemiga me abrió en mitad del pecho. Mi señor ha enviado a sus criados para que cuiden de mí. Noto que me acarician, que limpian mi herida y que depositan heno fresco junto a mi extenuada cabeza, tal vez con la esperanza de que el olor del alimento me reanime. Ayer vino a visitarme Filipo de Acarnania, el cirujano más afamado de todo el ejército. Tras examinar mi herida, se limitó a encogerse de hombros y a prescribirme la muerte dulce y rápida del cuchillo. Alejandro estuvo a punto de ordenar que lo colgaran. Él me conoce bien. Sabe que somos iguales, que lucharé hasta el final y que, cuando llegue el momento, me iré con el orgullo de haber librado una hermosa batalla.

«¿Por qué tantas atenciones con un viejo caballo moribundo?», os preguntaréis. Porque pocos son los hombres que han alcanzado más gloria y más fama que yo. Y poseo además un tesoro que muchos envidiarían: una larga vida de recuerdos. Querría hablaros de Filipo, el rey más glorioso que han visto los siglos, de la bella y cruel Olimpia, del noble Parmenión, de Aristóteles, el sabio, del taimado Demóstenes, del fiel Antípatro y todos los demás. Acompañadme hasta los campos de batalla de Queronea y del Gránico. Cabalgad conmigo hacia Jonia y Egipto, y mucho más lejos, hasta Persia y la India, donde una flecha enemiga me aguardaba pacientemente. Y, por supuesto, os quiero hablar también de Alejandro, sobre todo de Alejandro.

Pero muchos son los recuerdos y escaso el tiempo que me resta. Así pues, escuchad mi historia mientras aún me queden fuerzas para narrarla.

ELOY M. CEBRIÁN, *Bucéfalo. Memorias del caballo de Alejandro* (Adaptación)

### ACTIVIDADES

**1** Responde a las preguntas sobre el texto:

- ¿Quién es el narrador? ¿Qué tipo de narrador es?
- ¿En qué orden se presentan los hechos que se narran?
- ➤ ¿Quién es el protagonista del texto? ¿Crees que es el mismo que el del resto del libro? Explica por qué.

**2** Localiza en el diccionario de la Real Academia una acepción en la que *librar* se considere un arcaísmo.

**3** Define qué es un neologismo.

- ➤ ¿Crees que el texto anterior se presta al uso de neologismos? ¿Por qué?

**4** ¿Es correcto el uso de los dos puntos en el ejemplo siguiente? Explica ese uso de los dos puntos.

> Y poseo además un tesoro que muchos envidiarían: una larga vida de recuerdos.

**5** Identifica los complementos del verbo que aparecen en las siguientes oraciones y especifica de qué clase es cada uno.

- Os hablaré de Filipo.
- Mi nombre es Bucéfalo.
- Limpian mi herida.
- Él me conoce bien.
- Escuchad mi historia.
- Ayer me visitó Filipo.
- ➤ Escribe una oración que contenga un complemento predicativo.

**6** Transforma esta oración de tal forma que sea un complemento agente el que exprese la persona que realiza la acción del verbo:

> Mi señor ha enviado a sus criados.

**7** Cita una obra que pertenezca a cada una de estas etapas del Realismo en España e indica quién es su autor.

- Prerrealismo
- Realismo
- Naturalismo

## MI PROGRESO

Resuelve este test para comprobar si has asimilado correctamente los principales contenidos de la unidad.

**1** El narrador que no participa en la historia es…

a. un narrador externo.
b. un narrador protagonista.
c. un narrador antagonista.
d. un narrador interno.

**2** En *Corría bajo la lluvia. ¿Llegaré a tiempo de parar el tren? No lo sabía*, las palabras del personaje…

a. se reproducen en estilo indirecto.
b. están en estilo indirecto libre.
c. aparecen en estilo directo.
d. son una explicación.

**3** Identifica la afirmación correcta.

a. El léxico nunca se renueva.
b. Los neologismos sustituyen a los arcaísmos.
c. Los arcaísmos son palabras que han dejado de usarse.
d. Los arcaísmos no aparecen en el diccionario.

**4** ¿Qué afirmación sobre los neologismos es falsa?

a. Pueden ser adaptaciones de palabras de otras lenguas.
b. Se pueden formar por derivación.
c. No aparecen en el diccionario.
d. Surgen para nombrar nuevos objetos o realidades.

**5** ¿Qué oración está mal puntuada?

a. Usa: un lienzo, pinceles y acuarelas.
b. Usa un lienzo, pinceles y acuarelas.
c. Usa estos materiales: un lienzo, pinceles y acuarelas.
d. Todas las oraciones anteriores están bien puntuadas.

**6** ¿Cuál de estas oraciones no tiene atributo?

a. Te has vuelto muy amable de repente.
b. No parecéis cansados después de la carrera.
c. Los asientos están un poco rotos.
d. Raúl llegó empapado de su paseo por el parque.

**7** ¿Qué afirmación es incorrecta?

a. Los pronombres *me*, *te* y *se* siempre son CI.
b. El pronombre *le* puede ser CI.
c. Los pronombres *lo*, *la*, *los, las* sustituyen al CD.
d. El pronombre *se* puede funcionar como CD o CI.

**8** ¿Cuál de estas oraciones no tiene un CR?

a. Cantamos en el coro del ayuntamiento.
b. Fíjate en todos los pequeños detalles.
c. Confío en mi buena suerte.
d. No pienses tanto en ti mismo.

**9** ¿Qué diferencia fundamental hay en el Naturalismo frente al Realismo?

a. Su tono costumbrista.
b. Su actitud más objetiva hacia los personajes.
c. Su cruda descripción de comportamientos degradantes.
d. Su intención moralizante.

**10** ¿Qué técnica narrativa usada por Clarín es innovadora?

a. El narrador omnisciente.
b. La descripción objetiva.
c. La alteración del orden narrativo con la retrospección.
d. El monólogo interior.

### AUTOEVALUACIÓN Piensa y comprueba:

**Lo que sabes:**

✓ Qué elementos y características determinan que un texto sea narrativo.
✓ Cómo se renueva el léxico.
✓ Cuáles son las normas para emplear los dos puntos y las comillas.
✓ Cuáles son los complementos del verbo y cómo se reconocen.
✓ Qué define a la literatura realista y cuáles son sus representantes.

**Lo que sabes hacer:**

✓ Reconocer los elementos, características y estructura de los textos narrativos.
✓ Identificar los arcaísmos y neologismos.
✓ Usar correctamente los dos puntos y las comillas.
✓ Distinguir los complementos del verbo e identificarlos en una oración.
✓ Conocer las características de la literatura realista y sus obras.

# UNIDAD 4

**Comunicación**
- Los textos descriptivos

**Léxico**
- Formación de palabras con prefijos

**Ortografía**
- Signos de puntuación (III)

**Gramática**
- Las oraciones

**Literatura**
- El Modernismo y la generación del 98

**Escucha y resuelve.**

- ¿De qué biblioteca se habla en el audio? ¿Por qué es importante?
- ¿Qué dos personas intervienen? ¿Quiénes son?
- ¿Qué predomina en el texto que has escuchado: la narración, la descripción, la argumentación…? Justifica tu respuesta.
- Explica con detalle cómo es la biblioteca a la que se dedica la grabación.

**En muchos países hay bibliotecas espectaculares. Investiga en Internet y elige una que te guste.**

- Documéntate sobre esa biblioteca: dónde está, cuándo se creó, cómo es, qué fondos reúne… Descríbela y explica por qué es especial.
- Presenta en clase la biblioteca que has elegido. ¿Has coincidido con alguno de tus compañeros o compañeras?

# Extrañas criaturas

En la parte inferior de la puerta había una especie de gatera. Un agujero redondo sobre el cual descansaba una pequeña trampilla móvil. El brazo entraba por allá dentro. Un brazo entero, desnudo, larguísimo. Con movimientos de epiléptico, buscaba algo por el interior. ¿Tal vez el pomo? No era un brazo humano. A pesar de que el quinqué y el fuego no me ofrecían una luz demasiado intensa, en el codo podían apreciarse tres huesos, muy pequeños y más puntiagudos que los nuestros. Ni un gramo de grasa, musculatura pura, piel de tiburón. Pero lo peor de todo era la mano. Los dedos estaban unidos por una membrana que casi llegaba hasta las uñas.

Al desconcierto le sucedió una ola de pánico. Grité de espanto al mismo tiempo que saltaba de la silla. Al oírme, me replicó un conjunto de voces. Estaban por todas partes. Rodeaban la casa y gritaban con tonos insólitos, una mezcla de bramidos de hipopótamos y chillidos de hiena. Tenía tanto miedo que mi propio terror no me resultaba creíble. Miré por otra ventana con la mente en blanco. Más que verlos podía intuirlos. Eran un palmo más altos que yo y más delgados. Corrían por los alrededores de la casa. Tenían una agilidad de gacela. La luna llena recortaba sus perfiles. Tan pronto como mis ojos los detectaban, huían del limitado ángulo visual que me ofrecía la ventana.

Uno de ellos se detuvo, movió la cabeza con vivacidad de colibrí, chilló, corrió, regresó, se le sumaron un par más y cambiaron de dirección, quién sabe por qué, y todo ello a una velocidad de relámpago.

Detrás de mí oí un estallido: habían roto los cristales de la ventana opuesta. ¡Por san Patricio, entraban en la casa! Solo me salvaron sus descontrolados instintos. La ventana era un rectángulo pequeño, pero toleraría el paso de un cuerpo mínimamente hábil. No obstante, la ansiedad los llevaba a precipitarse, todos querían saltar hacia dentro y multiplicaban el atasco. El faro iluminó la escena. Un lapso mínimo, un horror absoluto. Seis, siete brazos moviéndose como tentáculos, detrás de los cuales ululaban caras de un inframundo de batracios, ojos como huevos, pupilas como agujas, agujeros en lugar de ventanillas, sin cejas, sin labios, la boca grande.

Actué más con el instinto que con la razón. De la chimenea cogí un leño grande, me dirigí a la ventana y, con un grito, golpeé aquellos brazos que se sacudían. Saltaron chispas, sangre azul, aullidos de dolor y trozos de madera quemada. Al retirarse el último brazo, lancé el leño afuera. Las ventanas tenían puertas interiores. Quería cerrarla y atrancarla, pero la última garra aprovechó para atraparme el cuello. A mí mismo me sorprende la presencia de ánimo que tuve. En lugar de combatir las muñecas del monstruo, mi reacción fue cogerle un dedo. Se lo doblé hasta romperle el hueso. Di un salto hacia atrás. Con un saco vacío recogí las brasas de la chimenea y las lancé contra la ventana. Esa lluvia provocó unas maldiciones invisibles y, en la pausa que siguió, cerré la puerta interior de madera tan deprisa como me fue posible.

Aún quedaban tres ventanas, todas con las puertas interiores abiertas. En este punto se produjo otra carrera mortal. Yo saltaba de una ventana a otra, cerrando las puertecitas y poniendo la tranca. Ellos, de alguna forma, comprendían la situación e iban rodeando la casa por fuera, hasta la siguiente ventana. Podía seguir su trayectoria por las voces, más excitadas que nunca. Por fortuna, yo llegaba antes. Cuando cerré la última, la decepción se hizo tangible con un lamento largo y estremecedor, un aullido simultáneo de diez, once, doce gargantas, no lo sé, el miedo afecta al cálculo.

Albert Sánchez Piñol, *La piel fría* (Adaptación)

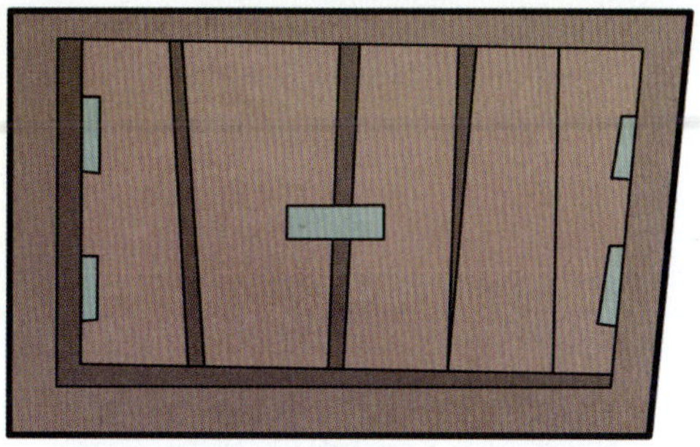

## Comentario de texto

### Comprensión

**1** Describe, a partir de la información obtenida en el texto, el espacio en el que se encuentra el protagonista.

- Explica razonadamente dónde crees que está situada la casa.

**2** ¿Por qué no logran entrar en la casa los seres monstruosos después de romper el cristal de una de las ventanas?

**3** Enumera las armas utilizadas por el protagonista para repeler a los monstruos que intentan atacarlo.

**4** La palabra *ventanilla* se usa para denominar las aberturas de cristal de algunos vehículos o los huecos acristalados por los que se atiende al público en las oficinas.

¿Con qué otro significado se emplea esa palabra en el texto? ¿En qué contexto se usa (narrativo, descriptivo, dialogado...)?

**5** Identifica en la narración sustantivos que designen los sonidos emitidos por ciertos animales.

- Estos sustantivos no se aplican a los animales a los que suelen corresponder. ¿Por qué crees que recurre a ellos entonces el autor?

**6** Resume en pocas líneas el contenido del texto.

### Estructura

**7** Localiza el párrafo en el que se relata la pelea entre el protagonista y los seres monstruosos.

**8** La narración de la historia va creciendo en intensidad hasta llegar a un punto máximo de tensión o clímax, tras el cual la intensidad disminuye.

Señala en qué parte del texto se encuentra el clímax y por qué crees que está justo ahí.

### Estilo

**9** Repasa las descripciones de los seres monstruosos que se hacen al final del primer y del cuarto párrafo. ¿Te parecen detalladas? ¿Por qué?

- ¿Qué imagen crees que transmiten de esos seres: nítida o confusa? Razona tu respuesta.

**10** Localiza en el texto al menos tres comparaciones y escríbelas en tu cuaderno.

**11** PARA PENSAR. La intención principal de Albert Sánchez Piñol en este fragmento de su novela *La piel fría* es transmitir miedo.

Explica a partir del texto cómo crees que lo logra.

**12** Señala cuáles de los siguientes temas aparecen a tu juicio en el relato:

| | | |
|---|---|---|
| miedo | humor | drama |
| acción | suspense | ciencia ficción |

- Si tuvieras que incorporar el libro a una biblioteca organizada por géneros (novela negra, de terror, de humor, etc.), ¿en cuál lo incluirías? ¿Por qué?

### Valoración

**13** PARA PENSAR. ¿Cuál es el propósito del autor al narrar los hechos en primera persona? ¿Tendría el mismo impacto si el narrador fuera omnisciente?

**14** ¿Qué fragmento del texto te parece más emocionante? Justifica tu respuesta.

**15** ¿Te recuerda esta historia a algún libro o película de miedo que hayas visto o leído? Resume su argumento y señala qué tienen en común.

# Los textos descriptivos

## 1 Clases de textos descriptivos

Son **textos descriptivos** aquellos en los que se presentan los rasgos característicos de seres, objetos, lugares o fenómenos.

Aunque existen textos predominantemente descriptivos, es frecuente que aparezcan descripciones en otros tipos de textos (narrativos, expositivos, argumentativos…).

Los textos descriptivos se suelen clasificar atendiendo a tres criterios fundamentales: la intención del emisor ante lo que describe, la situación en que se muestra la realidad descrita y la selección de los rasgos que se presentan.

### Según la intención del emisor

- **Descripciones objetivas.** El emisor presenta la realidad que describe sin aportar valoraciones personales. Estas descripciones son propias de los textos técnicos o científicos.
- **Descripciones subjetivas.** El emisor muestra su percepción particular de lo que describe. Estas descripciones son frecuentes en los textos literarios y publicitarios.

*Todo tenía, empezando por las paredes, una pátina como de tocino rancio, un color de amarillo ennegrecido que se metía en los ojos.*

MANUEL RIVAS, *El lápiz del carpintero*

### Según la situación de la realidad descrita

- **Descripciones estáticas.** Presentan una realidad estable, sin movimiento.
- **Descripciones dinámicas.** Presentan una realidad cambiante o en movimiento.

*La fina capa de chocolate negro se quebró con un crujido y liberó la crema aterciopelada que fluyó hacia el interior de mi boca.*

CARLA MONTERO, *El jardín de las mujeres Verelli*

### Según la selección de los rasgos

- **Descripciones realistas.** Intentan reflejar la realidad tal como es, de forma objetiva.
- **Descripciones idealizadoras.** Destacan los aspectos positivos de la realidad con intención de ennoblecerla. Son frecuentes en poesía.
- **Descripciones degradantes.** Destacan los aspectos negativos de la realidad con intención de rebajarla. Si tienen intención humorística, estas descripciones se denominan caricaturas.

*Estupenda nariz, que, sin ser deforme, como la del conde duque de Olivares; ni larga, como la de Cicerón; ni gruesa, como la de Quevedo; ni tosca, como la de Luis XI, era más fea que todas estas.*

BENITO PÉREZ GALDÓS, *La Fontana de Oro*

SABER MÁS

**El retrato**

Un retrato es la representación pictórica de una persona. También, se denomina retrato a la descripción en la que se presentan los rasgos de alguien. Las descripciones permiten mostrar rasgos externos y rasgos de carácter.

- Cuando la descripción se centra en la apariencia externa, se denomina **prosopografía**.
- Cuando se centra en los rasgos de carácter, se denomina **etopeya**.

## 2 Organización de los textos descriptivos

Existen básicamente dos modos de organizar el contenido de un texto descriptivo:

- **Organización espacial:** de lo general a lo particular, de arriba abajo, de un lado a otro… Este tipo de ordenación es propia de la descripción de espacios, personas u objetos.
- **Organización cronológica**, propia de las descripciones de fenómenos o procesos.

> *Para esa cazuela auténtica hizo un caldo sustancioso y bien condimentado, puso a freír cebolla y carne, coció por separado verduras, papas y calabaza, y por último agregó arroz.*
>
> ISABEL ALLENDE, *Más allá del invierno*

Es frecuente que en los textos se altere el modo de organización en función de la importancia que el emisor concede a las características que menciona.

## 3 Recursos lingüísticos de la descripción

- La **adjetivación**. Se emplean abundantes adjetivos calificativos para expresar las cualidades de los seres, objetos o lugares descritos.
- El uso de **marcadores espaciales** o **temporales**, como *delante, detrás, en medio, al principio…*, que expresan la relación entre los rasgos mencionados.
- Las **comparaciones** y **metáforas**. El uso de estos recursos, frecuentes en las descripciones literarias, sugiere nuevos aspectos de la realidad descrita.

> *Exhalaban los jazmines su fragancia azucarada, y las magnolias, como incensarios de marfil, esparcían su perfume en el ambiente ardoroso impregnado de olor a mies.*
>
> VICENTE BLASCO IBÁÑEZ, *La barraca*

### ACTIVIDADES

**1** Caracteriza la siguiente descripción según los distintos criterios de clasificación.

**La casa de Barrandale**

Es una casa sólida del siglo XIX, de dos plantas, muros gruesos y habitaciones pequeñas, con dos chimeneas y dos edificios anexos de poca altura y una planta adosados a cada lado. Supuse que alguien había cultivado la tierra cien años atrás, pero de todo eso no quedaba ni rastro. La cubrían tejas musgosas y los muros estaban revestidos de cemento, envejecidos hasta adquirir un bilioso y desagradable gris verdoso que ya había pintado de blanco al mudarme.

WILLIAM BOYD, *Suave caricia*

**2** Observa un objeto cualquiera del lugar en el que te encuentres y haz dos descripciones de él: una objetiva y estática, y otra subjetiva y dinámica.

**3** Busca una imagen que te guste de un paisaje y elabora una descripción objetiva. Después, explica el orden que has seguido.

- Realiza una descripción idealizada de ese mismo paisaje y explica cómo la has organizado.

**4** Describe el exterior del Museo Guggenheim de Bilbao empleando alguna comparación y alguna metáfora.

RECURSOS

## La caricatura

La caricatura es una descripción subjetiva de una persona (ya sea alguien real o un personaje literario) en la que se exageran sus características negativas, mostrando de esa manera una visión **degradante** o **deformante** de la persona descrita.

### La intención de la caricatura

La caricatura no pretende dar una visión fiel y objetiva, sino que trata de **distorsionar** los rasgos con la intención de producir un determinado efecto. La caricatura puede perseguir distintas finalidades, como hacer reír, manifestar desagrado hacia una persona, ridiculizar a alguien, burlarse o criticarlo...

En la siguiente descripción caricaturesca, por ejemplo, prima el humor y la expresividad, mientras que el carácter satírico o de crítica burlesca es sutil o está atenuado.

> *Viriato frisaba la cincuentena, era bajo, rechoncho, escaso de pelo, corto de remos, levemente corcovado, y debía de haber sido bizco cuando aún disponía de los dos ojos. Por lo demás, era un hombre de aspecto saludable, no mal parecido, en apariencia bonachón y predispuesto a reír sus propios chistes.*
>
> EDUARDO MENDOZA, *La aventura del tocador de señoras*

### El lenguaje de la descripción caricaturesca

La caricatura tiene rasgos lingüísticos comunes con otros tipos de descripciones, como, por ejemplo, el empleo de adjetivos calificativos o la utilización de marcadores espaciales para ordenar el contenido. Pero, además, las descripciones caricaturescas se caracterizan por el **uso intensivo** del lenguaje y el empleo de **recursos estilísticos** que potencian la expresividad, como los símiles o comparaciones, las metáforas, las hipérboles y las diversas manifestaciones de la ironía. También es frecuente en la caricatura la contraposición de realidades, que genera imágenes sorprendentes y originales.

> *Eugenio Cuchillo es, con su cara de carretera comarcal y ojos blandos de altramuz, el ser más bajito, antipático, cínico, estrábico y malparido del negocio, y hubo una época, cuando todo iba bien y nuestro paso era ascendente, no descendente, en que nos reíamos juntos del triunfo menor de los triunfadores menores.*
>
> KIKO AMAT, *Eres el mejor, Cienfuegos*

## El comisario Flores

Me incorporé como buenamente pude y me encontré, a un palmo de mis ojos, con el rostro siempre jovial del comisario Flores. Era el comisario Flores hombre de agraciado físico, aliñado vestir, gesto viril y labia fácil, si bien la guadaña impía del tiempo había restado donaire a su fina estampa, que no empaque, abotargando su faz, desertificando su cráneo, cariando sus molares, acreciendo michelines a su cintura y activando sus glándulas sebáceas en todo clima, lugar y circunstancias. Y aquí debo interrumpir mi descripción, porque el poseedor de los envidiables atributos que acabo de enumerar me estaba diciendo:

–Ni una maña o te dejo la cara más aplastada que el producto interno bruto.

EDUARDO MENDOZA
*El laberinto de las aceitunas* (Adaptación)

1. ¿Se podría decir que el texto anterior es una caricatura? Justifica tu respuesta.
   - ¿Qué recursos estilísticos emplea el autor en ella? ¿Qué rasgos positivos y negativos contrapone? ¿Qué efecto producen?
2. Explica con tus palabras el uso de la ironía en la descripción del comisario.

**SABER HACER**

## Escribir un retrato

Un retrato es una imagen o representación de una persona. También se llama retrato al texto en el que se describe a alguien. Vas a redactar el retrato de una persona real (alguna amiga, un familiar, una deportista, un actor...) o de un personaje ficticio.

**1** Piensa en alguien que te resulte interesante o que tenga unos rasgos muy característicos para realizar su retrato.

Si es una persona conocida, busca información sobre ella en revistas o en Internet, reelaborándola y sin copiar al pie de la letra. Si es posible, localiza también una imagen suya.

- Explica el motivo de tu elección.

**2** Detalla los rasgos principales de la persona elegida. Sigue estas pautas:

- Enumera sus rasgos físicos más destacados siguiendo un orden (su constitución, su pelo, sus ojos...).
- Selecciona algunos rasgos de su personalidad y explica hechos de su vida en los que se hayan manifestado:

*Es una persona luchadora. En su carrera deportiva ha tenido que superar alguna grave lesión y nunca se ha dado por vencida.*

**3** Resume brevemente los sentimientos que provoca en ti la persona que vas a describir y determina la posición que vas a adoptar en la descripción.

Admiración, respeto, gratitud...

- Escribe tu opinión personal sobre esa persona.

**4** Elabora un guion de los apartados en los que organizarás el contenido del texto.

1.º Breve presentación de la persona que vas a describir: nombre, profesión, edad...
2.º Rasgos físicos más destacados.
3.º Rasgos de personalidad más destacados.
4.º Aficiones, intereses, proyectos...
5.º Opinión personal.

**5** Redacta tu retrato siguiendo el guion que has preparado.

Utiliza con precisión adjetivos calificativos, comparaciones y metáforas para expresar las características de la persona que describes.

**6** Revisa el texto y pásalo a limpio.

- Pon un título que refleje tu visión de la persona descrita.
- Incluye alguna ilustración.

# Formación de palabras con prefijos

## 1 La prefijación

Uno de los procedimientos de que dispone la lengua para formar palabras nuevas es la **prefijación**, que consiste en añadir un prefijo a la raíz de una palabra para crear otra nueva.

Los **prefijos** son partículas, carentes de autonomía, que se anteponen a la raíz de una palabra para formar otra nueva.

La mayoría de los prefijos de la lengua castellana proceden del latín (***infra****rrojo*, ***ultra****marino*) o del griego (***hipo****termia*, ***ana****crónico*).

## 2 Tipos de prefijos

Los prefijos aportan distintos significados a las palabras a las que se añaden. Según el significado que aportan, podemos distinguir los siguientes tipos de prefijos:

- Prefijos de negación y oposición:
  - *cortés* ▶ ***des****cortés* — *estético* ▶ ***anti****estético*
  - *típico* ▶ ***a****típico* — *necesario* ▶ ***in****necesario*
- Prefijos de situación, localización o posición:
  - *sala* ▶ ***ante****sala* — *cortar* ▶ ***entre****cortar*
  - *llevar* ▶ ***sobre****llevar* — *directora* ▶ ***sub****directora*
  - *nacional* ▶ ***inter****nacional* — *escolar* ▶ ***extra****escolar*
- Prefijos temporales:
  - *poner* ▶ ***pos****poner* — *natal* ▶ ***pre****natal*
- Prefijos intensivos:
  - *mercado* ▶ ***hiper****mercado* — *sensible* ▶ ***ultra****sensible*
- Prefijos de repetición o reiteración:
  - *admitir* ▶ ***re****admitir* — *mirar* ▶ ***re****mirar*

### SABER MÁS

**Escritura de los prefijos**

Los prefijos normalmente se escriben pegados a la palabra base: ***anti****virus*.

Sin embargo, hay algunos casos en los que esto no ocurre:

- Si la palabra base empieza con mayúscula, se emplea guion: ***mini****-USB*.
- Si la base está formada por varias palabras, se escribe separado: ***ex*** *primer ministro*.

### ACTIVIDADES

**1** Forma los antónimos o contrarios de estas palabras añadiendo el prefijo adecuado:

- sonoro
- transigente
- moral
- real
- favorable
- motivar

**2** Aísla el prefijo que se repite en cada serie y deduce el significado que aporta.

- extraordinaria — extrarradio — extraterrestre
- preconstitucional — preacuerdo — presentir
- trasluz — traspasar — traspié

**3** Relaciona y forma palabras.

| | |
|---|---|
| ultra- | saliente |
| entre- | consciente |
| sub- | elección |
| re- | acto |
| sobre- | ligero |

**4** Identifica las palabras que contienen un prefijo.

- amigo
- amoral
- reloj
- resonar

▶ Explica el procedimiento que has seguido para identificar esas palabras.

# Signos de puntuación (III)

SABER MÁS

**Incisos en las biografías**

En biografías y textos académicos es frecuente citar el lugar y el año (o fecha) de nacimiento y muerte de una persona en un inciso. Estos datos se suelen escribir entre paréntesis, separando el lugar del año o la fecha con una coma y el nacimiento del fallecimiento mediante un guion:

*Antonio Machado (Sevilla, 26 de julio de 1875-Colliure, Francia, 22 de febrero de 1939).*

Cuando el lugar de nacimiento y muerte coinciden, puede omitirse la segunda vez o escribirse *ib.* (*ibidem*, 'en el mismo lugar'):

*Enrique Jardiel Poncela (Madrid, 1901-1952).*

*Ana María Matute (Barcelona, 1925-*ib.*, 2014).*

## 1 Puntuación de incisos: coma, raya y paréntesis

Los signos de puntuación que pueden emplearse para delimitar un inciso son las comas, las rayas y los paréntesis:

*Deje el paquete a Emilio, el conserje, si no estoy yo.*

*Deje el paquete a Emilio –el conserje– si no estoy yo.*

*Deje el paquete a Emilio (el conserje) si no estoy yo.*

Sin embargo, hay pequeñas diferencias entre estos tres signos:

| TIPOS DE INCISOS | EJEMPLOS |
|---|---|
| Las **comas** suponen un aislamiento menor que los incisos entre rayas o paréntesis. | *A Sofía, mi prima, le encanta leer libros de aventuras.* |
| Las **rayas** implican más independencia que los incisos entre comas, pero menos que la que suponen los paréntesis. | *El Día del Libro –23 de abril– se organizan actividades culturales muy interesantes en toda la ciudad.* |
| Los **paréntesis** dotan al inciso de un mayor grado de autonomía. | *Viajamos a Londres (ya tenemos los billetes) en febrero.* |

## 2 Puntuación de incisos dentro de otros incisos

Normalmente, el uso de comas, rayas o paréntesis depende de la intención del emisor. Sin embargo, hay algunas normas de uso:

| TIPOS DE INCISOS | EJEMPLOS |
|---|---|
| Se emplean **rayas** o **paréntesis** en los incisos que incluyen punto, coma, punto y coma o dos puntos. | *El año 1492 (fin de la Reconquista, firma de las Capitulaciones de Santa Fe y descubrimiento de América) es muy importante.* |
| Se utilizan **paréntesis** en los incisos incluidos en incisos con rayas. | *Miguel Hernández dedicó sus «Nanas de la cebolla» –escritas desde la cárcel (1939)– a su hijo.* |
| Se emplean **rayas** en los incisos incluidos en incisos entre paréntesis. | *El cuadro* La rendición de Breda *(o* Las lanzas *–en el museo del Prado–) es de Velázquez.* |

## ACTIVIDADES

**1** Copia y puntúa correctamente esta oración:

> La trilogía cinematográfica de *El Hobbit* * *Un viaje inesperado* * 2012; *La desolación de Smaug* * 2013; y *La batalla de los cinco ejércitos* * 2014 * fue un éxito.

**2** Puntúa estas oraciones con coma, raya o paréntesis:

- Hay algunos y no miro a nadie que se escaquean.
- Dame uno sin pimienta no me gusta si no te importa.

**3** Añade incisos usando signos distintos.

- Mérida es un lugar de gran interés histórico.
- Ayer visitamos la ciudad cervantina.
- Me preguntó cuál era mi escritora favorita.

**4** USA LAS TIC. Busca información en Internet y escribe reseñas biográficas de estos personajes que incluyan incisos:

- Isaac Peral
- María Moliner
- Vivaldi

# Las oraciones

**Claves para empezar**

- Define qué es una oración.
- ¿Recuerdas cómo se llama la relación gramatical que existe entre el sujeto y el verbo?
- Explica de forma razonada si todas las oraciones tienen sujeto. Pon ejemplos.

## 1 Las oraciones

La **oración** es una unidad gramatical compuesta por un sujeto y un predicado.

Entre el sujeto y el predicado de una oración se establece una **relación de predicación**, que consiste en afirmar algo –lo predicado– de alguien o algo, que es el sujeto.

*Elena* (Sujeto) *tiró la pelota.* (Predicado)    *La pelota* (Sujeto) *rebotó contra la pared.* (Predicado)

En su forma característica, las oraciones tienen al menos un verbo, que es núcleo del sintagma verbal que funciona como predicado:

*El jugador se lesionó gravemente.*

Las oraciones pueden ser **simples**, si contienen un único verbo (*Recordad sus años de experiencia*), o **compuestas**, si tienen dos o más verbos (*Recordad que tiene muchos años de experiencia*).

### Oraciones sin verbo

Se consideran también oraciones los enunciados en los que se predica algo de un sujeto sin la presencia de un verbo expreso. En la siguiente oración, por ejemplo, *muy ricos* se predica de *los pasteles*:

*Muy ricos los pasteles.*

## 2 El sujeto

El **sujeto** es el componente de la oración del que se dice o predica algo.

Desempeñan la función de sujeto, por ejemplo, los sintagmas subrayados en estas oraciones:

*Esos perros tienen hambre.*    *Me gusta mucho su mirada.*

La función de sujeto es característica del **sintagma nominal**.

### Sujeto expreso y sujeto tácito

Se distinguen dos clases de sujeto: expreso y tácito.

- El **sujeto expreso** está presente en la oración:

  *Esos perros tienen hambre.*

- El **sujeto tácito** es un sujeto omitido, que no aparece en la oración:

  *Volveré luego.*

  El sujeto tácito, que se representa mediante el signo Ø, es a menudo identificable gracias a la información de número y persona que aporta la **terminación del verbo**. En *volveré luego*, sabemos que el sujeto omitido es *yo*, porque *volveré* es una forma verbal de primera persona del singular.

**SABER MÁS**

**Enunciados no oracionales**

Se consideran enunciados no oracionales las unidades lingüísticas que transmiten un mensaje sin que en ellas exista relación de predicación. Son enunciados no oracionales, por ejemplo, los siguientes:

*¡Fuego!*  *¡Ojo con la nieve!*

## 3 El predicado

El **predicado** es el componente de la oración que dice o predica algo acerca del sujeto.

Desempeñan la función de predicado, por ejemplo, los sintagmas subrayados en estas oraciones:

*Quico siempre ríe contento.* *La carta llegó desde Italia.*

### Predicados nominales

En algunas oraciones verbales, el peso de la predicación no recae en el verbo, sino en un sintagma, normalmente un sintagma adjetival, que funciona como atributo. Esto ocurre en las oraciones copulativas, construidas con los verbos *ser*, *estar* o *parecer*:

*Merche está muy contenta.* *La carta parece del siglo pasado.*

Con estos verbos, la información principal la proporciona el sintagma en función de atributo, que puede ser un sintagma adjetival (*está muy contento*), nominal (*será un escándalo*), preposicional (*parece de plástico*), adverbial (*está arriba*) u oracional (*es como la imaginé*).

## 4 La concordancia entre el sujeto y el verbo

El sujeto y el verbo de una oración mantienen una relación gramatical de **concordancia**, consistente en que ambos presentan los mismos rasgos de número y persona.

En estas oraciones, el sujeto y el verbo de cada oración concuerdan en número y persona:

*La chica preparaba el examen.* (La chica: Sujeto; preparaba: Verbo) *Ellos siempre cumplen las normas.* (Ellos: Sujeto; cumplen: Verbo)

### ACTIVIDADES

**1** ¿Son oraciones estos enunciados? ¿Por qué? Explica la diferencia entre ellos.

- Restos de un naufragio en la playa.
- Han sido infringidas todas las normas.

**2** Identifica en estas oraciones el sujeto y el predicado y explica cómo se manifiesta la concordancia:

- El misterioso visitante provocó curiosidad.
- ¿Están todas las cosas en su sitio?
- Del viaje nos encargamos nosotras.
- Subieron el baúl Felipe y Sara.
- Eso tú lo haces en cinco minutos.

**3** Identifica las oraciones simples y las compuestas.

**El regreso**

Y un día regresaron a la Tierra.
Nos enseñaron que no éramos ni animales ni espíritus ni seres humanos. Éramos robots, robots de carne, pues habían utilizado ese material para nuestra fabricación. Nos habían modelado a su imagen. Ellos eran los únicos seres humanos del planeta. Se fueron hacía mucho tiempo y nos lo habían dejado porque eran indolentes. Habíamos sido los forjadores de una nueva Tierra.
Pero habían regresado.

JACQUES STERNBERG (Adaptación)

- Señala los sujetos expresos y deduce los tácitos.

## 5 Los complementos oracionales

Los **complementos oracionales** son palabras o grupos de palabras que no forman parte de la oración, sino que se refieren a toda ella.

Son **complementos oracionales** las palabras subrayadas en estas oraciones:

*Por desgracia, no se ha podido hacer nada.*

*Francamente, no voy a hacerlo así.*

Estos complementos expresan frecuentemente la opinión del hablante sobre lo que se dice en la oración o sobre cómo se dice. Se separan de la oración por una pausa, que en la escritura se representa con coma. Hay dos grandes clases:

- **Complementos del enunciado.** Se refieren a la información que se transmite:

  *Por fortuna, no hubo ningún accidente.*

- **Complementos de la enunciación.** Aluden al propio hecho de transmitir la información, es decir, al acto de habla:

  *Por decirlo brevemente, todo sigue igual.*

La función de complemento oracional es propia de los sintagmas y locuciones adverbiales (*afortunadamente, de repente*...) y las locuciones preposicionales (*por fortuna, con franqueza*...).

### Los tópicos

Los **tópicos** son una clase de complementos oracionales, normalmente aislados entre pausas, que establecen un marco temático o indican el punto de vista desde el que se va a abordar la información.

Son **tópicos** las palabras subrayadas en estas oraciones:

*En cuanto a los heridos, todos evolucionan bien.*

*Desde un punto de vista ético, esa solución es la más justa.*

### Claves para estudiar

Comprueba lo que has aprendido resolviendo estas actividades:

- Explica qué es una oración.
- Di qué es un sujeto expreso y un sujeto tácito.
- Explica qué caracteriza un predicado nominal. ¿Qué tipo de verbos necesita?
- Explica la diferencia entre los distintos tipos de complementos oracionales.

## ACTIVIDADES

**4** Identifica los complementos oracionales de estas oraciones:

- Francamente, no lo repetiré una vez más.
- Todo salió, por suerte, según lo previsto.
- Viviré con mis propias reglas, por decirlo así.
- Ya es tarde, lamentablemente.
- Sinceramente, desconozco el significado de esas palabras.
- En otras palabras, las tortugas no han experimentado ningún cambio.
- Usted es, en opinión de algunos, su peor enemigo.
- Esta medicina, según el prospecto, es muy eficaz.

➤ Clasifica los complementos que has identificado según afecten al enunciado o a la enunciación.

**5** Identifica los tópicos que hay en estas oraciones:

Por lo que se refiere a la educación, se precisa que familias y profesionales colaboren.

En relación con las becas, habrá un aumento significativo el próximo año.

➤ ¿Qué establece cada uno: un marco temático o un punto de vista?

**6** Escribe oraciones con un marcador de cada tipo.

- Complemento de la enunciación.
- Complemento del enunciado.
- Tópico de marco temático.
- Tópico de punto de vista.

## APLICACIÓN

**1** Observa el cartel y resuelve.

- Localiza y copia un ejemplo de cada tipo:

  Una oración simple. | Un enunciado sin verbo.

- Identifica el sujeto y el predicado de la oración simple.
- ¿Qué normas ortográficas se incumplen en los enunciados del cartel? ¿Por qué crees que se hace?

**2** Jugad en clase a describir personas y adivinad de quién se trata.

Tened en cuenta estas indicaciones:

- Debéis usar oraciones con sujeto tácito.
- Podéis hablar de una persona o de varias.

**3** Identifica los complementos oracionales de los siguientes mensajes y di de qué tipo son.

**Inés**
Ya hemos llegado a la playa. Por suerte, hace buenísimo.

**Mikel**
Sinceramente, me alegro por vosotros. Disfrutad.

**4** Define los siguientes conceptos y pon ejemplos de cada uno extraídos del texto de *Las metamorfosis*.

- Oraciones simples y compuestas.
- Sujeto expreso y tácito.
- Predicado nominal.
- Complementos oracionales.

*Pigmalión y Galatea*, de Jean-León Gérôme.

### Las metamorfosis

Pigmalión, gran escultor de Chipre, creó una estatua más bella que todas las mujeres y todas las obras de arte. La llamó Galatea. La besaba y acariciaba. Galatea no respondía a su creador. En su desesperación, Pigmalión rogó a Venus que le diera vida a la estatua. Galatea al fin cedió. Durante unos meses todo fue amor y entendimiento. Luego empezó la discordia. Llegaron los celos, el egoísmo, los rencores. Tristemente, Pigmalión y Galatea se separaron. Ahora se odian y cuando se encuentran en algún lado no se dirigen la palabra.

José Emilio Pacheco, *La sangre de Medusa y otros cuentos marginales* (Adaptación)

**5** ANÁLISIS SINTÁCTICO. Analiza las siguientes oraciones como en los ejemplos:

- Estoy enormemente disgustada con este asunto.
- Llévame las maletas a la habitación.
- Ese perro de orejas marrones parece de raza.
- Las intérpretes fueron aplaudidas por el público.
- En mi opinión, estás guapísimo.
- Me ha dado un fallo el ordenador.

| (Vosotros) | *Escuchasteis el trueno antes.* |
|---|---|
| Sujeto tácito | Predicado |

| *Para nosotras,* | *el desayuno* | *es lo mejor del día.* |
|---|---|---|
| Compl. oracional | Sujeto | Predicado nominal |

# El Modernismo y la generación del 98

La crisis política e institucional de principios del siglo XX trajo consigo un periodo de protestas y convulsiones sociales, como se refleja en *La carga*, cuadro del pintor modernista Ramón Casas.

## 1 Contexto histórico

El siglo XX nació bajo los efectos de la Revolución Industrial que se produjo en Europa en el siglo anterior. La industria jugó un papel protagonista en el progreso y la creación de riqueza; sin embargo, los nuevos modos de producción causaron la **proletarización** de amplias capas de población y el aumento de las **desigualdades sociales**, lo que hizo que surgieran diversas doctrinas de base social y sindical, como el **anarquismo**, el **socialismo** y el **comunismo**.

En España, el llamado **desastre del 98**, que supuso la pérdida de Cuba, Puerto Rico y Filipinas (las últimas colonias de ultramar), produjo una sensación de crisis en el país. La sociedad española percibió este hecho como un fracaso y el punto culminante de la decadencia del país, y los intelectuales centraron sus escritos en el análisis de las causas de esa decadencia.

## 2 El Modernismo

El Modernismo es una corriente artística desarrollada en los últimos años del siglo XIX y los primeros del siglo XX. Se caracteriza por la **búsqueda de la belleza formal** como una forma de **evasión de la realidad**. Frente al Realismo, los modernistas buscan crear un universo imaginario de belleza, exotismo y sensualidad que halla sus mejores cauces formales en la **poesía** y el **cuento**.

Se considera que el Modernismo surgió en Hispanoamérica con **la publicación en 1888 de *Azul*...**, del poeta nicaragüense **Rubén Darío**. Los escritores de las jóvenes repúblicas americanas que se habían independizado de España en el transcurso del siglo XIX querían apartarse de la tradición española y buscaron sus fuentes en literaturas como la inglesa, la italiana y, sobre todo, la francesa. Se produjo así una profunda renovación temática y formal, y se incorporaron al castellano numerosas palabras procedentes de otras lenguas.

## 3 La poesía modernista

La poesía modernista se caracteriza por los siguientes rasgos:

- **La sensorialidad.** Se apela a la sensibilidad y a los sentidos mediante imágenes de gran belleza visual, la musicalidad del lenguaje, las referencias a colores o a fragancias exóticas...
- **La perfección formal.** Se adoptan metros poco usados, como el alejandrino, el dodecasílabo, el eneasílabo y el verso libre. Además, se emplea todo tipo de estrofas y se recuperan las formas clásicas.
- **Los escenarios irreales y exóticos.** Los palacios, los jardines, el lejano Oriente y las épocas remotas son ambientes habituales del Modernismo.

Los poetas más importantes fueron **Rubén Darío**, que introdujo el Modernismo en España, **Salvador Rueda** y **Manuel Machado**. Cabe también mencionar la primera etapa de **Antonio Machado** y de **Juan Ramón Jiménez**.

En las postrimerías del movimiento, aparecen varias autoras hispanoamericanas que, partiendo del Modernismo, proponen una poesía más intimista y sencilla, sin los excesos formales de sus predecesores. Son **Delmira Agustini**, **Juana de Ibarbourou**, **Alfonsina Storni** y **Gabriela Mistral**.

SABER MÁS

**Fuentes del Modernismo**

La literatura modernista hunde sus raíces principalmente en dos movimientos artísticos de origen francés: el Simbolismo y el Parnasianismo.

- El **Simbolismo** es un movimiento artístico que busca sobre todo la musicalidad, el ritmo y el poder de evocación de las palabras. Sus máximos exponentes son Charles Baudelaire, Paul Verlaine, Arthur Rimbaud y Stéphane Mallarmé.
- El **Parnasianismo** es una corriente estética caracterizada por la perfección formal. Sus principales representantes son Théophile Gautier y Leconte de Lisle.

## Rubén Darío (1867-1916)

Rubén Darío, cuyo nombre real era Félix Rubén García Sarmiento, fue el verdadero artífice de la **estética modernista** y de la **renovación** de la literatura castellana. Nacido en Metapa (Nicaragua), residió en diversas ciudades de Europa y América debido a su profesión de periodista y diplomático, lo que le permitió difundir el Modernismo por toda Europa. Su obra *Azul...*, que marca el inicio del movimiento, es una colección de relatos en prosa y poemas centrados en un mundo de impresiones en el que la música y lo pictórico cobran especial relevancia.

Darío publicó otros poemarios, entre ellos ***Prosas profanas*** y ***Cantos de vida y esperanza***.

- ***Prosas profanas*** continúa con los temas y el estilo típicamente modernistas de *Azul...*: los mitos clásicos, los ambientes exóticos, el erotismo, la preocupación por el ritmo y la musicalidad... A esta obra pertenece «Sonatina», uno de sus poemas más conocidos.
- ***Cantos de vida y esperanza*** marca un cambio en la actitud del poeta: el esteticismo deja paso a la reflexión existencial y al tono melancólico, desencantado, más personal e íntimo.

Rubén Darío no solamente renovó el lenguaje poético, sino que también introdujo **novedades métricas**: adoptó en muchos poemas el verso libre, adaptó al castellano algunas formas propias de la poesía francesa y experimentó con las estrofas clásicas, creando variantes como los sonetos con versos de catorce sílabas.

El Modernismo se manifestó también en la arquitectura. En España, el máximo exponente fue Antonio Gaudí, arquitecto de la Sagrada Familia.

## ACTIVIDADES

**1** Señala los rasgos de la poesía modernista en el siguiente poema:

La voz de toda América le pides a Darío,
la voz de toda España le pides a mi acento,
al cisne desplegando las alas en el viento,
y al pavo real abriendo la cola como un río.

Quiere de las dos aves tu egregio[1] señorío
hacer un áureo escudo de gloria a tu talento,
en que deslíe el cisne su blando movimiento,
y en que la cola estalle de rosas y de brío.

Pero es mejor trofeo tender Rubén su mano,
tenderle yo la mía por cima al Océano,
y así formar un pórtico sobre el azul intenso.

Él tañerá su lira, yo tocaré mi trompa,
y en una regia nave llena de sol y pompa,
tú cruzarás, poeta, bajo del arco inmenso.

SALVADOR RUEDA
*Arco de triunfo*

[1] **egregio:** insigne, ilustre.

**2** Lee estos versos de Rubén Darío que pertenecen, respectivamente, a «Sonatina», en *Prosas profanas*, y a «Lo fatal», en *Cantos de vida y esperanza*, y explica en qué se diferencian:

La princesa está triste... ¿Qué tendrá la princesa?
Los suspiros se escapan de su boca de fresa,
que ha perdido la risa, que ha perdido el color.
La princesa está pálida en su silla de oro,
está mudo el teclado de su clave sonoro,
y en un vaso, olvidada, se desmaya una flor.

Dichoso el árbol que es apenas sensitivo,
y más la piedra dura porque esta ya no siente,
pues no hay dolor más grande que el dolor de ser vivo,
ni mayor pesadumbre que la vida consciente.
Ser, y no saber nada, y ser sin rumbo cierto,
y el temor de haber sido y un futuro terror...

**3** USA LAS TIC. El Modernismo es una corriente artística que no solo se da en la literatura. Busca información sobre el Modernismo en Internet o en una biblioteca y escribe un texto sobre cómo se manifiesta esta corriente en las artes.

## 4 La generación del 98

Aunque no fue su tierra natal, la generación del 98 encontró en las tierras de Castilla un refugio espiritual. Se identificaba la austeridad del paisaje castellano con la esencia de lo español.

A finales del siglo XIX, surgió un grupo de jóvenes escritores que reflexionaron sobre la situación del país y las causas de su decadencia. Este grupo constituye la generación del 98, que toma su nombre del *desastre del 98*, que supuso la pérdida de las últimas colonias españolas.

De este grupo destacaron **Miguel de Unamuno**, **Pío Baroja**, **José Martínez Ruiz «Azorín»** y **Ramiro de Maeztu**. Otros, como **Antonio Machado** y **Ramón María del Valle-Inclán**, iniciaron su andadura literaria dentro de la estética del Modernismo, pero posteriormente adoptaron una perspectiva noventayochista.

Un rasgo común de este grupo es la **reflexión filosófica**. Las corrientes de pensamiento de la época les influyen y meditan sobre el sentido de la vida, la religión, la existencia de Dios o el paso del tiempo.

El **estilo** de la generación del 98 se caracteriza por la sencillez y precisión del lenguaje, libre de adornos superfluos. Cultivaron especialmente el **ensayo** y la **novela**, revitalizando ambos géneros, pues consideraban la prosa como el cauce más efectivo para expresar su visión crítica de la realidad.

### Miguel de Unamuno (1864-1936)

Miguel de Unamuno es el autor más destacado de su generación en el **ensayo**, aunque también fue novelista, dramaturgo y poeta. Sus obras se centran en dos temas esenciales: la **preocupación por España**, que trata en obras como *En torno al casticismo* y *Por tierras de Portugal y España*, en las que propugna la regeneración del país mediante el esfuerzo cotidiano; y el **sentido de la vida**, en obras como *Del sentimiento trágico de la vida* y *La agonía del cristianismo*, en las que aborda sus dudas acerca de la vida eterna y la existencia de Dios.

Los mismos temas están presentes en estas novelas del autor:

- ***Niebla*** refleja la preocupación por el sentido de la existencia. Su protagonista, Augusto Pérez, es un personaje angustiado que se enfrenta a su creador, el propio Unamuno. El diálogo entre el personaje y su creador es un trasunto del que los seres humanos podrían mantener con Dios.
- ***San Manuel Bueno, mártir*** cuenta la crisis de un sacerdote de pueblo que vive dramáticamente su labor pastoral, ya que ha perdido su fe, pero procura ocultárselo a sus feligreses.

Unamuno definió sus novelas como ***nivolas***, término con el que quería remarcar su alejamiento de la novela convencional. Se trata, en efecto, de obras en las que la acción queda eclipsada por el relato de la crisis existencial de los personajes, que se manifiesta a través de los diálogos y el monólogo interior.

### ACTIVIDADES

**4** Lee este fragmento de *San Manuel Bueno, mártir* en el que habla el sacerdote protagonista, don Manuel, y explica qué ideas tiene acerca de la religión.

Yo estoy para hacer vivir a las almas de mis feligreses, para hacerlos felices, para hacerles que se sueñen inmortales y no para matarlos. Lo que aquí hace falta es que vivan sanamente, que vivan en unanimidad de sentido, y con la verdad, con mi verdad, no vivirían. Que vivan. Y eso hace la Iglesia, hacerlos vivir. ¿Religión verdadera? Todas las religiones son verdaderas en cuanto hacen vivir espiritualmente a los pueblos que las profesan, en cuanto les consuelan de haber tenido que nacer para morir, y para cada pueblo la religión más verdadera es la suya, la que ha hecho. ¿Y la mía? La mía es consolarme en consolar a los demás, aunque el consuelo que les doy no sea el mío.

Miguel de Unamuno, *San Manuel Bueno, mártir*

### Pío Baroja (1872-1956)

Es el principal novelista de la época. Entre sus obras destaca *La busca*, en la que retrata el mundo de los bajos fondos madrileños de principios del siglo XX; *El árbol de la ciencia*, en la que recoge el ambiente universitario a partir de su experiencia como estudiante de Medicina; y sus novelas ambientadas en el País Vasco: *La casa de Aizgorri*, *El mayorazgo de Labraz* y *Zalacaín el aventurero*.

Baroja considera que la **novela** tiene la finalidad de entretener. Por eso en sus obras predomina un estilo sencillo, pero de gran fuerza expresiva.

### José Martínez Ruiz, «Azorín» (1873-1967)

Azorín publicó novelas, ensayos y artículos periodísticos. En sus ensayos se centra en el análisis de los problemas del país y en la reinterpretación de las obras clásicas. Su producción novelística se caracteriza por la descripción minuciosa, el léxico preciso y el estilo sobrio. En ella presenta de forma fragmentada las sensaciones de los personajes en un momento dado, como si se tratase de **impresiones**. Sus novelas más destacadas son *Las confesiones de un pequeño filósofo* y *La voluntad*, protagonizada por Antonio Azorín, *alter ego* del autor del que tomó su seudónimo.

## 5 Antonio Machado

La poesía de Antonio Machado (1875-1939) está compuesta básicamente por tres obras: ***Soledades. Galerías. Otros poemas***, ***Campos de Castilla*** y ***Nuevas canciones***, y en ella se aprecia una evolución desde el Modernismo hacia una poesía más noventayochista centrada en la reflexión filosófica.

- ***Soledades. Galerías. Otros poemas*** es una obra en la que se combinan los motivos modernistas con un tono melancólico y una reflexión sobre cuestiones existenciales –el tiempo, la muerte, Dios...–.
- ***Campos de Castilla*** es su obra más celebrada. Machado recoge en ella los temas típicos de la generación del 98, especialmente el paisaje castellano y la decadencia española, desde una perspectiva reflexiva e intimista.
- ***Nuevas canciones*** contiene un conjunto de cancioncillas de inspiración popular y un conjunto de cantares y proverbios en los que el poeta expresa alguna reflexión filosófica, frecuentemente en forma de paradoja.

Machado creó un estilo poético singular. Sus preocupaciones filosóficas se manifiestan a veces a través de **símbolos**. En su poesía, por ejemplo, las fuentes, el río y la noria evocan el paso del tiempo; el mar sugiere el futuro o la muerte; y el camino alude a la vida. Es, por lo demás, una poesía basada en las intuiciones y vivencias del autor, y no meramente esteticista.

**SABER MÁS**

Carmen de Burgos.

**Una periodista del 98**

Los escritores de la generación del 98, especialmente Unamuno, Azorín y Maeztu, difundieron sus ideas de manera habitual en revistas culturales y artículos publicados en la prensa diaria.

En este ámbito, una de las figuras más relevantes fue **Carmen de Burgos** (1867-1932), novelista, pedagoga y primera corresponsal de guerra en España. Conocida como Colombine, escribió numerosos artículos imprescindibles para conocer la sociedad de aquellos años.

## ACTIVIDADES

**5** Lee los siguientes versos y responde a las preguntas.

Las ascuas de un crepúsculo morado
detrás del negro cipresal humean...
En la glorieta en sombra está la fuente
con su alado y desnudo Amor de piedra,
que sueña mudo. En la marmórea taza
reposa el agua muerta.

ANTONIO MACHADO

- En los versos se describe un paisaje. ¿De qué paisaje se trata?
- ¿Qué elementos presentes en el texto te han servido para saberlo?
- ¿Qué idea evocan los versos?

▶ Explica de forma razonada a qué corriente se aproxima el texto: a la estética modernista o a la de la generación del 98.

Retrato de Valle-Inclán realizado por el pintor Juan de Echevarría.

**Claves para estudiar**

Comprueba lo que has aprendido haciendo estas actividades:

- Explica qué es el Modernismo y cuáles son sus características.
- Di qué hecho histórico ocurrió a finales del siglo XIX y qué repercusión tuvo en la época.
- Elabora un esquema de los autores, autoras, obras y estilos de la generación del 98.
- Explica las diferencias entre el teatro de Jacinto Benavente y de Valle-Inclán.

## 6 El teatro de principios de siglo

A principios del siglo XX se produjeron varios intentos de romper con el teatro de corte realista que había dominado la escena española durante la segunda mitad del siglo XIX. Los dramaturgos más relevantes que llevaron a cabo esta reforma fueron **Jacinto Benavente** y **Ramón María del Valle-Inclán**.

### Jacinto Benavente (1866-1954)

Jacinto Benavente, Premio Nobel de Literatura en 1922, es el creador de la **nueva comedia**, la cual se caracteriza por dos rasgos fundamentales: el realismo en los diálogos y en la presentación de ambientes cotidianos, y una intención crítica que se dirige contra las costumbres y convicciones de la burguesía española. Las obras más conocidas de Benavente son *Los intereses creados* y *La malquerida*.

### Ramón María del Valle-Inclán (1866-1936)

Valle-Inclán fue el principal **renovador del teatro** de principios del siglo XX. Sus primeras obras dramáticas se inscriben dentro de la estética modernista, como *Águila de blasón*, *Romance de lobos*, *Cara de plata* o *Comedias bárbaras*.

En 1920, con *Divinas palabras* y *Luces de bohemia*, Valle-Inclán inaugura un nuevo género alejado ya de la estética modernista y que él mismo denomina «esperpento», en el que también se encuadran otras obras como *Las galas del difunto*, *Los cuernos de don Friolera* y *La hija del capitán*. El **esperpento** realiza una deformación sistemática de la realidad para mostrar sus aspectos más trágicos y grotescos. Las acciones se suceden de una forma brusca y se producen violentos cambios de escena. El lenguaje está sometido también a un proceso de deformación: se emplean arcaísmos, localismos y términos del caló y del mundo del hampa.

El objeto del esperpento no es otro que poner de manifiesto los aspectos más absurdos y miserables de la realidad española. En ***Luces de bohemia***, por ejemplo, la trama se centra en el paseo nocturno por las calles de Madrid de un poeta ciego, fracasado pero idealista, Max Estrella, y su amigo don Latino. Al hilo de ese deambular, el autor satiriza a todo tipo de personajes y situaciones. La obra termina con la trágica muerte de Max, que representa la derrota del idealismo y la imposibilidad de una sociedad igualitaria y justa.

## ACTIVIDADES

**6** Explica las características del esperpento a partir de este fragmento de *Luces de bohemia*:

*Velorio[1] en un sotabanco[2]. Madama Collet y Claudinita, desgreñadas y macilentas, lloran al muerto, ya tendido en la angostura de la caja, amortajado con una sábana, entre cuatro velas. [...] Repentinamente, entrometiéndose en el duelo, cloquea[3] un rajado repique, la campanilla de la escalera. [...] Claudinita, con andar cansado, trompicando, ha salido para abrir la puerta. Se oye rumor de voces, y la tos de don Latino de Hispalis. La tos clásica del tabaco y del aguardiente.*

Don Latino. ¡Ha muerto el Genio! ¡No llores, hija mía! ¡Ha muerto y no ha muerto!... ¡El Genio es inmortal!... ¡Consuélate, Claudinita, porque eres la hija del primer poeta español! ¡Que te sirva de consuelo saber que eres la hija de Víctor Hugo! ¡Una huérfana ilustre! ¡Déjame que te abrace!

Claudinita. ¡Usted está borracho!

Don Latino. Lo parezco. Sin duda lo parezco. ¡Es el dolor!

Claudinita. ¡Si tumba el vaho de aguardiente!

Ramón María del Valle-Inclán, *Luces de bohemia*

[1] **velorio:** velatorio.
[2] **sotabanco:** buhardilla.
[3] **cloquea:** hace «cloc cloc», como las gallinas.

SABER HACER

## Componer un poema sobre un paisaje

**El *locus amoenus***

La identificación del paisaje con el sentimiento lírico proviene de la cultura clásica. El tópico latino del *locus amoenus* ('lugar agradable') recrea un entorno natural idealizado que transmite una serie de sensaciones con las que la voz poética expresa sus sentimientos.

La generación del 98 recurrió con frecuencia a la descripción de paisajes como símbolo, para expresar la sensibilidad del «yo» poético, lo que contribuyó a revalorizar esos lugares. Vamos a componer un poema que incluya la descripción de un paisaje.

1 Piensa en un paraje natural que conozcas bien o imagina uno.

2 Selecciona los elementos del paisaje que vas a incluir en tu poema y toma notas sobre ellos.

3 Determina las características métricas de tu poema.

Elige alguno de estos esquemas métricos y recuerda sus características: número de versos por estrofa, medida de los versos y tipo de rima.

- romance
- redondilla
- cuarteto
- soneto
- terceto
- lira

4 La descripción es una forma del discurso que puede ser objetiva o subjetiva. En la poesía, siempre es subjetiva.

Lee este poema de Juan Ramón Jiménez, perteneciente a *Arias tristes*, que manifiesta el estado de ánimo del poeta:

*Entre el velo de la lluvia*
*que pone gris el paisaje,*
*pasan las vacas, volviendo*
*de la dulzura del valle.*

*Las tristes esquilas suenan*
*alejadas, y la tarde*
*va cayendo tristemente*
*sin estrellas ni cantares.*

*La campiña se ha quedado*
*fría y sola con sus árboles;*
*por las perdidas veredas*
*hoy no volverá ya nadie.*

*Voy a cerrar mi ventana*
*porque si pierdo en el valle*
*mi corazón, quizás quiera*
*morirse con el paisaje.*

› Reflexiona sobre los procedimientos que emplea el poeta en la descripción para expresar sus emociones y explícalos.

5 Escribe tu poema teniendo en cuenta los procedimientos que has identificado en la actividad anterior.

Ten en cuenta las siguientes directrices:

- Respeta el esquema métrico que hayas elegido.
- Utiliza un lenguaje cuidado y recursos estilísticos.
- Destaca las características del paisaje con recursos como estos:

*Pradera fresca y florida*
*hueles como los jabones;*
*y al oler tu sinfonía*
*descanso ya sin rencores.*
*Parte de mis sentimientos,*
*vibrantes con tus perfumes,*
*sienten la sabia advertencia*
*de los antiguos amores.*

Adjetivación poética

Interlocución con el paisaje

Formas verbales en primera persona

Personificación de la naturaleza

Referencia a las emociones

# El viajero

Está en la sala familiar, sombría,
y entre nosotros, el querido hermano
que en el sueño infantil de un claro día
vimos partir hacia un país lejano.

Hoy tiene ya las sienes plateadas,
un gris mechón sobre la angosta frente;
y la fría inquietud de sus miradas
revela un alma casi toda ausente.

Deshójanse las copas otoñales
del parque mustio y viejo.
La tarde, tras los húmedos cristales,
se pinta, y en el fondo del espejo,

el rostro del hermano se ilumina
suavemente. ¿Floridos desengaños
dorados por la tarde que declina?
¿Ansias de vida nueva en nuevos años?

¿Lamentará la juventud perdida?
Lejos quedó –la pobre loba– muerta.
¿La blanca juventud nunca vivida
teme, que ha de cantar ante su puerta?

¿Sonríe al sol de oro
de la tierra de un sueño no encontrada;
y ve su nave hender el mar sonoro,
de viento y luz la blanca vela hinchada?

Él ha visto las hojas otoñales,
amarillas, rodar, las olorosas
ramas del eucalipto, los rosales
que enseñan otra vez sus blancas rosas…

Y este dolor que añora o desconfía
el temblor de una lágrima reprime,
y un resto de viril hipocresía
en el semblante pálido se imprime.

Serio retrato en la pared clarea
todavía. Nosotros divagamos.
En la tristeza del hogar, golpea
el tictac del reloj. Todos callamos.

Antonio Machado, *Soledades*

# Caminos

De la ciudad moruna
tras las murallas viejas,
yo contemplo la tarde silenciosa,
a solas con mi sombra y con mi pena.

El río va corriendo,
entre sombrías huertas
y grises olivares,
por los alegres campos de Baeza.

Tienen las vides pámpanos dorados
sobre las rojas cepas.
Guadalquivir, como un alfanje roto
y disperso, reluce y espejea.

Lejos, los montes duermen
envueltos en la niebla,
niebla de otoño, maternal; descansan
las rudas moles de su ser de piedra
en esta tibia tarde de noviembre,
tarde piadosa, cárdena y violeta.

El viento ha sacudido
los mustios olmos de la carretera,
levantando en rosados torbellinos
el polvo de la tierra.
La luna está subiendo
amoratada, jadeante y llena.

Los caminitos blancos
se cruzan y se alejan,
buscando los dispersos caseríos
del valle y de la sierra.
Caminos de los campos…
¡Ay, ya no puedo caminar con ella!

Antonio Machado, *Campos de Castilla*

# Comentario de texto

## Texto: *El viajero*

### Comprensión

1 Indica quién es el personaje en el que se centra el poema. ¿Cómo se le describe? ¿Qué actitud muestra?

2 El poeta plasma una escena en la que se evoca el pasado.

Responde.

- ¿En qué lugar está ambientada la escena? ¿Cómo es ese lugar?
- ¿En qué momento del día y en qué estación del año transcurre la escena?
- ¿En qué momento de su vida se encuentra «el viajero»?

### Estructura

3 Se puede entender que el poema tiene una estructura circular en la que el comienzo y el final se corresponden con un marco espacial.

Justifica esta afirmación y, basándote en ella, divide el poema en tres partes. Identifica por medio de un sintagma nominal cada una de las partes que has establecido.

4 Analiza la métrica del poema indicando la medida de los versos, la rima y el nombre de la estrofa utilizada.

### Estilo

5 El tiempo es un elemento esencial en el poema. Recoge las expresiones referidas al paso del tiempo.

6 Explica por qué en el verso 19 se emplea el adjetivo *blanca* para calificar a la juventud. Asocia tal uso con el hecho de que esa juventud no haya sido «vivida» y con la posibilidad de que se aparezca ante la puerta de quien en su momento no supo disfrutarla.

### Valoración

7 Explica la visión que, a tu juicio, da Machado sobre el paso del tiempo en la vida humana. ¿Es una visión pesimista? ¿Existe para él la posibilidad de revivir, de reencontrar otra primavera? Justifica tu respuesta.

8 USA LAS TIC. La vida de Antonio Machado transcurrió en varios lugares: Sevilla, Soria, Jaén…

Busca en Internet o en un libro poemas en los que Machado se refiere a los lugares que le dejaron huella.

9 Para los románticos el viaje era un elemento privilegiado, que les permitía escapar de una realidad detestable o tediosa.

Contrasta esa visión idealizada del viaje con la que nos ofrece Machado en su poema.

**TALLER DE CREACIÓN**

Describe un paisaje que te sea familiar deteniéndote en las formas, en los colores, etc.

Debes plasmar sobre todo la impresión que el paisaje te produce.

## Texto: *Caminos*

### Comprensión

10 Responde.

- ¿Cuál crees que es la pena a la que se refiere el poeta?
- ¿Qué verso te da la clave para responder?

11 En los versos 15-16, ¿qué quiere decir «descansan las rudas moles de su ser de piedra»? ¿Cuál es ese descanso? Busca la respuesta en los versos 13-14.

### Estructura

12 El texto puede dividirse en tres partes, según la presencia o ausencia del yo del poeta en los versos.

Explica, de forma razonada, cuáles serían esas tres partes.

### Estilo

13 ¿Crees que existe un contraste entre el estado de ánimo del poeta y el paisaje que describe? En caso afirmativo, explica, dando ejemplos, en qué consiste ese contraste.

### Valoración

14 Busca en la poesía de Machado otros poemas que se refieran a la muerte de su amada y a los sentimientos del poeta ante su ausencia.

› Tras haberlos leído, expresa tu opinión acerca de la capacidad del poeta para sugerir y comunicar sus emociones.

15 ¿A qué etapa de la evolución poética del autor crees que pertenece cada uno de los poemas? Razona tu respuesta.

## Los espejos deformantes

*Rinconada en costanilla y una iglesia barroca por fondo. Sobre las campanas negras, la luna clara. Don Latino y Max Estrella filosofan sentados en el quicio de una puerta. A lo largo de su coloquio, se torna lívido el cielo. En el alero de la iglesia pían algunos pájaros. Remotos albores de amanecida. Ya se han ido los serenos, pero aún están las puertas cerradas. Despiertan las porteras.*

MAX. ¡Don Latino de Hispalis, grotesco personaje, te inmortalizaré en una novela!

DON LATINO. Una tragedia, Max.

MAX. La tragedia nuestra no es tragedia.

DON LATINO. ¡Pues algo será!

MAX. El Esperpento.

DON LATINO. No tuerzas la boca, Max.

MAX. ¡Me estoy helando!

DON LATINO. Levántate. Vamos a caminar.

MAX. No puedo.

DON LATINO. Deja esa farsa. Vamos a caminar.

MAX. Échame el aliento. ¿Adónde te has ido, Latino?

DON LATINO. Estoy a tu lado.

MAX. Como te has convertido en buey, no podía reconocerte. Échame el aliento, ilustre buey del pesebre belenita. ¡Muge, Latino! Tú eres el cabestro y si muges vendrá el Buey Apis. Le torearemos.

DON LATINO. Me estás asustando. Debías dejar esa broma.

MAX. Los ultraístas son unos farsantes. El esperpentismo lo ha inventado Goya. Los héroes clásicos han ido a pasearse en el callejón del Gato[1].

DON LATINO. ¡Estás completamente curda!

MAX. Los héroes clásicos reflejados en los espejos cóncavos dan el Esperpento. El sentido trágico de la vida española solo puede darse con una estética sistemáticamente deformada.

DON LATINO. ¡Miau! ¡Te estás contagiando!

MAX. España es una deformación grotesca de la civilización europea.

DON LATINO. ¡Pudiera! Yo me inhibo.

MAX. Las imágenes más bellas en un espejo cóncavo son absurdas.

DON LATINO. Conforme. Pero a mí me divierte mirarme en los espejos de la calle del Gato.

MAX. Y a mí. La deformación deja de serlo cuando está sujeta a una matemática perfecta. Mi estética actual es transformar con matemática de espejo cóncavo las normas clásicas.

DON LATINO. ¿Y dónde está el espejo?

MAX. En el fondo del vaso.

DON LATINO. ¡Eres genial! ¡Me quito el cráneo!

MAX. Deformemos la expresión en el espejo que nos deforma las caras y toda la vida miserable de España.

DON LATINO. Nos mudaremos al callejón del Gato.

MAX. Vamos a ver qué palacio está desalquilado. Arrímame a la pared. ¡Sacúdeme!

DON LATINO. No tuerzas la boca.

MAX. Es nervioso. ¡Ni me entero!

DON LATINO. ¡Te traes una guasa!

MAX. Préstame tu carric[2].

DON LATINO. ¡Mira cómo me he quedado de un aire!

MAX. No me siento las manos y me duelen las uñas. ¡Estoy muy malo!

DON LATINO. Quieres conmoverme, para luego tomarme la coleta.

MAX. Idiota, llévame a la puerta de mi casa y déjame morir en paz.

RAMÓN MARÍA DEL VALLE-INCLÁN
*Luces de bohemia*

[1] **callejón del Gato:** antiguo callejón de Madrid, hoy calle Álvarez Gato, en el que había un espejo cóncavo y otro convexo.

[2] **carric:** abrigo o gabán.

### ACTIVIDADES

1. Explica a partir del texto cómo es el carácter de los personajes.
   - Analiza las características de su lenguaje.
2. Define el esperpento y explica su función utilizando palabras del texto.
3. USA LAS TIC. Busca en Internet cuadros de Goya y explica cuáles de ellos podrían considerarse esperpénticos y por qué.
4. Revisa la información que conoces sobre *Luces de bohemia* y di qué aspecto trágico adelanta Max en la última intervención del texto.
   - Explica el significado que tiene ese hecho en el conjunto de la obra.

## Reflexión final

–¿Cómo que no existo? –exclamó Augusto.

–No, no existes más que como ente de ficción; no eres, pobre Augusto, más que un producto de mi fantasía y de las de aquellos de mis lectores que lean el relato que de tus fingidas aventuras y malandanzas he escrito yo; tú no eres más que un personaje de novela. Ya sabes, pues, tu secreto.

Cayó a mis pies de hinojos, suplicante y exclamando:

–¡Don Miguel, por Dios, quiero vivir, quiero ser yo!

–¡No puede ser, pobre Augusto –le dije cogiéndole una mano y levantándole–, no puede ser! Lo tengo ya escrito y es irrevocable; no puedes vivir más. No sé qué hacer ya de ti.

MIGUEL DE UNAMUNO, *Niebla* (Adaptación)

### ACTIVIDADES

1 Lee el texto y explica con quién discute Augusto y cuál es el motivo de la discusión.

2 ¿Qué tema de fondo refleja la siguiente intervención de Augusto? ¿Qué actitud muestra el personaje ante ese tema? ¿Y el narrador?

> ¡Don Miguel, por Dios, quiero vivir, quiero ser yo!

3 El diálogo tiene una función esencial en las novelas de Unamuno. Explica cuál es esa función y di cómo se aprecia en el texto.

### ACTIVIDADES

1 Lee el texto y contesta.
- ¿Quién era Yurrumendi?
- ¿Cómo era físicamente? ¿Cuál era su rasgo de carácter más destacado?
- ▶ Justifica el título con palabras del texto.

2 Explica el significado de la expresión *lobo de mar*.

3 Expón algunas características de las novelas de Baroja basándote en el fragmento.

## Yurrumendi, el fantástico

Era Yurrumendi un hombre enorme, con la espalda ancha, el abdomen abultado, las manos grandísimas siempre metidas en los bolsillos de los pantalones, y los pantalones, a punto de caérsele, tan bajo se los ataba.

Tenía una hermosa cara noble, roja; el pelo blanco, patillas muy cortas y los ojos pequeños y brillantes. Vestía muy limpio; en verano, unos trajes de lienzo azul, que a fuerza de lavarlos estaban siempre desteñidos, y en invierno, una chaqueta de paño negro, fuerte, que debía de estar calafateada[1] como una gabarra[2]. Llevaba una gorra de punto con una borla en medio. Era soltero, vivía solo, con una patrona vieja, fumaba mucho en pipa, andaba tambaleándose y llevaba un anillo de oro en la oreja.

Yurrumendi había formado parte de la tripulación de un barco negrero[3]; navegado en buques franceses, armados en corso[4]; vivido en prisión por sospechoso de piratería. Yurrumendi era un lobo de mar. El Atlántico le conocía desde Islandia y las islas de Lofoden hasta el cabo de Buena Esperanza y el de Hornos. Sabía lo que son las tempestades del Pacífico y los tifones del mar de las Indias.

Yurrumendi había visto mucho, pero más que lo que había visto le gustaba contar lo que había imaginado.

PÍO BAROJA
*Las inquietudes de Shanti Andía*

[1] **calafateada:** que tiene las junturas tapadas con brea y estopa.
[2] **gabarra:** pequeña embarcación.
[3] **barco negrero:** barco de esclavos.
[4] **armados en corso:** autorizados para perseguir a los piratas.

# BANCO DE ACTIVIDADES

## NIVEL I

**1** COMUNICACIÓN. **Di de qué tipo es esta descripción según la intención del emisor:**

*La noche más profunda enlutaba ya el suelo. Aún no caía una gota de lluvia, ni la más ligera corriente de aire refrigeraba a la tierra abrasada. Reinaba un silencio temeroso en la naturaleza que parecía contemplar con profundo desaliento la cólera del cielo, y esperar con triste resignación el cumplimiento de sus amenazas.*

GERTRUDIS GÓMEZ DE AVELLANEDA, *Sab*

➤ Transforma esa descripción para que cambie la intención del emisor.

**2** LÉXICO. **Identifica los prefijos que contienen estas palabras:**

- preconstitucional
- antiinflamatorio
- prever
- subdelegada
- sobreactuar
- incauto
- recolocar
- entreabrir

➤ Explica el significado que aportan los prefijos que has identificado.

**3** ORTOGRAFÍA. **Incluye incisos en estas oraciones:**

- La ONU tiene su sede europea en Ginebra.
- El descubrimiento de América constituye un hecho histórico muy importante.
- Carmen espera noticias tuyas.

**4** GRAMÁTICA. **Identifica, si lo hay, el sujeto expreso de estas oraciones:**

- La empresa inauguró la exposición.
- Comeremos en el restaurante nuevo.
- Continúa en obras la zona de aparcamiento.
- Ha salido el último número de la revista.
- El perro se comió todo el pienso.

➤ Especifica la persona y el número del sujeto que está omitido en una de esas oraciones.

**5** LITERATURA. **Resume las características de la literatura modernista y de la literatura de la generación del 98.**

**6** LITERATURA. **Di qué dos dramaturgos dominaron la escena española a principios del siglo XX.**

➤ Explica qué tipo de teatro hizo cada uno y cuáles son sus características.

## NIVEL II

**1** COMUNICACIÓN. **Observa la imagen y describe el paisaje de forma idealizadora. ¿Qué rasgos has seleccionado?**

➤ ¿Qué rasgos destacarías si quisieras hacer una descripción degradante?

**2** LÉXICO. **Escribe palabras que contengan prefijos con los siguientes significados:**

- De negación u oposición.
- Temporal.
- De situación o posición.
- De repetición o reiteración.

**3** ORTOGRAFÍA. **Indica cuáles son los incisos de estas oraciones y qué diferencias hay entre ellos:**

- Mira en ese cajón, en el de la derecha.
- Mi madre –que a veces está muy ocupada– me dijo que no tenía tiempo para escuchar un cuento.
- El lunes (que fue cuando escribí el cuento) le pedí a mi padre que lo escuchara, pero no tenía tiempo.

➤ Incluye una aclaración dentro del inciso que aparece en la segunda oración. ¿Qué signo has utilizado?

**4** GRAMÁTICA. **Especifica el tipo de sujeto de cada oración e identifica el predicado.**

- Mañana mismo arreglaré la calefacción de la sala.
- Por desgracia, nosotros no solucionamos el problema solos.
- Según su opinión, Rocío es una persona excepcional.
- En resumidas cuentas, me ha gustado la película.

➤ Indica si has identificado algún complemento oracional y especifica el tipo.

**5** LITERATURA. **Explica las características modernistas a partir de estos versos de «Venus», de Rubén Darío, incluido en su poemario *Azul*...**

*En la tranquila noche mis nostalgias amargas sufría.*
*En busca de quietud bajé al fresco y callado jardín.*
*En el oscuro cielo Venus bella temblando lucía,*
*como incrustado en ébano un dorado y divino jazmín.*

➤ ¿Qué supuso la obra de Rubén Darío, en especial *Azul*..., para el Modernismo?

**6** LITERATURA. **Explica la evolución de la literatura española desde finales del siglo XIX hasta principios del siglo XX.**

## Don Lope

En el populoso barrio de Chamberí vivía, no ha muchos años, un hidalgo de buena estampa y nombre peregrino; no aposentado en casa solariega, sino en plebeyo cuarto de alquiler de los baratitos, con ruidoso vecindario y estrecho patio interior de habitaciones numeradas. La primera vez que tuve conocimiento de tal personaje y pude observar su catadura militar de antiguo cuño, dijéronme que se llamaba don Lope de Sosa, nombre que trasciende al polvo de los teatros; y, en efecto, nombrábanle así algunos amigos maleantes; pero él respondía por don Lope Garrido. Andando el tiempo, supe que la partida de bautismo rezaba don Juan López Garrido, resultando que aquel sonoro don Lope era composición del caballero; y tan bien caía en su cara enjuta, de líneas firmes y nobles, tan buen acomodo hacía el nombre con la espigada tiesura del cuerpo, con la nariz de caballete, con su despejada frente y sus ojos vivísimos, con el mostacho entrecano y la perilla corta, tiesa y provocativa, que el sujeto no se podía llamar de otra manera. O había que matarle o decirle don Lope.

La edad del buen hidalgo, según la cuenta que hacía cuando de esto se trataba, era una cifra tan imposible de averiguar como la hora de un reloj descompuesto, cuyas manecillas se obstinaran en no moverse. Se había plantado en los cuarenta y nueve, como si el terror instintivo de los cincuenta le detuviese en aquel temido lindero del medio siglo; pero ni Dios mismo, con todo su poder, le podía quitar los cincuenta y siete, que no por bien conservados eran menos efectivos. Vestía con toda la pulcritud y esmero que su corta hacienda le permitía, siempre de chistera bien plantada, buena capa en invierno, en todo tiempo guantes oscuros, elegante bastón en verano y trajes más propios de la edad verde que de la madura.

BENITO PÉREZ GALDÓS, *Tristana* (Adaptación)

### ACTIVIDADES

**1** Explica los recursos lingüísticos propios de la descripción utilizando ejemplos tomados del texto.

**2** En esta descripción, ¿el autor destaca los aspectos positivos del personaje o los negativos?

- Explica qué tipo de descripción es.

**3** Escribe otras palabras a partir de las siguientes utilizando los prefijos del recuadro:

| | | | | | |
|---|---|---|---|---|---|
| des- | contra- | in- | ex- | entre- | super- |

- sonoro
- militar
- tiempo
- conocimiento
- abrir
- mercado

**4** Localiza en el texto una palabra con un prefijo de negación y otra palabra con un prefijo que exprese gradación.

**5** Escribe tres oraciones con inciso a partir de esta.

Usa en cada una distintos signos de puntuación para delimitar el inciso.

| |
|---|
| Juan López Garrido era un caballero de cuerpo espigado. |

**6** Explica si estos enunciados son o no oraciones:

- Incendio en casa solariega.
- Pude observar su catadura militar.
- ¿Qué tipo de sujeto tiene la segunda oración?

**7** Localiza en el texto una oración con predicado nominal e inventa una sobre don Lope que contenga un complemento del enunciado.

**8** Describe las características de la generación del 98 y cita algunas de sus obras más representativas.

## MI PROGRESO

Resuelve este test para comprobar si has asimilado correctamente los principales contenidos de la unidad.

**1** ¿Qué clasificación no se aplica a las descripciones?

**a.** Objetivas y subjetivas.
**b.** Estáticas y dinámicas.
**c.** Concretas y abstractas.
**d.** Realistas, idealizadoras y degradantes.

**2** ¿Cómo describirías la metamorfosis de una mariposa?

**a.** De forma aleatoria.
**b.** En orden cronológico.
**c.** Del primer plano al fondo.
**d.** De arriba abajo.

**3** No es un recurso lingüístico de la descripción el uso de…

**a.** adjetivos calificativos.
**b.** marcadores espaciales y temporales.
**c.** verbos de acción.
**d.** comparaciones y metáforas.

**4** ¿Qué oración no contiene ninguna palabra con prefijo?

**a.** Cuelga el teléfono: se oye entrecortado.
**b.** La ex primera dama estará encantada de readmitirlo.
**c.** Se proveyeron de todo lo necesario para la excursión.
**d.** Se valió de un subterfugio para reabrir el local.

**5** Indica qué oración está puntuada correctamente.

**a.** Antonio López (Tomelloso, 1936), es pintor y escultor.
**b.** Descubrieron un barco hundido en –Denia– Alicante.
**c.** Tres autores escribieron un libro titulado (*Una historia sencilla*). El que más me gusta es el de Laila Guerreiro.
**d.** Alicia Fonseca, la directora, presidió la ceremonia.

**6** El sujeto y el verbo concuerdan…

**a.** en género y número.
**b.** en tiempo y modo.
**c.** en número y persona.
**d.** algunas veces.

**7** ¿Cuál de estas oraciones tiene un sujeto tácito?

**a.** Me gusta la comida que has preparado.
**b.** Fue un amanecer precioso.
**c.** Noelia, cuentan con mi colaboración en este asunto.
**d.** La temperatura está alta en esa habitación.

**8** ¿Cuál de los complementos de estas oraciones complementa a la enunciación?

**a.** Desgraciadamente, nos quedamos sin gasolina.
**b.** Recuerda que, por fortuna, no pasó nada.
**c.** Por accidente, encontramos el escondite.
**d.** En resumen, el negocio fracasó.

**9** ¿Qué característica no es propia del Modernismo?

**a.** La búsqueda de la realidad.
**b.** La belleza en la expresión.
**c.** La presencia de lo sensorial.
**d.** La ambientación en lugares y épocas lejanos.

**10** La generación del 98 se caracteriza por…

**a.** cultivar fundamentalmente la poesía.
**b.** reflexionar sobre cuestiones filosóficas.
**c.** emplear una expresión artificiosa.
**d.** evadirse de la situación real del país.

### AUTOEVALUACIÓN Piensa y comprueba:

Lo que sabes:

- ✓ Cómo son las descripciones según diversos criterios.
- ✓ Qué es la prefijación.
- ✓ Cómo se emplea la puntuación en los incisos.
- ✓ Qué es una oración y cuáles son sus constituyentes.
- ✓ Qué características son propias del Modernismo y la generación del 98.

Lo que sabes hacer:

- ✓ Reconocer y crear distintos tipos de textos descriptivos.
- ✓ Identificar y formar palabras con prefijos.
- ✓ Emplear correctamente comas, rayas y paréntesis en incisos.
- ✓ Reconocer tipos de oraciones e identificar el sujeto y el predicado.
- ✓ Identificar las características de las obras del Modernismo y la generación del 98.

UNIDAD 5

### Comunicación
- Los textos instructivos

### Léxico
- Formación de palabras con sufijos

### Ortografía
- Acentuación de diptongos, triptongos e hiatos

### Gramática
- Clases de oraciones

### Literatura
- Novecentismo y vanguardias

**Escucha y resuelve.**
- ¿Qué clase de texto has escuchado? ¿Qué crees que pretende el autor?
- Copia los ingredientes que se mencionan. ¿Cuál o cuáles son opcionales?
- ¿Qué utensilios y aparatos crees que se necesitan para elaborar el plato?
- Escribe de forma resumida cómo se prepara la leche frita.

**En algunas obras literarias se mencionan recetas de cocina. Trabajad por parejas:**
- Buscad en Internet alguna de esas obras literarias que contienen recetas y elegid una.
- Tomad nota de la receta y, si os falta algún dato, buscadla en Internet.
- Preparad un vídeo con un tutorial explicando qué ingredientes tiene la receta y qué pasos hay que seguir para elaborarla.

# El grafiti ecológico

Un **grafiti** (palabra proveniente del italiano *graffiti*, plural de *graffito*, 'pintada') es una firma, texto o composición pictórica realizados –generalmente sin autorización– en lugares públicos, sobre una pared u otra superficie resistente.

A pesar de estar prohibidas, las pintadas, firmas e inscripciones son algo habitual en nuestra sociedad actual, pero también hubo manifestaciones artísticas similares en tiempos pasados. Las cuevas rupestres tenían pinturas para propiciar la caza o invocar el favor de los dioses; los egipcios, jeroglíficos que inscribían en monumentos, pirámides, sarcófagos, tumbas y esculturas por su valor sagrado; en la antigua Roma utilizaban inscripciones dentro y fuera de las casas para divulgar consignas políticas, insultos, anuncios, declaraciones de amor…

Arte con musgo de Edina Tokodi.

En los años 70 y 80 del siglo pasado, se popularizaron los *art graffiti*, provenientes del mundo del *hip-hop*, que normalmente eran una firma llamativa creada con espray.

Otros grafitis son frases cortas que se emplean para expresar una opinión personal, normalmente de denuncia de problemas políticos, ambientales, guerras… Y existe también un movimiento de arte callejero, o *street art*, en el que reconocidos artistas dibujan auténticas obras de arte en paredes o espacios olvidados de las ciudades, dándoles una nueva vida. Su objetivo: sorprender, divertir o invitar a la reflexión.

Debido a lo contaminantes que resultan los espráis, algunos artistas emplean el llamado grafiti de musgo o *moss graffiti*, que consiste en obras hechas sobre la pared con musgo, como el *lettering* y los diseños creativos de la inglesa Anna Garforth o las obras murales de figuras en zonas urbanas de la artista húngara Edina Tokodi.

El objetivo de estos grafitis verdes sigue siendo el mismo que en la Antigüedad: comunicar, expresar y, a veces, denunciar. Y todo bajo la consigna de no contaminar. ¡Un regalo para el medioambiente!

## Cómo hacer un grafiti de musgo

Un grafiti de musgo es una manera ecológica de hacer arte al aire libre sobre paredes de cemento, piedra o ladrillo. Para hacerlo, solo se necesitan unos sencillos materiales y ganas de crear.

### Material necesario:

- 2 puñados de musgo
- 2 yogures naturales
- 2 tazas de agua
- ½ cucharada de azúcar
- 1 batidora
- Gel para plantas
- 1 pincel
- Una pared

### Procedimiento:

1. **Se lava el musgo y se trocea.** Con ayuda de un colador, se pone el musgo debajo del grifo y se lava quitando las partes sucias. Después, se trocea con las manos.
2. **Se pasa por la batidora.** Se echan el musgo, los yogures, el agua y el azúcar y se bate a velocidad media. Se añade el gel para plantas poco a poco y se sigue batiendo hasta que tome la textura de un batido espeso. Se deja reposar la mezcla unos diez minutos.
3. **Se diseña el grafiti.** Se elige el motivo del grafiti: una palabra con letras bonitas, una frase de denuncia, un dibujo… y se traslada a un papel a tamaño real. A continuación, se copia en la pared elegida.
4. **Se hace el grafiti.** Con ayuda de un pincel, se repasa el dibujo de la pared con la mezcla de musgo que hemos elaborado. Ya solo hay que regarlo y esperar a que crezca.

### Recomendaciones:

- El musgo se puede conseguir fácilmente en viveros o centros de jardinería.
- La superficie de la pared donde se ponga el grafiti tiene que ser porosa. Es mejor si tiene grietas donde se pueda fijar el musgo.
- El otoño o el invierno son las mejores estaciones para cultivar el musgo.
- Hay que procurar situarlo en un lugar donde no le dé el sol a menudo y regarlo frecuentemente (al menos una vez a la semana) con un pulverizador.

# Comentario de texto

## Comprensión

**1** Lee el texto y responde a las siguientes preguntas:

- ¿Qué son los grafitis? Explícalo con tus palabras.
- ¿De qué lengua procede la palabra «grafiti»? ¿Es un neologismo?
- ¿Qué funciones han cumplido las representaciones artísticas a lo largo de la historia?
- ¿Para qué se han utilizado los llamados grafitis? ¿Desde cuándo se emplean?
- ¿Es posible crear grafitis de musgo de forma casera? ¿Qué se necesita?

**2** Copia las palabras y expresiones inglesas que aparecen en el texto y escribe la traducción de cada una.

➤ ¿Por qué crees que está tan presente este idioma en el texto?

**3** USA LAS TIC. En el texto aparece una imagen de una obra hecha con la técnica del grafiti de musgo.

Localiza con ayuda de Internet otras obras similares.

## Estructura

**4** El texto que has leído tiene varios apartados. Identifícalos y copia cómo empieza y acaba cada uno.

➤ ¿Cómo se diferencian visualmente esos apartados en la página?

**5** La primera parte del texto contiene tres párrafos en los que se cuenta la evolución de los grafitis.

Inventa un epígrafe para cada párrafo.

**6** Explica cómo está estructurado el apartado titulado *Cómo hacer un grafiti de musgo*.

Debes indicar cuál es el objetivo del primer párrafo y cuáles los de los tres apartados siguientes.

**7** En cada sección de *Cómo hacer un grafiti de musgo* se han empleado distintas formas de enumeración.

Di qué formas son y por qué crees que se ha elegido cada una.

## Estilo

**8** ¿A qué modalidad textual corresponde cada una de las dos grandes partes del texto? Explica por qué.

- Descriptiva.
- Expositiva.
- Narrativa.
- Instructiva.

**9** Las principales características de los textos expositivos son la claridad, la objetividad y el orden.

Demuestra la presencia de estos tres rasgos en la primera parte del texto.

**10** Identifica las formas verbales empleadas para explicar cómo hacer un grafiti de musgo (*se recolecta*, *se compra*, *se lava*, *se trocea*, etc.) y responde.

- ¿Qué tienen en común: modo, persona, tiempo...?
- ¿Son formas verbales exhortativas, desiderativas, impersonales...?

**11** Lee de nuevo los pasos del apartado *Cómo hacer un grafiti de musgo* y copia los conectores textuales que encuentres.

➤ Redacta de nuevo el procedimiento para hacer musgo de forma que incluyas más conectores.

**12** Elige de entre los siguientes el tipo de lector al que se dirige el texto y explica qué rasgos del texto te permiten afirmarlo.

- Cualquier persona que pueda tener interés en hacer un grafiti de musgo.
- Artistas que desean emplear grafitis de musgo para transmitir mensajes de denuncia.

## Valoración

**13** PARA PENSAR. En el texto se citan distintas fases en la evolución de los grafitis.

Contesta.

- ¿Qué diferencias encuentras entre los grafitis actuales y las pinturas rupestres o los murales egipcios? ¿Y con los de la antigua Roma?
- ¿A qué crees que se deben esas diferencias?

**14** Vuelve a leer el proceso para hacer un grafiti de musgo y contesta.

- ¿Es difícil encontrar los materiales que se necesitan?
- ¿Es sencillo comprender los pasos a seguir? ¿Hay algún proceso difícil?

**15** TRABAJO COOPERATIVO. Formad grupos de trabajo y encargaos de buscar información sobre la evolución de los grafitis modernos.

➤ Redactad un texto expositivo con la información que habéis recabado y exponedla en clase.

# Los textos instructivos

## 1 Los textos instructivos. Características

Son **textos instructivos** aquellos que pretenden guiar la actuación del receptor en la realización de una determinada tarea.

El elemento que define a un texto instructivo es su **intención comunicativa**: conseguir que el receptor realice una acción de una determinada manera. Son textos instructivos las normas de uso de un aparato, las recetas de cocina, las instrucciones de montaje…

La mayoría de los textos instructivos poseen, además, dos características:

- Suelen incluir **pautas de acción** que frecuentemente se expresan en un orden determinado para que se sigan de esa misma manera.
- Tienen un **carácter impersonal**. No suelen contener referencias personales sobre quién emite el mensaje ni a quién está destinado.

## 2 Estructura de los textos instructivos

En los textos instructivos podemos distinguir dos partes: la meta y el programa.

- La **meta** es el objetivo que se pretende alcanzar («saber utilizar el horno», «hacer una tortilla de patatas», «construir una maqueta»…). A veces, la expresión de la meta se reduce al título del texto, como ocurre en las recetas de cocina; en otros casos, puede ocupar un espacio mayor.
- El **programa** es la serie de instrucciones que conducen a la meta propuesta.

En el siguiente ejemplo, el título expresa la meta que se persigue y el resto del texto constituye el programa:

> *BÚSQUEDA DE CONTACTOS EN LA AGENDA DEL MÓVIL*
>
> *Primero, pulse el icono de contactos. A continuación, introduzca en «Buscar contactos» la inicial del nombre que quiere localizar, hasta que en la pantalla aparezcan los nombres o apellidos que comienzan con dicha letra. Si no encuentra a la persona buscada, escriba otras letras del nombre hasta que aparezca el contacto deseado.*

En los textos instructivos es frecuente que, antes de las instrucciones propiamente dichas, aparezca una lista o enumeración de todo lo necesario para realizar la acción: ingredientes, útiles o herramientas…

## 3 La ordenación de las instrucciones

La ordenación de las instrucciones es especialmente importante, pues el resultado que se pretende suele depender de que se hayan realizado las distintas acciones en el orden correcto.

Generalmente, las instrucciones aparecen en **orden cronológico**. Se enuncian primero las acciones que hay que realizar al principio y después, las siguientes. Lo normal es que cada paso se desarrolle en un párrafo independiente y es frecuente la utilización de números o elementos gráficos (boliches, guiones…) para marcar la organización.

SABER MÁS

**Los textos normativos**

Los textos normativos de carácter institucional pretenden también guiar el comportamiento, pero tienen además dos características propias:

- Pretenden regular la actividad del receptor.
- El emisor está revestido de una autoridad especial que lo faculta para dictar normas.

Desde el punto de vista lingüístico, estos textos se caracterizan por su complejidad sintáctica, así como por la presencia de arcaísmos.

A veces, cuando se trata de dirigir determinadas tareas, pueden existir acciones principales y acciones secundarias. En este caso, las acciones se ordenan según su **importancia**: aparecen las principales en primer lugar y las secundarias, después. Así, por ejemplo, en una receta de cocina, tras enumerar los pasos que hay que seguir en la elaboración del plato, se pueden dar algunos consejos o indicaciones secundarias.

*Conviene calentar los platos antes de poner la carne.*

*Es recomendable servir el pescado en la misma fuente que se cocinó.*

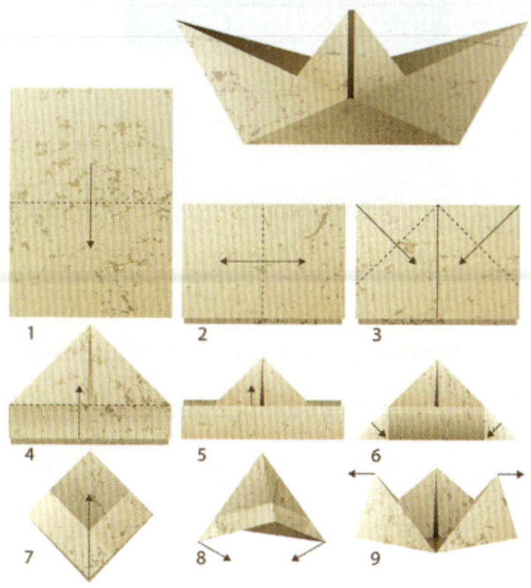


En los textos instructivos, lo verbal y lo icónico cooperan a menudo con el fin de facilitar la comprensión del mensaje. En ocasiones, la imagen sustituye al texto verbal.

## 4 Rasgos lingüísticos

Los textos instructivos tienen una finalidad práctica: explicar con precisión y claridad las acciones que se deben realizar para conseguir algo. Al servicio de esa finalidad, el uso del lenguaje en los textos instructivos tiene las siguientes características:

- Es frecuente que se intercalen **secuencias descriptivas** y **explicativas**.
- Predominan las **formas verbales con valor exhortativo** que apelan al receptor sin referirse a alguien concreto.

  Imperativo ▶ *Coloca primero las piezas de mayor tamaño.*

  Infinitivo ▶ *Conectar el aparato a la red.*

  Futuro simple ▶ *El público accederá por la puerta 0.*

  Construcciones impersonales ▶ *Se añade agua al guiso.*

- Se emplean **marcadores temporales** o **de orden**: *en primer lugar, en segundo lugar, luego, después, seguidamente…*
- Se usan **formas verbales en gerundio** para expresar acciones simultáneas: *presionando con fuerza.*

### ACTIVIDADES

**1** Pon un título al siguiente texto que exprese la meta que se persigue.

> 1. Complete los espacios en blanco con la información indicada.
> 2. No use lápiz ni bolígrafo rojo.
> 3. Rellene el impreso con letras mayúsculas.
> 4. No haga enmiendas ni tachaduras.

▶ Explica el modo de organización que se ha seguido en el texto.

**2** Redacta las instrucciones para una de las siguientes tareas. Sigue un orden cronológico.

- Tirarse de cabeza desde un trampolín.
- Enviar un mensaje SMS.

**3** Redacta una receta sencilla que conozcas y que sepas elaborar.

**4** Identifica en el siguiente texto los rasgos lingüísticos de los textos instructivos:

**Levantar un peso del suelo**

**Carga vertical.** Agáchese doblando las rodillas, con la espalda recta y la cabeza levantada, apoyando los dos pies en el suelo, ligeramente separados (aproximadamente con la separación de las caderas) y lo más cerca posible del peso que debe cargar. Agarre entonces el peso con los brazos, manteniéndolo tan próximo al cuerpo como pueda, y levántese estirando las piernas y manteniendo la espalda recta o ligeramente arqueada hacia atrás, en ningún caso hacia adelante. Si el peso es considerable, mantenga las piernas ligeramente flexionadas mientras deba cargarlo.

*espalda.org*

RECURSOS

## Los tutoriales

Según el diccionario de la Real Academia Española, un tutorial es un «manual de uso en soporte electrónico». Los tutoriales son, por tanto, **textos prescriptivos**, que pretenden guiar la realización de una tarea.

Los tutoriales pueden tener **diversos formatos**.

### Tutoriales estáticos

Consisten en un documento informático que contiene texto e imágenes dispuestos para explicar un procedimiento. Corresponden a las tradicionales **instrucciones de uso** impresas en papel, pero se ofrecen en soporte digital.

Guía de iniciación rápida

1. **Inserte la batería** (p. 36).
   - Para cargar la batería, consulte la página 34.
2. **Inserte la tarjeta** (p. 36).
   - Con la etiqueta de la tarjeta orientada hacia la parte trasera de la cámara, insértela en la ranura de la tarjeta.
3. **Monte el objetivo** (p. 44).
   - Alinee el índice de montaje blanco o rojo del objetivo con el índice de montaje de la cámara del mismo color.
4. **Sitúe el conmutador de modos de enfoque del objetivo en <AF>** (p. 44).
5. **Sitúe el interruptor de alimentación en <ON>** (p. 39).
   - Cuando se muestren en el monitor LCD las pantallas de ajuste de fecha/hora/zona, consulte la página 41.
6. **Sitúe el dial de modo en <A+> (Escena inteligente automática)** (p. 58).
   - Todos los ajustes necesarios de la cámara se realizarán automáticamente.
7. **Enfoque el motivo** (p. 47).
   - Mire por el visor y sitúe el motivo de modo que quede encuadrado en el centro del visor.
   - Presione el disparador hasta la mitad y la cámara enfocará el motivo.
   - Si es necesario, el flash incorporado se levantará.
8. **Tome la fotografía** (p. 47).
   - Presione el disparador hasta el fondo para tomar la fotografía.
9. **Revise la imagen.**
   - La imagen captada aparecerá en el monitor LCD durante aproximadamente 2 segundos.
   - Para volver a visualizar la imagen, presione el botón <▶> (p. 83).

- Para disparar mientras observa el monitor LCD, consulte "Disparo con Visión en Directo" (p. 139).
- Para ver las imágenes captadas, consulte "Reproducción de imágenes" (p. 83).
- Para eliminar una imagen, consulte "Borrado de imágenes" (p. 230).

### Tutoriales dinámicos

Presentan mayores diferencias respecto a las instrucciones de uso tradicionales, ya que poseen **carácter interactivo**. Además de indicar los distintos pasos a seguir en el procedimiento que se explica, piden que se lleven a cabo a medida que se leen. Se emplean principalmente para explicar cómo instalar *software* o configurar programas informáticos, y para guiar gestiones a través de Internet.

### Tutoriales audiovisuales

Son archivos de **vídeo** colgados en una página web o en un portal de vídeos (YouTube, Vimeo...) en los que alguien explica un procedimiento. Presentan dos grandes diferencias frente al formato estático de otros textos prescriptivos: el texto es predominantemente **oral** y el **movimiento** permite reproducir acciones difíciles de explicar mediante palabras o imágenes estáticas.

Instituto Cervantes Bibliotecas

Las bibliotecas del Instituto Cervantes ofrecen a sus usuarios la posibilidad de participar en un Club Virtual de Lectura. Mediante una plataforma similar a las redes sociales, llamada ReadGroups, debatimos a distancia en torno a destacadas obras de la literatura española o hispanoamericana. Se trata de un espacio donde poder compartir de forma virtual la lectura de una misma obra.

El siguiente tutorial tiene como objetivo guiar al usuario en los primeros pasos dentro del Club Virtual de Lectura:

1. Inscripción. Guía para darse de alta en la plataforma ReadGroups y cómo solicitar formar parte del Grupo de Lectura.
2. Espacio de debate y contenidos. Mostrar la estructura básica de la plataforma de lectura para participar en los debates.

© Instituto Cervantes

1. INSCRIPCIÓN

Una vez situados en la plataforma ReadGroups del Club Virtual de Lectura del Instituto Cervantes, puede inscribirse desde el enlace :

*¿Aún no eres miembro? Regístrate.*



© Instituto Cervantes

**1** Lee el texto anterior y explica qué actuación pretende guiar. ¿Qué tipo de tutorial es? Razona tu respuesta.

- Explica también el procedimiento que pretende mostrar el tutorial reproducido en la parte superior de esta página.

**2** USA LAS TIC. Consulta un tutorial audiovisual sobre un tema que te interese y redacta un texto comentándolo: explica cómo es la presentación, a quién va dirigido, qué tono tiene…

→ SABER HACER

## Explicar un proceso

Hay muchas tareas cotidianas que requieren una serie de pasos que realizamos de manera inconsciente, por ejemplo, andar, correr o levantar un peso. Vas a explicar el proceso a seguir para realizar un movimiento o un ejercicio deportivo.

**1** Piensa en un ejercicio de gimnasia o un movimiento complejo.

Saltar a la comba.

Dar una voltereta hacia atrás.

**2** Realiza el ejercicio que has elegido intentando tomar conciencia de los distintos movimientos.

**3** Enumera los pasos a seguir para realizar el ejercicio que vas a explicar.

1.º Sujetar cada extremo de la cuerda con una mano.
2.º Pasar la cuerda por detrás del cuerpo.
3.º ...

- Practica el ejercicio siguiendo los pasos que has detallado para comprobar que no has olvidado ninguno. Si el ejercicio es muy complejo, deberás anotar y comprobar los pasos por partes.

**4** Haz un listado de palabras y expresiones que indiquen orden.

- Escribe en la misma línea los términos con el mismo significado.

En primer lugar, primero, al principio...

Luego, a continuación, después, seguidamente...

Al final, finalmente, para terminar...

**5** Haz un guion de la explicación del proceso.

Incluye los pasos y da detalles sobre cómo se tienen que realizar. Infórmate para utilizar un vocabulario preciso al citar los músculos, los movimientos...

**6** Explica el proceso para la realización del ejercicio que has elegido.

Sigue estas pautas:

- Comienza presentando el ejercicio (su nombre, sus beneficios...).
- Si es necesario algún material, indícalo.
- Usa palabras o expresiones de tiempo para secuenciar el orden de los distintos pasos, procurando utilizar términos diferentes.
- Puedes apoyarte en alguna imagen esquemática o en un vídeo.

**7** Pide en clase que valoren tu explicación.

# Formación de palabras con sufijos

SABER MÁS

**Los interfijos**

Los interfijos son elementos que se sitúan entre la raíz de la palabra y el sufijo. Estos elementos son átonos y no tienen ninguna carga semántica ni gramatical:

*panecillo: pan + ec + -illo*

## 1 La sufijación

Al igual que la prefijación, la **sufijación** es un procedimiento para formar nuevas palabras que consiste en añadir un sufijo a la raíz de una palabra.

Los **sufijos** son partículas, carentes de autonomía, que se posponen a la raíz de una palabra para formar otra nueva.

La sufijación es el procedimiento más productivo para formar nuevas palabras en castellano. La mayoría de los sufijos de la lengua castellana proceden del latín (*usu***aria**, *almirant***azgo**) o del griego (*ocul***ista**, *apendic***itis**).

## 2 Tipos de sufijos

Cuando se añade un sufijo a la raíz de una palabra se producen cambios en el significado y, con frecuencia, también se modifica la categoría de la palabra original. Atendiendo al cambio de categoría gramatical, se pueden establecer varios tipos de sufijos:

- Sufijos que forman sustantivos:
  - *delicado* ▶ *delicad***eza**
  - *tentar* ▶ *tenta***ción**
  - *aliar* ▶ *ali***anza**
  - *asar* ▶ *asa***dor**
  - *obvio* ▶ *obv***iedad**
  - *transportar* ▶ *transport***ista**
- Sufijos que forman adjetivos:
  - *soportar* ▶ *soport***able**
  - *cultura* ▶ *cultur***al**
  - *Canadá* ▶ *canad***iense**
  - *rencor* ▶ *rencor***oso**
  - *cal* ▶ *cal***iza**
  - *Málaga* ▶ *malag***ueña**
- Sufijos que forman verbos:
  - *gloria* ▶ *glori***ficar**
  - *social* ▶ *social***izar**

## ACTIVIDADES

**1** Crea nuevos términos uniendo el sufijo adecuado a cada palabra.

-ificar -dora -izo -izar -osa -anza

- soñar
- templar
- amor
- ejemplo
- especial
- plomo

**2** Señala el sufijo que se repite en cada serie y deduce su significado.

pensionista malabarista oficinista

lavable creíble adorable

acomodador cobrador limpiador

**3** Escribe el término que corresponda a las siguientes definiciones:

- Persona que nació en Cáceres: ____.
- Cualidad de triste: ____.
- Construir edificios: ____.
- Que causa horror: ____.
- Que se puede superar: ____.

**4** Forma otras palabras de distinta categoría gramatical a partir de la palabra *color*:

- un sustantivo
- un adjetivo
- un verbo

# Acentuación de diptongos, triptongos e hiatos

SABER MÁS

**Pronunciación y escritura de diptongos e hiatos**

Una misma palabra puede pronunciarse por unos hablantes como diptongo y por otros como hiato. Por eso, la distinción de unos y otros es ortográfica:

- Son **diptongos** las secuencias constituidas por una vocal abierta y una vocal cerrada átona, y las secuencias formadas por dos vocales cerradas distintas.
- Son **hiatos** las secuencias formadas por una vocal cerrada tónica seguida o precedida de una vocal abierta, dos vocales abiertas distintas o dos vocales iguales.

## 1 Acentuación de palabras con diptongo o triptongo

Las palabras que contienen diptongos o triptongos siguen las reglas generales de acentuación. Cuando deben llevar tilde, esta se coloca de acuerdo a las siguientes reglas:

| TIPO DE DIPTONGO O TRIPTONGO | COLOCACIÓN DE LA TILDE |
|---|---|
| Un **diptongo** formado por una vocal abierta (*a*, *e*, *o*) seguida o precedida de una vocal cerrada átona (*i*, *u*). | Sobre la vocal abierta: *náutico, murciélago, camión*... |
| Un **diptongo** formado por dos vocales cerradas distintas (*i*, *u*). | Sobre la segunda vocal: *veintiún, cuídate*... |
| Un **triptongo** formado por una vocal abierta (*a*, *e*, *o*) entre dos vocales cerradas (*i*, *u*). | La tilde se coloca sobre la vocal abierta: *estudiéis, sonriáis*... |

Cuando la sílaba tónica de una palabra es un **diptongo** o **triptongo** acabado en ***y***, no se acentúa: *jersey, Paraguay*...

## 2 Acentuación de palabras con hiato

Cuando la sílaba tónica de una palabra está formada por un hiato, la acentuación depende del tipo de hiato:

| TIPOS DE HIATOS | COLOCACIÓN DE LA TILDE |
|---|---|
| Un **hiato** formado por dos vocales abiertas (*a*, *e*, *o*) distintas o dos vocales iguales. | Sobre la vocal tónica: *acordeón, paseé*... |
| Un **hiato** formado por una vocal cerrada tónica (*i*, *u*) seguida o precedida de una vocal abierta. | Sobre la vocal cerrada: *alegría, búho, reír*... |

## ACTIVIDADES

**1** Copia y pon tilde en las palabras que deban llevarla.

- actuais
- clausula
- miau
- cielo
- beisbol
- Uruguay
- prior
- menguais
- buey
- cienaga
- bonsai
- eleccion

➤ Clasifica esas palabras según contengan diptongos o triptongos.

**2** Divide estas palabras en sílabas y escribe tilde en las que deban llevarla.

- prohibicion
- buhardilla
- zanahoria
- almohadon
- vehiculo
- ahijado
- mohino
- azahar
- prehistorico

➤ Indica cuáles son diptongos y cuáles hiatos.

**3** Di qué diferencias hay entre cada pareja de palabras y explica la regla de acentuación que sigue cada una.

copió / copio — guío / guio

**4** AUTODICTADO. Copia el texto y escribe tilde cuando sea necesario.

**Revistas de animales**

A mi hermano Raul le encantan las revistas de animales. Hace poco mi tia Maria nos regalo una con la que ibamos nombrando todos los animales que veiamos: leon, buitre, caiman, iguana, escorpion... Mi tia nos ayudaba con los que no conociamos: cacatua, jaguar, camaleon... ¡Era divertidisimo!

# Clases de oraciones

### Claves para empezar

- Recuerda y explica cómo se clasifican las oraciones atendiendo a la naturaleza del sujeto y del predicado.
- Recuerda los tipos de modalidades del enunciado que hay y pon un ejemplo de cada uno.

## 1 Oraciones activas y oraciones pasivas

Dependiendo de la naturaleza del sujeto, hay oraciones activas y pasivas.

Las **oraciones activas** son oraciones en las que el sujeto lleva a cabo o experimenta la acción o proceso que designa el predicado.

Las oraciones activas se construyen con verbos en voz activa:

*El equipo encajó un gol.* *El portero paró dos penaltis.*

Las **oraciones pasivas** son oraciones en las que el sujeto no ejecuta sino que recibe la acción designada por el predicado.

Hay dos clases de oraciones pasivas:

- Las **pasivas perifrásticas** suelen constar de un sujeto paciente (*un gol*), un verbo en voz pasiva (verbo *ser* + participio: *fue encajado*) y un complemento agente (*por el equipo*):

  *Un gol fue encajado por el equipo.* *Dos penaltis fueron parados.*

- Las **pasivas reflejas** se construyen con el pronombre *se* y una forma verbal de tercera persona en voz activa (*se ve*) + un sujeto paciente (*la estrella*):

  *Se ve la estrella.* *Se ven las estrellas.*

## 2 Oraciones impersonales

Las **oraciones impersonales** son aquellas que llevan un verbo en tercera persona del singular y no admiten un sujeto expreso.

Las oraciones impersonales se construyen de varias formas:

- Con el verbo ***haber*** como verbo independiente: *Había mucha gente.*
- Con los verbos ***hacer*** y ***ser***: *Hace dos grados bajo cero; Es tarde.*
- Con verbos referidos a **fenómenos atmosféricos**: *Hoy llueve y graniza.*
- Con oraciones **impersonales reflejas**, que llevan el pronombre *se* y un verbo en voz activa: *No se circula bien por aquí.*

### SABER MÁS

**Otro tipo de impersonales**

Son impersonales las oraciones que llevan un verbo en tercera persona del plural y el emisor ignora quién lleva a cabo la acción. En este ejemplo, no se sabe si llama una o más personas:

*Llaman a la puerta.*

Cuando el emisor conoce quién lleva a cabo la acción, aunque no esté expreso, la oración no es impersonal.

### ACTIVIDADES

1. Escribe una oración de cada tipo:
   activa | pasiva | impersonal

2. Transforma las siguientes oraciones en oraciones pasivas de distinto tipo y explica su estructura:
   - Ellas conocían el secreto.
   - Buscan ayudantes.

3. Escribe una oración impersonal y otra que no sea impersonal con cada uno de estos verbos:
   - haber
   - hacer
   - ser
   - esperar

4. Explica cómo está construida esta oración:
   Con este calor se está mejor dentro de casa.

## 3 Oraciones predicativas y copulativas

Dependiendo del predicado, las oraciones pueden ser de distinto tipo.

Las **oraciones predicativas** son las que tienen un predicado verbal. Se construyen con verbos que expresan una acción o un proceso.

Son oraciones predicativas las siguientes:

*Sara vención la prueba.* *Ella sonrió alegremente.*

Las **oraciones copulativas** tienen un predicado nominal. Se construyen con los verbos *ser, estar* y *parecer* o con verbos semicopulativos.

Son oraciones copulativas las que tienen un **atributo** exigido por el verbo copulativo o semicopulativo:

*Mario será hoy el ganador.* (hoy: CC; el ganador: Atributo) *Él se puso muy contento.* (muy contento: Atributo)

**SABER MÁS**

**Complementos directos omitidos**

A veces, el complemento directo de un verbo transitivo se omite; pero eso no impide que la oración siga siendo transitiva:

*Silvia escribe a todos.*

Para saber si la oración es transitiva, se debe recurrir al significado del verbo:

*Silvia escribe [cartas] a todos.*

## 4 Oraciones transitivas e intransitivas

Las **oraciones transitivas** son oraciones cuyo verbo requiere un complemento directo.

Son oraciones transitivas las siguientes:

*Las chicas montaron la tienda.* (la tienda: CD) *Preveo muchos cambios aquí.* (muchos cambios: CD; aquí: CC)

Las **oraciones intransitivas** son oraciones no copulativas ni pasivas que no requieren complemento directo.

Son oraciones intransitivas las siguientes:

*Paseo por el campo.* (por el campo: CC) *Ayer un perro ladró a los niños.* (Ayer: CC; a los niños: CI)

**SABER MÁS**

**Verbos de uso transitivo e intransitivo**

Algunos verbos tienen usos transitivos e intransitivos. Así, un verbo como *bajar* es intransitivo en la acepción 'salir de un medio de transporte':

*Marta bajará del avión.*

Pero es transitivo en otras acepciones como 'recorrer un lugar desde la parte alta a la más baja':

*Él bajará la escalera.*

### ACTIVIDADES

**5** Clasifica estas oraciones según su tipo de predicado en predicativas y copulativas, y en transitivas e intransitivas:

- Mis pendientes parecen de plata.
- Envié una felicitación a Luis por su cumpleaños.
- Siempre sonríe a todo el mundo.
- Los niños gritaban en el parque.
- Se puso encima de la mesa.
- Esperaba apoyada en la ventana.
- Es la mejor escritora española actual.

**6** Escribe una oración transitiva y una oración intransitiva con cada verbo.

- aumentar
- botar
- hablar

**7** Describe esta imagen con al menos una oración de cada uno de estos tipos:

- Copulativa.
- Transitiva.
- Intransitiva.

## 5 Oraciones reflexivas y oraciones recíprocas

Las oraciones con verbo pronominal dan lugar a oraciones reflexivas y recíprocas.

Las **oraciones reflexivas** son oraciones con verbo pronominal en las que la acción verbal recae sobre el mismo ser o seres que la realizan.

Son reflexivas las siguientes oraciones:

*Ella se conoce muy bien.* *Ángel se miraba la herida.*

Hay dos clases de oraciones reflexivas:

- **Reflexivas directas.** El pronombre átono desempeña la función de complemento directo: *Ella se conoce muy bien*.
- **Reflexivas indirectas.** El pronombre átono desempeña la función de complemento indirecto: *Ángel se miraba la herida*.

Las **oraciones recíprocas** son oraciones con verbo pronominal en las que la acción verbal es ejecutada y recibida mutuamente por dos o más seres que se presentan como sujeto de la oración.

En las oraciones recíprocas, el verbo siempre está en plural y concuerda en número y persona con el pronombre que lo acompaña (*nos, os, se*):

*Los dos rivales se vigilaban mutuamente.*

Hay dos clases de oraciones recíprocas:

- **Recíprocas directas.** El pronombre átono desempeña la función de complemento directo: *Los dos rivales se vigilaban mutuamente*.
- **Recíprocas indirectas.** El pronombre átono desempeña la función de complemento indirecto: *Marisa y Carlos se pasan los apuntes*.

### SABER MÁS

**La modalidad oracional**

Las oraciones pueden clasificarse atendiendo a su modalidad –es decir, a la actitud del hablante al emitirlas– en estos tipos:

- Declarativas: *Estaré en casa*.
- Interrogativas: *¿Estás en casa?*
- Exclamativas: *¡Ya estoy en casa!*
- Imperativas: *Estate en casa*.
- Desiderativas: *Ojalá estéis en casa*.
- Dubitativas: *Tal vez esté en casa*.

### Claves para estudiar

Comprueba lo que has aprendido resolviendo estas actividades:

- Elabora un esquema con los distintos tipos de oraciones según la naturaleza del sujeto y del predicado.
- Explica qué son las oraciones transitivas e intransitivas.
- Define las oraciones reflexivas y recíprocas y pon ejemplos.

### ACTIVIDADES

**8** Indica la clase de estas oraciones:

- Mis hijas se atan los cordones de los zapatos ellas solas.
- Marta y Antonio se escriben mensajes de texto.
- Las tenistas se saludan siempre antes de un partido.
- Ellos nunca se han tuteado en público.
- Cada mañana se observa atentamente en los escaparates.

➤ Especifica de forma razonada la subclase a la que pertenecen las oraciones reflexivas y recíprocas.

**9** PARA PENSAR. Explica qué dos interpretaciones admite esta oración y relaciónalas con las oraciones reflexivas y recíprocas:

Ellas dos se miraban en el espejo.

**10** Describe esta imagen con tres oraciones recíprocas.

**11** Indica la modalidad de cada uno de los enunciados del siguiente texto:

**La prestidigitadora**

Miren. ¡Ya estoy aquí! Soy la más hábil de las prestidigitadoras del mundo. ¿Están preparados para sorprenderse? Ojalá les guste el espectáculo. Vamos a comenzar.

## APLICACIÓN

**1** En parejas, explicad a partir de estos ejemplos las similitudes y diferencias entre una pasiva perifrástica y una pasiva refleja.

▶ Escribid mensajes para dos carteles: uno debe contener una pasiva refleja y el otro una pasiva perifrástica.

PREVISIÓN METEOROLÓGICA PARA MAÑANA

**2** Copia las oraciones impersonales que aparecen en este pronóstico:

Hoy hace bastante calor. A partir de mañana, habrá un descenso generalizado de las temperaturas y se formarán nubes en el noroeste de la Península. Lloverá con fuerza en la zona occidental; mientras que en la zona oriental el cielo estará despejado.

Alternarán nubes y claros en la mayor parte del sur. En el centro peninsular no habrá cambios significativos. Y en las islas Canarias, las islas Baleares, Ceuta y Melilla lucirá el sol.

▶ El anterior pronóstico del tiempo contiene datos erróneos. Fíjate en el mapa del margen y corrígelo.

**3** Identifica las oraciones simples del siguiente texto y clasifícalas en activas, pasivas o impersonales.

### La vanidad del asesino

Jamás se encontró el arma del crimen. En ella no estaban sus huellas dactilares. No hubo sospechas ni testigos. Nadie vio nada. Nada se escuchó. No se averiguó el móvil. No se encontró a la víctima. Había cometido el crimen perfecto. Tan perfecto que tuvo que contarlo.

Horas más tarde fue detenido.

FERNANDO LEÓN DE ARANOA, *Aquí yacen dragones* (Adaptación)

▶ Alarga el texto incluyendo una oración más de cada tipo.

**4** ANÁLISIS SINTÁCTICO. **Analiza estas oraciones como en los ejemplos e indica la clase de cada una:**

- Emilio trabaja en un centro comercial.
- Los muebles son de madera de pino.
- Los enfermeros se visten con el uniforme.
- Hace un tiempo estupendo esta mañana.
- La compositora fue aplaudida por el público.
- Los amigos se saludan desde la ventana.

(Nosotras) *Compramos* *un llavero* *en la tienda.*
N — CD — CCL
Sujeto tácito — Predicado

▶ Oración activa, predicativa, transitiva.

*Laura* *se* *puso* *unos pendientes de plata.*
CI — N — CD
Sujeto — Predicado

▶ Oración activa, predicativa, transitiva, reflexiva indirecta.

# Novecentismo y vanguardias

SABER MÁS

**La evolución de la novela**

A principios del siglo XX, la novela europea evoluciona a través de tres autores clave:

- Marcel Proust (1871-1922) es el autor de *En busca del tiempo perdido*, un conjunto de novelas que abordan la psicología y costumbres de unos personajes de la alta sociedad.
- James Joyce (1882-1941) culmina la transformación de la novela con *Ulises*, en la que Joyce mezcla diversos estilos narrativos y emplea fórmulas propias de otros géneros.
- Franz Kafka (1883-1924) se distingue por el empleo de tramas inverosímiles y absurdas para expresar la opresión que padece el ser humano. Sus obras más conocidas son *La metamorfosis* y *El proceso*.

## 1 El Novecentismo

En la segunda década del siglo XX comienza una etapa en la que se quiere superar definitivamente el siglo anterior con una mentalidad más europeísta y racional. Este movimiento, que se agrupa en torno a la figura del filósofo español **José Ortega y Gasset**, es el Novecentismo. A los novecentistas se los conoce también como **generación del 14**, tomando como referencia de ese grupo el año en que comenzó la Primera Guerra Mundial.

Los novecentistas manifiestan su admiración por la generación del 98. Sin embargo, se distinguen de los noventayochistas por dos rasgos:

- En el plano político, defienden la **modernización de España** sobre la base de su europeización, frente al casticismo de la generación del 98.
- En el plano estético, critican la exaltación sentimental y la subjetividad de finales del siglo XIX, y propugnan **un arte puro**, de carácter intelectual.

Entre los novecentistas destacan el ensayista **José Ortega y Gasset** y los novelistas **Ramón Pérez de Ayala** y **Gabriel Miró**. Por edad, se suele incluir al poeta Juan Ramón Jiménez y a Ramón Gómez de la Serna, así como a la jurista Clara Campoamor, aunque esta no publicaría sus obras hasta los años treinta.

## 2 La prosa del Novecentismo

En la novela novecentista cobran especial importancia las **descripciones líricas** y las **reflexiones de tipo ensayístico**. Destacan dos autores:

- **Gabriel Miró** (1879-1930) cultiva la novela y el relato corto. Entre sus obras destacan las novelas ***Nuestro padre san Daniel*** y ***El obispo leproso***, ambas ambientadas en la ciudad de Oleza, nombre que encubre a Orihuela (Alicante), y el ***Libro de Sigüenza***, conjunto de relatos protagonizados por Sigüenza, en los que el autor evoca situaciones, ambientes y sucesos.
- **Ramón Pérez de Ayala** (1880-1962) evoluciona desde posiciones noventayochistas hasta el intelectualismo novecentista, como en ***Belarmino y Apolonio***, protagonizada por dos zapateros con diferentes actitudes ante la vida.

### José Ortega y Gasset (1883-1955)

José Ortega y Gasset fue el mentor de la generación del 14 y el principal teórico del arte de vanguardia.

Sus ideas estéticas tuvieron una enorme influencia en los jóvenes poetas de la generación del 27. De hecho, su ensayo ***La deshumanización del arte*** constituyó la base del pensamiento estético de estos artistas. En esta obra, Ortega defiende que el arte solo es arte cuando se aleja de la realidad y se limita a ser un simple juego estético destinado a las minorías. Según afirma, el verdadero artista no copia la realidad, sino que la deforma, y esa deformación lo lleva a crear una obra intelectual en la que se han eliminado las emociones; en eso consiste el **arte puro**. En literatura, el instrumento idóneo para conseguir ese objetivo es la **metáfora**.

Ortega escribió otros muchos ensayos en los que trata cuestiones sociológicas, como *La rebelión de las masas*; filosóficas, como *El tema de nuestro tiempo*; e históricas, como *La España invertebrada*.

## 3 Las vanguardias

El arte europeo de principios del siglo XX estuvo marcado por el deseo de los más jóvenes de replantearse el concepto de arte y hallar **nuevas técnicas expresivas** para su creatividad. Se produjo un **rechazo de las normas establecidas** y se impusieron la **experimentación formal y la renovación temática**. De este modo surgieron diversos movimientos artísticos entre 1910 y 1930 que recibieron el nombre de ***ismos*** o **vanguardias**. Los *ismos* –futurismo, dadaísmo, surrealismo y cubismo– reflexionan sobre la naturaleza del arte, persiguiendo una renovación total de los temas, las formas y los modos de expresión.

En España, algunas vanguardias se desarrollaron con mayor intensidad (creacionismo) y otras sufrieron importantes adaptaciones (surrealismo). Incluso se inventó algún «ismo» nuevo, como el **ultraísmo** de Guillermo de Torre. Este propugna el maquinismo, la supresión de los signos de puntuación, la ausencia de rima y de enlaces, la innovación en la disposición de los versos y la valoración de la metáfora. En su nómina figuran, entre otros, **Pedro Garfias**, **Adriano del Valle**, un joven **Jorge Luis Borges** y **Lucía Sánchez Saornil**.

En el café Pombo de Madrid se reunían los artistas del momento. En la imagen, *La tertulia del café de Pombo*, cuadro de José Gutiérrez Solana en el que se ve a Ramón Gómez de la Serna de pie, en el centro.

### Ramón Gómez de la Serna (1888-1963)

Ramón Gómez de la Serna **introdujo las vanguardias en España**. Escribió novela, teatro, ensayo…, pero destacó especialmente por la invención de una fórmula literaria que denominó **greguería**.

Una greguería es un enunciado breve en el que se presenta la realidad de una manera sorprendente. Es una asociación inusual que da lugar a una paradoja, a la inversión de la lógica en las relaciones entre objetos o entre hechos. El propio autor definía la greguería como **metáfora + humorismo**, convirtiendo la metáfora en un exponente de la literatura contemporánea.

## ACTIVIDADES

**1** Explica por qué la metáfora es importante en la creación del *arte puro* a partir de este texto:

La metáfora es probablemente la potencia más fértil. Todas las demás potencias nos mantienen inscritos dentro de lo real, de lo que ya es. Lo más que podemos hacer es sumar o restar unas cosas de otras. Solo la metáfora nos facilita la evasión y crea entre las cosas reales arrecifes imaginarios, florecimiento de islas ingrávidas. Es verdaderamente extraña la existencia de esta actividad mental que consiste en suplantar una cosa por otra, no tanto por afán de llegar a esta como por el empeño de rehuir aquella.

José Ortega y Gasset
*La deshumanización del arte* (Adaptación)

**2** Explica la relación metáfora + humorismo a partir de estas greguerías de Gómez de la Serna:

Los botones flojos son llanto de botones.

Trueno: caída de un baúl por las escaleras del cielo.

**3** Analiza el poema de Guillermo de Torre y explica a partir de él los rasgos del ultraísmo.

**Girándula**

Un sol de repetición arroja 10 000 proyectiles por minuto.
Una constelación pluricolor y efímera tapiza el cielo estival.
Los cohetes braman sirenas sobre la ciudad y el mar copulados.
El ventilador pirotécnico multiplica sus aspas deshilachadas.

En 1916 Juan Ramón Jiménez contrae matrimonio con Zenobia Camprubí, escritora y colaboradora inseparable. Ella fue la primera traductora al castellano de escritores como Rabindranath Tagore, William Shakespeare o Edgar Allan Poe. El matrimonio se exilia en 1936 a causa de la Guerra Civil. En 1956, fallece Zenobia. Tres días antes Juan Ramón había recibido el Premio Nobel de Literatura.

**Claves para estudiar**

Asegúrate de que puedes desarrollar estos temas:

- La prosa del Novecentismo.
- Ramón Gómez de la Serna.
- Juan Ramón Jiménez.

## 4 Juan Ramón Jiménez (1881-1958)

Juan Ramón Jiménez pertenece por su fecha de nacimiento a la generación del 14, pero fue un autor con una trayectoria literaria muy personal, difícil de clasificar, al que las generaciones posteriores reconocieron como maestro.

El propio poeta hablaba de tres etapas en su poesía: etapa sensitiva, etapa intelectual y etapa suficiente o verdadera.

- **Etapa sensitiva** (1898-1915). Los libros de su primera época, entre ellos *Arias tristes*, *Elejías puras* y *La soledad sonora*, están influidos por Gustavo Adolfo Bécquer, Rubén Darío y el poeta francés Paul Verlaine. La poesía de estos años es sensorialista y melancólica, llena de paisajes otoñales, atardeceres silenciosos y sentimientos de tristeza inexplicable. En estos años Juan Ramón escribe *Platero y yo* (1914), una elegía en prosa poética dedicada a un pequeño burro, que es una de sus obras más conocidas.
- **Etapa intelectual** (1916-1936). En 1917, Juan Ramón publica *Diario de un poeta recién casado*, una especie de diario personal con el que el poeta se desprende de lo que él llamó los «ropajes» del Modernismo para mostrar una poesía intelectualizada que define como «desnuda», es decir, sin adornos innecesarios. A partir de esta obra, la poesía se convierte para él en un medio para acceder al conocimiento de las cosas y de su propio mundo interior, y así lograr la eternidad. En este intelectualismo Juan Ramón coincide con los postulados estéticos de los novecentistas.
- **Etapa suficiente o verdadera** (1937-1958). Comprende la obra escrita en su exilio en Puerto Rico. Es una época en que se imponen las preocupaciones religiosas, presentes en *Animal de fondo* y en *Dios deseado y deseante*.

Juan Ramón consideró siempre su obra como un corpus vivo, en constante evolución. Su afán de perfección lo llevaba a revisar y reescribir continuamente sus libros. En su estilo destacan la musicalidad y el ritmo, una cualidad que cuidaba incluso en el verso libre y en la prosa poética. Las metáforas, las imágenes y la sinestesia ocupan un lugar importante en su poesía.

### ACTIVIDADES

**4** Explica las diferencias entre la generación del 98 y la del 14 en su concepción de la literatura.

**5** Lee estos dos poemas de Juan Ramón y responde.

**Viene una esencia triste de jazmines con luna**

Viene una esencia triste de jazmines con luna
y el llanto de una música romántica y lejana...
de las estrellas baja, dolientemente, una
brisa con los colores nuevos de la mañana...

Espectral, amarillo, doloroso y fragante,
por la niebla de la avenida voy perdido,
mustio de la armonía, roto de lo distante,
muerto entre rosales pálidos del olvido...

Y aún la luna platea las frondas de tibieza
cuando ya el día rosa viene por los jardines,
anegando en sus lumbres esta vaga tristeza
con música, con llanto, con brisa y con jazmines...

**Soledad**

En ti estás todo, mar, y sin embargo,
¡qué sin ti estás, qué solo,
qué lejos, siempre de ti mismo!

Abierto a mil heridas, cada instante,
cual mi frente,
tus olas van, como mis pensamientos,
y vienen, van y vienen,
besándose, apartándose,
con un eterno conocerse,
mar, y desconocerse.

Eres tú, y no lo sabes,
tu corazón te late y no lo siente...
¡Qué plenitud de soledad, mar solo!

- ¿Qué sensaciones se transmiten en el primer poema?
- ¿Hay sensaciones en el segundo? ¿Qué predomina?
- ¿A qué etapa del autor corresponde cada poema?

SABER HACER

## Escribir greguerías

**Las vanguardias y las técnicas literarias**

Los movimientos vanguardistas reflexionaban sobre la naturaleza del arte, buscando la renovación de los temas, las formas y los modos de expresión. Así surgen las greguerías, pero también los caligramas y la escritura automática.

Los **caligramas** son poemas en los que la disposición de las palabras forman un dibujo relacionado con el tema del texto.

La **escritura automática** es una técnica surrealista que consiste en escribir lo primero que viene a la cabeza.

*Retrato de Ramón Gómez de la Serna*, de Diego Rivera.

La greguería es una frase breve que expresa –con una combinación de ingenio y metáfora– una idea irónica o una asociación divertida. Estas composiciones fueron creadas por el escritor Ramón Gómez de la Serna. Vamos a escribir greguerías.

**1** Lee estas greguerías de Ramón Gómez de la Serna:

*El agua se suelta el pelo en las cascadas.*
*El cometa es una estrella a la que se le ha deshecho el moño.*
*Pingüino es una palabra atacada por las moscas.*
*La estrella parpadea porque tiene sueño.*
*Miércoles: día largo por definición.*
*El tranvía aprovecha las curvas para llorar.*
*El estanque es una isla de agua.*
*La luna es el ojo de buey del barco de la noche.*
*Solo refrescan la ciudad los grifos que cierran mal.*
*La q es la p que vuelve de paseo.*

**2** Analiza cada una de las greguerías mencionadas y explícalas.

*El agua se suelta el pelo en las cascadas.* ➡ *Cuando el pelo está recogido y se suelta, los cabellos caen como el agua de las cascadas.*

**3** Fíjate en la relación que establece el autor en cada greguería y explícala por escrito.

*El cometa es una estrella a la que se le ha deshecho el moño.*
▶ Identificación de dos imágenes.
*Pingüino es una palabra atacada por las moscas.*
▶ Alusión a la forma de la palabra.
*La estrella parpadea porque tiene sueño.*
▶ Asociación de conceptos (parpadeo-sueño: noche).

**4** Ten en cuenta los análisis de las actividades anteriores y escribe tres greguerías. No olvides las siguientes consideraciones:

- El recurso estilístico en que se basa la greguería es la metáfora.
- La personificación es un recurso frecuente.
- Las asociaciones deben tener un sentido humorístico o ingenioso.
- La greguería suele contener un componente visual destacado.
- Un recurso fácil es tomar un objeto cotidiano y asociarlo a otra cosa:

*El destornillador es un bailarín sobre un escenario minúsculo.*

**5** TRABAJO COOPERATIVO. Leed y comentad las greguerías en clase.

▶ Elegid las que más os gusten y escribidlas e ilustradlas en cartulinas.

## Yo no volveré

Yo no volveré. Y la noche
tibia, serena y callada,
dormirá el mundo, a los rayos
de su luna solitaria.

Mi cuerpo no estará allí,
y por la abierta ventana
entrará una brisa fresca
preguntando por mi alma.

No sé si habrá quien me aguarde
de mi doble ausencia larga,
o quien bese mi recuerdo
entre caricias y lágrimas.

Pero habrá estrellas y flores
y suspiros y esperanzas,
y amor en las avenidas,
a la sombra de las ramas.

Y sonará ese piano
como en esta noche plácida,
y no tendrá quien lo escuche,
pensativo, en mi ventana.

JUAN RAMÓN JIMÉNEZ, *Arias tristes*

## Intelijencia, dame

¡Intelijencia, dame
el nombre esacto de las cosas!
… Que mi palabra sea
la cosa misma,
creada por mi alma nuevamente.
Que por mí vayan todos
los que no las conocen, a las cosas;
que por mí vayan todos
los que ya las olvidan, a las cosas;
que por mí vayan todos
los mismos que las aman, a las cosas…
¡Intelijencia, dame
el nombre esacto, y tuyo,
y suyo, y mío, de las cosas!

JUAN RAMÓN JIMÉNEZ, *Eternidades*

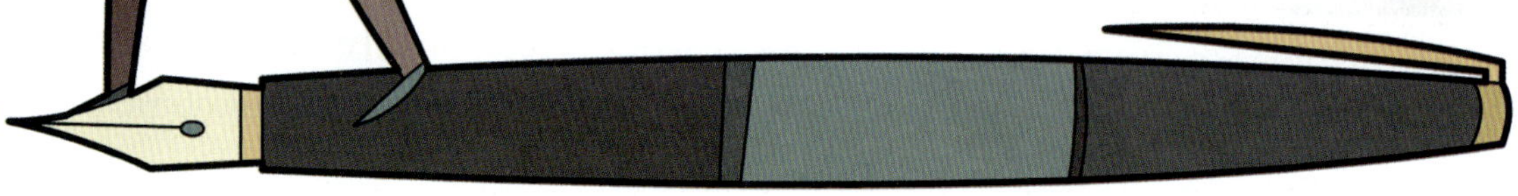

## Comentario de texto

### Texto: *Yo no volveré*

#### Comprensión

1 Explica cuál es la idea principal del poema.

2 PARA PENSAR. ¿A qué se refiere la «doble ausencia larga» de la que habla el poeta en el verso 10?

Debes basar tu respuesta en lo que se dice en el poema.

#### Estructura

3 Realiza el análisis métrico del texto. ¿Qué tipo de estrofas lo forman?

4 En el poema hay un conector textual que resulta clave para entender la estructura del texto.

Identifícalo y señala las dos partes en que, teniéndolo en cuenta, se puede dividir el poema.

#### Estilo

5 Examina el léxico que emplea el poeta. ¿Te parece sencillo o rebuscado? Pon ejemplos.

6 En el texto se contrapone la ausencia irreversible del yo poético con otros elementos que sí volverán.

¿Qué elementos perdurables cita el poeta para hacer más patente lo efímero de la existencia?

- Indica el recurso estilístico que se utiliza al enumerar dichos elementos. ¿Qué efecto produce ese recurso?

7 El texto se enmarca en una etapa de la producción literaria del autor influenciada por el Modernismo.

Indica qué características o motivos hay en el texto para justificar esa afirmación.

#### Valoración

8 USA LAS TIC. Busca en Internet el poema de Juan Ramón *El viaje definitivo* y compáralo con *Yo no volveré*.

Debes centrarte en aspectos como el tema que se trata en ambos y los sentimientos que manifiesta el autor al reflexionar sobre él.

- ¿Con qué estación del año relacionarías el tema que trata cada poema? Justifica tu opinión apoyándote en el contenido de los textos.

#### TALLER DE CREACIÓN

Junto al amor, la muerte es uno de los temas más recurrentes en la poesía de cualquier época. Selecciona algunos poemas cuyo tema central sea la muerte y compara la visión de cada uno sobre ese mismo tema.

### Texto: *Intelijencia, dame*

#### Comprensión

9 Explica, basándote en el texto, por qué se puede afirmar que la poesía de Juan Ramón Jiménez tiene un carácter intelectual.

10 ¿Qué petición formula el poeta en el texto? Explícalo con tus palabras.

11 ¿En qué versos del poema se manifiesta la idea de que la poesía es un medio de conocimiento?

#### Estructura

12 Recuerda en qué consiste el recurso estilístico de la anáfora y explica cómo influye este recurso en la estructura del poema.

#### Estilo

13 Compara el lenguaje empleado en este poema con el de *Yo no volveré*. ¿Cuál te parece más natural, menos artificioso? Pon ejemplos que sustenten tu opinión.

14 El texto en su conjunto constituye una demanda. Explica cómo se manifiesta ese hecho en el plano lingüístico.

15 Averigua qué es un apóstrofe y localiza un ejemplo en el poema.

16 En consonancia con la búsqueda de la esencialidad y sencillez literarias, Juan Ramón empleó una ortografía propia que consistió en evitar escribir grafías que consideró innecesarias.

¿Cómo se reflejan estas ideas ortográficas en el poema? Responde aportando ejemplos.

#### Valoración

17 Sitúa cronológicamente los dos poemas de Juan Ramón y escribe un resumen de la trayectoria literaria del autor.

## Ortega y el arte nuevo

Todo el arte nuevo, coincidiendo en esto con la nueva ciencia, con la nueva política, con la nueva vida, en fin, repugna ante todo la confusión de fronteras. Es un síntoma de pulcritud mental querer que las fronteras entre las cosas estén bien demarcadas. Vida es una cosa, poesía es otra. No las mezclemos. El poeta empieza donde el hombre acaba. El destino de este es vivir su itinerario humano; la misión de aquel es inventar lo que no existe. De esta manera se justifica el oficio poético. El poeta aumenta el mundo, añadiendo a lo real, que ya está ahí por sí mismo, un irreal continente.

Es muy difícil que a un contemporáneo menor de treinta años le interese un libro donde, so pretexto de arte, se le refieran las idas y venidas de unos hombres y unas mujeres. Todo esto le sabe a sociología, a psicología, y lo aceptaría con gusto si, no confundiendo las cosas, se le hablase sociológicamente o psicológicamente de ello. Pero el arte para él es otra cosa.

La poesía es hoy el álgebra superior de las metáforas.

José Ortega y Gasset, *La deshumanización del arte* (Adaptación)

### ACTIVIDADES

**1** **Lee el texto y responde.**

- ¿A qué dos conceptos absolutamente diferentes alude el texto?
- ¿Cuál es el motivo de esa diferencia?
- Explica de manera razonada si crees que esa distinción forma parte del concepto de arte del autor.

**2** Según Ortega y Gasset, la metáfora es el instrumento idóneo para conseguir el arte puro en literatura.

**Explica la siguiente afirmación que constituye la conclusión del texto:**

> La poesía es hoy el álgebra superior de las metáforas.

## El drama de la vida

«La cualidad primordial del dramaturgo (léase Apolonio) es la aptitud para la simulación eficaz. Esta simulación no es solo externa y de superficie. El dramaturgo va por la vida inventando dramas, descubriendo dramas. Diríase que este don de invención (inventar significa descubrir) proviene de que el dramaturgo vive los dramas. Al contrario. El que vive un drama no ve el drama; ve su drama individual. Y si por caso al dramaturgo le acontece ser víctima en un drama vivo, él permanece ecuánime, sereno. Finge ser actor siempre; y siempre es espectador, espectador de sí mismo. Frente al dramaturgo está el filósofo (léase Belarmino). El filósofo se halla constituido a la inversa del dramaturgo. Por de fuera, serenidad, impasibilidad; en lo más secreto, ardor inextinguible. El filósofo es un energúmeno conservado entre hielo. El filósofo vive todos los dramas; jamás es espectador. El dolor ajeno lo siente como dolor propio; el dolor propio lo multiplica por todos los dolores ajenos; y así en el dolor propio como en el ajeno experimenta el contacto de esta y aquella brasa de la gran hoguera que es el dolor universal, el drama de la vida».

Algo parecido a esto se lo dijo Apolonio a Belarmino, en el asilo; lo cual me hace suponer que habían llegado a ser amigos.

Ramón Pérez de Ayala, *Belarmino y Apolonio* (Adaptación)

### ACTIVIDADES

**1** **¿A quiénes se describe en la cita que se incluye en el texto? Explica las características de cada uno.**

- ¿Qué analogía establece el autor del texto en esa cita?

**2** En el Novecentismo se defiende el arte puro, liberado de exaltación sentimental y subjetivismo.

**Indica cómo se manifiesta esa idea en el texto.**

## Greguerías

El arcoíris es la cinta que se pone la naturaleza después de haberse lavado la cabeza.

De la nieve caída en el lago nacen los cisnes.

¿Qué es la ilusión? Un suspiro de la fantasía.

Llovía con tanta fuerza que burbujeaban los peces del asfalto.

Al cerrar una puerta cogemos los dedos al silencio.

Nos desconocemos a nosotros mismos, porque nosotros mismos estamos detrás de nosotros mismos.

RAMÓN GÓMEZ DE LA SERNA, *Greguerías*

### ACTIVIDADES

1. **Lee con detenimiento cada greguería y explica de forma razonada por qué crees que su autor las definió con la fórmula «metáfora + humorismo».**
   - Inventa otra fórmula que recoja alguna de las características de las greguerías.
2. **Explica las metáforas que aparecen en las greguerías del texto.**
   - Idea y formula tú una greguería parecida.

### ACTIVIDADES

1. Son características de la prosa de Gabriel Miró las descripciones poéticas.

   **Indica en qué parte del texto aparece una descripción de ese tipo.**
2. **Lee el texto y explica a qué tienen miedo los olecenses. Después, contesta.**
   - ¿Te parece un miedo racional?
   - ¿Qué se cuenta de los que trataron de vencer ese miedo?
3. En *Nuestro Padre san Daniel*, el autor reflexiona sobre la condición humana.

   **¿A qué aspecto de la condición humana crees que se refiere en este texto?**

## El patrono de Oleza

Los ojos de Nuestro Padre, ojos duros, profundos, de afilado mirar, que atraviesan las distancias de los tiempos y el sigilo de los corazones, sobrecogen y rinden a los olecenses[1]. Cuando rodean el altar, la mirada de Daniel se va volviendo, y los sigue y los busca. Ningún lugareño osaría acercársele de noche. De algunos que con audacia sacrílega apostaron resistir, después de las oraciones, la mirada santa, se refiere que cegaron o murieron súbitamente; a otros, de menos culpa, les quedó un perpetuo rehílo[2] de toda su carne, como azogados[3] de terrores. Son los ojos que leyeron la ira del Señor contra los príncipes abominables. Y si descubrieron la castidad de Susana, bien pueden escudriñar las flaquezas femeninas; y no falta gente baldía que matricule las casadas y doncellas, conocidas por algunas deliciosas fragilidades, que nunca se arrodillan en las gradas del santo. Se sabe de maridos que recibieron anónimos reveladores instándoles a someter sus mujeres al juicio de la tremenda mirada, y no las sometieron. Es padecida y sedienta la boca de Nuestro Padre el *Ahogao*. Dicen que, acercándosele mucho, se le siente el aliento.

GABRIEL MIRÓ, *Nuestro padre san Daniel*

---

[1] **olecenses:** habitantes de Oleza.

[2] **rehílo:** temblor.

[3] **azogados:** se dice de las personas intoxicadas por azogue, mercurio, lo que les produce temblores.

## NIVEL I

**1** COMUNICACIÓN. **Redacta un texto instructivo cuya meta sea «hacer un sándwich mixto con tomate natural».**

➤ ¿Qué rasgos lingüísticos de tu texto te permiten afirmar que es un texto instructivo?

**2** LÉXICO. **Forma nuevas palabras añadiendo sufijos:**

- triste
- máquina
- añorar
- paz
- vengar
- gentil
- respetar
- negar
- ruido
- rojo
- elegir
- pegar

**3** ORTOGRAFÍA. **Clasifica estas palabras según tengan diptongos, triptongos o hiatos y escribe tilde cuando sea necesario:**

| | | | |
|---|---|---|---|
| flauta | masai | acuifero | baul |
| ahinco | construido | prioritario | guau |

**4** ORTOGRAFÍA. **Escribe la segunda persona del plural del presente de indicativo de estos verbos:**

- iniciar
- ensuciar
- auxiliar
- averiguar
- acariciar
- guiar

**5** GRAMÁTICA. **Indica si las siguientes oraciones son activas o pasivas:**

- La doctora le dio la información sobre la vacuna.
- Ella ha sido seleccionada por el jurado.
- Sus hijos se ven todos los días.
- Sandra sonríe constantemente.
- La abuela parece más alegre últimamente.
- Martina ya se viste sola.
- En ese municipio llovió toda la noche.
- Ana y Pablo fueron felicitados por toda la clase.
- Los resultados se publicaron en el tablón de anuncios.

➤ Caracteriza cada oración activa diciendo si es impersonal, predicativa o copulativa, transitiva o intransitiva, reflexiva o recíproca.

**6** LITERATURA. **Enumera los rasgos característicos del Novecentismo.**

➤ Indica cuáles son los principales representantes en prosa y cita sus obras.

**7** LITERATURA. **Explica qué es una greguería.**

➤ Indica algunos rasgos de las vanguardias literarias.

## NIVEL II

**1** COMUNICACIÓN. **Escribe cuáles son los principales rasgos lingüísticos de los textos instructivos.**

➤ Redacta un texto instructivo de una actividad que hagas frecuentemente, como hacer una búsqueda en Internet o subir en ascensor a casa.

**2** LÉXICO. **Escribe dos palabras con cada uno de los siguientes sufijos:**

| | | | |
|---|---|---|---|
| -eza | -ficar | -ción | -ista |
| -ble | -oso | -izar | -dad |

➤ Indica la categoría gramatical de la palabra de la que proceden y de la que has escrito.

**3** ORTOGRAFÍA. **Escribe las tildes que faltan en este texto:**

### La tecnologia habia llegado a la ciudad

*Las calles tenian sistemas roboticos de limpieza, los parques se regaban solos, los semaforos regulaban el trafico para evitar cualquier congestion... Todo funcionaba automaticamente y no habia inconveniente que un buen programa informatico no pudiera solucionar. De repente, el sistema hidraulico de los contenedores de residuos empezo a vaciarlos, un aluvion de agua fluia de las bocas de riego, las luces se encendian de modo intermitente... Luis, desde el Centro de Control, se sorprendia de ver lo que habia causado la activacion de un simple boton. Un boton sobre el que podia leerse un letrero: «No tocar, gracias».*

**4** GRAMÁTICA. **Escribe una oración de cada una de estas clases:**

- Predicativa.
- Copulativa.
- Transitiva.
- Impersonal.
- Intransitiva.
- Reflexiva.
- Recíproca.
- Pasiva refleja.

**5** LITERATURA. **Explica qué rasgos literarios diferencian a los novecentistas, o generación del 14, de la generación del 98.**

➤ Escribe el nombre de alguna obra representativa de cada grupo.

**6** LITERATURA. **Desde el punto de vista literario, ¿se puede incluir a Juan Ramón Jiménez en la generación del 14? Explica por qué.**

➤ Resume las etapas de su obra poética.

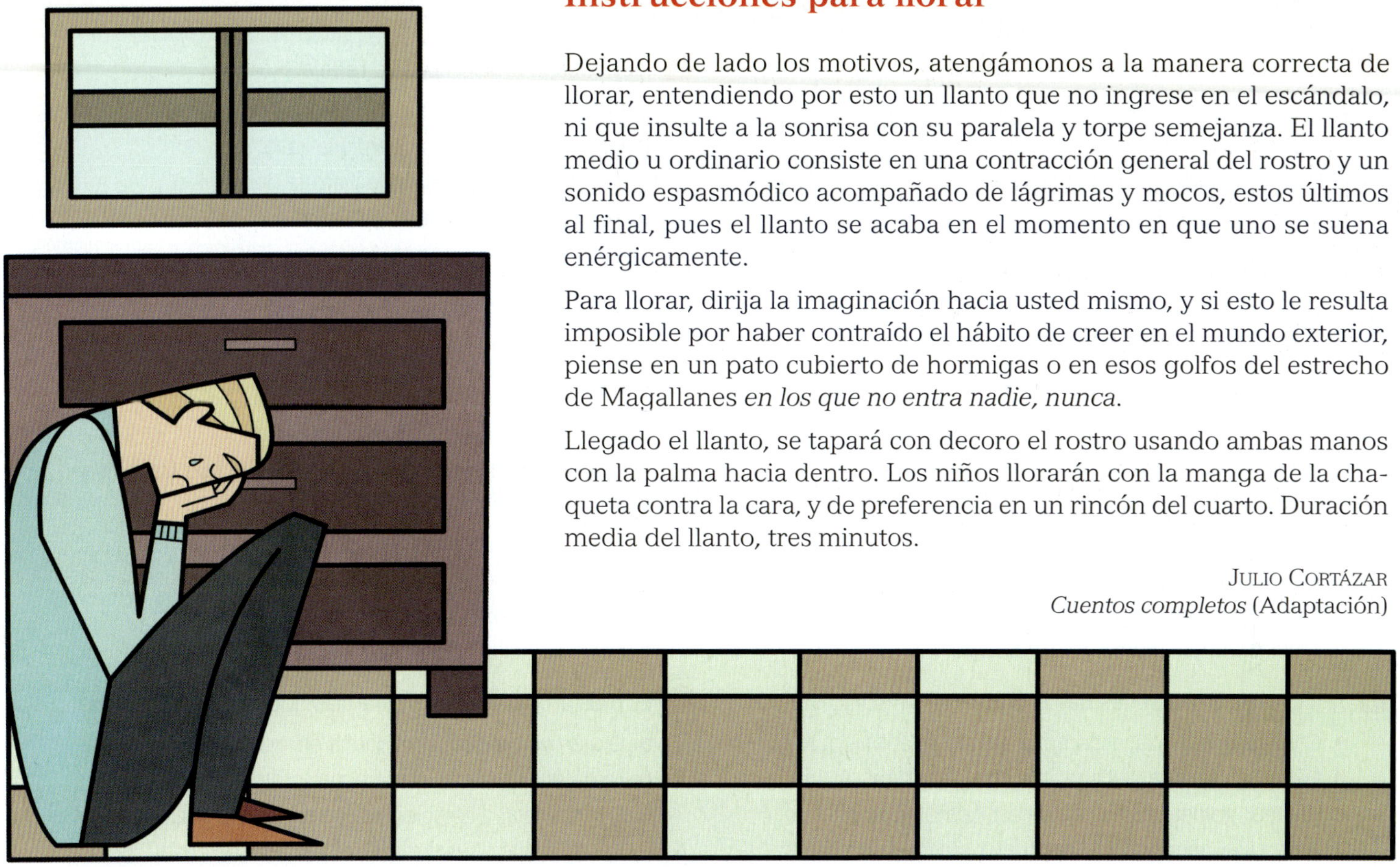

## Instrucciones para llorar

Dejando de lado los motivos, atengámonos a la manera correcta de llorar, entendiendo por esto un llanto que no ingrese en el escándalo, ni que insulte a la sonrisa con su paralela y torpe semejanza. El llanto medio u ordinario consiste en una contracción general del rostro y un sonido espasmódico acompañado de lágrimas y mocos, estos últimos al final, pues el llanto se acaba en el momento en que uno se suena enérgicamente.

Para llorar, dirija la imaginación hacia usted mismo, y si esto le resulta imposible por haber contraído el hábito de creer en el mundo exterior, piense en un pato cubierto de hormigas o en esos golfos del estrecho de Magallanes *en los que no entra nadie, nunca*.

Llegado el llanto, se tapará con decoro el rostro usando ambas manos con la palma hacia dentro. Los niños llorarán con la manga de la chaqueta contra la cara, y de preferencia en un rincón del cuarto. Duración media del llanto, tres minutos.

JULIO CORTÁZAR
*Cuentos completos* (Adaptación)

### ACTIVIDADES

**1** Explica las características y la estructura de los textos instructivos a partir de este cuento de Cortázar.

- ¿Qué rasgos lingüísticos identificas en él?

**2** Añade un sufijo a cada palabra para formar otra de la categoría gramatical que se indica en cada caso. Luego, subraya el sufijo que has empleado.

- triste ▶ sustantivo
- espasmo ▶ adjetivo
- escándalo ▶ verbo
- imaginar ▶ sustantivo
- llorar ▶ adjetivo
- emoción ▶ verbo

**3** Copia las palabras del segundo párrafo que contienen un diptongo o un hiato y explica las reglas de acentuación que siguen.

**4** Escribe oraciones de las siguientes clases relacionadas con el texto:

- Copulativa.
- Transitiva.
- Intransitiva.
- Reflexiva.
- Recíproca.
- Impersonal.

**5** Clasifica estas oraciones en activas y pasivas:

- El niño fue castigado en su habitación.
- Se oyeron sollozos en la habitación de al lado.
- Las lágrimas le corrían por las mejillas.
- Ahora, di de qué clase son las oraciones pasivas e identifica el sujeto paciente.

**6** Di de qué clase es cada oración.

Impersonal | Copulativa | Reflexiva

- Se tapó el rostro con las manos.
- Parecía satisfecho con su actuación lacrimógena.
- Muchas veces se llora de alegría.

**7** Explica en qué consiste el *arte puro* que defendía José Ortega y Gasset.

- Explica su influencia en la generación del 14 y del 27.

**8** Resume la producción poética de Juan Ramón Jiménez.

# MI PROGRESO

Resuelve este test para comprobar si has asimilado correctamente los principales contenidos de la unidad.

**1** ¿Cuál de estos textos no es instructivo?

**a.** Las indicaciones para hacer un trayecto.
**b.** Las reglas para jugar al parchís.
**c.** La guía de canales de un televisor.
**d.** La receta de un bizcocho.

**2** ¿Qué intención tienen los textos instructivos?

**a.** Ofrecer una información amena sobre un producto.
**b.** Exponer un tema de interés para el receptor.
**c.** Guiar al receptor en la realización de una tarea.
**d.** Convencer al receptor de la eficiencia de un producto.

**3** ¿Cuál de estas afirmaciones sobre los textos instructivos es errónea?

**a.** Pueden incluir una lista de materiales.
**b.** Incluyen una meta y un programa.
**c.** Suelen exponer en orden las instrucciones.
**d.** Emplean frecuentemente el gerundio.

**4** ¿En cuál de estas series hay una palabra sin sufijo?

**a.** Confianza, balanza, esperanza, alabanza, adivinanza…
**b.** Frescura, bravura, dulzura, envoltura, cordura…
**c.** Humear, golpear, tutear, agujerear, bombardear…
**d.** Defensivo, persuasivo, constitutivo, afectivo, combativo…

**5** ¿Qué oración tiene un diptongo, un triptongo y un hiato?

**a.** Era día de fiesta y estábamos todos contentos.
**b.** ¡Guau! Han lanzado un cohete espacial.
**c.** Cuando limpiéis la habitación iréis a jugar.
**d.** Hay un búho en el alféizar de la ventana.

**6** Identifica la oración pasiva refleja.

**a.** Ella fue condecorada con la medalla al mérito.
**b.** Lamentablemente, se perdió la llave.
**c.** Todos fueron a celebrar la victoria del equipo.
**d.** Se conocen desde los ocho años.

**7** ¿Cuál de estas oraciones no es impersonal?

**a.** En la estación hay tres andenes.
**b.** Ha nevado toda la noche en la montaña.
**c.** Hace aproximadamente dos horas de esto.
**d.** Se fue muy contenta de aquí.

**8** ¿En qué opción el mismo verbo tiene un uso transitivo y otro intransitivo?

**a.** Sube las escaleras. / Sube al tejado.
**b.** Le sonrió la suerte. / Le sonrió Sandra.
**c.** Ana supera obstáculos. / Ana supera a Juan.
**d.** Lo acusó de sinvergüenza. / Acusó el cansancio.

**9** Es más propio de las vanguardias que del Novecentismo…

**a.** El afán de modernizar España europeizándola.
**b.** La defensa del arte de carácter intelectual.
**c.** El rechazo a lo establecido y la experimentación formal.
**d.** Las descripciones líricas y las reflexiones ensayísticas.

**10** ¿Cuál de estos autores destacó en las vanguardias?

**a.** El escritor Ramón Pérez de Ayala.
**b.** El filósofo y ensayista José Ortega y Gasset.
**c.** El poeta Juan Ramón Jiménez.
**d.** El prosista Ramón Gómez de la Serna.

## AUTOEVALUACIÓN Piensa y comprueba:

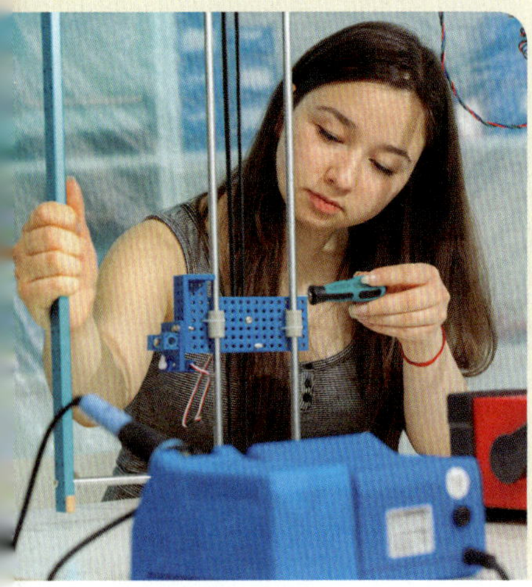

Lo que sabes:

- ✓ Cómo se logra un texto instructivo eficaz y cuál es su estructura.
- ✓ Cómo se forman palabras por sufijación.
- ✓ Cómo se acentúan diptongos, triptongos e hiatos.
- ✓ Cuáles son las clases de oraciones según la naturaleza del sujeto o del predicado.
- ✓ Qué es el Novecentismo y las vanguardias y cuáles son sus principales obras.

Lo que sabes hacer:

- ✓ Redactar la meta y el programa de distintos textos instructivos.
- ✓ Construir y emplear palabras con sufijos.
- ✓ Identificar palabras con diptongos, triptongos e hiatos y acentuarlas.
- ✓ Reconocer y producir oraciones de distintas clases.
- ✓ Analizar obras de la literatura novecentista y vanguardista.

# UNIDAD 6

**Escucha y resuelve.**

- Explica sobre qué tema se ofrece información en esta grabación y di qué se dice de ese tema.
- ¿A qué persona se le hace una entrevista? ¿Por qué se la entrevista?
- ¿De qué insecto habla el entrevistado? ¿Cómo es? ¿Qué tiene de especial?
- Anota todo aquello que hayas aprendido escuchando este audio.

**Insectos, algas, semillas… Muchos apuestan por nuevas formas de alimentación más sostenibles. Trabajad por parejas.**

- Elegid uno de esos nuevos alimentos e informaos en Internet: qué beneficios aportan al ser humano y al planeta, cómo se consumen…
- Averiguad en qué lugares se sirven y cómo se comercializan.
- Compartid en clase vuestras conclusiones.

# Viajes en el tiempo

Ninguna propuesta de la ciencia ficción ha fascinado tanto al ser humano como la de los viajes en el tiempo. ¿Qué haríamos si dispusiéramos de una máquina del tiempo? Podríamos ir al futuro y hacer un recorrido turístico por el siglo XXXIII. Y también volver al presente con un remedio para el cáncer.

Podríamos regresar al pasado y rescatar a un ser querido y evitar la Segunda Guerra Mundial, o comprar un pasaje para el Titanic y advertir a tiempo al capitán sobre los icebergs. Pero ¿y si el capitán ignorase nuestro aviso y el transatlántico se hundiera a pesar de todo? En otras palabras, ¿el viaje en el tiempo permite cambiar el pasado?

Aunque fuera imposible alterar el pasado, viajar hasta él seguiría resultando atractivo. Aunque no pudiéramos cambiar el curso conocido de la historia, podríamos participar en él. Por ejemplo, sería posible retroceder en el tiempo y ayudar a los aliados a ganar la batalla de Midway en la Segunda Guerra Mundial. A muchos les gusta reproducir las batallas de la guerra de Secesión; ¿qué sucedería si fuera posible participar en una de ellas? Si eligiéramos una batalla ganada por nuestro bando, viviríamos esa apasionante experiencia con la tranquilidad de conocer el desenlace. Incluso podría ocurrir que el curso de la batalla estuviera determinado por la presencia de esos turistas procedentes del futuro. De hecho, hay quien afirma que ciertos personajes históricos muy adelantados a su época, como Leonardo da Vinci o Julio Verne, han sido viajeros del tiempo.

Si nos decidiéramos a viajar en el tiempo, podríamos elaborar un increíble itinerario. Sería posible coincidir con figuras de la talla de Buda, Mahoma o Moisés; podríamos comprobar el aspecto real de Cleopatra o asistir a la primera representación del *Hamlet* shakespeariano, o bien colocarnos en cierto montículo de Dallas y verificar personalmente si Oswald fue el único asesino del presidente Kennedy. Podríamos presenciar el sermón de la montaña de Jesús o recorrer los jardines colgantes de Babilonia. Las posibilidades son infinitas.

Al parecer podemos movernos a voluntad en cualquier dirección del espacio, pero en el tiempo somos como remeros indefensos a merced de una poderosa corriente que nos empuja hacia el futuro a una velocidad de un segundo por segundo. A uno le gustaría muchas veces remar hacia delante y poder investigar las riberas del futuro o dar media vuelta y bogar contra corriente para visitar el pasado.

La esperanza de que algún día dispongamos de esa libertad se ve alentada por el hecho de que muchas cosas que antiguamente se consideraban imposibles son sucesos rutinarios hoy día. Cuando Wells escribió *La máquina del tiempo* en 1895, mucha gente pensaba que no era posible que existieran artefactos voladores más pesados que el aire. Los hermanos Wright demostraron que muchos escépticos estaban equivocados. Luego otros dijeron que nunca se superaría la barrera del sonido. Y fue Chuck Yeager quien demostró de nuevo que lo que parecía imposible no lo era. Los viajes a la Luna también pertenecían al reino de la fantasía hasta que el programa Apolo los materializó. ¿Podría ocurrir algo similar con los viajes en el tiempo?

Actualmente, el tema de los viajes en el tiempo ha saltado de las páginas de los libros de ciencia ficción a las de las revistas científicas, a medida que los físicos exploran si las leyes físicas permiten esos viajes e, incluso, si en ellos se hallaría la clave de cuál fue el origen del cosmos.

En el universo de Newton, el viaje a través del tiempo era inconcebible; sin embargo, en el de Einstein se ha convertido en una posibilidad real. El viaje hacia el futuro se sabe ya que es posible y ahora los físicos investigan si también es posible el viaje al pasado.

J. Richard Gott
*Los viajes en el tiempo y el universo de Einstein* (Adaptación)

# Comentario de texto

## Comprensión

1 Contesta.

- ¿Cuál es el tema del texto?
- ¿Qué se dice de ese tema?

2 Haz un resumen del contenido de no más de diez líneas.

3 ¿Quiénes fueron los primeros que se ocuparon en sus libros de los viajes en el tiempo? ¿Quiénes se ocupan de ello en la actualidad?

4 ¿A qué dos personajes históricos se les llama en el texto «viajeros del tiempo»?

➤ Di por qué se dice en el texto que los han llamado así y explica si estás de acuerdo con esa afirmación.

5 Escribe el nombre de las figuras religiosas que se mencionan en el texto.

6 USA LAS TIC. Explica con ayuda de Internet cómo consiguieron estas personas hacer posibles hechos considerados durante mucho tiempo imposibles:

- Los hermanos Wright.
- Chuck Yeager.
- Quienes intervinieron en el programa Apolo.
- Albert Einstein.

7 USA LAS TIC. Busca información sobre el acontecimiento ocurrido en Dallas que se menciona en el texto.

8 La palabra *sermón*, que aparece en el cuarto párrafo usada en sentido literal, tiene también un sentido figurado.

Explica ambos sentidos y escribe una oración en la que se emplee figuradamente.

## Estructura

9 Numera los párrafos del texto e indica en cuáles se tratan los siguientes asuntos:

- Imposibilidad de caminar hacia el futuro a una velocidad mayor de un segundo por segundo.
- Interés científico por cuestiones que hasta entonces solo habían atraído la atención de la ciencia ficción.
- Enumeración de hechos que resultaban inconcebibles y acabaron realizándose.
- Cosas que hacer o personajes con los que coincidir si fuera posible viajar en el tiempo.

10 ¿Qué tipo de texto es *Viajes en el tiempo*? Justifica tu respuesta.

11 Explica en qué párrafo se pasa de exponer hechos ficticios a presentar hechos reales.

## Estilo

12 En el texto aparecen numerosas formas del verbo *poder* y otras palabras pertenecientes a la misma familia, como *posibilidad* e *imposible*.

¿Por qué crees que aparecen con tanta frecuencia?

13 El autor se refiere al tiempo como un río, y al ser humano como un remero. ¿Qué finalidad te parece que tiene al usar esos recursos? Explícalo.

poética | ejemplificadora | explicativa | filosófica

➤ ¿Qué relación encuentras entre esas metáforas y los siguientes versos de Jorge Manrique?

> Nuestras vidas son los ríos
> que van a dar en la mar,
> que es el morir.

14 ¿A qué clase de lectores crees que se dirige el libro *Los viajes en el tiempo y el universo de Einstein*?

➤ Fíjate en el lenguaje empleado y explica por qué no se trata de una obra especializada sino de divulgación.

## Valoración

15 PARA PENSAR. Cuando el autor imagina viajes en el tiempo, alude a grandes hechos históricos y a personajes fundamentales para la humanidad.

¿Por qué crees que piensa en ellos y no en sucesos cotidianos o personajes anónimos?

16 Si pudieras viajar al pasado, ¿a qué momento histórico lo harías? Explica las razones de tu elección.

17 USA LAS TIC. Busca información en Internet sobre la vida y los trabajos científicos de Isaac Newton y Albert Einstein y toma nota de los hechos más significativos.

➤ Explica qué semejanzas y diferencias encuentras entre ambos.

# Los textos expositivos

Las revistas especializadas contienen numerosos textos expositivos, aunque muchas de ellas tienen carácter divulgativo y se dirigen al público general interesado en el tema.

## 1 Características de los textos expositivos

Son **textos expositivos** aquellos que pretenden transmitir información sobre un tema.

La finalidad de los textos expositivos es que el receptor comprenda su contenido y adquiera cierto conocimiento sobre el tema que tratan. Para cumplir esa finalidad, los textos expositivos deben tener tres características esenciales:

- **Claridad.** La precisión en el uso del lenguaje es el principal recurso para conseguir una exposición clara del contenido.
- **Orden.** Los contenidos deben aparecer organizados de manera coherente para que se entiendan bien las relaciones que existen entre ellos.
- **Objetividad.** La información y los datos deben ser fiables, sin que se ofrezca una opinión personal sobre ellos.

## 2 Clases de textos expositivos

Según el tema que tratan y los conocimientos previos que requieren en el receptor, los textos expositivos pueden ser especializados o divulgativos:

- Los **textos especializados** suelen versar sobre materias complejas para las que se requieren ciertos conocimientos, así como el dominio de una terminología específica.
- Los **textos divulgativos** suelen versar sobre temas de interés general y normalmente no requieren conocimientos previos.

Los textos expositivos se emplean en ámbitos muy variados, como en los medios de comunicación (reportajes, artículos de divulgación científica…), en el ámbito académico (libros de texto, tratados, enciclopedias, conferencias…) o en el ámbito profesional (informes, actas…).

## 3 Formas de organización del contenido

El contenido de un texto expositivo se puede organizar siguiendo distintos esquemas, entre los que se pueden destacar los siguientes:

- **La secuencia cronológica.** Es adecuada para exponer hechos y fenómenos que se desarrollan en el tiempo, por ejemplo, la evolución de la telefonía móvil desde sus orígenes.
- **La enumeración.** Se usa para exponer aspectos de un tema determinado o cuestiones relacionadas entre sí, por ejemplo, los deportes de invierno.
- **La comparación.** Muestra las semejanzas y diferencias entre dos seres o fenómenos, por ejemplo, entre los distintos tipos de bicicletas.
- **La ordenación causa-efecto.** Se expone un hecho, por ejemplo, el aumento de la temperatura de la Tierra, y se analizan sus causas y consecuencias.
- **La ordenación problema-solución.** Se presenta un problema, como la necesidad de tratar los residuos contaminantes, y se exponen las distintas soluciones al mismo.

## 4 Recursos expositivos

En los textos expositivos se suelen emplear distintos recursos para lograr la mejor comprensión del contenido. Así, se incluyen con frecuencia definiciones de conceptos, ejemplos, preguntas que se responden a continuación y resúmenes.

Definición ▶ *Las bacterias son microorganismos unicelulares sin núcleo diferenciado.*

Ejemplo ▶ *Por ejemplo, los osos, coyotes y zorros son animales carnívoros que ingieren también vegetales.*

Pregunta ▶ *¿Cuáles son las causas de ese fenómeno? Son varias...*

Resumen ▶ *En resumen, la población seguirá aumentando.*

Además, los textos expositivos incluyen frecuentemente secuencias argumentativas o descriptivas, en las que se explican algunos contenidos o se detallan las características de algunos elementos.

## 5 Rasgos lingüísticos de los textos expositivos

- Uso de un léxico de **significado preciso**, con frecuentes tecnicismos.
- Empleo de **conectores** o **marcadores discursivos** para expresar la relación entre las ideas.

| VALORES | CONECTORES TEXTUALES |
|---|---|
| **Consecutivos** | *Así pues, en consecuencia, por tanto...* |
| **Explicativos** | *Es decir, esto es, a saber...* |
| **De orden** | *Primero, segundo, por un lado, por otro...* |

### ACTIVIDADES

**1** ¿Qué forma de organización del contenido predomina en el siguiente texto?

**Animales en peligro**

La desaparición de ciertas especies de animales es uno de los problemas que mayor preocupación despierta en el ámbito de la biología. Cuando una especie se pierde, no solo dejan de existir ejemplares de la misma, sino que desaparece también el papel que realizaban. Esto provoca un daño irreparable en el ecosistema, que tarde o temprano acaba afectando a todos los seres vivos.

¿Cuáles son las causas del problema? Sin duda, el agotamiento de recursos, el cambio climático o los desastres naturales ponen en peligro a muchos animales. Pero, lamentablemente, la actividad humana –a través de la depredación excesiva e incontrolada– sigue teniendo aún demasiada influencia.

▶ Señala el fragmento que contiene una enumeración.

**2** ¿El texto de la actividad anterior es divulgativo o especializado? Explica por qué.

▶ Busca en tus libros de texto y pon ejemplos de los dos tipos de textos.

**3** Escribe un breve texto expositivo en el que incluyas una definición y un ejemplo.

▶ Transforma el texto usando el recurso de las preguntas y respuestas.

**4** USA LAS TIC. Elige uno de estos temas y recoge información sobre él para preparar un texto expositivo.

- Los viajes privados al espacio.
- Los deportes olímpicos en la antigua Grecia.

▶ Elabora en primer lugar un esquema del contenido y decide el modo de organización. Después, escribe el texto.

RECURSOS

## Presentaciones digitales

En ámbitos científicos, docentes y profesionales, los textos expositivos orales se suelen acompañar de documentos audiovisuales que ilustran el contenido y ayudan a su comprensión: las **presentaciones digitales** o simplemente **presentaciones**.

### Características de las presentaciones digitales

Una presentación digital es un documento informático que contiene una secuencia de páginas con **información multimedia**: textos escritos, organizadores gráficos (esquemas, flechas...), imágenes, audios, vídeos... Estos recursos aportan un **carácter dinámico** a la exposición.

Las presentaciones digitales generalmente se elaboran para ser proyectadas ante el grupo de personas a quienes se dirige la exposición oral.

En el texto escrito de las presentaciones, que debe ser lo más breve posible, tienen especial importancia los **elementos paralingüísticos**: el tipo de letra, el tamaño, el color, el uso de la negrita o las mayúsculas... Estos recursos se emplean para destacar el contenido y para captar la atención del receptor.

### Uso de las presentaciones digitales

Una presentación digital es en sí misma un texto expositivo, puesto que transmite información sobre un tema. Sin embargo, las presentaciones normalmente se emplean para **acompañar un texto expositivo oral**: la persona que realiza la exposición complementa su discurso con los elementos que se muestran en pantalla.

Aunque existen en la red presentaciones sobre los más diversos temas, cuando se emplean como material de apoyo de una exposición oral, estas deben estar expresamente elaboradas para esa conferencia y ese contenido concreto.

## Presentaciones fallidas

¿Cuántas veces has estado a punto de dormirte al presenciar una presentación? ¿Cuántas veces has querido asesinar al ponente por usar cientos de diapositivas? En el mundillo de las presentaciones existe la expresión «*death by PowerPoint*» o muerte por PowerPoint, que no es más que matar de aburrimiento al público con otra presentación del montón en la que no se tiene muy claro si el protagonista es el ponente o lo que se proyecta.

Esta (tan sonada) muerte por PowerPoint es muy habitual en el ámbito profesional, en el que las presentaciones son el pan nuestro de cada día, pero no por ello necesariamente interesantes y cautivadoras.

Lo curioso del caso es que, a pesar de que sufrimos en nuestras propias carnes las malas presentaciones ajenas, pocas personas retan al *statu quo*[1] y se plantean ser diferentes, creativas y rompedoras.

Seguir unas pautas básicas nos permitirá dar un salto de gigante hacia presentaciones de trabajo más potentes. Hay cuatro cosas que evitar al preparar las diapositivas para nuestras presentaciones:

1. Diseñar la presentación sobre las diapositivas.
2. Incluir más de un mensaje por diapositiva.
3. Llenar las diapositivas de texto.
4. Usar las diapositivas como chuleta.

*sebastianlora.com* (Adaptación)

[1] **statu quo:** estado de las cosas que prevalecen en un determinado momento.

1 ¿Por qué crees que se debe evitar «diseñar la presentación sobre las diapositivas»? Para contestar, explica los pasos que seguirías para elaborar una presentación.

2 Explica qué efectos perjudiciales para una presentación pueden acarrear los errores 2, 3 y 4.

3 USA LAS TIC. Diseña una página para una presentación sobre un tema que te interese. Presta especial atención a los elementos paralingüísticos y justifica el empleo de cada uno.

SABER HACER

## Preparar una exposición oral

Para presentar o comunicar un contenido ante un auditorio, se puede realizar una exposición oral. Las exposiciones orales se acompañan frecuentemente de presentaciones visuales que sirven de apoyo. Vas a preparar tú una exposición oral sobre un tema que te interese.

**1** Decide el tema sobre el que quieres realizar tu exposición.

| | |
|---|---|
| Los Juegos Olímpicos. | La música como negocio. |
| Las redes sociales. | El cambio climático. |

**2** Recopila información e imágenes sobre el tema que has elegido.

Anota la fuente de donde obtengas la información por si tienes que volver a consultarla.

**3** Elabora un esquema sobre el contenido de tu exposición.

1. Definición e introducción
2. Los Juegos Olímpicos de la Edad Antigua
3. Los actuales Juegos Olímpicos
    - 3.1. Orígenes
    - 3.2. Evolución
    - 3.3. Adaptaciones
        - 3. 3. 1. Juegos Olímpicos de Invierno
        - 3. 3. 2. ...

**4** Prepara una presentación para acompañar la exposición:

- Utiliza un programa informático que te permita incluir imágenes, gráficos y textos.
- Presenta al principio el título de la exposición acompañado de una imagen sugerente.
- Incluye un esquema general de la presentación.
- Muestra solo la información más importante.
- Introduce gráficos, esquemas, imágenes, animaciones... que hagan más atractiva tu exposición y ayuden a entender el contenido.

**5** Memoriza la información que vas a ofrecer en la exposición.

Revisa también el documento gráfico que has preparado para dominar el uso que vas a hacer de él.

**6** Realiza tu exposición en clase:

- Apóyate en el guion y en la presentación gráfica sin leer lo escrito textualmente.
- Mantén la atención del auditorio usando una entonación expresiva, interactuando, introduciendo comentarios...
- Realiza al final un breve resumen de tu exposición.

**7** Ofrece, al final, la posibilidad de hacerte preguntas.

**La interacción con el auditorio**

La relación de quien realiza una exposición con su auditorio se plantea en dos direcciones: por un lado, el emisor guía a los oyentes en la comprensión del contenido, manteniendo su atención y destacando lo más importante; por otro lado, los oyentes brindan también al emisor indicios de cuál es el efecto que sus palabras están teniendo para que pueda reorientar su exposición en función de él.

# Locuciones y frases hechas

La locución *claro como el agua* equivale al adjetivo *evidente*.

## 1 Las locuciones y las frases hechas

Existen en la lengua grupos de palabras que forman unidades léxicas cuyo significado no siempre se deduce del de las palabras que los integran, es decir, que tienen en conjunto un significado propio. Estas unidades léxicas pueden ser de dos clases: locuciones o frases hechas.

Una **locución** es un grupo de palabras que tiene un significado propio y realiza la misma función que una preposición, una conjunción, un adverbio...

Por ejemplo, *en un pispás* es una locución adverbial que significa 'rápidamente' y equivale a un adverbio.

*Llegaremos en un pispás.* ▶ *Llegaremos rápidamente.*

Una **frase hecha** es una oración que tiene unos elementos fijos y se utiliza siempre con un sentido figurado.

Por ejemplo, *dar con la puerta en las narices* es una frase hecha que significa 'negar con rotundidad a alguien lo que pide o desea'.

## 2 Locuciones y frases hechas en el diccionario

Para localizar una locución o una frase hecha en el diccionario, se debe buscar el primer sustantivo que contenga; si no tuviera un sustantivo, se buscará sucesivamente el primer verbo, adjetivo, pronombre o adverbio. Las locuciones y las frases hechas aparecen tras las acepciones de la palabra en que se incluyen.

*Al abrigo de alguien* aparecerá en la entrada *abrigo*.

*Ver para creer* aparecerá en la entrada *ver*.

*Al por mayor* aparecerá en la palabra *mayor*.

### ACTIVIDADES

1 Sustituye en cada oración la locución destacada por una preposición.

- Había mucho tráfico **a consecuencia de** la lluvia intensa.
- Estudia un máster **con el fin de** conseguir trabajo.
- **A lo largo de** estos años ha aprendido mucho.

2 Escribe una oración con cada una de las siguientes locuciones:

| | |
|---|---|
| de bandera | a rajatabla |
| como anillo al dedo | a flor de piel |

3 ¿Qué significan estas frases hechas?

- Poner puertas al campo.
- Hacer de tripas corazón.
- No ser alguien de este mundo.

▶ Escribe otras dos frases hechas.

4 ¿En qué entrada del diccionario buscarías las siguientes unidades complejas?

- Poner una pica en Flandes.
- Estar al caer.
- Pedir peras al olmo.

▶ Explica el significado de cada una.

# Acentuación diacrítica

## 1 La tilde diacrítica en los monosílabos

Las palabras monosílabas no se acentúan, salvo cuando se emplea la tilde diacrítica para diferenciar algunos pares de palabras, como los siguientes:

| SIN TILDE | | CON TILDE | |
|---|---|---|---|
| **de** | Preposición.<br>*Hizo una tarta de manzana.* | **dé** | Forma del verbo *dar*.<br>*Dé un paso adelante.* |
| **el** | Artículo.<br>*El enigma fue resuelto.* | **él** | Pronombre personal.<br>*Él tiene un coche nuevo.* |
| **mas** | Conjunción adversativa.<br>*Saldría, mas está lloviendo.* | **más** | Cuantificador.<br>*Sírvele más café.* |
| **mi, tu** | Determinantes posesivos.<br>*Pedro es mi mejor amigo.*<br>*¿Me prestas tu móvil?* | **mí, tú** | Pronombres personales.<br>*¿Han preguntado por mí?*<br>*Tú conseguirás lo que te propongas.* |
| **se** | Pronombre personal.<br>*Se aseó después del partido.* | **sé** | Formas de los verbos *ser* y *saber*.<br>*Sé más amable. Sé que tengo razón.* |
| **si** | Conjunción condicional.<br>*Si quieres, ven con nosotras.* | **sí** | Adverbio afirmativo o pronombre personal.<br>*Sí, te ayudaré. Esto no da más de sí.* |
| **te** | Pronombre personal.<br>*Te invito a comer.* | **té** | Sustantivo.<br>*Se tomó una taza de té.* |

## 2 La tilde en interrogativos, exclamativos y relativos

Los **interrogativos** y **exclamativos** siempre son formas tónicas: *qué, cuál, quién, cómo, cuánto, cuándo, dónde* y *adónde*.

*¿Quién vendrá al cumpleaños?* *¡Qué sorpresa!*

En cambio, los **relativos** son formas átonas: *que, cual, quien, como, cuanto, cuando, donde* y *adonde*.

*Quien quiera venir, será bienvenido.* *Espero que te guste la sorpresa.*

SABER MÁS

**Interrogativos y exclamativos en oraciones indirectas**

En las oraciones interrogativas y exclamativas indirectas, en las que no aparecen los signos de apertura (¿, ¡) y cierre (?, !) de las oraciones interrogativas y exclamativas directas, deben emplearse las formas tónicas:

*No sé **dónde** ha ido.*

*Ignoro **cómo** lo hace.*

## ACTIVIDADES

**1** Escribe estas oraciones eligiendo la palabra adecuada en cada caso:

- (Se / sé) que fuiste (tu / tú).
- (Si / sí) dices «(si / sí)», la harás muy feliz.
- Está enamorada de (mi / mí), (mas / más) no lo sabe.
- (El / él) puede con todo y con mucho (mas / más).
- (Tu / tú) amigo (se / sé) perdió (el / él) concierto.
- ¿Qué variedad de (te / té) (te / té) gusta (mas / más)?
- Dice que (te / té) (de / dé) recuerdos (de / dé) su parte.

**2** Copia y completa las oraciones con un interrogativo, exclamativo o relativo adecuado.

Recuerda que las oraciones interrogativas y exclamativas pueden contener relativos.

- ¿____ llama a la puerta a estas horas?
- Me pregunto ____ sorpresa nos tendrá preparada.
- ¿Quieres ____ quedemos ____ te dije?
- ¡____ tiempo sin vernos! ¿____ te va?
- ____ me alegro. ¡____ tengas un buen día!

# La oración compuesta

**Claves para empezar**

- Explica la diferencia entre una oración simple y una oración compuesta.
- Nombra los tipos de oraciones compuestas que recuerdes.

## 1 Las oraciones compuestas

Las **oraciones compuestas** son las que contienen dos o más verbos.

Las siguientes oraciones, por ejemplo, son oraciones compuestas:

*Fue a varios periódicos, pero ninguno publicó la noticia.*
*Me gustaría que me ayudaras con el trabajo.*

Hay tres clases de oraciones compuestas: coordinadas, yuxtapuestas y compuestas por subordinación.

## 2 Los enlaces y las oraciones compuestas

Los **enlaces** son palabras o expresiones que sirven para relacionar entre sí dos elementos lingüísticos.

Los enlaces pueden relacionar oraciones u otras unidades lingüísticas:

*El técnico reparó la avería* (Oración) *y pudimos ver el partido* (Oración).

*¿Compramos helados de varios tipos* (SN) *o algunos refrescos?* (SN)

En el caso de las oraciones coordinadas, el enlace no pertenece a ninguna de las oraciones que vincula. En cambio, en las oraciones compuestas por subordinación, el enlace forma parte de la oración subordinada:

*Nos reuniremos y hablaremos.* *Supongo que la casa está vacía.*

Las **conjunciones** (*pero, y, que, porque*...), los **relativos** (*que, quien, donde, cuando*...), los **interrogativos** (*qué, quién, dónde, cuándo*...)... son las clases de palabras que funcionan como enlaces en las oraciones compuestas.

**SABER MÁS**

**Oraciones coordinadas y subordinadas**

La RAE, en su *Nueva gramática de la lengua española*, clasifica las oraciones compuestas en compuestas por coordinación y compuestas por subordinación. Las oraciones yuxtapuestas las considera coordinadas.

## ACTIVIDADES

**1** Identifica las oraciones compuestas del texto.

### El conocimiento

Avanzaba por el desierto. Miró a la derecha y un árbol surgió a la izquierda. Volvió la cabeza hacia la izquierda; el árbol desapareció y se situó a la derecha. Lanzó la mirada hacia atrás, el árbol reapareció delante. Buscó justo delante, el árbol brotó detrás. Cerró los ojos; quiso ver si no se lo llevaba con él. Se convirtió en el árbol.

ALEJANDRO JODOROWSKY
*El tesoro de la sombra* (Adaptación)

**2** Localiza los enlaces de estas oraciones compuestas e indica si son conjunciones, relativos o interrogativos:

- Nos comunicaron que todos estaban en clase.
- No llegamos a tiempo porque el tren se retrasó.
- Desconozco qué sucedió con ella.
- Me contaron un chiste, pero se me olvidó.
- Juan, a quien advertí del riesgo, ignoró mi consejo.

**3** Transforma estas oraciones en oraciones compuestas:

- No ha cumplido su sueño por falta de valor.
- Se proponía metas inalcanzables.

## 3 La coordinación

Dos elementos lingüísticos están **coordinados** cuando aparecen unidos por medio de un enlace y ninguno de ellos depende del otro.

En la coordinación son enlaces **conjunciones** como *y, ni, o, pero, mas, sino, sino que*… Las unidades lingüísticas coordinadas pueden ser palabras, sintagmas u oraciones:

*Era más o menos así*. (Coordinación de palabras).

*Busca los clavos y un martillo*. (Coordinación de sintagmas).

*Recupera el dinero, pero no tengas prisa*. (Coordinación de oraciones).

## 4 La yuxtaposición

Dos elementos lingüísticos están **yuxtapuestos** cuando aparecen unidos sin la mediación de un enlace y ninguno de ellos depende del otro.

Pueden aparecer yuxtapuestas unidades lingüísticas de distinto tipo: palabras, sintagmas u oraciones. En los siguientes ejemplos, aparecen subrayados los elementos yuxtapuestos:

*Pensó en los nombres que le gustaban: María, Marta, Raquel*… (Yuxtaposición de palabras).

*Me han regalado un videojuego, ropa, algunos libros*. (Yuxtaposición de sintagmas).

*Por la mañana dormía, trabajaba por la tarde, de noche pensaba*. (Yuxtaposición de oraciones).

### ACTIVIDADES

**4** **Identifica las unidades coordinadas en cada oración y di de qué clase de unidades se trata en cada caso.**

- Es amable, pero tiene mal carácter.
- Compré una camiseta, un jersey y una bufanda.
- ¿Cómo dirías que es: travieso o inquieto?

**5** **Identifica los casos de coordinación y yuxtaposición que se dan en estas oraciones:**

- Le gustan los libros, el cine, la música…
- El martes es festivo: se pospone el examen.
- Ha triunfado, pero sigue trabajando.
- Corría y nadaba; le encantaba el deporte.
- Permaneció en silencio durante varios minutos; finalmente, farfulló unas palabras.
- No parece un error, parece algo premeditado.

▶ Di de qué clase son los elementos coordinados o yuxtapuestos en cada caso.

**6** **Construye a partir de cada oración simple una oración compuesta por coordinación y una oración compuesta por yuxtaposición.**

- Me aterran los comportamientos violentos.
- No llegues tarde a tu entrevista.
- Aceptó todas mis condiciones.

**7** **Identifica las unidades yuxtapuestas en cada oración y di de qué clase de unidades se trata en cada caso.**

- Me compré una casa: ahora tengo una propiedad.
- Ese perro no come; ¡engulle!
- Es una persona sencilla, muy amable y atenta.

▶ Localiza las oraciones compuestas por yuxtaposición y conviértelas en oraciones compuestas por coordinación.

## 5 La subordinación

Una unidad lingüística está **subordinada** a otra cuando depende sintácticamente de ella.

El elemento subordinado puede ser un sintagma o una oración. En estas oraciones aparece en azul el elemento del que depende la unidad subordinada, que está subrayada:

*Déjame el mando del televisor* (se subordina un sintagma).

*Repitió los ejercicios que no le salían* (se subordina una oración).

En la subordinación intervienen los enlaces subordinantes: **preposiciones** (*a, ante, bajo, con*…), **conjunciones** (*que, si, porque*…), **relativos** (*que, quien, donde, cuando*…) e **interrogativos** (*qué, quién, dónde, cuándo*…).

### Las oraciones subordinadas

Las **oraciones subordinadas** son oraciones que dependen sintácticamente de otra o de un elemento perteneciente a otra oración.

En estas oraciones aparece subrayada la oración subordinada:

*Espero que vengas* (*que vengas* depende de la forma verbal *espero*).

*Si vienes, avísame con tiempo* (*si vienes* depende de la oración principal).

Las oraciones subordinadas se clasifican en tres tipos:

- **Subordinadas sustantivas.** Desempeñan las funciones propias del sintagma nominal: *Me agrada que hables así* (sujeto); *Sabe que se equivoca* (CD).
- **Subordinadas adjetivas.** Desempeñan la función de complemento del nombre, propia del sintagma adjetival: *Pusieron en la mesa los aperitivos que habían comprado* (CN).
- **Subordinadas adverbiales.** Desempeñan por lo común funciones características del sintagma adverbial, como las de complemento circunstancial o complemento oracional: *Descansaré cuando acabe* (CC); *Si no hay contratiempos, estaré ahí a las diez* (Compl. Or.).

SABER MÁS

**La oración principal**

- Cuando la oración subordinada es un **constituyente de otra oración** (sujeto, CD, CC…), la oración principal coincide con la oración compuesta en su conjunto:

  Or. principal
  *Imagino que vendrá.*
  Or. sub.

- Cuando la oración subordinada actúa como **complemento oracional**, la oración a la que complementa es la oración principal:

  *Si viene él, yo no iré.*
  Or. sub. Or. principal

Claves para estudiar

Comprueba lo que has aprendido resolviendo estas actividades:

- Explica qué es una oración compuesta y nombra sus clases.
- Define qué tipo de relación se establece entre las oraciones coordinadas; entre las yuxtapuestas; y entre las subordinadas. ¿Qué enlaces emplean?

## ACTIVIDADES

**8** Indica en cada caso cuál es el elemento subordinado al segmento destacado y di si es un sintagma o una oración.

- **Desconozco** cuándo llegará el tren.
- Puse los folios en las **carpetas** que había en la mesa.
- No **hablaré** de ese tema.
- El **tono** de su voz **indicaba** que mentía.
- El periódico **será elaborado** por los **alumnos** de 4.º.
- ¿**Han comunicado** cómo se llevará a cabo?

➤ Indica qué función cumple cada uno de los elementos subordinados que has identificado.

**9** Identifica el elemento al que se subordinan los segmentos destacados:

- Ella esperaba aún **algún regalo**.
- Su afán **por controlarlo todo** la pierde.
- **Aunque estés en contra**, saldré adelante.

**10** Sustituye en cada caso el elemento destacado por una oración subordinada.

- El accidente ocurrió **entonces**.
- La gente, **furiosa**, esperaba una disculpa.
- Tu falta de interés impide **tu ascenso**.

➤ Clasifica las oraciones subordinadas que has escrito.

## APLICACIÓN

**1** Clasifica las palabras de la imagen según la clase a la que pertenecen:

conjunciones | preposiciones | relativos | interrogativos

▶ Contesta.

- ¿Cuáles de esas clases de palabras se utilizan en la coordinación? ¿Y en la subordinación?
- ¿Qué elementos lingüísticos se pueden coordinar, yuxtaponer o subordinar? Pon ejemplos.

**2** USA LAS TIC. Averigua con ayuda de Internet la traducción de estas célebres expresiones latinas y contesta a las preguntas.

*Veni, vidi, vici.* | *Citius, altius, fortius.*

- ¿A qué personaje se atribuye la primera? ¿De qué importante evento internacional es lema la segunda?
- ¿Qué elementos lingüísticos se unen en cada una? ¿Cómo lo hacen: por coordinación, yuxtaposición o subordinación?

**3** Identifica los elementos coordinados, yuxtapuestos o subordinados y di si son palabras, sintagmas u oraciones.

**4** Jugad en clase a formar oraciones compuestas encadenadas.

Alguien comienza diciendo una oración simple, el siguiente la convierte en compuesta y los demás la alargan con otras oraciones. El juego se reinicia cuando no se puedan añadir más o la oración pierda el sentido.

**5** ANÁLISIS SINTÁCTICO. Analiza estas oraciones como en los ejemplos e indica de qué tipo son.

- Recoge los paquetes que hay en la entrada.
- Los concursantes entraron y el público aplaudió.
- El verano es alegre; en otoño todo parece más triste.
- No llamó ni escribió ningún mensaje.
- Quiero que uses el teclado nuevo.
- Prepara la maleta, métela en el coche y espérame allí.

*El libro que encontramos era interesantísimo.*
(*que encontramos*: Or. subordinada)

▶ Oración compuesta por subordinación.

*La sala es amplia* | *y* | *hay un pasillo largo.*
Oración coordinada 1 | Enlace | Oración coordinada 2

▶ Oración compuesta por coordinación.

# La generación del 27

Fotografía tomada en uno de los actos que se celebraron en el Ateneo de Sevilla en homenaje a Luis de Góngora. Entre otros, Rafael Alberti, Federico García Lorca, Jorge Guillén, Dámaso Alonso y Gerardo Diego.

## 1 La generación del 27

La situación en España durante las primeras décadas del siglo XX se caracteriza por la **inestabilidad política y social**. Una grave crisis institucional desemboca en 1923 en el golpe de Estado del general Primo de Rivera que, con el apoyo del rey Alfonso XIII, impuso una dictadura hasta 1930. Un año más tarde, en 1931, se proclama la II República y el rey parte hacia el exilio. Pero los conflictos de carácter social y militar y la profunda crisis económica no cesan y en 1936 los generales Sanjurjo, Mola y Franco encabezan otro golpe de Estado, que marcará el inicio de la **Guerra Civil** (1936-1939).

En el ámbito literario, la experimentación artística y la búsqueda de un arte puro hacen que en la década de 1920 surja en España un grupo de poetas que admiran a Juan Ramón Jiménez y muestran intereses literarios y estéticos afines. Se trata de la **generación del 27**, llamada así por los actos en homenaje a Luis de Góngora en 1927, fecha del tercer centenario de su muerte.

La generación del 27 creó algunas de las obras más brillantes de la literatura española, especialmente en **poesía**, género que prefirieron la mayor parte de sus componentes. Pertenecen a esta generación, entre otros, **Pedro Salinas**, **Jorge Guillén**, **Luis Cernuda**, **Vicente Aleixandre**, **Gerardo Diego**, **Rafael Alberti**, **Federico García Lorca**, **Dámaso Alonso** y **Miguel Hernández**, además de un número considerable de mujeres, a las que hoy en día se conoce como «Las Sinsombrero». Sobresalen en poesía **Concha Méndez**, **Ernestina de Champourcín**, **Josefina de la Torre** y **Rosa Chacel**, que también fue novelista y ensayista; la escritora y dramaturga **María Teresa León**; la filósofa **María Zambrano** y la pintora **Maruja Mallo**.

Aunque siguieron trayectorias poéticas diferentes, todos compartieron la voluntad de integrar **vanguardia y tradición** y acogieron con entusiasmo las propuestas estéticas de las vanguardias europeas, como el **verso libre** y el gusto por la **metáfora**, pero a la vez mostraron su admiración por la tradición literaria y el **folclore**, recurriendo con frecuencia a romances y coplas.

La Guerra Civil supuso el exilio de muchos: Pedro Salinas, Jorge Guillén, Luis Cernuda, Rafael Alberti y María Teresa León, Concha Méndez, Ernestina de Champourcín, María Zambrano...; otros, como Gerardo Diego, Vicente Aleixandre, Dámaso Alonso o Josefina de la Torre, se quedaron en España; y Federico García Lorca y Miguel Hernández fueron víctimas de la guerra.

### SABER MÁS

**Las Sinsombrero**

La etiqueta de «Las Sinsombrero» que se aplica a las intelectuales y artistas pertenecientes a la generación del 27 procede del hecho de que algunas de ellas –junto a compañeros como Lorca o Dalí– se quitaban el sombrero cuando caminaban por la calle, para así liberar su pensamiento. Este gesto fue interpretado como una forma de rebeldía.

Además de las ya mencionadas, formaron parte del grupo Margarita Ferreras, Carmen Blanchard, Marga Gil Roësset y Ángeles Santos.

## 2 Pedro Salinas (1891-1951)

Salinas concebía la poesía como un medio para comprender la realidad, especialmente el **sentimiento amoroso**. Sus primeros libros están muy influidos por la poesía pura de Juan Ramón Jiménez y algunos movimientos de vanguardia como el futurismo, del que adopta su exaltación del progreso técnico.

Pero son sus libros sobre la pasión amorosa, ***La voz a ti debida***, ***Razón de amor*** y ***Largo lamento***, lo mejor de su obra. El poeta profundiza en el amor desde una perspectiva intelectual y diacrónica: el yo poético reflexiona sobre sus sentimientos para tratar de atrapar la esencia del amor en diferentes etapas de las relaciones: el descubrimiento, la plenitud y la ruptura.

La poesía de Salinas se basa estilísticamente en un verso corto y asonante, un léxico sencillo y cotidiano e imágenes de fácil interpretación.

## 3 Jorge Guillén (1893-1984)

Jorge Guillén consideró que toda su producción formaba una obra única a la que tituló ***Aire nuestro***. Esa obra está formada por tres ciclos poéticos que fueron completándose a lo largo de los años: *Cántico*, *Clamor* y *Homenaje*.

- ***Cántico*** es un himno a la vida, un canto a todo lo creado: el poeta se recrea en la contemplación del universo y afirma su júbilo por vivir.
- En ***Clamor*** se centra en los signos de la vida contemporánea que anuncian el caos, la destrucción, la muerte.
- ***Homenaje*** es el particular tributo que Guillén rinde a personalidades de todas las épocas que destacaron en el mundo de las artes y las letras.

La obra de Jorge Guillén se inspiró en la **poesía pura** de **Juan Ramón Jiménez**: una poesía desnuda, sin adornos, caracterizada por el verso corto, las numerosas elipsis y el dominio del sustantivo, que reducen la poesía a lo esencial.

Las revistas literarias tuvieron un papel fundamental en la difusión de la poesía de la generación del 27. En la imagen, la portada de *Litoral*, una de las revistas más destacadas.

## 4 Luis Cernuda (1902-1963)

La producción poética de Luis Cernuda se caracteriza por el enfrentamiento entre el **amor** eterno e ilimitado y la **realidad** limitada que lo anula. De este conflicto, surge el tono melancólico y la visión desencantada que caracterizó la poesía del autor y que se refleja en ***La realidad y el deseo***, volumen formado por once poemarios que reúne su obra.

La evolución poética de Cernuda se puede dividir en diferentes etapas:

- En sus **primeras obras** se observa la influencia del surrealismo. Destacan estos poemarios: *Un río, un amor* y *Los placeres prohibidos*.
- Su **segunda etapa** se caracteriza por la influencia de la poesía romántica inglesa, alemana y española, que se refleja en *Donde habite el olvido*.
- Sus **últimas obras** tratan sobre la fugacidad de la vida, el transcurrir del tiempo y la añoranza de la juventud, entre las que destacan *Como quien espera el alba*, *Con las horas contadas* y *Desolación de la quimera*.

### ACTIVIDADES

**1** Resume el concepto de deseo que expresa Pedro Salinas en estos versos pertenecientes al poemario *La voz a ti debida*.

¡Si me llamaras, sí,
si me llamaras!

Lo dejaría todo,
todo lo tiraría:
los precios, los catálogos,
el azul del océano en los mapas,
los días y sus noches,
los telegramas viejos
y un amor.
Tú, que no eres mi amor,
¡si me llamaras!

▶ Señala las palabras que denotan el empleo de un léxico sencillo y comenta su función en el texto.

**2** ¿Qué es la perfección para Jorge Guillén? Explica cómo se desarrolla esa idea en este poema suyo:

**Perfección**

Queda curvo el firmamento,
compacto azul, sobre el día.
Es el redondeamiento
del esplendor: mediodía.
Todo es cúpula. Reposa,
central sin querer, la rosa
a un sol en cenit sujeta.
Y tanto se da el presente
que el pie caminante siente
la integridad del planeta.

**3** USA LAS TIC. Busca el poema *Donde habite el olvido*, de Luis Cernuda, y explica cómo se expresa la relación entre el amor y las fronteras que lo limitan.

SABER MÁS

**La influencia del surrealismo en España**

El surrealismo fue un movimiento de vanguardia, creado en Francia por André Breton, que ejerció una gran influencia en el arte español.

En la generación del 27, el surrealismo influyó especialmente en la obra de Federico García Lorca y Vicente Aleixandre. Esta influencia se reflejó en el uso de la metáfora como herramienta de expresión poética y la presencia de imágenes sorprendentes, de carácter irracional.

Además, el surrealismo se extendió al cine (Luis Buñuel) y a la pintura (Salvador Dalí).

## 5 Vicente Aleixandre (1898-1984)

La obra de Vicente Aleixandre, Premio Nobel de Literatura en 1977, está dedicada a la **indagación del conocimiento y del sentido de la vida**. Esta búsqueda le lleva a recorrer un camino que evoluciona desde un enfoque especulativo y surrealista, que pretende dar con el sentido del cosmos, a una visión más humana de la naturaleza. Su obra se divide en tres etapas:

- La **primera etapa** se ve influida por Juan Ramón Jiménez y Jorge Guillén y se caracteriza por el hermetismo y por la depuración léxica y estilística. Su obra representativa es *Ámbito*.
- La **segunda etapa** se caracteriza por la influencia del surrealismo, que supone para el autor una mayor libertad expresiva. Pertenecen a esta etapa *Sombra del Paraíso*, *Espadas como labios* y *La destrucción o el amor*.
- En obras como *Historia del corazón*, *En un vasto dominio* y *Diálogos del conocimiento*, que configuran su **tercera etapa**, Aleixandre realiza una profunda reflexión sobre el ser humano y la naturaleza del conocimiento.

## 6 Gerardo Diego (1896-1987)

Gerardo Diego representó el ideal del 27 de alternar la poesía tradicional y la vanguardista, de la que se convirtió en uno de los máximos exponentes en la década de 1920. Su obra poética sigue estas dos vertientes:

- **Poemas de carácter tradicional y clasicista**, en los que el autor recurre con frecuencia al romance, a la décima y al soneto. Los temas son muy variados: el paisaje, la religión, la música, los toros, el amor... Pertenecen a este grupo los poemarios *Versos humanos* y *Alondra de verdad*.
- **Poemas de corte vanguardista**, en los que se refleja una gran influencia del ultraísmo y del creacionismo. Marcadamente creacionistas son *Imagen*, *Limbo*, *Manual de espumas* y *Fábula de Equis y Zeda*, obras caracterizadas por la falta de signos de puntuación, la disposición gráfica de los versos, los temas intrascendentes y las imágenes arriesgadas.

### ACTIVIDADES

**4** Lee estos versos del poema *Se querían*, de Vicente Aleixandre, y responde.

Día, noche, ponientes, madrugadas, espacios,
ondas nuevas, antiguas, fugitivas, perpetuas,
mar o tierra, navío, lecho, pluma, cristal,
metal, música, labio, silencio, vegetal,
mundo, quietud, su forma. Se querían, sabedlo.

- ¿Qué recurso estilístico emplea el autor?
- ¿Cómo son las imágenes que evocan los versos?
- ▶ Explica en qué etapa se puede encuadrar el poema.

**5** Explica los rasgos generales de la poesía de Vicente Aleixandre a partir de sus propias palabras:

«El protagonista de la poesía es siempre el mismo, porque la poesía [...] empieza en el hombre y concluye en el hombre, aunque entre polo y polo puede atravesar –algunas veces iluminar– el universo mundo».

**6** ¿A qué etapa de la producción poética de Gerardo Diego pertenece este poema? Justifica tu respuesta.

**Columpio**

A caballo en el quicio del mundo
un soñador jugaba al sí y al no

Las lluvias de colores
emigraban al país de los amores

Bandadas de flores
Flores de sí Flores de no

Cuchillos en el aire
que le rasgan las carnes
forman un puente
Sí No

Cabalgaba el soñador
Pájaros arlequines
cantan el sí cantan el no

## 7 Rafael Alberti (1902-1999)

Rafael Alberti cultivó tanto poesía como teatro. Su poesía se caracteriza por la variedad de temas, tonos y estilos, que derivan de la asimilación de fuentes como el folclore, el vanguardismo o incluso la pintura. Su producción poética se puede dividir de la siguiente manera:

- **Poesía de carácter popular**, a la que pertenece una de sus obras más conocidas: *Marinero en tierra*. Predomina en esta poesía el lenguaje sencillo, el verso breve y una acusada musicalidad.
- **Poesía de influencia surrealista**, en la que prevalecen la metáfora y un lenguaje más oscuro. Entre las obras de esta etapa destaca *Sobre los ángeles*, libro que expresa con técnica vanguardista la crisis espiritual que sufre el autor.
- **Poesía social**, que el autor cultiva como consecuencia de su compromiso político y que se refleja en libros como *El poeta en la calle*. Más adelante, ya en el exilio, Rafael Alberti combina su inquietud social con la evocación del pasado en obras como *Retornos de lo vivo lejano*.

En cuanto a su **producción dramática**, Alberti compuso obras de diversos tipos. Entre otras, se pueden citar las siguientes:

- *El hombre deshabitado*, un auto vanguardista sobre la creación, tentación y caída del hombre.
- *Fermín Galán*, ejemplo de teatro político que fue escrito en favor de la proclamación de una nueva república.
- *El trébol florido*, expresión del conflicto entre la tierra y el mar.

*Alegoría del mar*, dibujo de Rafael Alberti de 1925.

### ACTIVIDADES

**7** Lee el siguiente poema de Rafael Alberti y responde a las preguntas.

El mar. La mar.
El mar. ¡Solo la mar!

¿Por qué me trajiste, padre,
a la ciudad?

¿Por qué me desenterraste
del mar?

En sueños, la marejada
me tira del corazón.
Se lo quisiera llevar.

¿Padre, por qué me trajiste
acá?

RAFAEL ALBERTI, *Marinero en tierra*

- ¿Qué representa el mar para el poeta?
- ¿Qué relación tiene el contenido del poema con el título del libro al que pertenece?

**8** USA LAS TIC. La pintura fue una actividad que Rafael Alberti cultivó durante toda su trayectoria literaria. Busca el poema titulado *A la pintura* e identifica rasgos característicos de la poesía del autor.

**9** Lee estos versos de Rafael Alberti pertenecientes al poema *Los ángeles muertos* y di a qué etapa de la producción del poeta corresponden.

Buscad, buscadlos:
en el insomnio de las cañerías olvidadas,
en los cauces interrumpidos por el silencio
[de las basuras.
No lejos de los charcos incapaces de guardar
[una nube,
unos ojos perdidos,
una sortija rota
o una estrella pisoteada.

La Barraca fue la compañía teatral que fundó Federico García Lorca en 1931 con el objetivo de hacer llegar el teatro a todas las clases sociales.

## 8 Federico García Lorca (1898-1936)

Federico García Lorca es uno de nuestros autores más universales. Escribió **poesía** y **teatro** y en ambos géneros trató con frecuencia el enfrentamiento entre la libertad individual y la realidad que anula los deseos del individuo.

La obra de Federico García Lorca es un claro exponente del **sincretismo de la generación del 27**: en ella se conjugan lo culto y lo popular, la tradición clásica española y la vanguardia surrealista, el esteticismo de la poesía pura y la expresión más sincera y humana. Su estilo consigue evocar una atmósfera misteriosa y dramática mediante el empleo de imágenes, metáforas y símbolos.

En la **poesía** del autor se distinguen dos épocas separadas por su viaje a Nueva York:

- En su **primera etapa** destacan *Poema del cante jondo* y *Romancero gitano*. El poeta utiliza los recursos de la poesía popular para tratar con frecuencia temas como la pasión, el dolor, la venganza, la muerte o la frustración.
- En su **segunda etapa** es patente la influencia del surrealismo y la presencia del verso libre. A ella pertenece *Poeta en Nueva York*, libro en el que Lorca denuncia la opresión que ejerce sobre los seres humanos una civilización deshumanizada.

El **teatro** de Federico García Lorca culminó el proceso de renovación más destacado del género dramático español de principios del siglo XX. En su producción hay farsas y teatro de títeres (*La zapatera prodigiosa*, *El retablillo de don Cristóbal*…), un drama histórico en verso (*Mariana Pineda*), teatro surrealista y de crítica social… Pero sus obras más destacadas, en las que el autor alcanza su máxima intensidad dramática, son tres tragedias ambientadas en la Andalucía rural: *Bodas de sangre*, *Yerma* y *La casa de Bernarda Alba*.

- ***Bodas de sangre*** es una obra basada en un suceso real: el día de su boda, una mujer abandona a su novio y huye con su amante. El novio y el amante, pertenecientes a familias rivales, se enfrentan y ambos acaban muertos.
- ***Yerma*** desarrolla el drama de una mujer estéril que basa toda su existencia en el hecho de tener hijos.
- ***La casa de Bernarda Alba*** se centra en los esfuerzos que una madre autoritaria realiza para imponer a sus hijas ocho años de encierro, llevando hasta lo irracional las convenciones sociales sobre el luto.

En estas tres obras, Lorca expresa el **conflicto entre la libertad**, encarnada en los personajes, y el **principio de autoridad** que ejerce la sociedad. El choque entre ambas perspectivas deriva en tragedia: la sociedad destruye al individuo cuando no se somete a las expectativas del entorno.

### Claves para estudiar

Resuelve estas actividades:

- Señala las principales características de la generación del 27.
- Escribe, en forma de esquema, las principales características de la obra de estos autores: Pedro Salinas, Jorge Guillén, Vicente Aleixandre, Gerardo Diego, Luis Cernuda, Rafael Alberti y Federico García Lorca.

### ACTIVIDADES

**10** Lee este poema titulado *Sorpresa* y señala los rasgos característicos de la poesía del autor.

Muerto se quedó en la calle
con un puñal en el pecho.
No lo conocía nadie.
¡Cómo temblaba el farol!
Madre.
¡Cómo temblaba el farolito
de la calle!
Era madrugada. Nadie
pudo asomarse a sus ojos
abiertos al duro aire.
Que muerto se quedó en la calle
que con un puñal en el pecho
y que no lo conocía nadie.

FEDERICO GARCÍA LORCA, *Poema del cante jondo*

*Federico García Lorca*, de Gregorio Prieto.

## SABER HACER

# Elaborar imágenes literarias surrealistas

> **Un ejemplo de poesía surrealista**
>
> Federico García Lorca tuvo una etapa surrealista, a la que pertenece su obra *Poeta en Nueva York*. Aquí tienes algunos versos de uno de los poemas de esta etapa:
>
> La aurora
>
> *La aurora de Nueva York tiene*
> *cuatro columnas de cieno*
> *y un huracán de negras palomas*
> *que chapotean las aguas podridas.*
>
> *La aurora de Nueva York gime*
> *por las inmensas escaleras*
> *buscando entre las aristas*
> *nardos de angustia dibujada.*

El surrealismo se caracteriza por su interés hacia el mundo subconsciente y por defender un arte libre de toda lógica o pensamiento racional. Esto da lugar a que sean de gran importancia imágenes carentes de sentido pero de gran capacidad sugerente, que buscan el extrañamiento (o, incluso, el escándalo). Vamos a elaborar imágenes literarias surrealistas.

**1** USA LAS TIC. Escribe en un buscador de Internet «surrealismo y arte» y selecciona la opción de búsqueda de imágenes. Elige una imagen que consideres surrealista que capte tu atención.

Aquí tienes algunos ejemplos:

*El libertador*, de René Magritte.

*La persistencia de la memoria*, de Salvador Dalí.

**2** Describe de modo objetivo y preciso qué aparece en la imagen que has elegido, como en este ejemplo:

> *En* El libertador *hay una figura con forma humana sentada en una roca y apoyada en un bastón. En la parte correspondiente a la cabeza y el tronco no hay rasgos humanos, sino un lienzo blanco con cuatro ilustraciones: una llave, un pájaro, una copa y una pipa.*

**3** Déjate llevar por las sensaciones que transmite la imagen que has elegido y explica, mediante expresiones de corte surrealista, lo que ves. Incluye elementos como los siguientes:

- Asociaciones libres de palabras, que identifiquen conceptos no relacionados desde un punto de vista lógico.
- Metáforas insólitas, cuyos referentes no tengan relación con el mundo real.
- Uniones de conceptos que generen desconcierto o estupor.
- Expresiones que apelen al sentimiento o a la percepción subconsciente, y no a la razón.

▸ Con las expresiones que escribas, puedes crear un texto en prosa o en verso libre:

> *El viejo sentado tiene la llave que abre los arcos del cielo; libera al pájaro mientras sostiene el secreto de la seductora lámpara de perlas de plata, que sonríe enigmática…*

# Adela se enfrenta a su madre

*En la casa de Bernarda Alba, donde todo es sumisión, Adela, la hija pequeña de Bernarda, se atreve a citarse con un hombre. Una noche, cuando Adela va a acudir a una de sus citas, su hermana Martirio intenta impedírselo.*

*(Se oye un silbido y* ADELA *corre a la puerta, pero* MARTIRIO *se le pone delante).*

MARTIRIO. ¿Dónde vas?

ADELA. ¡Quítate de la puerta!

MARTIRIO. ¡Pasa si puedes!

ADELA. ¡Aparta! (*Lucha*).

MARTIRIO. *(A voces)*. ¡Madre, madre!

*(Aparece* BERNARDA. *Sale en enaguas, con un mantón negro).*

BERNARDA. Quietas, quietas. ¡Qué pobreza la mía, no poder tener un rayo entre los dedos!

MARTIRIO. *(Señalando a* ADELA*)*. ¡Estaba con él! ¡Mira esas enaguas llenas de paja de trigo!

BERNARDA. ¡Esa es la cama de las mal nacidas! *(Se dirige furiosa hacia* ADELA*).*

ADELA. *(Haciéndole frente)*. ¡Aquí se acabaron las voces de presidio! *(*ADELA *arrebata un bastón a su madre y lo parte en dos)*. Esto hago yo con la vara de la dominadora. No dé usted un paso más. En mí no manda nadie más que Pepe.

MAGDALENA. *(Saliendo)*. ¡Adela!

*(Salen* LA PONCIA *y* ANGUSTIAS*).*

ADELA. Yo soy su mujer. *(A* ANGUSTIAS*)*. Entérate tú y ve al corral a decírselo. Él dominará toda esta casa. Ahí fuera está, respirando como si fuera un león.

ANGUSTIAS. ¡Dios mío!

BERNARDA. ¡La escopeta! ¿Dónde está la escopeta? *(Sale corriendo).*

*(Sale detrás* MARTIRIO. *Aparece* AMELIA *por el fondo, que mira aterrada con la cabeza sobre la pared).*

ADELA. ¡Nadie podrá conmigo! *(Va a salir)*.

ANGUSTIAS. *(Sujetándola)*. De aquí no sales tú con tu cuerpo en triunfo. ¡Ladrona! ¡Deshonra de nuestra casa!

MAGDALENA. ¡Déjala que se vaya donde no la veamos nunca más!

*(Suena un disparo).*

BERNARDA. *(Entrando)*. Atrévete a buscarlo ahora.

MARTIRIO. *(Entrando)*. Se acabó Pepe el Romano.

ADELA. ¡Pepe! ¡Dios mío! ¡Pepe! *(Sale corriendo)*.

LA PONCIA. ¿Pero lo habéis matado?

MARTIRIO. No. Salió corriendo en su jaca.

BERNARDA. No fue culpa mía. Una mujer no sabe apuntar.

MAGDALENA. ¿Por qué lo has dicho entonces?

MARTIRIO. ¡Por ella! Hubiera volcado un río de sangre sobre su cabeza.

LA PONCIA. Maldita.

MAGDALENA. ¡Endemoniada!

BERNARDA. Aunque es mejor así. *(Suena un golpe)*. ¡Adela, Adela!

LA PONCIA. *(En la puerta)*. ¡Abre!

BERNARDA. Abre. No creas que los muros defienden de la vergüenza.

CRIADA. *(Entrando)*. ¡Se han levantado los vecinos!

BERNARDA. *(En voz baja como un rugido)*. ¡Abre, porque echaré abajo la puerta! *(Pausa. Todo queda en silencio)*. ¡Adela! *(Se retira de la puerta)*. ¡Trae un martillo! *(LA PONCIA da un empujón y entra. Al entrar da un grito y sale)*. ¿Qué?

LA PONCIA. *(Se lleva las manos al cuello)*. ¡Nunca tengamos ese fin!

*(Las hermanas se echan hacia atrás. La criada se santigua. BERNARDA da un grito y avanza)*.

LA PONCIA. ¡No entres!

BERNARDA. No. ¡Yo no! Pepe, tú irás corriendo vivo por lo oscuro de las alamedas, pero otro día caerás. ¡Descolgadla! ¡Mi hija ha muerto virgen! Llevadla a su cuarto y vestidla como una doncella. ¡Nadie diga nada! Ella ha muerto virgen. Avisad que al amanecer den dos clamores las campanas.

MARTIRIO. Dichosa ella mil veces que lo pudo tener.

BERNARDA. Y no quiero llantos. La muerte hay que mirarla cara a cara. ¡Silencio! *(A otra hija)*. ¡A callar he dicho! *(A otra hija)*. ¡Las lágrimas cuando estés sola! Nos hundiremos todas en un mar de luto. Ella, la hija menor de Bernarda Alba, ha muerto virgen. ¿Me habéis oído? ¡Silencio, silencio he dicho! ¡Silencio!

FEDERICO GARCÍA LORCA, *La casa de Bernarda Alba*

## Comentario de texto

### Comprensión

**1** Resume brevemente el contenido de esta escena.

**2** En las obras de Lorca suele presentarse un enfrentamiento entre un principio de autoridad y otro de libertad.

Responde.

- ¿Qué personaje simboliza en el texto el principio de autoridad? Selecciona algunos pasajes en que este hecho se ponga de manifiesto.
- ¿Qué personaje simboliza el principio de libertad? ¿En qué intervención se observa claramente su actitud?
- ¿Cómo muere Adela? ¿Por qué lo hace?

**3** USA LAS TIC. Investiga en Internet y averigua en qué se parece el final de Adela al de Romeo en la obra *Romeo y Julieta*, de William Shakespeare. ¿Qué trágica confusión se da en ambas obras?

**4** PARA PENSAR. En la acción que se desarrolla en el texto tienen gran importancia las puertas, que los personajes intentan traspasar o evitar que otros traspasen.

¿Crees que este elemento y las acciones que a él se asocian tienen algún valor simbólico? ¿Cuál sería?

### Estructura

**5** En la escena se pueden distinguir cuatro momentos:

- El enfrentamiento de Adela con sus hermanas y su madre.
- La falsa muerte de Pepe el Romano.
- La muerte de Adela.
- Las reacciones ante la muerte de Adela.

Señala qué parte del texto corresponde a cada momento.

**6** Clasifica las acotaciones del texto en dos grupos, según se refieran a los movimientos, gestos y actitudes de los personajes o al destinatario de sus palabras.

### Estilo

**7** Las hijas de Bernarda Alba no se llevan bien entre sí. Busca ejemplos en el texto sobre cómo se relacionan.

**8** PARA PENSAR. Los nombres de algunos personajes son simbólicos. Vincula la actitud de Angustias y Martirio con sus nombres.

### Valoración

**9** Observa cuál es la reacción de Bernarda al descubrir la muerte de su hija pequeña:

- ¿Qué crees que preocupa en realidad a Bernarda?
- ¿Opinas que *La casa de Bernarda Alba* tiene alguna intención de crítica social?
- ¿Qué personas o actitudes se critican en la obra?

**10** Imagina que realizas un montaje de esta escena. Elige, entre las actrices actuales que conoces, las que representarían cada papel. Justifica tu decisión.

**TALLER DE CREACIÓN**

Escribe una escena teatral en la que imites el estilo de *La casa de Bernarda Alba*.

Procura inventar un conflicto que implique una pugna entre los principios de autoridad y libertad.

## Para vivir no quiero

Para vivir no quiero
islas, palacios, torres.
¡Qué alegría más alta:
vivir en los pronombres!

Quítate ya los trajes,
las señas, los retratos;
yo no te quiero así,
disfrazada de otra,
hija siempre de algo.
Te quiero pura, libre,
irreductible: tú.
Sé que cuando te llame
entre todas las gentes
del mundo,
solo tú serás tú.

Y cuando me preguntes
quién es el que te llama,
el que te quiere suya,
enterraré los nombres,
los rótulos, la historia.
Iré rompiendo todo
lo que encima me echaron
desde antes de nacer.
Y vuelto ya al anónimo
eterno del desnudo,
de la piedra, del mundo,
te diré:
«Yo te quiero, soy yo».

PEDRO SALINAS
*La voz a ti debida*

### ACTIVIDADES

**1** La temática de la obra poética de Salinas gira en torno al sentimiento amoroso.

**Explica con ejemplos cómo aparece ese tema en el poema.**

**2** **Desde el punto de vista métrico, ¿qué características de la generación del 27 aprecias en este poema?**

**3** **Enumera las características propias del estilo de Salinas presentes en el poema.**

## La pareja

Oh, sí, mirad a la pareja inmóvil,
ahí en esa ventana de la ciudad pequeña.
Árboles, coches, ruedas, por esa plaza chiquita
giran tranquilamente cual noria confiada,
bendita noria pura que extrae un agua limpia
para todos los labios de esos niños que juegan
en la ciudad de niños, y siempre siguen jugando.

Amor en la ventana de la pareja joven.
Abajo juegan niños, juegan viejos, mujeres.
Juega el caballo lento de ese coche tranquilo.
Y juega el agua limpia que rueda hacia unos labios.

Unos hombres, apenas, se recortan, deshacen.
La pareja está amándose sobre el alféizar, ríe.
Nada se oye. Mudo su reír se dibuja
sobre un fondo purísimo de silencio absoluto.

VICENTE ALEIXANDRE, *En un vasto dominio*

### ACTIVIDADES

**1** Para Aleixandre, la poesía, además de belleza, debía ser «comunicación profunda», «comunión humana».

**Explica con tus palabras cómo se refleja esa concepción de la poesía en este fragmento del poema *La pareja*.**

## Quisiera tener muy alto...

Quisiera tener muy alto
una ventana pequeña.
Mar y cielo todo el día
que se me entraran por ella.
Prendida como un lucero
mi ventanita despierta.
De la mañana a la noche
cantando mi voz alerta.
Todo el sol y todo el aire
para adornarme la espera.
¡Ay, quien tuviera muy alto
ventana chica y abierta!

JOSEFINA DE LA TORRE, *Poemas de la isla*

### ACTIVIDADES

**1** En *Poemas de la isla*, el paisaje canario y la presencia del mar y la arena adquieren gran relevancia.

**Relaciona el contenido del poema con esa presencia del paisaje en el libro.**

**2** **Explica cómo se refleja en el poema el interés de la generación del 27 por la tradición y el folclore.**

## ¡Las doce en el reloj!

Dije: ¡Todo ya pleno!
Un álamo vibró.
Las hijas plateadas
sonaron con amor.
Los verdes eran grises,
el amor era sol.
Entonces, mediodía,
un pájaro sumió
su cantar en el viento
con tal adoración
que se sintió cantada
bajo el viento la flor
crecida entre las mieses,
más altas. Era yo,
centro en aquel instante
de tanto alrededor,
quien lo veía todo
completo para un dios.
Dije: Todo, completo.
¡Las doce en el reloj!

JORGE GUILLÉN, *Cántico*

### ACTIVIDADES

1. **Describe los tres ciclos que integran la obra poética de Guillén.**
   - Explica a qué ciclo pertenece este poema y justifícalo acudiendo al texto.
2. **Explica el significado del título y del último verso de este poema en relación con la etapa a la que pertenece.**
3. **¿Qué impresión estética produce el poema?**
   - Explica a partir del poema las características estéticas de la poesía de Guillén.

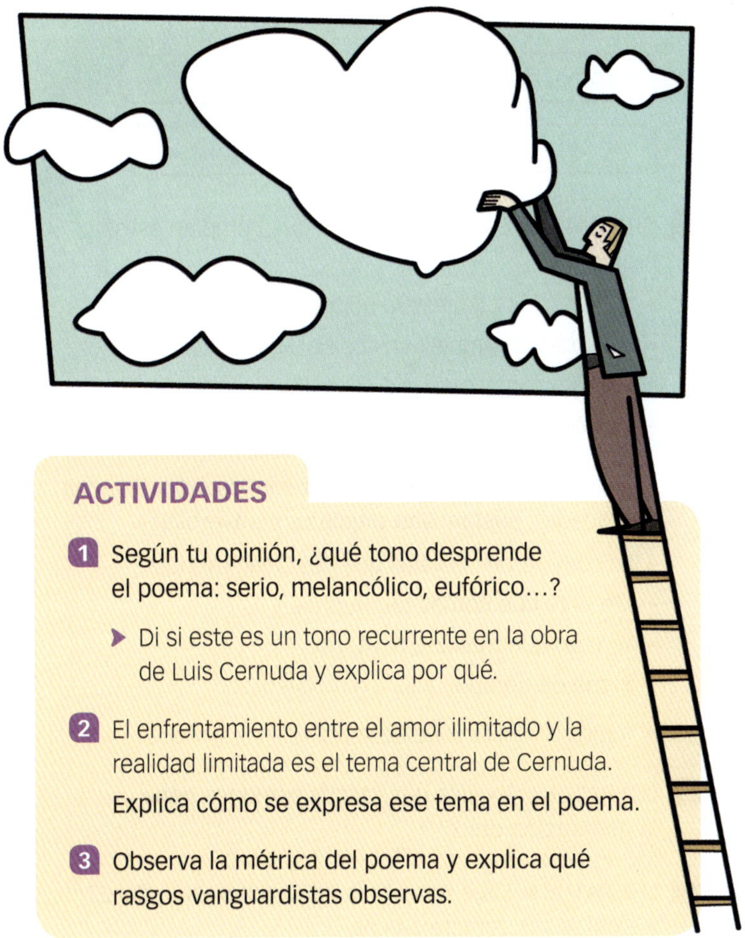

## Si el hombre pudiera decir...

Si el hombre pudiera decir lo que ama,
si el hombre pudiera levantar su amor por el cielo
como una nube en la luz;
si como los muros que se derrumban,
para saludar la verdad erguida en medio,
pudiera derrumbar su cuerpo, dejando solo la verdad
[de su amor,
la verdad de sí mismo,
que no se llama gloria, fortuna o ambición,
sino amor o deseo,
yo sería aquel que imaginaba;
aquel que con su lengua, sus ojos y sus manos
proclama ante los hombres la verdad ignorada,
la verdad de su amor verdadero.

Libertad no conozco sino la libertad de estar preso
[en alguien
cuyo nombre no puedo oír sin escalofrío;
alguien por quien me olvido de esta existencia
[mezquina,
por quien el día y la noche son para mí lo que quiera,
y mi cuerpo y espíritu flotan en su cuerpo y espíritu
como leños perdidos que el mar anega o levanta
libremente, con la libertad del amor,
la única libertad que me exalta,
la única libertad por que muero.

Tú justificas mi existencia:
si no te conozco, no he vivido;
si muero sin conocerte, no muero, porque no he
[vivido.

LUIS CERNUDA
*Los placeres prohibidos*

### ACTIVIDADES

1. **Según tu opinión, ¿qué tono desprende el poema: serio, melancólico, eufórico...?**
   - Di si este es un tono recurrente en la obra de Luis Cernuda y explica por qué.
2. El enfrentamiento entre el amor ilimitado y la realidad limitada es el tema central de Cernuda. **Explica cómo se expresa ese tema en el poema.**
3. **Observa la métrica del poema y explica qué rasgos vanguardistas observas.**

# BANCO DE ACTIVIDADES

## NIVEL I

**1** COMUNICACIÓN. Explica cuáles son las características esenciales de los textos expositivos y qué formas de organización del contenido pueden seguir.

**2** COMUNICACIÓN. Lee estos ejemplos y di qué tipo de recurso expositivo se usa en cada uno:

- La hortensia es una planta ornamental con flores agrupadas en ramos.
- Una clase de deporte extremo es el *surf*.
- ¿Puede el *Big Bang* explicar el origen del universo? Esa es la teoría más extendida.
- En conclusión, la emisión de gases a la atmósfera debe regularse.

**3** LÉXICO. Identifica las locuciones y las frases hechas.

- Es necesario leer entre líneas esta noticia.
- De pronto me dijo que estaba muy cansado.
- Finalmente, la profesora tomó cartas en el asunto.
- Su intervención me pareció de chiste.

➤ Explica el significado de cada una de ellas.

**4** ORTOGRAFÍA. Copia y completa las oraciones con los monosílabos adecuados.

- A ____ me gusta ir a ____ pueblo.
- ____ chico misterioso es ____.
- ____ te preguntan di que ____.
- Lara, ¿____ tengo ____ poner aquí?

si / sí
el / él
mi / mí
que / qué

**5** GRAMÁTICA. Identifica en las siguientes oraciones los casos en que hay coordinación o yuxtaposición y di entre qué unidades sintácticas se produce.

- No iremos a mi casa ni a la tuya.
- Junio fue muy caluroso: llegamos a los 41 °C.
- Mañana visitaremos a mi tía y conoceré a su prima.
- Ese espectáculo es bueno, prácticamente insuperable.

➤ Escribe una oración que tenga un sintagma subordinado y una oración compuesta por subordinación.

**6** LITERATURA. Relaciona cada obra con una característica.

- *Cántico*
- *La voz a ti debida*
- *La realidad y el deseo*
- *Marinero en tierra*

- Pasión amorosa.
- Himno a la vida.
- Folclore y musicalidad.
- Desencanto y melancolía.

➤ Cita los rasgos propios de esas obras. Después, haz lo mismo con otras obras de la generación del 27.

## NIVEL II

**1** COMUNICACIÓN. Lee este texto expositivo e identifica el tema, la forma de organización, los recursos empleados y las características lingüísticas.

*La biodiversidad (la vida en toda su variedad y sus formas de organización, lo que incluye especies, poblaciones y ecosistemas) es fundamental para mantener a los siete mil millones de personas del planeta. Se estima que cada día desaparece un centenar de especies, ¿por qué? Una de las causas es la polución. La pérdida de biodiversidad supone una amenaza para el abastecimiento de comida, energía y medicinas. Por ejemplo, hasta el 80 % de la población depende hoy en día de medicinas derivadas de plantas o animales para cubrir necesidades sanitarias básicas.*

*El uso sostenible de la biodiversidad no solo permitirá salvar especies y ecosistemas, sino también los alimentos y fármacos del mañana.*

*desarrollointeligente.org* (Adaptación)

**2** LÉXICO. Explica qué tienen en común y en qué se diferencian las locuciones y las frases hechas. Pon ejemplos.

**3** ORTOGRAFÍA. Escribe una oración con cada palabra:

como / cómo — tu / tú — se / sé — mas / más

**4** GRAMÁTICA. Escribe oraciones que cumplan estos requisitos:

- Una oración compuesta por coordinación.
- Una oración simple con dos sintagmas yuxtapuestos.
- Una oración compuesta por subordinación.
- Una oración simple con un sintagma subordinado.

**5** GRAMÁTICA. Di la clase de las oraciones subordinadas destacadas: sustantivas, adjetivas o adverbiales.

- Le compraron las gafas **que costaban menos**.
- Me irrita **que comas tan deprisa**.
- Yo creo **que mañana hará frío**.
- **Si me da tiempo**, pasaré a recogerte.

➤ Indica la función que desempeñan en la oración.

**6** LITERATURA. Explica qué rasgos comunes tiene la generación del 27.

**7** LITERATURA. Elige tres obras de la generación del 27 y explica sus características.

## Los «lagartos terribles»

La palabra *dinosaurio*, que significa 'lagarto terrible', fue acuñada en 1842 por Richard Owen, uno de los primeros buscadores de dinosaurios.

Con el término *dinosaurio* se denominan en la actualidad todos aquellos reptiles que vivieron en el Mesozoico, eran terrestres y tenían las extremidades rectas, y no arqueadas hacia afuera como los cocodrilos y los lagartos. Según esta definición, quedan excluidos los pterosaurios, reptiles voladores contemporáneos de los dinosaurios, y los plesiosaurios, los reptiles acuáticos que dominaron los mares de la época.

Se consideran dinosaurios no solo los reptiles terrestres gigantes, sino también otros de tamaño medio o de tamaño similar al de una gallina. Se cree que, a diferencia del resto de los reptiles, los dinosaurios eran de sangre caliente, como las aves y los mamíferos. También se considera que algunos podrían tener plumas, aunque no se sabe si recubrían todo su cuerpo o aparecían solo en algunas partes.

Descubrir fósiles de dinosaurios no es sencillo, son realmente escasos. Con frecuencia, además, se encuentran esqueletos muy fragmentados, que requieren una gran labor de reconstrucción. Solo de forma excepcional se han hallado esqueletos completos.

La información que proporcionan los fósiles de esqueletos se complementa con la de otros fósiles, como excrementos fosilizados, huevos y nidos completos, y huellas de pisadas.

Las técnicas actuales permiten reconstruir con precisión cómo serían los dinosaurios. No obstante, hay aspectos como los colores y las texturas de la piel que continúan siendo hipotéticos.

*La enciclopedia del estudiante,* Editorial Santillana

### ACTIVIDADES

**1** **Explica de forma razonada por qué este texto es expositivo y de qué clase es.**

**2** **Identifica en el texto los recursos expositivos que haya.**

**3** **Localiza las locuciones que aparecen en estas oraciones y explica la diferencia entre una locución y una frase hecha:**

- El texto reproduce al pie de la letra el significado de la palabra *dinosaurio*.
- No se sabe a ciencia cierta si los dinosaurios estaban cubiertos enteramente por plumas.

**4** **Indica la clase gramatical de las palabras destacadas.**

- Similar al **de** una gallina...
- **Se** consideran dinosaurios...
- Con **el** término dinosaurio...
- Reptiles **que** vivieron...

➤ Escribe oraciones con esos mismos monosílabos cuando se escriben con tilde diacrítica.

**5** **Indica qué tipo de relación se establece en estas oraciones compuestas: de coordinación, de yuxtaposición o de subordinación.**

- La localización de fósiles es difícil, son muy escasos.
- Eran terrestres y tenían las extremidades rectas.
- Se cree que los dinosaurios eran de sangre caliente.
- La palabra *dinosaurio*, que significa 'lagarto terrible', fue acuñada en 1842.
- No solo los reptiles terrestres gigantes son dinosaurios, sino también otros de tamaño medio.

➤ Especifica de qué tipo son las oraciones subordinadas.

**6** **Relaciona esta característica de la generación del 27 con la obra literaria de Federico García Lorca y pon ejemplos.**

Voluntad de integrar vanguardia y tradición.

## MI PROGRESO

Resuelve este test para comprobar si has asimilado correctamente los principales contenidos de la unidad.

**1** ¿Qué característica no es propia de un texto expositivo?

- **a.** Precisión en el uso del lenguaje.
- **b.** Organización coherente del contenido.
- **c.** Subjetividad de los datos.
- **d.** Ninguna de las tres opciones anteriores.

**2** Un texto expositivo es divulgativo cuando…

- **a.** los lectores no requieren conocimientos previos.
- **b.** ofrece información sobre temas abstractos.
- **c.** está destinado a un público especializado.
- **d.** se publica en una revista científica especializada.

**3** El contenido de un texto expositivo no se organiza…

- **a.** secuenciando los hechos de forma cronológica.
- **b.** en forma de enumeraciones.
- **c.** exponiendo un problema y sus posibles soluciones.
- **d.** alternando las intervenciones de dos interlocutores.

**4** ¿En qué oración hay una locución?

- **a.** No me gustó el final de la película.
- **b.** Está agradecida por tu titánico esfuerzo.
- **c.** Lleva las cuentas de su negocio al corriente.
- **d.** Haz un pantallazo de la página y pásamelo.

**5** Identifica la oración en la que hay una palabra mal acentuada.

- **a.** Iré dónde me indique la brújula.
- **b.** ¡Qué sorpresa verte aquí hoy!
- **c.** No sé a quién espera en la puerta.
- **d.** Iremos cuando tú nos digas.

**6** La coordinación se da cuando…

- **a.** *y*, *ni*, *o*, *pero*, *mas*, *sino* y *sino que* aparecen en la oración.
- **b.** dos elementos lingüísticos aparecen unidos sin enlace.
- **c.** hay dos elementos lingüísticos independientes unidos por una conjunción.
- **d.** un sintagma depende de otro.

**7** Identifica la oración compuesta por yuxtaposición.

- **a.** Tenía sueño, hambre, cansancio…: una mezcla de todo.
- **b.** Recoged vuestras cosas; se ha acabado la clase.
- **c.** Por favor, ¿hay algún paquete a mi nombre?
- **d.** No te asustes, pero… no hay nadie en el edificio.

**8** ¿Cuál es una oración compuesta por subordinación?

- **a.** Recoge la comida de los platos.
- **b.** Prepara la mesa, vamos a comer.
- **c.** Pon los platos en la mesa si quieres comer.
- **d.** Recoge la mesa y comeremos enseguida.

**9** ¿Qué rasgo no compartió la generación del 27?

- **a.** La influencia de la tradición y de las vanguardias.
- **b.** La labor de dramaturgos renovadores y poetas.
- **c.** El uso de la metáfora y el verso libre.
- **d.** El interés por Luis de Góngora y Juan Ramón Jiménez.

**10** ¿Cuál de estos autores no tuvo una etapa surrealista?

- **a.** Jorge Guillén.
- **b.** Vicente Aleixandre.
- **c.** Federico García Lorca.
- **d.** Luis Cernuda.

### AUTOEVALUACIÓN Piensa y comprueba:

**Lo que sabes:**

- ✓ Cuáles son las características de los textos expositivos.
- ✓ Qué es una locución y una frase hecha.
- ✓ Cuáles son las palabras monosílabas con tilde diacrítica.
- ✓ Qué son las oraciones compuestas y de qué tipos pueden ser.
- ✓ Cuáles son las características y obras de la generación del 27.

**Lo que sabes hacer:**

- ✓ Identificar, clasificar y escribir textos expositivos.
- ✓ Reconocer locuciones y frases hechas.
- ✓ Acentuar correctamente palabras monosílabas con tilde diacrítica.
- ✓ Diferenciar oraciones coordinadas, yuxtapuestas y subordinadas.
- ✓ Conocer y analizar obras de la generación del 27.

# UNIDAD 7

**Escucha y resuelve.**

- Explica qué imágenes se ven en el vídeo del que se habla en la grabación a partir de las palabras de la locutora.
- ¿Qué pretende la productora del vídeo?
- ¿Qué opinión o tesis defiende la productora según la grabación? ¿Cómo apoya esa tesis?
- Escribe un texto en el que defiendas o rechaces esa tesis.

**Existen muchas formas de discriminación en la sociedad actual. Trabajad por parejas:**

- Decidid cuál creéis que es la forma más frecuente o grave de discriminación. ¿Cómo reacciona la sociedad ante ese problema?
- Buscad en Internet campañas que conciencien o luchen contra esa discriminación.
- Compartid vuestra opinión sobre el tema con el resto de la clase.

# Vida real

No sé.

Es curiosa la dificultad que tenemos los seres humanos para decir «no sé, no entiendo».

Y es curioso también cómo se va modificando con los años, porque en la escuela no tenemos dificultades en preguntar ni conflictos para cuestionar todo. Pero a medida que el tiempo pasa empiezan los temores y uno ya no se siente tan cómodo cuando se exhibe falible o ignorante. La cultura se va filtrando por todas partes y las reglas empiezan a encorsetar. Uno se empieza a sentir incómodo si no entiende algo. Y la sociedad se ocupa de remarcarlo continuamente: «¿Cómo?, ¿no entiendes?». «¿No sabías que era así?». «¿Dónde estabas metido, en una burbuja?».

Todavía la sociedad condena decir «no sé». Siempre he sostenido que las matemáticas que se enseñan infunden miedo entre los jóvenes, especialmente en los colegios. El otro día, en una entrevista, me propusieron que pensara si no pasa lo mismo con la lengua o la historia. Y creo que no. Me explico: nadie siente que es inferior si no entiende algo de historia o de lengua. Pero sí lo siente cuando se trata de matemáticas. En esta rama no hay alternativa. Si uno entiende, es un lince y tiene patente de inteligente. Incluso le están permitidas ciertas licencias que los demás no tienen. Y eso porque le va bien en matemáticas.

«Le va bien». Suena raro, ¿no? ¿Qué querrá decir que «le va bien»? Quizá, que puede preguntar. Nadie lo va a considerar mal si cuestiona lo que pasa a su alrededor «porque le va bien en matemáticas». No es lo mismo que le vaya bien en lengua o en historia o en geografía. Eso no, porque eso se aprende, se estudia, es cuestión de dedicarle tiempo. Con las matemáticas parece que no es así. La percepción generalizada que la sociedad tiene (al menos de acuerdo con mi experiencia) es que hay gente dotada y otra que no. Las personas dotadas no necesitan mucho esfuerzo, entienden y punto. Y las otras, la gran mayoría, no importa cuánto tiempo le dediquen, o cuánto esfuerzo estén dispuestas a realizar, no hay nada que hacer.

¿Por qué? ¿Por qué se supone que uno no puede preguntar? ¿Por qué se supone que tiene que entender aunque no entienda? ¿Por qué está mal volver a preguntar algo que se supone que sabía pero que ha olvidado? ¿Por qué no aceptar que vivimos constantemente sumergidos en la duda? ¿Por qué no valorar la duda como motor del aprendizaje, de conocimiento?

Da la impresión de que solo aquellos que tienen la seguridad de que nada les va a pasar pueden preguntar sin sentirse minimizados a ojos de su interlocutor.

Personalmente, creo que se debería tratar de estimular la prueba y el error. O, mejor dicho, de estimular que el joven pruebe y pruebe, que pregunte y pregunte, y que busque soluciones para ver si le sale o si entiende lo que en apariencia le resulta inaccesible. Sobre todo, invito a los mayores a mostrarnos igual de falibles que los jóvenes, porque SOMOS igual de falibles, y no estaría mal mostrarnos igual de apasionados por entender, igual de curiosos.

En definitiva, el saber es algo inasible, difícil de definir. Y perecedero, salvo que uno lo cultive todos los días. Por eso, el único camino es la pregunta, la duda y el reconocimiento constante del «no sé, no sé cómo se hace; no entiendo; explícamelo de nuevo». Y eso es lo que creo que nos falta como sociedad: seguir como cuando íbamos al colegio, sin pruritos ni pudores. Cuando no saber era visto como una virtud, aceptada por la ingenuidad que contenía y porque estaba todo por entender. Quizá uno llegue a la conclusión de que en esencia conoce poco y de muy poquitas cosas, pero la maravilla de la vida pasa por el desafío de descubrir. Y de poder decir «no sé, no entiendo».

ADRIÁN PAENZA
*¿Pero esto también es matemática?* (Adaptación)

# Comentario de texto

## Comprensión

**1** Contesta.

- ¿Qué le resulta curioso al autor?
- ¿Cómo van cambiando las dificultades para hacer preguntas con el paso de la infancia a la edad adulta?
- ¿Qué sucede, según la sociedad, con los que no están dotados para las matemáticas?
- ¿Qué cree el autor que debería hacerse en lugar de impedir a las personas que manifiesten sus dudas y hagan preguntas?
- ¿Cómo es el saber para este autor?

**2** Señala las materias que se mencionan en el texto y explica cuál es el objeto de estudio de cada una.

**3** Indica cuáles de estas ideas son transmitidas por la sociedad y cuáles defiende el autor.

- Habría que estimular a los jóvenes a que prueben, pregunten y busquen soluciones.
- Las dudas y las preguntas no están bien vistas, e incluso se condenan.
- La lengua, la historia o la geografía se pueden aprender, mientras que para las matemáticas hay que estar dotado.
- Los adultos deberían seguir comportándose como en la escuela, sin pruritos ni pudores.

**4** ¿Por qué el autor sostiene que «las matemáticas que se enseñan infunden miedo entre los jóvenes, especialmente en los colegios»?

➤ ¿Qué opinas de esta afirmación? ¿Cómo afrontas tú el estudio de las matemáticas?

**5** ¿Cómo resumirías el texto en una sola frase? Escríbela en tu cuaderno.

**6** Explica el significado de las siguientes palabras que se usan en el texto:

- infalible
- patente
- inasible
- prurito

➤ Escribe una oración con cada una de ellas.

**7** El texto alude al método de investigación conocido como «ensayo y error».

- ¿Qué palabras utiliza el autor para referirse a ese método?
- ¿En qué crees que consiste?
- ¿Has utilizado alguna vez ese método? Explica para qué lo usaste y qué hiciste.

**8** Analiza la expresión *le va bien* y responde.

- ¿Es más propia de la lengua oral o de la lengua escrita?
- ¿Es coloquial o culta?
- ¿Por qué se para el autor a reflexionar sobre ella y dice que «suena raro»?

## Estructura

**9** Numera los párrafos a continuación del «No sé» inicial y di de qué trata cada uno de ellos.

**10** ¿Qué párrafo está compuesto solo por preguntas? ¿Quién las hace y a quién se las formula?

➤ Explica cuál crees que ha sido la intención del autor al componer un párrafo completamente interrogativo.

## Estilo

**11** ¿Por qué crees que aparece, casi al final del texto, la palabra *somos* en letras mayúsculas?

**12** ¿Qué pretende el autor al dejar aislada con un punto y aparte en el comienzo del texto la expresión «no sé»?

**13** ¿Qué figura emplea el autor cuando dice: «Si uno entiende, es un *lince*»? Justifica tu elección.

metáfora | metonimia | símil

**14** Explica por qué *Vida real* es un texto de carácter argumentativo y no expositivo.

Recuerda que una de las características esenciales de los textos expositivos es la objetividad.

➤ ¿Te parece que el lenguaje de este texto y la manera de organizar su contenido difieren mucho de los que tendría un texto expositivo? Explica por qué.

**15** ¿Con qué finalidad expresiva se repiten en el penúltimo párrafo las palabras *pruebe* y *pregunte*?

## Valoración

**16** Expresa tu opinión sobre la tesis que formula el autor en este texto: hay que tener libertad para decir «no sé, no entiendo» si se quiere seguir aprendiendo.

**17** Reflexiona sobre los motivos por los que la sociedad coloca a un lado áreas de conocimiento como la lengua, la geografía y la historia y a otro las matemáticas.

# Los textos argumentativos

## 1 Los textos argumentativos. Características

Son **textos argumentativos** aquellos en los que se defiende una idea aportando razones que la justifiquen.

Teniendo en cuenta su intención comunicativa, se pueden destacar tres características de los textos argumentativos:

- **Transmiten una información** sobre un tema.
- **Pretenden convencer al destinatario** para que adopte un determinado punto de vista.
- Frecuentemente, **expresan la opinión del emisor**.

Son textos argumentativos, por ejemplo, los editoriales y los artículos de opinión de los periódicos, los mítines políticos, los anuncios publicitarios... También se utilizan textos argumentativos en muchas conversaciones de la vida cotidiana.

SABER MÁS

**Los silogismos**

El razonamiento lógico es el procedimiento que se usa con más frecuencia en las argumentaciones racionales. El argumento lógico por excelencia es el **silogismo**, que se basa en la relación de causa-efecto entre unas premisas y su conclusión. Por ejemplo:

- Premisa: *Para acceder a unos estudios hace falta una nota.*
- Premisa: *Pedro ha obtenido esa nota.*
- Conclusión: *Pedro puede acceder a esos estudios.*

El silogismo, formulado por primera vez por Aristóteles, fue una forma de razonamiento muy usada en la filosofía clásica.

## 2 Contenido de los textos argumentativos

En el contenido de los textos argumentativos se diferencian fundamentalmente tres elementos:

- El **tema** u objeto sobre el que se argumenta; por ejemplo, «el fenómeno de la contaminación».
- La **tesis** u **opinión** que se defiende respecto al tema; por ejemplo, «es necesaria una concienciación a nivel mundial sobre las consecuencias de la contaminación».
- Los **argumentos** o razones que se aportan para apoyar la opinión; por ejemplo, «se necesita salvaguardar el planeta». Los argumentos deben estar directamente relacionados con la tesis que se defiende.

## 3 Clases de argumentos

### Según su función

- **Argumentos de apoyo.** Se usan para sustentar la propia opinión.
- **Contraargumentos.** Se emplean para rechazar las opiniones ajenas. Si plantean un rechazo total, constituyen una **refutación**. Si aceptan una parte de la opinión ajena, constituyen una **concesión**.

### Según su finalidad

- **Argumentos racionales.** Apelan a la capacidad de raciocinio del interlocutor y se usan para demostrar la tesis. Son los argumentos propios de las demostraciones científicas.
- **Argumentos emotivos.** Apelan a los sentimientos del receptor y pretenden una adhesión a la tesis propuesta desde las emociones. Estos argumentos se usan, por ejemplo, en los mítines políticos y en la publicidad.

### Según su contenido

Algunos argumentos se apoyan en **tópicos** o valores mayoritariamente aceptados. Esto nos permite diferenciar distintos tipos de argumentos:

- **Argumento de la mayoría:** esta siempre tiene razón.
  *El móvil es un instrumento útil. Todos lo usamos.*
- **Argumento hedonista:** lo agradable es mejor.
  *Si te gusta conducir, este es tu coche.*
- **Argumento ético:** lo moral resulta preferible.
  *La corrupción es perniciosa para el país.*

Existe también un tipo de argumento que se apoya en el prestigio de quien lo emite; en esos casos se habla de **argumento de autoridad**.

*Ya lo dijo Quevedo: «poderoso caballero es don dinero».*

Los debates son textos orales dialogados en los que se expresan distintas tesis u opiniones respecto a un tema.

## 4 Rasgos lingüísticos de los textos argumentativos

- Incluyen **apelaciones** al receptor y **valoraciones subjetivas** del emisor.
- En el uso del léxico se alude frecuentemente al **significado connotativo**, basado en los valores que habitualmente se asocian a las palabras.
- Se emplean frecuentemente **ejemplos** y **comparaciones**.
- Para mostrar la relación entre las ideas que se exponen se usan **marcadores textuales**, que expresan causa, consecuencia o contraposición: *porque, puesto que, por lo tanto, por consiguiente, en consecuencia, de ahí que, así pues, por el contrario, sin embargo...*

## ACTIVIDADES

**1** Identifica el tema, la tesis y los argumentos en el siguiente texto:

**El valor del juego**

El juego es una actividad fundamental de todos los humanos. Es indudable que aprovechando la inclinación al juego de los niños se les puede enseñar muchas cosas. Sin embargo, la mayoría de las cosas que la escuela debe enseñar no pueden aprenderse jugando. Según el hermoso dicho de Novalis, «jugar es experimentar con el azar»; la educación, en cambio, se orienta hacia un plan previsto y deliberado, por abierto que sea. La misma idea de ir a la escuela a jugar es disparatada: para jugar los niños se bastan y se sobran por sí solos, de modo que si se trata de eso lo más aconsejable es dejarles en paz y que ellos busquen sus propios campos de recreo.

Fernando Savater
*El valor de educar* (Adaptación)

➤ Formula un argumento y un contraargumento a partir del texto anterior. Explica también qué concesión se hace en él.

**2** ¿Qué argumentos se usan en los siguientes textos?

- Argumento de la mayoría.
- Argumento hedonista.
- Argumento de autoridad.
- Argumento ético.

El desequilibrio económico existente entre los países del norte y del sur del planeta es inaceptable.

Vive el placer del cine en casa. Compra un televisor panorámico.

La comunidad científica es unánime: el clima está cambiando.

**3** Escribe distintos argumentos para la siguiente tesis.

- Un argumento emotivo a favor.
- Un argumento racional en contra.
- Un argumento de la mayoría.

Los videojuegos son instrumentos educativos.

RECURSOS

## El ensayo

El ensayo es un texto de carácter **argumentativo** en el que se exponen ideas sobre un determinado tema científico, filosófico, artístico, social…, con la intención de convencer al lector de la validez de las ideas expuestas.

En el ensayo se realiza el análisis de unos **datos** y **hechos objetivos**, pero desde una **perspectiva subjetiva**.

### La estructura del ensayo

Como todo texto argumentativo, los ensayos se estructuran normalmente en tres partes: **introducción**, **desarrollo** (la parte más extensa) y **conclusión**. En este fragmento, la autora introduce el tema de su obra:

*A la ética le ocurre lo que a la estatura, al peso o al color, que no se puede vivir sin ellos. Todos los seres humanos son más o menos altos o bajos, todos son morenos, rubios o pelirrojos, todos pesan más o menos, pero ninguno carece de estatura, volumen o color. Igual sucede con la ética, que una persona puede ser más moral o menos según determinados códigos, pero todas tienen alguna estatura moral. Es lo que algunos filósofos han querido decir al afirmar que no hay seres humanos amorales, situados más allá del bien y del mal, sino que somos inexorablemente, constitutivamente, morales.*

ADELA CORTINA, *¿Para qué sirve realmente la ética?*

### El lenguaje del ensayo

En el uso del lenguaje, el ensayo se caracteriza por la **implicación** del emisor, la **apelación** al receptor, el empleo de **conectores** que relacionen los argumentos, el recurso a los **ejemplos**... Sin embargo, a diferencia de otros géneros argumentativos, los textos ensayísticos poseen cierta **intención estética**, que persigue disponer favorablemente al lector hacia las tesis que defienden.

Los ensayos que mejor muestran esa intención estética son los **literarios**. Sirva como ejemplo este inicio de uno de los ensayos literarios de Octavio Paz:

*A todos, en algún momento, se nos ha revelado nuestra existencia como algo particular, intransferible y precioso. Casi siempre esta revelación se sitúa en la adolescencia. El descubrimiento de nosotros mismos se manifiesta como un sabernos solos; entre el mundo y nosotros se abre una impalpable, transparente muralla: la de nuestra conciencia. Es cierto que apenas nacemos nos sentimos solos; pero niños y adultos pueden trascender su soledad y olvidarse de sí mismos a través de juego o trabajo. En cambio, el adolescente, vacilante entre la infancia y la juventud, queda suspenso un instante ante la infinita riqueza del mundo. El adolescente se asombra de ser. Y al pasmo sucede la reflexión.*

OCTAVIO PAZ, *El laberinto de la soledad*

## La palabra escrita

La lectura seria y sostenida siempre ha sido un proyecto difícil –incluso antes de la llegada de la televisión–. Mucho se ha escrito sobre nuestro actual alejamiento de los textos hacia una cultura visual basada en la imagen. La televisión, las películas y ahora la Red han disminuido la importancia de la palabra escrita. Nos estamos adentrando en una era «posliteraria». La cultura impresa está condenada. Ay.

Me desagradan este tipo de reflexiones apocalípticas. La televisión puede ser perjudicial, pero leer no es más difícil (o más fácil) de lo que lo ha sido siempre. Antes incluso de la llegada de la televisión, la lectura que requería concentración era ya una actividad difícil y desatendida.

De hecho, leer requiere una disciplina; como correr regularmente, o meditar, o asistir a clases de voz. Cualquier persona sana puede correr por su jardín, pero esta capacidad de poner un pie delante del otro no debería hacerle pensar que puede afrontar una maratón sin un entrenamiento serio y una gran inversión de tiempo.

SUSAN WISE BAUER, *Cómo ser culto* (Adaptación)

1. Resume la tesis que defiende la autora del texto *La palabra escrita*.
2. Menciona alguna característica que denote el carácter subjetivo de este texto ensayístico.
   - ¿Qué rasgo lingüístico propio de los textos argumentativos podrías relacionar con esa característica?
3. Vuelve a leer el fragmento del ensayo literario de Octavio Paz y resume su contenido.

SABER HACER

## Redactar una reclamación

Con frecuencia vivimos situaciones en las que sucede algo incorrecto o sentimos que nos han perjudicado. En esos casos, podemos presentar una reclamación ante la persona o el organismo adecuado exponiendo los hechos y solicitando una solución. Vas a redactar tú una reclamación.

**1** Piensa una situación real o imaginaria que pueda motivar una queja y descríbela brevemente.

No te han admitido en un club deportivo.

No has recibido un artículo que compraste.

**2** Anota tus datos personales.

Debes incluir tu nombre y apellidos, la localidad donde resides, tu dirección, tu DNI y cualquier otro dato que sea pertinente en la reclamación concreta que realizas (por ejemplo, el curso y la clase si realizas una reclamación en tu centro escolar).

**3** Anota los motivos de tu reclamación siguiendo estas pautas:

Debes exponer ordenadamente los hechos y los argumentos para la reclamación. Organiza la información en párrafos numerados.

1. *Solicité la admisión al club deportivo presentando el impreso en el plazo establecido.*
2. *A la semana recibí un escrito comunicándome que no había sido admitida sin argumentar ninguna causa.*
3. *Existen plazas vacantes en el club.*

**4** Resume la solución que deseas obtener:

*La reconsideración de la petición y la admisión en el club.*

**5** Redacta tu reclamación empleando la siguiente estructura formal:

__________ con domicilio en __________ y DNI __________.[1]
EXPONE[2]
1. Que __________
2. Que __________
Por todo ello, SOLICITA[3]
Que __________
En __________, a __________[4]
[firma][5]
SEÑOR __________[6]

1. Datos de quien reclama.
2. Motivos de la reclamación.
3. Solución que se solicita.
4. Lugar y fecha de la reclamación.
5. Firma.
6. Persona a la que se dirige.

**6** Revisa el texto y comprueba los datos que incluyes.

### Las hojas de reclamaciones

Los establecimientos y organismos públicos disponen de formularios impresos en los que se pueden realizar las reclamaciones que se estimen necesarias. Estos impresos reciben el nombre de «hojas de reclamaciones».

# Polisemia y homonimia

## 1 Palabras polisémicas

Son **palabras polisémicas** las que poseen más de un significado o acepción.

Por ejemplo, la palabra *banco* significa, entre otras cosas, 'asiento en el que pueden sentarse varias personas', 'conjunto numeroso de peces que se desplazan juntos' y 'empresa en la que se hacen operaciones con el dinero depositado por los clientes'.

Las distintas acepciones de una palabra polisémica aparecen en el diccionario numeradas.

**manzana. 1.** *f.* Fruto del manzano. **2.** *f.* Espacio urbano, generalmente cuadrangular, delimitado por calles por todos sus lados.

## 2 Palabras homónimas

Son **palabras homónimas** aquellas que, aun siendo distintas y teniendo diferente significado, se escriben o se pronuncian igual.

Son homónimas, por ejemplo, las palabras *jota*, 'nombre de una letra', y *jota*, 'baile popular'. También son homónimas *sabia*, 'mujer con sabiduría', y *savia*, 'jugo de las plantas'.

La coincidencia que se produce en la escritura de algunas palabras homónimas generalmente se debe a que han evolucionado de la misma manera dos términos de origen distinto. Esas palabras aparecen en el diccionario en entradas diferentes.

**hoz¹.** (Del lat. *falx, falcis*). *f.* Instrumento de agricultura para segar la hierba, con un mango corto de madera y una hoja curva de acero.

**hoz².** (Del lat. *faux, faucis*). *f.* Paso estrecho y profundo entre montañas, especialmente, el que forma un río.

### SABER MÁS

**Palabras homógrafas y palabras homófonas**

Son homógrafas las palabras homónimas que coinciden en la escritura, como *vino*, 'bebida', y *vino*, del verbo *venir*.

Son homófonas las palabras que coinciden en la pronunciación, aunque se escriban de manera diferente, como *hola* y *ola*.

### ACTIVIDADES

**1** Explica el significado que tienen en cada texto las palabras destacadas.

> Mientras la profesora resolvía la **raíz** cuadrada en la pizarra, Juan observaba la **sierra** a través de la ventana.

> El jardinero cogió una **sierra** para cortar la **raíz** del árbol que sobresalía de la superficie.

- Escribe una oración usando *raíz* con otro significado.

**2** Escribe una oración con cada palabra en masculino singular e investiga su origen.

> **don¹.** *m.* Gracia o habilidad especial para hacer algo.
> **don², doña.** *m.* y *f.* Tratamiento de respeto que se antepone al nombre de pila.

**3** USA LAS TIC. Busca en el diccionario digital e identifica entre estas palabras las que tienen un homónimo:

- clavo
- hoja
- mango
- llama

# Acentuación de compuestos

## 1 Acentuación de palabras compuestas

La acentuación de las palabras compuestas depende del tipo de compuesto.

- **Palabras compuestas sin guion.** Tienen una sola sílaba tónica: la sílaba tónica de la última palabra por la que están formadas.

| PALABRAS COMPUESTAS SIN GUION | EJEMPLOS |
|---|---|
| Siguen las mismas reglas de acentuación que las palabras simples. | *balón* + *cesto* ▶ *baloncesto*<br>*cien* + *pies* ▶ *ciempiés* |

- **Adverbios terminados en *-mente*.** Tienen dos sílabas tónicas: la sílaba tónica del adjetivo y la de la terminación *-mente*.

| ADVERBIOS ACABADOS EN *-MENTE* | EJEMPLOS |
|---|---|
| Conservan siempre la tilde del adjetivo con el que están formados. | *rápida* + *-mente* ▶ *rápidamente*<br>*pobre* + *-mente* ▶ *pobremente* |

- **Expresiones compuestas con guion.** Pueden conservar la sílaba tónica de las palabras que las forman o desplazarla al último elemento. En cualquier caso, mantienen la acentuación gráfica de cada palabra.

| EXPRESIONES CON GUION | EJEMPLOS |
|---|---|
| Conservan la sílaba tónica de las palabras que las forman y la acentuación gráfica. | *teórico-práctico*<br>*lingüística-literaria* |
| Desplazan la sílaba tónica a la segunda palabra, pero mantienen la acentuación de cada una. | *épico-lírico*<br>*espacio-temporal* |

**SABER MÁS**

**Acentuación de formas verbales con pronombres átonos**

Las formas verbales con pronombres átonos pospuestos se acentúan gráficamente de acuerdo con las reglas generales de acentuación de palabras agudas, llanas y esdrújulas.

Así, las palabras *deme*, *estate* y *haznos* no llevan tilde porque son llanas terminadas en vocal o en *-s*; *mírame* y *cállate* llevan tilde porque son esdrújulas; y *acábatelo* y *pensándoselo*, porque son sobresdrújulas.

## ACTIVIDADES

**1** Forma palabras compuestas con las palabras de cada columna y pon tilde cuando sea necesario.

| | |
|---|---|
| • arco | • caídas |
| • veinte | • pie |
| • corta | • uñas |
| • para | • tres |
| • hinca | • iris |

**2** Copia estas palabras, subraya sus sílabas tónicas y escribe tilde cuando sea necesario.

| | |
|---|---|
| • logico-matematica | • hispano-arabe |
| • calidad-precio | • fisico-quimico |
| • infantil-juvenil | • escuela-taller |

**3** Acentúa correctamente estos adjetivos y forma adverbios en *-mente* a partir de ellos.

| | | |
|---|---|---|
| • debil | • alegre | • tipico |
| • proximo | • dificil | • audaz |

**4** AUTODICTADO. Copia el texto y escribe las tildes.

**Agricultura y bienestar**

Mi tia abuela tiene una huerta con orientacion sureste porque los girasoles y la hierbabuena necesitan mucha luz. Suele regar al atardecer, nunca al mediodia. De joven le gustaba observar la naturaleza y mirar atentamente las telarañas y, sobre todo, los saltamontes. Una vez, se quedo boquiabierta: ¡vio un puercoespin!

# Oraciones coordinadas y yuxtapuestas

### Claves para empezar

- Explica qué son las oraciones coordinadas y las yuxtapuestas.
- Escribe oraciones con los enlaces coordinantes *y*, *o* y *pero*.
- Pon un ejemplo de oración yuxtapuesta y explica en qué se diferencia de las coordinadas.

## 1 Oraciones compuestas por coordinación

Las **oraciones compuestas por coordinación** son oraciones formadas por dos o más oraciones que se unen mediante una conjunción sin que ninguna de ellas dependa de la otra u otras.

Cuando una oración compuesta incluye otra u otras oraciones que se unen mediante conjunciones coordinantes, se denomina **oración compuesta por coordinación**.

Las oraciones coordinadas pueden tener cada una su propio sujeto, pero es frecuente que en alguna de ellas no aparezca si se puede sobrentender:

*La actriz acabó el monólogo y el público aplaudió.*

*El chico miró el escaparate, pero no entró en la tienda.*

Las oraciones coordinadas pueden ser copulativas (enlaces *y, e, ni*), disyuntivas (enlaces *o, u*) o adversativas (enlaces *pero, mas, sino, sino que*).

## 2 Oraciones coordinadas copulativas

Las **oraciones coordinadas copulativas** expresan adición.

Las siguientes oraciones son oraciones coordinadas copulativas:

*Ayer llovió y hoy ha empezado a nevar.*

*No he empezado ni sé cómo hacerlo.*

Las conjunciones de las coordinadas copulativas son ***y*** (***e***), ***ni***:

- Ante palabras que comienzan por *i* o *hi*, la conjunción ***y*** adopta la forma ***e***: *Buscaré la información e Inés redactará el trabajo.*
- La conjunción ***ni*** puede anteponerse a las distintas oraciones coordinadas: *Ni ha venido ni se le espera.*

### ACTIVIDADES

**1** Identifica las oraciones compuestas por coordinación y el tipo de enlace que las une.

- Si vienes, compraré comida y bebida.
- Despiértame a las cinco o llegaré tarde a mi cita.
- Estudiad más, organizaos mejor, haced los ejercicios.
- No solo lo recomendó sino que me lo regaló.
- Pórtate bien y saldrás este fin de semana.
- Se ha esforzado mucho, pero no lo ha conseguido.
- No lo he hecho ni lo haré nunca.

➤ Indica de qué tipo son las demás oraciones.

**2** Transforma las siguientes oraciones yuxtapuestas en oraciones compuestas por coordinación.

- Me gusta la idea; espero hacerlo bien.
- Vendré pronto: podremos cenar juntos.
- No protesta, no se queja, no habla…
- La película me resultó interesante; era muy larga.

**3** En esta oración solo hay un sujeto. Escribe las oraciones originales de las que procede:

Ella hizo un perro de papel y lo llamó Fogón.

## 3 Oraciones coordinadas disyuntivas

Las **oraciones coordinadas disyuntivas** expresan opción o alternancia entre dos posibilidades.

Las siguientes oraciones son oraciones coordinadas disyuntivas:

*¿Verás la entrevista en la tele o vas a ir personalmente?*

*Visitaremos algún país exótico o haremos un crucero.*

La conjunción de las coordinadas disyuntivas es ***o*** (***u***):

- Ante palabras que comienzan por *o* u *ho*, la conjunción ***o*** adopta la forma ***u***: *¿Elegís este regalo u optáis por otro?*
- La conjunción ***o*** puede anteponerse a cada una de las oraciones coordinadas: *O preparas la maleta o no habrá viaje.*

## 4 Oraciones coordinadas adversativas

Las **oraciones coordinadas adversativas** expresan contraposición.

Las siguientes oraciones son oraciones coordinadas adversativas:

*Habéis avanzado mucho, pero os queda aún un trecho.*

*No rechazó la propuesta, sino que se mostró de acuerdo.*

Los enlaces de las coordinadas adversativas son ***pero***, ***mas***, ***sino*** y ***sino que***:

- Los enlaces ***sino*** y ***sino que*** exigen la presencia de un elemento negativo en la primera oración: *No solo lo digo, sino que lo repito.*
- A diferencia de las oraciones coordinadas copulativas y disyuntivas, las adversativas no pueden cambiar de orden: **Pero os queda aún un trecho, habéis avanzado mucho.*

### SABER MÁS

**Enlaces discontinuos**

Hay enlaces discontinuos que intervienen en la coordinación copulativa y disyuntiva.

- Enlaces discontinuos copulativos: *tanto… como…*, *igual… que…*, *lo mismo… que…*: *Lo mismo canta que baila.*
- Enlaces discontinuos disyuntivos: *bien… bien…*, *o bien… o bien…*, *ya… ya…*, *sea… sea…* y *fuera… fuera…*: *O bien estudias o bien trabajas.*

### SABER MÁS

**La coordinación y los conectores discursivos**

Los conectores discursivos pueden formar parte de oraciones coordinadas, pero la clase de estas viene determinada por la conjunción que funciona como enlace. Así, es copulativa una oración como esta:

*Me levanté pronto y, sin embargo, llegué tarde.*

### ACTIVIDADES

**4** Identifica las oraciones compuestas por coordinación y clasifícalas en copulativas, disyuntivas o adversativas.

- No cogeremos el avión, sino el tren.
- Anduve durante más de dos horas, pero no me cansé mucho.
- Haz la reserva con un mes de antelación o no dispondrás de plaza.
- Seguiré mi instinto porque nunca me ha fallado.
- Vuelve a tus viejos hábitos: es lo mejor.
- Estudiad muy bien las reglas de juego u Óscar, el entrenador, os regañará.
- No cambies tu apariencia física ni modifiques tu forma de ser.

▶ ¿A qué clase de palabras pertenecen los enlaces de las oraciones coordinadas?

**5** Reconoce las oraciones coordinadas copulativas y transfórmalas en adversativas.

- Coincidimos en la misma mesa y no cruzamos ni una palabra.
- No solo se sabía bien el papel, sino que lo había ensayado muchas veces.
- Nos convocó a una reunión y no dijo nada relevante.
- Confiaba plenamente en él, pero me defraudó.

▶ ¿Puedes convertir las que son adversativas en copulativas?

**6** Copia estas oraciones y complétalas con *sino* o *sino que*:

- No quiere un videojuego, ______ prefiere un perro.
- No quedaré con tus amigas, ______ con los míos.

SABER MÁS

**Las oraciones yuxtapuestas**

La *Nueva gramática de la lengua española* de la RAE considera coordinadas las oraciones yuxtapuestas. Se trata de una coordinación sin nexos que puede tener distintos valores (copulativos, adversativos, causales, consecutivos...).

**Claves para estudiar**

Comprueba lo que has aprendido resolviendo estas actividades:

- Elabora un esquema sobre los tipos de oraciones que has estudiado en esta unidad y los elementos que las unen.
- Explica qué tienen en común las oraciones coordinadas y las yuxtapuestas.

## 5 Oraciones compuestas por yuxtaposición

Las **oraciones compuestas por yuxtaposición** son oraciones formadas por dos o más oraciones equivalentes que se unen entre sí sin enlaces.

Las siguientes oraciones son oraciones compuestas por yuxtaposición:

*Le pregunté durante toda la noche, durante toda la noche calló.*

*Quiero estudiar idiomas; me gusta mucho viajar.*

*Esperamos tranquilamente: no había ningún motivo de alarma.*

En la escritura, las oraciones yuxtapuestas van separadas por coma, punto y coma o dos puntos.

### Yuxtaposición y significado

Las oraciones yuxtapuestas pueden estar ligadas por ideas de adición, de contraposición, de causa...:

*Ven, acércate, no tengas miedo.* (Adición).

*No me pidieron ayuda; yo se la ofrecí, no obstante.* (Contraposición).

*No vamos a cambiar de casa: esta nos gusta.* (Causa).

Algunos conectores discursivos (*sin embargo, no obstante, por tanto, por el contrario, en cambio*...) no funcionan como enlaces coordinantes. Así, es yuxtapuesta, no coordinada adversativa, una oración como esta:

*Llegué pronto; sin embargo, él se retrasó.*

## ACTIVIDADES

**7** Identifica las oraciones compuestas por yuxtaposición.

- Admiro a mi tía: le debo mucho.
- Conocía los contenidos del examen, los expresó correctamente y aprobó.
- Se aburría, tenía sueño, bostezaba, se incorporaba, ¡vuelta a empezar…!
- Le escribiré un mensaje, lo llamaré o quedaremos.
- Fue condenado a prisión: había cometido un grave delito contra la salud pública.

**8** Transforma las siguientes oraciones en oraciones compuestas por yuxtaposición:

- Le presté el ordenador y no me lo devolvió.
- He suspendido el examen, de modo que no puedo conducir aún.
- Estudió el problema, reflexionó sobre él y lo consiguió resolver.
- Estaba sentado en la última fila, para que nadie lo reconociera.

➤ Indica qué relación hay entre cada oración: adición, contraposición, causa...

**9** Explica en cada caso la relación de significado que se da entre las oraciones yuxtapuestas.

El Ayuntamiento recomienda el transporte público: hay mucha contaminación.

Nosotros libramos; él fue a trabajar.

Este año la demanda descendió; hay mayor oferta.

Iremos, los acompañaremos, charlaremos...

**10** Di si estas afirmaciones son verdaderas o falsas:

- El orden de las oraciones coordinadas se puede invertir siempre.
- Una oración coordinada adversativa puede incluir oraciones copulativas o disyuntivas.
- Una oración compuesta por coordinación no puede incluir sintagmas coordinados.

➤ Pon ejemplos que justifiquen tus respuestas.

## APLICACIÓN

**1** Fíjate en estas medidas para combatir el cambio climático y escribe recomendaciones similares que sean oraciones compuestas por coordinación.

Puedes alargar las oraciones del cartel, transformarlas, inventar otras…

**2** En parejas, completad los enunciados del cuadro y formad oraciones yuxtapuestas.

No olvidéis puntuar correctamente las oraciones.

| | | |
|---|---|---|
| Escucha la radio ___. | Pensar el tema ___ pasarlo a limpio. | Hay tiempo de sobra ___. |
| ___ nos vamos de vacaciones. | No tengo suficiente dinero ___. | ___ lo habíamos dejado aquí. |
| Estoy contenta ___. | ___ revisa esa multiplicación. | Respira hondo ___. |

▶ Comparad vuestras respuestas con las del resto de la clase.

**3** En grupos, escribid un comentario para cada fotografía.

Debéis emplear oraciones compuestas por coordinación y por yuxtaposición.

**4** ANÁLISIS SINTÁCTICO. Analiza estas oraciones como en los ejemplos:

- Estudia mucho; sacará una buena nota.
- Recuérdalo, pero no se lo digas a nadie.
- ¿Vienes conmigo o vas después con Silvia?
- No he preparado nada ni tengo los materiales.
- Espera en la puerta, me pongo los zapatos y salimos.
- No tengo un billete de diez, sino dos de cinco.

| *Elena* | *nos* | *ayudó,* | *yo* | *no* | *lo* | *olvido.* |
|---|---|---|---|---|---|---|
| | CD | N | | Mod. | CD | N |
| Sujeto | Predicado | | Sujeto | Predicado | | |
| Or. yuxtapuesta 1 | | | Or. yuxtapuesta 2 | | | |

| *Carla* | *pinta* | *muy bien* | *y* | *(ella)* | *tiene* | *éxito.* |
|---|---|---|---|---|---|---|
| | N | CCM | | | N | CD |
| Sujeto | Predicado | | | Sujeto tácito | Predicado | |
| Or. coordinada copulativa 1 | | | Enlace | Or. coordinada copulativa 2 | | |

# La poesía de posguerra

En la década de los cuarenta, las revistas literarias constituyeron el principal órgano de expresión de las nuevas tendencias líricas. La poesía se dividió: los desarraigados publicaron sus poemas en las revistas *Espadaña*, *Proel* y *Corcel*; y los arraigados lo hicieron a través de las revistas *Garcilaso* y *Escorial*.

## 1 El franquismo

La Guerra Civil (1936-1939) acabó con la implantación de la **dictadura del general Francisco Franco** (1939-1975). La derrota en la Segunda Guerra Mundial (1939-1945) de los regímenes totalitarios de Hitler y Mussolini, con quienes la dictadura franquista mantenía una estrecha relación, dejó a España aislada en el plano diplomático, económico y cultural.

Los **sesenta** fueron años de crecimiento económico y de importantes transformaciones sociales. A la vez se fue produciendo un **cambio en las mentalidades** impulsado, entre otros factores, por fenómenos como el turismo o la televisión, que ponían a la gente en contacto con otras culturas, otras modas y otras formas de pensar.

Los últimos años del franquismo estuvieron marcados por el aumento de las luchas sociales, alentadas por el declive del régimen y la crisis económica que sacudió al mundo desde 1973. En el año **1975 murió el general Franco** y **Juan Carlos I fue proclamado rey**; pronto se vio que el régimen franquista no podía sobrevivir a la figura de su creador.

## 2 La poesía durante el franquismo

La Guerra Civil cerró de un modo traumático toda la etapa cultural anterior al conflicto. Algunos de los escritores más relevantes murieron durante la guerra, otros muchos se exiliaron y los que permanecieron en España quedaron silenciados, sometidos a una suerte de exilio interior. Existe, pues, una **ruptura** entre la literatura anterior a la Guerra Civil y la literatura que se hace en España durante el franquismo.

La evolución que experimentan los planteamientos artísticos en el periodo 1939-1975 hace que tradicionalmente se estudie por decenios la literatura de estos años.

## 3 Los años cuarenta y cincuenta

### La poesía arraigada y desarraigada

La **poesía arraigada**, cultivada por adeptos al régimen, se centra en temas intemporales –la familia, la patria, la religión, el amor– alejados de la realidad social del momento y propugna una vuelta a las formas clásicas, como el soneto, la décima… En esta poesía predomina una ideología conservadora y una visión optimista y esperanzada del mundo. Los autores más significativos de esta tendencia son Leopoldo Panero, Dionisio Ridruejo, Luis Rosales y José García Nieto.

Frente a esa postura conservadora, la **poesía desarraigada** manifiesta su angustia ante una realidad inhóspita, incapaz de ofrecer consuelo. Sus poemas hablan de las miserias sociales, de la injusticia, de la hostilidad de la existencia. Cabe mencionar como iniciador de esta corriente a **Dámaso Alonso**, cuya obra ***Hijos de la ira*** (1944) se caracteriza por una perspectiva nihilista y un tono desgarrador. Su obra poética más importante se desarrolla en esta época, aunque sus primeros libros se insertan en la estética de la generación del 27.

SABER MÁS

**Otras propuestas literarias**

Otras corrientes literarias que se desarrollaron en esta época fueron el grupo Cántico y el postismo.

- El grupo **Cántico** se constituyó en 1947 y pretendía crear una poesía esteticista basada en un lenguaje muy elaborado. El grupo estaba formado por Juan Bernier, Pablo García Baena, Ricardo Molina y Julio Aumente.
- El **postismo** se formó en torno a la revista ***La cerbatana*** con el objetivo de reivindicar la imaginación. Los mentores del postismo fueron Carlos Edmundo de Ory, Eduardo Chicharro, Gloria Fuertes, Miguel Labordeta…

## La poesía social

Esta poesía **denuncia las desigualdades sociales y la falta de libertades políticas** que se vivieron durante el franquismo, sin olvidar la preocupación existencial característica de los desarraigados. La poesía se concibe como una herramienta capaz de transformar la realidad política y social.

Aunque es considerado un epígono de la generación del 27, **Miguel Hernández** (1910-1942) fue el principal precursor de la poesía social con obras escritas durante la guerra como *Viento del pueblo*, en la que dominan los tonos épicos y elegíacos, y *El hombre acecha*, en la que expresa el odio, la crueldad, la opresión y la muerte que acarrea la guerra.

Entre los poetas que se adscriben a la poesía social en la posguerra destacan Blas de Otero, Gabriel Celaya, Ángela Figuera y José Hierro.

- **Blas de Otero** (1916-1979) cultivó en sus primeras obras (*Ángel fieramente humano* y *Redoble de conciencia*) una poesía existencial, con temas recurrentes como la figura de un Dios culpable y distante y la presencia de la mujer, símbolo de plenitud y alegría. Con *Pido la paz y la palabra*, su poesía viró hacia temas sociales como la injusticia, la miseria o la violencia.
- **Gabriel Celaya** (1911-1991) es autor de una obra extensa y variada. Sus libros más importantes (*Las cartas boca arriba* y *Cantos iberos*) se inscriben en la poesía social. En ellos sostiene que la «poesía es un arma cargada de futuro», una herramienta de transformación social.
- **Ángela Figuera** (1902-1984) escribe en los años 50 obras como *Vencida por el ángel*, *El grito inútil* y *Belleza cruel* (prohibida en España hasta 1978), que expresan con sencillez y dureza su sentimiento de doble derrota tras la guerra: por ser mujer y por pertenecer al bando de los vencidos.
- **José Hierro** (1922-2002) se aproxima a la poesía social en sus primeros libros (*Tierra sin nosotros*, *Quinta del 42*). Posteriormente, en obras como *Libro de las alucinaciones* y *Agenda*, deriva hacia una lírica caracterizada por el uso de imágenes irracionales y la concepción de la realidad como un enigma.

SABER MÁS

Carmen Conde.

**Una poeta al margen de corrientes**

Carmen Conde (1907-1996) es una de las figuras fundamentales de la poesía posterior a la Guerra Civil y fue la primera mujer en entrar en la Real Academia Española. Aunque algunos de sus poemas reflejan inquietudes sociales y existenciales, no se adscribe a ninguna de las corrientes poéticas de posguerra, pues su obra está recorrida por un gran tema unificador: el amor.

## ACTIVIDADES

**1** Explica qué efectos produjo la Guerra Civil en la literatura de la década de 1940 y 1950.

**2** Lee este poema de Dámaso Alonso e indica con qué tendencia literaria de la posguerra se relaciona.

**Insomnio**

Madrid es una ciudad de más de un millón de cadáveres (según las últimas estadísticas).
A veces en la noche yo me revuelvo y me incorporo en este nicho en el que hace 45 años que me pudro,
y paso largas horas oyendo gemir al huracán, o ladrar los perros, o fluir blandamente la luz de la luna.
Y paso largas horas gimiendo como el huracán, ladrando como un perro enfurecido, fluyendo
[como la leche de la ubre caliente de una gran vaca amarilla.
Y paso largas horas preguntándole a Dios, preguntándole por qué se pudre lentamente mi alma,
por qué se pudren más de un millón de cadáveres en esta ciudad de Madrid,
por qué mil millones de cadáveres se pudren lentamente en el mundo.
Dime, ¿qué huerto quieres abonar con nuestra podredumbre?
¿Temes que se te sequen los grandes rosales del día, las tristes azucenas letales de tus noches?

**3** USA LAS TIC. Busca en Internet el poema «Bombardeo», de Ángela Figuera, y explica cómo refleja sus preocupaciones sociales y políticas.

**4** PARA PENSAR. Debatid en clase. ¿Debe la literatura cumplir una función de denuncia social?

La exquisitez formal y el gusto por lo decadente propio de algunos poetas del grupo hicieron que a los Novísimos se los conociera también como «venecianos». En la imagen, una vista de Venecia.

## 4 La generación de los cincuenta

Esta generación concibe la poesía como un **medio de conocimiento** y una forma de indagar en la propia experiencia. Son temas habituales la evocación de la infancia y la juventud, la amistad, el amor, el fluir del tiempo..., tratados con un lenguaje coloquial y en apariencia sencillo, que acude con frecuencia a la ironía. Los integrantes más destacados son los siguientes:

- **Claudio Rodríguez** (1934-1999) se vale de un lenguaje de resonancias rurales para indagar en el misterio de la propia existencia y celebrar la belleza del mundo y de la vida. Su obra más destacada es *Don de la ebriedad*.
- **Jaime Gil de Biedma** (1929-1990) explora la experiencia cotidiana con un punto de ironía que ejerce gran influencia en los poetas posteriores. Sus poemas tienen un tono confesional y narrativo. Su obra poética está recogida en el libro *Las personas del verbo*.
- La lírica de **José Ángel Valente** (1929-2000) evoluciona desde un realismo inicial a la posterior reflexión sobre la esencia y la función de la propia poesía. Común a toda su trayectoria es un estilo escueto y preciso. Gran parte de su poesía se recopila en *Punto cero*.
- **Ángel González** (1925-2008) muestra en sus versos una preocupación ética: mediante la ironía el autor critica la hipocresía de la sociedad. Su obra, recogida en *Palabra sobre palabra*, está teñida de un pesimismo existencial que a menudo encuentra una válvula de escape en el humor.

### Claves para estudiar

Resuelve estas actividades:

- Resume las características de la poesía arraigada.
- Di qué tendencia poética inauguró el libro *Hijos de la ira* y en qué consistió.
- Define qué es poesía social y cita a sus principales exponentes.
- ¿Cuál es la principal característica de la poesía de los cincuenta?
- ¿Quiénes son los Novísimos?

## 5 Los Novísimos

En 1970 el crítico José María Castellet publicaba la antología *Nueve novísimos poetas españoles*, lo que marcó el inicio de los Novísimos, una generación que rompe con la poesía precedente y que se distingue por el carácter **experimental**, la **perfección formal** y la presencia de numerosas **referencias culturales**: citas de obras extranjeras, referencias a mundos lejanos y decadentes, alusiones al cine, a la música y a los cómics. Se trata de una poesía artificiosa que se dirige a un público minoritario.

Pertenecen a esta generación, entre otros, Félix de Azúa, Guillermo Carnero, Ana María Moix y Leopoldo María Panero. El autor más emblemático de todos es **Pere Gimferrer**. La obra de Gimferrer destaca por la riqueza del léxico, la abundancia de imágenes irracionales y el prodigioso sentido del ritmo.

### ACTIVIDADES

**5** Lee este poema de Jaime Gil de Biedma titulado *De vita beata* y extrae de él los rasgos de la poesía de los cincuenta.

En un viejo país ineficiente,
algo así como España entre dos guerras
civiles, en un pueblo junto al mar,
poseer una casa y poca hacienda
y memoria ninguna. No leer,
no sufrir, no escribir, no pagar cuentas,
y vivir como un noble arruinado
entre las ruinas de mi inteligencia.

**6** ¿Cuál es el estilo literario de la generación de los cincuenta? Pon un ejemplo citando a un autor.

**7** USA LAS TIC. Busca el poema *Arde el mar*, de Pere Gimferrer, y señala a partir de él las características de la poesía de los Novísimos.

**8** ¿Qué es la poesía para cada una de estas tendencias literarias? Explícalo de forma resumida.

- Poetas desarraigados.
- Generación de los cincuenta.
- Los Novísimos.

SABER HACER

## Componer un poema en verso libre

**Forma y contenido en el verso libre**

La poesía moderna de los siglos XX y XXI se basa en imágenes poéticas complejas, que no siempre quieren expresar algo de forma nítida, sino que con frecuencia pretenden transmitir intuiciones y sugerencias difusas. Esta libertad poética queda constreñida en las métricas regulares, por lo que, muy a menudo, la poesía actual recurre al verso libre.

El verso libre es el que no tiene un esquema fijo en la medida silábica ni en la rima. Para lograr el ritmo, recurre a otros procedimientos. Vamos a escribir un poema en verso libre.

**1** **Determina cuál va a ser el tema de tu composición.**

Puedes elegir entre estos ámbitos temáticos:

- La crítica social, para denunciar algún aspecto del mundo actual: la contaminación, el maltrato animal, las injusticias sociales...
- La cultura actual, para hablar de algún referente cultural: una película, un personaje literario, un músico o cantante...
- Lo personal e íntimo, para desarrollar un sentimiento o emoción: amor, nostalgia, satisfacción, inquietud...

**2** **Escribe tu poema empleando los siguientes procedimientos para lograr el ritmo:**

- Disposición de las sílabas acentuadas según un esquema constante.

  *La prin**ce**sa está **pá**lida en su **si**lla de **o**ro,* (3, 6, 10, 13)
  *está **mu**do el te**cla**do de su **cla**ve so**no**ro.* (3, 6, 10, 13)
  RUBÉN DARÍO

- Empleo de tres o más tipos de versos de distinta medida, distribuidos sin un patrón fijo:

  *Donde habite el olvido,* (heptasílabo)
  *en los vastos jardines sin aurora;* (endecasílabo)
  *donde yo solo sea* (heptasílabo)
  *memoria de una piedra sepultada entre ortigas* (alejandrino)
  *sobre la cual el viento escapa a sus insomnios.* (alejandrino)
  LUIS CERNUDA

- Utilización del paralelismo o la repetición de estructuras, tanto dentro de un mismo verso como entre versos diferentes:

  *Y **aunque sea ceniza** lo proclamo: **ceniza**.*
  ***Aunque sea ceniza** cuanto tengo hasta ahora.*
  JOSÉ ÁNGEL VALENTE

- Acumulación de imágenes de tipo metafórico sobre las que se pueda hacer algún tipo de asociación emotiva o sugestiva:

  *La astral fosforescencia de tus dientes,*
  *el hielo dulce y terso de tus labios,*
  *todas las dalias que en tu piel expiran.*
  PERE GIMFERRER

➤ Lee en voz alta tu composición varias veces y haz los cambios que creas necesarios hasta que logres el ritmo adecuado.

**3** TRABAJO COOPERATIVO. **Leed en clase y en voz alta vuestros poemas, dando expresividad a la lectura para destacar la versificación libre.**

Podéis comentar los que más os gusten y analizarlos para ver qué recursos se han empleado para conseguir el ritmo.

## Voz de lo negro

Voz de lo negro en ámbito cerrado
ahoga al hombre por dentro contra un muro
de soledad, y el sordo son oscuro
se oye del corazón casi parado.

Dobla el silencio a muerto vivo, airado,
furioso de ser muerto prematuro,
en pie en lo negro apuñalado,
puro cadáver interior apuntalado.

Voz de la muerte en llanto estremecido
dentro del corazón cava su nido
de sierpe silenciosa, resbalada.

En pie en lo negro apuñalado, hendido.
Y el muerto sigue en él, como si nada
más que nacer hubiese sucedido.

BLAS DE OTERO, *Redoble de conciencia*

## En el principio

Si he perdido la vida, el tiempo, todo
lo que tiré, como un anillo, al agua,
si he perdido la voz en la maleza,
me queda la palabra.

Si he sufrido la sed, el hambre, todo
lo que era mío y resultó ser nada,
si he segado las sombras en silencio,
me queda la palabra.

Si abrí los labios para ver el rostro
puro y terrible de mi patria,
si abrí los labios hasta desgarrármelos,
me queda la palabra.

BLAS DE OTERO
*Pido la paz y la palabra*

# Comentario de texto

## Texto: *Voz de lo negro*

### Comprensión

1 Indica cuál es el tema del poema y resume en un par de líneas la idea que pretende expresar el autor.

### Estructura

2 Analiza la métrica del texto y di de qué tipo de poema se trata.

3 La métrica permite dividir el poema en dos partes.

¿Cuáles son esas partes? ¿Qué otro recurso no métrico utiliza el autor para marcar cada una de ellas?

### Estilo

4 En el poema hay tres campos léxicos fundamentales: el de la soledad, el de la oscuridad y el del dolor.

Anota las palabras que pertenecen a cada uno.

5 La figura estilística llamada oxímoron consiste en combinar dos palabras o expresiones de significado opuesto y que originan un nuevo sentido.

Localiza los casos de oxímoron presentes en el texto.

- Explica el significado esencial del poema basándote en los ejemplos que has encontrado.

6 Identifica el recurso fónico que se da en estos versos:

*de soledad, y el sordo son oscuro*
*se oye del corazón casi parado*

- Explica cómo se relacionan, por medio de ese recurso, la forma y el contenido de los dos versos.

### Valoración

7 Relaciona el poema de Blas de Otero con los siguientes versos de Quevedo:

*Vivir es caminar breve jornada,*
*y muerte viva es, Lico, nuestra vida,*
*ayer al frágil cuerpo amanecida,*
*cada instante en el cuerpo sepultada.*

- Debes fijarte en aspectos como la métrica, el tema, los recursos estilísticos... Menciona los versos o expresiones concretas del poema de Blas de Otero que se relacionan con los de Quevedo.

## Texto: *En el principio*

### Comprensión

8 Explica en dos o tres líneas lo que el poeta quiere decir en este texto.

9 PARA PENSAR. Relaciona el contenido del poema de Blas de Otero con esta consigna de Gabriel Celaya:

*La poesía es un arma cargada de futuro.*

- ¿Te parece que los conceptos de *poesía* y *palabra* son equivalentes en ambos autores? ¿Por qué?

10 Este poema es el primero del libro al que pertenece. Tiene, pues, una especie de valor programático y sirve de marco al conjunto.

Relee con atención el poema, fíjate en el título del libro y explica en qué consiste ese valor programático.

### Estructura

11 Analiza la métrica del poema y explica cómo afecta este aspecto al ritmo marcado y contundente del texto.

12 Cada una de las estrofas del poema constituye una oración compuesta. Analiza sintácticamente esas oraciones compuestas.

- Explica cómo contribuye la estructura sintáctica a reforzar el mensaje del poeta. Fíjate en cuál es la oración principal en cada caso y en qué lugar ocupa.

### Estilo

13 Compara el estilo de este poema con el de *Voz de lo negro* y di, en tu opinión, cuál te parece más sencillo y por qué.

14 Localiza en el texto ejemplos de paralelismo, metáfora y símil e identifica cuál de estos recursos estilísticos se relaciona con el contenido del texto y cuál con su estructura.

### Valoración

15 Compara el tono de los dos poemas leídos. ¿Cuál de ellos dirías que es más pesimista? ¿Cómo se manifiesta la esperanza en el otro poema?

16 Los dos textos de Otero representan dos maneras diferentes de concebir la poesía. ¿Cuál de esos tipos de poesía te gusta más a ti? Explica por qué.

## 18 de julio 1936-18 de julio 1938

Es sangre, no granizo, lo que azota mis sienes.
Son dos años de sangre: son dos inundaciones.
Sangre de acción solar, devoradora vienes,
hasta dejar sin nadie y ahogados los balcones.

Sangre que es el mejor de los mejores bienes.
Sangre que atesoraba para el amor sus dones.
Vedla enturbiando mares, sobrecogiendo trenes,
desalentando toros donde alentó leones.

El tiempo es sangre. El tiempo circula por mis venas.
Y ante el reloj y el alba me siento más que herido,
y oigo un chocar de sangres de todos los tamaños.

Sangre donde se puede bañar la muerte apenas:
fulgor emocionante que no ha palidecido,
porque lo recogieron mis ojos de mil años.

Miguel Hernández
*El hombre acecha*

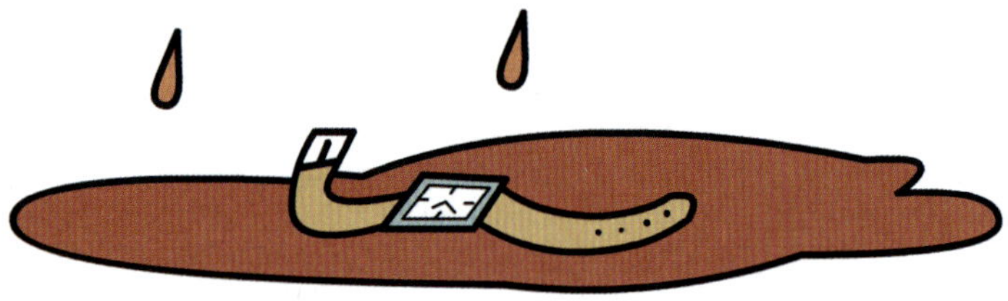

### ACTIVIDADES

1. Explica el título del poema. Di qué momento histórico se vivía en esas fechas.
2. ¿Cuál es el sustantivo que más se repite en el poema? ¿En qué versos del poema aparece asociado a su significado positivo? ¿Y negativo?
3. ¿Qué crees que significan las oraciones del verso 9 del poema? Explica.

## Con las piedras, con el viento

Con las piedras, con el viento
hablo de mi reino.

Mi reino vivirá mientras
estén verdes mis recuerdos.
Cómo se pueden venir
nuestras murallas al suelo.
Cómo se puede no hablar
de todo aquello.
El viento no escucha. No
escuchan las piedras, pero
hay que hablar, comunicar,
con las piedras, con el viento.

Hay que no sentirse solo.
Compañía presta el eco.
El atormentado grita
su amargura en el desierto.
Hay que desendemoniarse,
liberarse de su peso.
Quien no responde parece
que nos entiende,
como las piedras o el viento.
Se exprime así el alma. Así
se libra de su veneno.
Descansa, comunicando
con las piedras, con el viento.

José Hierro
*Con las piedras, con el viento*

### ACTIVIDADES

1. La obra de José Hierro destaca por tener un tono intimista.
   Explica de qué forma se aprecia este rasgo en el poema.
2. Averigua en qué corriente de la poesía de posguerra se encuadra la obra de José Hierro y explica por qué se caracteriza.
   - ¿Qué diferencias formales observas en este poema con respecto a otras corrientes de la época?

## Hay tres momentos graves, más el cuarto

Hay tres momentos graves en la vida de un hombre,
a saber:
cuando nace,
y cuando pierde el uso de sus seres queridos.

Luego transcurre el tiempo,
y el olvido acontece,
y ya como si nada,
como si casi nada,
nos sentimos vivir en un lugar extraño.

El cuarto es conocido;
lo que pasa es que apenas tiene muebles.

ÁNGEL GONZÁLEZ, *Prosemas o menos*

### ACTIVIDADES

**1** **Indica a qué generación pertenece el poeta Ángel González.**

➤ Lee el poema y explica cuáles de las características propias de esa generación están presentes en él.

**2** **Explica los rasgos propios de la poesía de Ángel González a partir de este poema.**

Pon especial atención al mensaje que transmite el título.

### ACTIVIDADES

**1** El poema *El adiós* retrata una escena conyugal cotidiana que se transforma sorprendentemente al final.

**Explica en qué consiste esa transformación.**

**2** El poeta mezcla elementos de la vida diaria con elementos líricos que desvelan el sentido del poema.

**Identifica esos diferentes elementos.**

➤ Explica el significado del título del poema.

## El adiós

Entró y se inclinó hasta besarla
porque de ella recibía la fuerza.

(La mujer lo miraba sin respuesta).

Había un espejo humedecido
que imitaba la vida vagamente.
Se apretó la corbata,
el corazón,
sorbió un café desvanecido y turbio,
explicó sus proyectos
para hoy,
sus sueños para ayer y sus deseos
para nunca jamás.

(Ella lo contemplaba silenciosa).

Habló de nuevo. Recordó la lucha
de tantos días y el amor
pasado. La vida es algo inesperado,
dijo. (Más frágiles que nunca las palabras).
Al fin calló con el silencio de ella,
se acercó hasta sus labios
y lloró simplemente sobre aquellos
labios ya para siempre sin respuesta.

JOSÉ ÁNGEL VALENTE, *A modo de esperanza*

# BANCO DE ACTIVIDADES

## NIVEL I

**1** COMUNICACIÓN. Busca en un periódico un artículo de opinión e identifica el tema, la opinión y los argumentos que utiliza.

➤ ¿Qué rasgos lingüísticos propios de los textos argumentativos aprecias?

**2** COMUNICACIÓN. Elabora un argumento a favor, una refutación y una concesión a partir de esta afirmación:

> Muchos especialistas en educación desaconsejan hacer deberes en casa.

**3** LÉXICO. Identifica al menos una palabra polisémica en cada oración y escribe dos de sus significados.

- Él estuvo todo el rato pendiente de la conversación.
- Esther admite muy bien las críticas.
- La luna del automóvil se ha roto.
- Se va a restaurar la nave central de la iglesia.

➤ Escribe oraciones usando esas palabras con otro significado.

**4** LÉXICO. ¿Qué son las palabras homónimas? Escribe un par de ejemplos que ilustren tu definición.

**5** ORTOGRAFÍA. Forma palabras compuestas uniendo los términos de cada bloque y modifica las tildes necesarias.

| | | | | |
|---|---|---|---|---|
| balón | océano | cortar | parar | abrir |

| | | | | |
|---|---|---|---|---|
| fácil | uñas | pie | gráfico | agua |

**6** ORTOGRAFÍA. ¿Qué norma de acentuación se aplica a las expresiones compuestas con guion?

**7** GRAMÁTICA. Indica si estas oraciones compuestas son coordinadas o yuxtapuestas.

- Bajan los precios: se estabiliza el mercado.
- Corrió desesperadamente, pero perdió el autobús.
- Julia fue a la farmacia y compró analgésicos.
- ¿Te vienes conmigo o prefieres quedarte en casa?
- Buscó guerra; encontró paz.
- Sazona el pescado, pon la sartén al fuego, fríelo...

**8** LITERATURA. Elige tres autores o autoras representativos de las distintas corrientes que surgieron en la poesía de la posguerra.

➤ Explica las características de su escritura y nombra alguna obra suya.

## NIVEL II

**1** COMUNICACIÓN. Redacta un texto argumentativo sobre el abuso en el consumo de bollería industrial.

**2** LÉXICO. Explica la diferencia entre las palabras polisémicas y las homónimas. Pon ejemplos de cada uno.

**3** ORTOGRAFÍA. Copia poniendo las tildes que faltan.

*El viernes fui a la feria. Despues de tomar un tentempie, me subi al tiovivo. Todo era superdivertido: habia un concierto electroacustico y un espectaculo pirotecnico. Me encontre a Agustin, que me saludo con su bonito acento astur-leones. Sin querer, me dio un puntapie y me dolio tanto que tuve que ir a ver a mi medica. Ella me recomendo reposo hasta mañana al mediodia... Pense: «que aguafiestas». Pero en realidad no fue culpa suya.*

**4** GRAMÁTICA. Explica qué es una oración compuesta por coordinación.

➤ Indica los tipos de coordinadas y escribe una oración con cada uno de ellos.

**5** GRAMÁTICA. Escribe oraciones compuestas yuxtapuestas que expresen estas ideas:

- Causa.
- Contraposición.
- Adición.

**6** LITERATURA. Lee este fragmento del poema «La tierra», de Blas de Otero, incluido en *Pido la paz y la palabra*. Di a qué tendencia de la poesía de posguerra pertenece el poeta y explica, a partir del texto, algunas de sus características.

*Un mundo como un árbol desgajado.*
*Una generación desarraigada.*
*Unos hombres sin más destino que*
*apuntalar las ruinas.*

*Romper el mar*
*en el mar, como un himen inmenso,*
*mecen los árboles el silencio verde,*
*las estrellas crepitan, yo las oigo.*

*Solo el hombre está solo. Es que se sabe*
*vivo y mortal. Es que se siente huir*
*–ese río del tiempo hacia la muerte–.*

**7** LITERATURA. Describe las características de la poesía de la generación de los 50 y compáralas con las características de la poesía de los Novísimos.

➤ Busca en Internet un poema de cada grupo y muestra alguna de esas características.

## El animal que se convirtió en un dios

Hace 70000 años, el *Homo sapiens* era todavía un animal insignificante que se ocupaba de sus propias cosas en un rincón de África. En los milenios siguientes se transformó en el amo de todo el planeta y en el terror del ecosistema. Hoy en día está a punto de convertirse en un dios, a punto de adquirir no solo la eterna juventud, sino las capacidades divinas de la creación y la destrucción.

Lamentablemente, el régimen de los *sapiens* sobre la Tierra ha producido hasta ahora pocas cosas de las que podamos sentirnos orgullosos. Hemos dominado nuestro entorno, aumentado la producción de alimentos, construido ciudades... Pero ¿hemos reducido la cantidad de sufrimiento en el mundo? Una y otra vez, un gran aumento del poder humano no ha mejorado el bienestar de los *sapiens* individuales y, por lo general, ha causado una inmensa desgracia a otros animales.

A pesar de las cosas asombrosas que los humanos somos capaces de hacer, seguimos sin estar seguros de nuestros objetivos y parecemos estar tan descontentos como siempre. Somos más poderosos de lo que nunca fuimos, pero no sabemos qué hacer con todo ese poder. Peor todavía, los humanos parecemos más irresponsables que nunca.

Dioses hechos a sí mismos, no hemos de dar explicaciones a nadie. En consecuencia, causamos estragos a nuestros socios animales y al ecosistema, buscando poco más que nuestra propia comodidad y diversión, pero sin encontrar nunca satisfacción. ¿Hay algo más peligroso que unos dioses insatisfechos e irresponsables que no saben lo que quieren?

YUVAL NOAH HARARI, *Sapiens: de animales a dioses* (Adaptación)

### ACTIVIDADES

**1** Contesta las preguntas sobre este texto.

- ¿Sobre qué tema se argumenta?
- ¿Cuál es la tesis que defiende el autor?
- ¿Qué argumentos aporta?

▶ ¿Estás de acuerdo con el autor del texto? Escribe un texto argumentativo sobre el mismo tema empleando argumentos de apoyo o contraargumentos dependiendo de cuál sea tu opinión.

**2** Indica si las palabras que aparecen destacadas en las siguientes parejas de oraciones son polisémicas u homónimas:

- El **régimen** de los *sapiens* está destruyendo la Tierra.
- El **régimen** de comidas de las personas ha cambiado.
- El *Homo sapiens* se convirtió en el **amo** del planeta.
- **Amo** mi mundo y he de protegerlo.

▶ Busca en el diccionario esas palabras y copia la acepción que corresponda a cada oración.

**3** Señala las sílabas tónicas de estas palabras compuestas y di qué reglas de acentuación siguen.

- ecosistema
- lamentablemente
- bienestar

**4** Clasifica estas oraciones en compuestas por coordinación y compuestas por yuxtaposición:

- El *Homo sapiens* está a punto de convertirse en un dios; puede conseguir la eterna juventud.
- Somos poderosos, pero no ejercemos bien el poder.
- El ser humano trató de dominar todo el planeta y se convirtió en el terror del ecosistema.
- Hemos dominado nuestro entorno, hemos aumentado la producción de alimentos...

▶ Di de qué clase son las oraciones coordinadas.

**5** Explica las diferencias que existen entre la poesía arraigada y la poesía desarraigada.

**6** Cita las principales obras de la poesía social.

## MI PROGRESO

Resuelve este test para comprobar si has asimilado correctamente los principales contenidos de la unidad.

**1** No es propio de los textos argumentativos…

a. transmitir información sobre un tema.
b. tratar de convencer al destinatario.
c. expresar la opinión del receptor del texto.
d. ser subjetivos.

**2** El argumento *Un 90% de los usuarios prefiere nuestro producto* es…

a. un argumento de autoridad.
b. un argumento de la mayoría.
c. un argumento hedonista.
d. un argumento ético.

**3** Son rasgos lingüísticos de la argumentación…

a. las apelaciones al receptor y las valoraciones subjetivas.
b. los usos connotativos de las palabras.
c. los ejemplos y las comparaciones.
d. Todas las opciones anteriores son correctas.

**4** Las palabras homónimas son siempre…

a. sinónimas.
b. polisémicas.
c. homófonas u homógrafas.
d. homógrafas, pero no homófonas.

**5** ¿Qué oración no contiene errores ortográficos?

a. Llegó en el décimoseptimo lugar.
b. Inventó un sinfín de excusas.
c. Es un conjunto historico-artístico de gran valor cultural.
d. Solucionó todos los problemas facilmente.

**6** ¿Cuál es la afirmación falsa?

a. Las oraciones coordinadas son independientes.
b. Las coordinadas disyuntivas expresan yuxtaposición.
c. Las oraciones yuxtapuestas no llevan enlaces.
d. Hay coordinadas copulativas, disyuntivas y adversativas.

**7** ¿En qué oración hay una coordinación adversativa?

a. Bien lee un rato bien pasea por la playa.
b. Nadie llamó ni vino en toda la tarde.
c. No solo lo arreglé sino que se lo llevé a casa.
d. Quiero que cumplas tus promesas.

**8** ¿Qué oración es compuesta por yuxtaposición?

a. O repites el examen o no obtendrás una nota mejor.
b. Era tarde, pero, afortunadamente, no le importó.
c. No quiere patinar ni montar en bicicleta.
d. Sé firme, no abandones tu sueño aún.

**9** ¿Qué grupo poético no pertenece a la posguerra?

a. La generación del 27.
b. La generación de los cincuenta.
c. Los Novísimos.
d. La poesía social.

**10** ¿Cuál es el dato erróneo sobre la poesía de posguerra?

a. La guerra propició una ruptura con la poética anterior.
b. Sus poetas se exiliaron o sufrieron un exilio interior.
c. Se pasó de la preocupación social al gusto por la cultura.
d. La poesía arraigada trató temas alejados de la realidad del momento.

### AUTOEVALUACIÓN Piensa y comprueba:

Lo que sabes:

✓ Qué son los textos argumentativos y cuáles son sus contenidos y clases.
✓ Cuál es la diferencia entre polisemia y homonimia.
✓ Cómo se acentúan los compuestos.
✓ Qué son las oraciones coordinadas y yuxtapuestas y cómo se clasifican.
✓ Cuáles son las características y obras de la poesía de posguerra.

Lo que sabes hacer:

✓ Identificar y crear textos argumentativos bien construidos.
✓ Diferenciar palabras polisémicas y homónimas.
✓ Acentuar compuestos.
✓ Reconocer oraciones coordinadas y yuxtapuestas y sus clases.
✓ Conocer las características de la poesía de posguerra y sus obras.

# UNIDAD 8

## Comunicación
- Los textos dialogados

## Léxico
- Sinonimia y antonimia

## Ortografía
- Secuencias de una o más palabras (I)

## Gramática
- La subordinación sustantiva

## Literatura
- La novela de posguerra

**Escucha y resuelve.**

- ¿Quién es la persona a la que se le hace la entrevista?
- ¿Por qué es una entrevista ficticia?
- Recoge por escrito la información que consideres más importante sobre la vida de Hipatia.
- Escribe qué otras preguntas le habrías hecho tú a ese personaje y explica qué aspectos de su vida te han llamado más la atención.

**Muchas mujeres han triunfado en ámbitos en los que tradicionalmente destacaban los hombres. Investiga en Internet.**

- Piensa en un ámbito tradicionalmente masculino, investiga y localiza alguna mujer relevante en él. Recaba información sobre ella.
- Preséntala en clase explicando por qué la has elegido. Permite que te hagan preguntas y responde como si fueras ella.

# José Mota: «No mendigo risas»

**El cómico José Mota ha creado una sociología haciendo humor de las cosas que no le gustan**

Hablar de humor es algo que José Mota (Montiel, 1965) se toma muy en serio. Es un arte que él convierte casi en un tratado de filosofía: sobre monstruos, identidad, miedos y liberaciones. El chavalillo de Montiel (Ciudad Real) nos hace reír porque lo que ve no le gusta. Y a través de ello ha creado una sociología. Cree que a carcajada limpia podemos arreglar algunas cosas. Lo toma como una responsabilidad.

**Pregunta.** Dar la cara para hacer reír, ¿qué agujetas anímicas provoca?

**Respuesta.** Bastantes, sobre todo cuando no te ves muy animado y tienes que sacar petróleo de pozos que ya andan secos. Te encuentres como te encuentres, tienes que tirar. La comedia se compra como tubo de escape, pero también como motor de ilusión.

**P.** ¿Se considera un camaleón? ¿Sabe usted quién es?

**R.** Ninguno lo sabemos. Tenemos pistas. Lo vamos adivinando a raíz de que nos liberamos de los miedos. Miedos escogidos o heredados. Cuando estos nos abandonan, nuestra silueta se clarifica.

**P.** ¿Sabría hacernos llorar?

**R.** Lo intentaría. Ahí está el caso de otros cómicos: Roberto Benigni en *La vida es bella*, por ejemplo, quien coge el testigo de Charlie Chaplin. Drama y comedia, cuando van de la mano, son un cañonazo para la emoción.

**P.** ¿Cómo se imita? ¿Es un arte de instinto o de construcción?

**R.** Es un boceto, una caricatura del alma de alguien. Importa más la esencia de los personajes a que se parezca la voz. El contenido al continente.

**P.** ¿Qué tiene que ver El Tío de la Vara con *El Quijote*?

**R.** Los dos *desfacen* entuertos. El Tío de la Vara es un superhéroe de alma rural en entorno urbano que combate la prepotencia, a los sobraos y la tontería.

**P.** ¿Cuántos clásicos se ha leído para que su personaje de El Cansino Histórico insulte como Dios manda?

**R.** Ese personaje nos cuenta qué fácil es pasar del amor al odio. Para eso he leído a varios, pero sin atender a como nos decían que debíamos leerlos en el colegio. Más bien como me enseñó mi padre a leer *El Quijote*, como un manual social de vivires y entenderes, con ese desdoblamiento. Él escribía prosa y poesía. Me enseñó el valor de la palabra dignidad y respeto propio, como mi madre. Eran… Son los pilares de mi vida.

**P.** No se olvide de Montiel.

**R.** El no ruido de Montiel me ha permitido siempre apreciar cosas que con los ruidos en la gran ciudad no oyes. Si eres sensible y observador en lo pequeño, encuentras lo grande: las virtudes y las ruindades del alma humana. La mía se alimenta y retroalimenta continuamente donde nací.

**P.** ¿Cuándo descubrió que podía ser cómico?

**R.** Lo vas descubriendo cuando sueltas chorradas en el cole y se ríen. Eso me retroalimentaba más…

**P.** ¿El ego?

**R.** Pues sí, una satisfacción que me retaba a producir más risa. Por eso no hay nada como el teatro. La respuesta inmediata no tiene comparación, aunque la tele me haya dado el noventa por ciento de lo que soy.

**P.** Y metiéndose en charcos. Hasta la sátira política. Alguna vez en la tele le dijeron: cuidado…

**R.** Jamás. Los límites me los he puesto yo. Como no entrar en aspectos de la vida privada de los personajes. Eso sería mendigar risas. No mendigo risas. Es una barrera personal. El qué y el cómo.

**P.** ¿Son esas las dos principales preguntas que debe hacerse un artista?

**R.** Sí… Desde luego. Y en mi caso, alejarme de lo ruin y zafio, escarbar en la intimidad para producir risas.

**P.** ¿Cuántas beatas cotillas ha tenido usted en la familia como La Vieja del Visillo?

**R.** Todos llevamos dentro una. Detrás de cada comedia hay tragedia. Al exorcizar todo eso, digieres mejor los monstruos que habitan en ti. Cuando Blasa, uno de mis personajes, dice: «Ay, Señor, llévame pronto», hemos conocido a varias generaciones de mujeres así, entregadas a un marido que, cuando moría, no sabían qué hacer. Con eso he querido reivindicarlas. Decirles: hay más vida. Pero no vamos ahora por mal camino.

**P.** ¿Qué papel tiene el humor en las transformaciones sociales?

**R.** Es una puerta hacia la libertad. Por eso no debemos temerlo.

JESÚS RUIZ MANTILLA
*El País* (Adaptación)

# Comentario de texto

## Comprensión

**1** Responde.

- ¿Quién es el entrevistado? ¿A qué se dedica?
- ¿Cómo sintetiza el periodista lo que José Mota ha logrado gracias a su profesión? Explícalo con tus palabras.
- ¿Qué información sobre José Mota nos ofrece el entrevistador al comienzo?
- ¿Qué datos biográficos aporta el propio entrevistado?

**2** ¿Qué opina José Mota sobre estos temas?

- La comedia.
- Las imitaciones.
- Los miedos.
- El humor.

**3** ¿Qué comenta José Mota sobre su padre y su relación con los libros? ¿Y sobre sus valores?

**4** Durante la entrevista, se mencionan tres de los personajes que han hecho famoso al humorista.

Explica qué representa cada uno de esos personajes para José Mota.

- Averigua en la página oficial del cómico más datos sobre esos personajes.

**5** Busca en el diccionario estas palabras e identifica la acepción con la que se usan en la entrevista:

camaleón | entuertos | clásicos

## Estructura

**6** La entrevista que has leído está compuesta por los siguientes elementos:

- Titular.
- Presentación.
- Subtítulo.
- Cuerpo de la entrevista.

Señala con qué palabras comienza cada uno y explica cuál es su función.

**7** ¿Qué similitudes y diferencias ves entre esta entrevista y una conversación informal?

## Estilo

**8** La finalidad de un titular es sintetizar el tema de la información y captar la atención del lector.

¿Cuál tiene más carácter informativo: el titular o el subtítulo? ¿Por qué?

**9** En el texto se emplean distintas metáforas. Explica el significado de las siguientes:

- Agujetas anímicas.
- Tubo de escape.
- Sacar petróleo.
- Una caricatura del alma.

- Localiza en el texto otras palabras o expresiones que consideres de especial fuerza expresiva.

**10** El lenguaje periodístico debe ser claro, conciso y atractivo para el lector. Y la relación con el entrevistado debe ser cordial y de respeto.

¿Están presentes esas características en esta entrevista? Apoya tu respuesta con ejemplos del texto.

**11** José Mota menciona una obra cinematográfica y otra literaria.

¿Crees que son ejemplos que puede conocer cualquier lector? ¿Qué aportan a la conversación?

## Valoración

**12** Con la información que has obtenido del texto y de las actividades previas, explica qué sociedad retrata José Mota a través de sus personajes.

- ¿Se corresponde ese retrato con la visión que tienes tú de la España actual? ¿Por qué crees que resultan graciosos esos estereotipos?

**13** ¿Qué opinas sobre los límites que se ha fijado José Mota en el ejercicio de su profesión? ¿Por qué dice que no mendiga risas?

- ¿Crees que otros cómicos se imponen esos mismos límites?

**14** Al comienzo de la entrevista, el periodista dice que José Mota convierte el humor en un arte que está casi a la altura de un tratado de filosofía.

¿Habías pensado alguna vez que el humor puede tener una reflexión social o crítica detrás?

**15** Cada cierto tiempo aparece en los medios algún humorista que ha sido denunciado por ofender a una parte de la sociedad o a una persona. Debatid en clase sobre estos aspectos en torno a los límites del humor:

- ¿Qué casos concretos conocéis en los que haya pasado? ¿Creéis que era un caso justificado?
- ¿Cuándo se debe empezar a considerar que una broma es ofensiva? ¿Quién puede fijar ese límite?

# Los textos dialogados

## 1 Los textos dialogados. Clases

El monólogo ha sido muy utilizado en el teatro dramático y actualmente tiene una gran popularidad como género cómico.

Son **textos dialogados** aquellos en los que se intercambia información con otra persona.

La característica fundamental de la situación comunicativa en los textos dialogados es la alternancia en los papeles de emisor y receptor entre dos o más personas.

Según el **grado de planificación** del acto comunicativo, existen dos tipos de textos dialogados: espontáneos y planificados.

- Los textos dialogados **espontáneos** no siguen un plan previo. Las conversaciones de la vida cotidiana son textos dialogados espontáneos.
- Los textos dialogados **planificados** siguen un plan elaborado previamente. Los debates o las entrevistas son textos dialogados planificados.

La mayoría de los textos dialogados son **orales**, ya que el canal de comunicación habitual en esos textos, tanto espontáneos como planificados, es la lengua oral. Sin embargo, existen también textos dialogados **escritos**, como las conversaciones que se desarrollan en los chats.

## 2 La conversación

La **conversación** es un diálogo espontáneo que mantienen dos o más interlocutores.

La conversación es una de las formas más frecuentes de comunicación oral.

Para que una conversación cumpla su finalidad de intercambio comunicativo cada interlocutor debe cooperar activamente aportando la información que se le pide y no otra, con sinceridad y de manera clara.

La conversación suele presentar una estructura con las siguientes fases:

- **Apertura.** Consiste en un saludo o una llamada de atención con que se inicia la conversación.

  *–¿Qué tal? ¿Qué te cuentas?*

- **Orientación.** En esta fase se introduce el tema o se orienta la conversación hacia él.

  *–Oye, me han dicho que estás estudiando alemán…*

- **Desarrollo.** Es la fase en la que se producen las distintas intervenciones de los interlocutores con las que estos intercambian sus opiniones sobre el tema inicial y van introduciendo temas nuevos.

  *–Sí, me lo piden en el trabajo y me he matriculado en una academia.*

- **Cierre.** Es la parte final, en la que los interlocutores dan por concluida la conversación con alguna fórmula de despedida.

  *–Bueno, a ver si nos vemos pronto. Cuídate.*

## 3 El debate

El **debate** es un diálogo formal de carácter argumentativo en el que dos o más personas exponen su parecer sobre un tema determinado.

Los debates suelen versar sobre un tema polémico, que suscita diversas opiniones y hace posible la confrontación. En los debates, existe un moderador o moderadora que guía las intervenciones de los participantes.

El desarrollo del debate ofrece, por lo general, la siguiente estructura:

- **Introducción.** Se presenta a los participantes y se expone el tema del debate.
- **Exposición inicial.** Cada participante enuncia su postura acerca del tema.
- **Discusión.** Los interlocutores confrontan y argumentan sus opiniones.
- **Conclusión.** Cada participante sintetiza su postura final sobre el tema.
- **Despedida.** El moderador o moderadora resume las conclusiones y pone fin al debate.

La entrevista es un diálogo en el que un interlocutor plantea una serie de preguntas a otro. Aunque las entrevistas se realizan oralmente, frecuentemente se graban para poder reproducir con exactitud su contenido por escrito.

## 4 Rasgos lingüísticos de los textos dialogados

- **Apelaciones al interlocutor** para mantener el contacto comunicativo: uso de vocativos, formas verbales con valor imperativo y muletillas como *¿eh?, ¿no?, ¿me sigues?...*
- Uso de verbos, locuciones y adverbios que **introducen el punto de vista** del emisor en el discurso: *pienso, en mi opinión, personalmente...*
- Empleo de **expresiones deícticas** que señalan elementos aparecidos, generalmente con anterioridad, en el texto: *entonces, ahora, tú, él...*

### ACTIVIDADES

**1** Lee y explica qué tipo de texto es el siguiente:

**Llamada equivocada**

–Dígame.
–¿Quién es?
–Dígalo usted primero.
–No. Le pregunto yo. ¿Quién es?
–Ha sido usted quien llamaba.
–Pero si no sé con quién hablo, no puedo continuar.
–Pues entonces, adiós.

➤ ¿Se cumple en ese texto la finalidad del intercambio comunicativo? Explica por qué.

**2** Identifica en el texto anterior los rasgos lingüísticos de los textos dialogados.

**3** Reproduce una conversación escrita que hayas tenido con alguien a través de un chat.

➤ Explica la diferencia que existe entre ese texto y una conversación oral.

**4** Organizad en clase un debate sobre la influencia de los medios de comunicación –y, en especial, de la televisión– en nuestra sociedad. Tratad de responder a estas preguntas: ¿influyen realmente los medios en nuestro comportamiento?, ¿es nociva o beneficiosa esa influencia?

Debéis proceder del siguiente modo:

1. Organizaos en grupos y elegid en cada uno a un moderador o moderadora y a alguien que vaya analizando el desarrollo del debate.
2. Procurad argumentar de manera eficaz vuestras opiniones.
3. Al final, quien haya moderado el debate resumirá las conclusiones y quien haya ejercido de analista hará una crítica de las actitudes y la forma de argumentar de cada uno de los participantes.

**5** Compara los dos tipos de textos dialogados tratados en la unidad.

RECURSOS

## Rasgos paralingüísticos del diálogo

Los rasgos no lingüísticos que acompañan normalmente a la **comunicación verbal** reciben el nombre de **rasgos paralingüísticos**. Estos elementos pueden ponerse de manifiesto tanto de forma voluntaria como involuntaria; pero, en ambos casos, desempeñan un papel fundamental en el **diálogo**.

Son rasgos paralingüísticos la entonación, la intensidad, el timbre y la duración.

- La **entonación** es la variación melódica con la que se pronuncian los enunciados. Esta variación condiciona la **comprensión** del mensaje, ya que refleja una intención o una emoción que el lenguaje escrito no puede reproducir y, de este modo, puede **orientar la interpretación** del receptor. La entonación también puede reflejar **diferencias gramaticales**; así, por ejemplo, las oraciones enunciativas tienen una entonación con final descendente, mientras que esa entonación final es ascendente en las oraciones interrogativas.
- La **intensidad** es el volumen con que se emiten los mensajes. También muestra intenciones expresivas: a mayor intensidad, mayor **énfasis** pone el emisor en todo o parte del mensaje; mientras que con una intensidad baja transmite discreción o cierta confidencialidad. En los textos escritos con diálogos es frecuente que el narrador o narradora indique mediante determinados verbos de habla la intensidad expresiva de los interlocutores.
- El **timbre** es la cualidad del sonido determinada por el efecto que produce su percepción en el oyente. Esta cualidad puede transmitir información sobre aspectos relacionados con el emisor: edad, sexo, estado físico o emocional...
- La **duración** también se usa en ocasiones con fines expresivos: alargar una sílaba, por ejemplo, puede expresar énfasis, o hablar muy deprisa, nerviosismo.

## Verbos de *decir*

Nos hemos entretenido en hacer una lista de verbos de *decir* que vemos aparecer en los diálogos en español y, sin proponernos ser exhaustivos, nos hemos quedado de piedra porque nos ha salido enorme.

1) Unos se refieren a la progresión del propio diálogo: marcan cuestiones de orden y definen cómo participan en él los interlocutores: *empezar, continuar, añadir, repetir, interrumpir, concluir, contestar, responder*...
2) Otros, más pasionales, inciden en la intensidad o la intencionalidad del enunciado: *exclamar, prorrumpir, proferir, soltar, espetar, amenazar, recriminar, vituperar, regañar, recomendar, avisar, suplicar*...
3) También están los verbos sonoros, es decir, aquellos que describen formas de articulación vocal (y a veces mímica) que acompañan a los enunciados. *Susurrar, murmurar, balbucir, farfullar, cuchichear, titubear, mascullar, chillar* y *gritar*, por ejemplo, son formas acústicas de *decir*.
4) Otros aluden a la naturaleza lógica del enunciado, nos indican si es una afirmación, una negación o una interrogación (*preguntar, inquirir, interrogar*) o algo más dudoso (*dudar, vacilar*, incluso *sospechar*). Los de afirmación y negación son los más numerosos y complicados.

Luis Magrinyà
*Estilo rico, estilo pobre* (Adaptación)

**1** Explica por qué los verbos mencionados por el autor del texto no funcionan como sinónimos del verbo *decir*.

**2** Explica mediante ejemplos cómo podría variar la interpretación de las siguientes oraciones en función de los rasgos paralingüísticos:

- Laura ha preguntado por mí.
- Mira qué lista es su hermana.

SABER HACER

## Escribir una escena teatral

En las obras de teatro se cuenta una historia a través del diálogo y la actuación de unos personajes. Los textos teatrales contienen esos diálogos con algunas indicaciones para su representación. Vas a imaginar una escena teatral y vas a escribir el texto necesario para su puesta en escena.

**1** Imagina y cuenta un hecho en el que participen dos o más personas.

*Dos chicos coinciden en la misma sala del cine. Entablan conversación y acaban descubriendo que se conocieron de niños.*

**2** Identifica los elementos de la situación que se va a representar:

- Personajes: *dos chicos de unos dieciséis años, espectadores de distintas edades...*
- Lugar: *una sala de cine...*
- Tiempo: *los minutos previos al comienzo de una película.*

**3** Describe con detalle a cada uno de los personajes, en especial, a los protagonistas.

- Rasgos físicos.
- Rasgos de carácter.
- Forma de hablar.
- Cómo van vestidos.

➤ Elige también el nombre de cada uno.

**4** Imagina y describe con detalle el escenario en el que tendrá lugar el diálogo (qué mobiliario aparecerá en escena, qué otros decorados habrá, cómo se iluminará...).

*En escena aparecen varias filas escalonadas de butacas de cine. Al fondo se verá la zona de proyección...*

**5** Imagina y escribe el desarrollo y el desenlace de la historia.

*Entran espectadores por ambos lados de las butacas. Se sientan en la misma fila dos grupos de amigos. A uno se le caen todas las cosas al suelo...*

**6** Inventa y escribe los diálogos.

Escribe al comienzo de cada intervención el nombre del personaje.

**7** Añade las acotaciones necesarias para la representación de la escena: sobre el modo de hablar de los personajes, sus actitudes...

**8** Trabajad en grupos y seleccionad el texto que más os guste. Después, decidid quiénes leerán los diálogos y quién leerá las acotaciones y haced una lectura en voz alta.

**La puesta en escena**

Los textos teatrales se escriben para ser representados. Aunque contienen indicaciones sobre cómo llevar a cabo esa representación, quien dirige la obra de teatro debe realizar una serie de elecciones que conducirán a dar forma concreta a la representación: vestuario, diseño del decorado, música, iluminación, gestos de los personajes... Esas decisiones complementan el texto dramático y singularizan su representación.

# Sinonimia y antonimia

Algunas palabras coinciden en el significado, pero difieren en el registro en que se emplean. Así sucede con las palabras *cama* y *piltra*, ya que esta última es de uso coloquial.

## 1 Palabras sinónimas

Son **palabras sinónimas** las que expresan un mismo significado.

Así, *comenzar* y *empezar* son sinónimos porque podemos utilizar cualquiera de esos términos para expresar la acción de dar principio a algo.

*La película va a* ***comenzar*** *en este preciso instante.*

*La película va a* ***empezar*** *en este preciso instante.*

La sinonimia entre dos o más palabras puede ser total o parcial.

- Son **sinónimos totales** los que coinciden en todos sus significados, como *comenzar* y *empezar*. Este tipo de sinonimia es poco frecuente.
- Son **sinónimos parciales** los que no coinciden en todos sus significados.

*La tierra* ***da*** *frutos.* ▶ *La tierra* ***produce*** *frutos.*

*El niño* ***da*** *el regalo.* ▶ **El niño* ***produce*** *el regalo.*

## 2 Palabras antónimas

Son **palabras antónimas** las que expresan significados opuestos.

Existen distintas clases de antónimos según el tipo de oposición que existe entre sus significados.

- Son **antónimos binarios** aquellos cuyos significados se excluyen totalmente, es decir, el significado de un término equivale a la negación del otro, como *vivo* y *muerto*, *abierto* y *cerrado*.
- Son **antónimos de grado** aquellos cuyos significados expresan los extremos de una gradación, como *enorme* y *mínima* o *frío* y *caliente*.
- Son **antónimos inversos** aquellos cuyos significados se implican, como *comprar* y *vender*.

### ACTIVIDADES

**1** Elige los sinónimos que más se acerquen al significado de las palabras destacadas en la oración.

La condesa **dilapidó** su **fortuna**.

- consumió
- desembolsó
- bienes
- patrimonio
- caudal
- malgastó

**2** Escribe sinónimos de estas palabras y forma oraciones en las que sean intercambiables.

avaro · terminar · embustero

**3** Relaciona las palabras sinónimas.

- comprensible
- usar
- entendible
- sensata
- prudente
- utilizar

➤ Escribe un antónimo para cada pareja de palabras.

**4** Sustituye las palabras destacadas por un sinónimo y un antónimo.

- Este problema es bastante **complicado**.
- Julián **ignora** el motivo de mi visita.

# Secuencias de una o más palabras (I)

## 1 *Porqué, porque, por qué y por que*

Las palabras y expresiones *porqué, porque, por qué* y *por que* se escriben de manera diferente porque las palabras que las forman tienen categorías gramaticales distintas en cada caso, como vemos en la siguiente tabla:

| FORMA | SIGNIFICADO Y USO | EJEMPLOS |
|---|---|---|
| **porqué** | Es un sustantivo que significa 'motivo', 'razón', 'causa'. Su plural es *porqués.* | *No sabemos el porqué de su decisión. Tiene sus porqués.* |
| **porque** | Normalmente se emplea como conjunción causal y equivale a 'ya que'. | *Llegué tarde porque me quedé dormido.* |
| | Se utiliza como conjunción final + verbo en subjuntivo con el sentido de 'para que'. | *Harás lo que puedas porque vengan todos.* |
| **por qué** | Se emplea en oraciones interrogativas y exclamativas directas. | *¿Por qué estás tan alegre?* *¡Por qué lugares pasé!* |
| | También se utiliza en oraciones interrogativas y exclamativas indirectas. | *No sé por qué estoy alegre.* *Sé por qué lugares pasaste.* |
| **por que** | Cuando *que* es un relativo, equivale a *por el que, por la que, por los cuales...* | *El motivo por que no fui es que estaba ocupada.* |
| | Cuando *que* es conjunción, *por* introduce una oración subordinada que funciona como complemento exigido por el verbo. | *Estaba preocupado por que no llegaras a tiempo a tu propia fiesta.* |

## ACTIVIDADES

**1** Copia las oraciones y elige la opción adecuada en cada caso.

- Los asistentes tenían un (porqué / por qué) para estar de celebración.
- Me gustaría saber (porqué / por qué) está contenta.
- ¿Quién te dijo que no iríamos esta tarde al cine (porque / por qué) preferíamos quedarnos en casa?
- Esa es la razón (porque / por que) accedí a darte el dinero que me pediste.

**2** Copia y completa las oraciones eligiendo *porqué, porque, por qué* o *por que*.

- Desconocía ____ se había marchado sin despedirse.
- Quiero que me digas el ____ de tu reacción.
- No lo sé ____ no lo he estudiado aún.
- He apostado ____ seas el primero en llegar.

**3** Inventa y escribe una oración con cada palabra o expresión: *porqué, porque, por qué* y *por que*.

**4** AUTODICTADO. Copia y completa el texto con *porqué, porque, por qué* o *por que*.

**La curiosidad**

La niña siempre preguntaba a su padre el ____ de todas las cosas.

–Papá, ¿____ el cielo es azul? ¿____ no nos caemos si la Tierra es redonda?

Un día, el padre, inquieto ____ su hija tenía tantas dudas, le preguntó ____ quería saber esas cosas. La niña respondió:

–Mi profesora dice que ella siempre se alegra ____ queramos aprender... y yo quiero que tú también te alegres.

# La subordinación sustantiva

## Claves para empezar

- Explica qué es una oración subordinada y qué clases hay. Pon un ejemplo de cada tipo.
- Analiza los ejemplos que has escrito e indica en cada caso cuál es la oración principal y la subordinada.
- Di qué clase de sintagma tiene como núcleo un sustantivo y qué funciones pueden desempeñar esos sintagmas.

## 1 Las oraciones subordinadas sustantivas

Las **oraciones subordinadas sustantivas** son oraciones subordinadas que se comportan como un sintagma nominal.

En la oración *Los expertos creen que hallarán una solución*, la oración *que hallarán una solución* es una subordinada sustantiva que funciona como complemento directo, una de las funciones propias del sintagma nominal.

## 2 Características de las oraciones sustantivas

Las oraciones subordinadas sustantivas presentan estas características:

- Desempeñan las **funciones sintácticas** propias de los sintagmas nominales: sujeto, complemento directo…

  *Es necesario que asistas a la reunión*. (Sujeto).

  *No sé si quedarán aún entradas*. (CD).

- Van generalmente introducidas por las **conjunciones** *que* o *si* o por un **interrogativo** o **exclamativo** (*quién, qué, cuál, cuánto, dónde, adónde, cuándo, cómo*). Cuando el verbo es un **infinitivo**, carecen de enlace.

  *Nos molesta que sea tan informal.* *Dime qué ha pasado.*

  *Pregúntale si conoce la clave.* *Recuerdo haber dejado las llaves.*

- Pueden sustituirse por un **sintagma nominal**, por el **pronombre personal** átono *lo* o por un **pronombre demostrativo** neutro:

  *Es necesario que asistas.* ▶ *Es necesaria tu asistencia.*

  *No sé si quedarán aún entradas.* ▶ *No lo sé.*

  *Nos molesta que sea tan informal.* ▶ *Nos molesta eso.*

## ACTIVIDADES

**1** Delimita en cada caso la oración subordinada sustantiva y sustitúyela por *lo* o *eso*.

- Les recordé a todos que celebraba mi cumpleaños.
- Que viva de ese modo es muy interesante.
- Me gustaría ver esa película.
- Ignoro cuándo terminaste el trabajo.
- Les anunció que se casaría pronto.
- Perder el tren fue un gran problema.

▶ Identifica la función de esas subordinadas.

**2** Convierte los sintagmas destacados en oraciones sustantivas.

Reconoció **su error**. Sintió **la picadura**.

**3** Identifica las oraciones sustantivas del siguiente microrrelato:

### El sol

Los ojebways imaginaban que los eclipses significaban que el sol estaba extinguiéndose. En consecuencia, disparaban al aire flechas incendiarias, esperando que podrían reavivar su luz agonizante.

James George Frazer
*La rama dorada* (Adaptación)

▶ ¿Cuál de las oraciones sustantivas incluye otra oración sustantiva?

**4** Resume el argumento de una novela o una película que te haya gustado utilizando al menos cuatro oraciones sustantivas.

## 3 Clases de oraciones sustantivas

Las oraciones subordinadas sustantivas se clasifican principalmente en oraciones **declarativas**, **interrogativas indirectas** y **exclamativas indirectas**.

- Las **oraciones declarativas** se emplean para afirmar o negar algo. Se pueden construir de dos formas distintas:
  - Con la **conjunción *que***: *Le sugerí que tuviera cuidado*.
  - Con un **verbo en infinitivo**, sin necesidad de nexo: *Me extrañó ver a Elsa*.
- Las **oraciones interrogativas indirectas** son oraciones subordinadas sustantivas que implican una pregunta sin formularla directamente. Se construyen con la **conjunción *si*** o con **interrogativos**:

  *Me han preguntado si estaría libre el sábado.*

  *Inés había olvidado dónde dejó el coche.*

  Los nexos interrogativos, a diferencia de la conjunción *si*, desempeñan una función sintáctica en la oración subordinada; en la oración anterior, por ejemplo, *dónde* funciona como complemento circunstancial de *dejó*.
- Las **oraciones exclamativas indirectas** son oraciones subordinadas sustantivas que van encabezadas por un exclamativo:

  *No imaginas quién ha venido.* *Escucha cómo suena esa música.*

### Oraciones de relativo sin antecedente expreso

Se consideran también **oraciones subordinadas sustantivas** las oraciones subordinadas encabezadas por el relativo ***quien*** o por un artículo seguido del relativo ***que***, cuando estos relativos no tienen antecedente expreso:

*Quien haya estado aquí no ha dejado ninguna huella.*

*En ese juego gana el que tiene más suerte.*

### ACTIVIDADES

**5** Identifica las oraciones compuestas en las que la oración introducida por *que* o *si* es sustantiva.

- Me ordenó que dejara mi puesto.
- Aprobarás en junio si estudias diariamente.
- Le dije que no me encontraba bien.
- Esperabas la carta que yo nunca envié.
- Pregúntale si esa opción es factible.

➤ Indica la clase a la que pertenecen las oraciones sustantivas que has identificado.

**6** Escribe oraciones compuestas que contengan estas oraciones como subordinadas sustantivas:

- ¿Quién asistió a la rueda de prensa?
- ¿Dónde se alojaron los invitados?
- ¿Cuántas casas se quemaron?

**7** Localiza entre estas oraciones las que contienen una subordinada sustantiva:

- Reencontré a la que me ignoró.
- La chica que vi parecía simpática.
- Quise verla abandonando su embarcación.
- No sabe dónde está su hermano mayor.

➤ Indica la clase de cada una de esas subordinadas.

**8** Escribe en cada caso dos oraciones compuestas que incluyan una subordinada sustantiva de los siguientes tipos:

| | |
|---|---|
| Declarativa con *que*. | Declarativa con infinitivo. |
| Interrogativa con *si*. | Exclamativa indirecta. |

## 4 Función de las oraciones sustantivas

Las oraciones subordinadas sustantivas pueden desempeñar las **funciones** de sujeto, complemento directo y término de preposición.

- Oraciones sustantivas en función de **sujeto**:

  *Es mejor que nos separemos.*

  *Os conviene tener los ojos bien abiertos.*

- Oraciones sustantivas en función de **complemento directo**:

  *Afirman que su intención era buena.*

  *Averiguad quién tiene el plano.*

- Oraciones sustantivas en función de **término de preposición**:

  *Lo hizo sin que se lo pidieran.*

  *Estoy orgulloso de tener unos hijos así.*

### Función de los SPrep. que incluyen una subordinada sustantiva

Los sintagmas preposicionales que incluyen una subordinada sustantiva pueden realizar las siguientes funciones:

| | |
|---|---|
| **Complemento directo** | *Han encontrado* ***a quien hizo eso****.* |
| **Complemento indirecto** | *Daré el recado* ***a quien me digas****.* |
| **Complemento de régimen** | *No renuncio* ***a encontrar una solución****.* |
| **Complemento circunstancial** | *El acto transcurrió* ***sin que se produjeran incidentes****.* |
| **Complemento agente** | *El discurso será pronunciado* ***por quien designemos****.* |
| **Complemento de un nombre** | *Esa es la mejor forma* ***de resolver el asunto****.* |
| **Complemento de un adjetivo** | *Marga es partidaria* ***de hablar con ellos****.* |
| **Complemento de un adverbio** | *Arregla tu cuarto antes* ***de que vengan tus primas****.* |

### Claves para estudiar

Comprueba lo que has aprendido resolviendo estas actividades:

- Explica qué es una oración subordinada sustantiva y enuncia sus clases.
- Di qué funciones sintácticas puede desempeñar una oración subordinada sustantiva y qué clases de palabras la introducen.
- Enumera las funciones que pueden tener los sintagmas preposicionales que incluyen una subordinada sustantiva y pon un ejemplo de cada tipo.

## ACTIVIDADES

**9** Identifica en cada oración compuesta la oración sustantiva e indica su función.

- ¿Te han dicho qué bolsa van a elegir?
- Explícale cómo se resuelve el problema.
- Yo no hablé de tener privilegios.
- Contaré esta historia a quien me lo pida.
- Estaba ansiosa por conocer la respuesta.
- Será elegida quien pruebe su valía.
- No digas que no te lo he dicho.

**10** Escribe tres oraciones compuestas con una subordinada sustantiva que desempeñe una función distinta en cada caso.

**11** Explica de forma razonada si estas afirmaciones son verdaderas o falsas y pon ejemplos:

- Las oraciones sustantivas van siempre introducidas por un enlace subordinante.
- Las oraciones sustantivas no pueden ocupar la posición inicial en la oración compuesta.
- Todas las oraciones subordinadas encabezadas por *quién* son sustantivas.
- Los únicos pronombres que pueden introducir una oración sustantiva son los interrogativos.

## APLICACIÓN

**1** Fíjate en estos mensajes y complétalos con oraciones subordinadas sustantivas.

- Di qué función desempeña cada una de las oraciones subordinadas sustantivas que has escrito.

**2** En parejas, escribid seis preguntas que comiencen por cada una de las palabras interrogativas de la foto del margen.

- Intercambiad los cuadernos y transformad esas oraciones utilizando expresiones de este tipo:

| | |
|---|---|
| Me pregunto ___. | No descubrí ___. |
| No entiendo ___. | Es un misterio ___. |

- Decid si las oraciones resultantes son declarativas, interrogativas indirectas o exclamativas indirectas.

**3** Localiza las oraciones subordinadas sustantivas de estos fragmentos de la canción *Mi vida entera*, del grupo Morat, y di qué función tiene cada una.

*Me prometiste revivir tu corazón de piedra.*

*Sostenerte la mirada me quema.*

*Voy a rogarle sin descanso al tiempo que esta canción dure mi vida entera.*

- En parejas, localizad oraciones subordinadas de ese tipo en alguna canción que os guste.

**4** ANÁLISIS SINTÁCTICO. Analiza estas oraciones como en los ejemplos:

- Creo que volveré a casa hoy.
- Diego recuerda haber escuchado el teléfono.
- Quien estudie aprobará el examen.
- Que haga buen tiempo siempre alegra.
- Piensa en qué gastarás ese dinero.
- Sandra quiere saber las notas.

| (Yo) | *Deseo* | *que vayamos a la playa.* |
|---|---|---|
| | N | CD (Or. sub. sustantiva) |
| Sujeto tácito | Predicado | |

| *Es* | *increíble* | *que hayamos llegado ya.* |
|---|---|---|
| N | Atributo | |
| Predicado | | Sujeto (Or. sub. sustantiva) |

# La novela de posguerra

SABER MÁS

**La novela del exilio**

Acabada la Guerra Civil en 1939, los escritores que manifestaron su apoyo a la República tuvieron que salir del país. Allí, en el extranjero, escribieron novelas que versaron sobre España desde una perspectiva crítica hacia el régimen franquista. Estos escritores desarrollaron una narrativa que, aunque evolucionó de forma heterogénea, trató sobre la falta de libertad, la Guerra Civil y la dictadura.

Entre los autores más destacados de esta corriente se encuentran Max Aub, Rosa Chacel, Francisco Ayala y Ramón J. Sender, autor de ***Réquiem por un campesino español***, considerada por algunos críticos como la obra más emblemática de la novela del exilio.

## 1 La novela de los años cuarenta

En la década de 1940, se impone una orientación realista en la novela y, en especial, una **visión pesimista** que ofrece la cara más sórdida de la realidad, poblada por personajes inadaptados, solitarios y frustrados que buscan una salida a su vacío existencial. Las novelas más destacadas de estos años son ***La familia de Pascual Duarte*** y ***Nada***.

### *La familia de Pascual Duarte*

Esta novela escrita en 1942 por Camilo José Cela (1916-2002), Premio Nobel de Literatura en 1989, inaugura una corriente narrativa llamada **tremendismo**, una reflexión profunda sobre la condición humana en la que se insiste en los aspectos más brutales de la realidad. Así, en *La familia de Pascual Duarte*, un asesino confiesa sus crímenes antes de ser ejecutado, mostrando los detalles más sórdidos, que relata de forma objetiva y neutral, sin extraer ninguna conclusión moral. La novela, no obstante, deja entrever las causas psicológicas de la conducta de Pascual Duarte: bajo la narración de los crímenes se vislumbra la remota humanidad del personaje, su radical desvalimiento.

### *Nada*

Es la primera obra de Carmen Laforet (1921-2004), publicada en 1945, con la que ganó el Premio Nadal, un galardón de extraordinaria importancia en la narrativa de la posguerra. La novela refleja el **pesimismo existencial** de esta década. La protagonista es Andrea, una joven universitaria que llega a Barcelona para estudiar Letras y se instala en la casa de su abuela, donde vive muchas tensiones. La trama discurre entre la incomunicación que sufre Andrea en la casa familiar y la cordialidad que vive en la universidad, donde conoce a Ena. Finalmente, se produce un enfrentamiento entre esos dos mundos.

## 2 La novela social de los años cincuenta

La narrativa de la década de 1950 se centra en los **conflictos sociales** y en la **denuncia de la injusticia**. Se caracteriza por el empleo de **técnicas realistas** y el **enfoque objetivo**; el **desinterés por el análisis psicológico** de los personajes; la sustitución del protagonista por un **personaje colectivo**; la **concentración temporal y espacial** de los hechos; y la **sencillez y claridad del lenguaje**, reflejo del interés por reproducir fielmente el habla coloquial.

Destacan *Las ratas*, de Miguel Delibes; *El fulgor y la sangre*, de Ignacio Aldecoa; y *Entre visillos*, de Carmen Martín Gaite. Aunque las más representativas son ***La colmena***, de Camilo José Cela, y ***El Jarama***, de Rafael Sánchez Ferlosio.

La colectividad es el verdadero protagonista de *La colmena*. Esta misma idea de un grupo de individuos sin personalidad está presente en la obra *Fraternidad*, del prestigioso artista Rafael Canogar.

### *La colmena*

Esta obra fue publicada en 1951 y dio origen a la novela social. La obra posee una **estructura original** basada en el cruce de las historias que se tejen en torno a los distintos personajes que frecuentan un café madrileño. No hay en ella ningún personaje individual porque el autor quiere presentar de forma fragmentaria y discontinua las vidas de los personajes, para mostrar así un mosaico de la realidad cotidiana, una amarga crónica del Madrid de posguerra.

### *El Jarama*

Esta novela de Rafael Sánchez Ferlosio (1927-2019) es la mejor muestra de la **técnica objetivista**: el narrador se limita a registrar los hechos como si de una cámara cinematográfica se tratara, sin valorarlos ni comentarlos en ningún momento. La obra, publicada en 1955, narra la excursión de unos jóvenes al río Jarama a través de las conversaciones que mantienen dos grupos de personas: los jóvenes excursionistas procedentes de un barrio obrero de Madrid y los adultos que se reúnen en un merendero próximo al río. La trivialidad de los diálogos, en los que se reproduce con absoluta fidelidad el habla coloquial de la época, y lo insustancial de los hechos narrados hacen aflorar la falta de sueños, de aspiraciones y de ilusión de ambas generaciones.

El neorrealismo italiano es una corriente cinematográfica que, al igual que la novela social, reflejó las duras condiciones sociales que se vivieron durante la posguerra. En la imagen, un cartel de la película *Ladrón de bicicletas*, de Vittorio de Sica.

## 3 La novela experimental de los años sesenta

El agotamiento de la novela social llevó en la década de 1960 a la búsqueda de técnicas narrativas nuevas. Así, se comienza a **jugar con la forma del relato**, alterando de diversas maneras su estructura y el lenguaje. Esta actitud de experimentación modifica también la función del lector, que debe participar activamente en la interpretación de la obra.

La novela experimental presenta, entre otras, estas características: la **multiplicidad de puntos de vista**, mediante la alternancia de las voces de los personajes y del narrador o narradora; la **destrucción de la linealidad temporal del relato**, con técnicas como la retrospección o *flash-back*, que recupera hechos pasados, o la anticipación, que adelanta acontecimientos futuros; y el **tratamiento innovador del lenguaje**, que se manifiesta a menudo en la **ruptura de la lógica y de la sintaxis**.

Entre las obras de esta tendencia destacan *San Camilo, 1936* y *Oficio de tinieblas 5*, de Camilo José Cela; *Volverás a Región*, de Juan Benet; *Señas de identidad*, de Juan Goytisolo; *Últimas tardes con Teresa*, de Juan Marsé; ***Tiempo de silencio***, de Luis Martín-Santos, y ***Cinco horas con Mario***, de Miguel Delibes. De ellas, las dos últimas son las novelas experimentales más importantes.

**SABER MÁS**

**La Generación Perdida**

Entre las influencias que recibió la novela experimental, se encuentra la ejercida por la Generación Perdida: un grupo de escritores estadounidenses de la década de 1920 que renovaron la novela del siglo pasado. Pertenecen a este grupo John Dos Passos y William Faulkner.

### ACTIVIDADES

**1** Lee el texto y di qué argumentos da el protagonista para explicar su conducta.

Yo, señor, no soy malo, aunque no me faltarían motivos para serlo. Los mismos cueros tenemos todos los mortales al nacer y sin embargo, cuando vamos creciendo, el destino se complace en variarnos como si fuésemos de cera y en destinarnos por sendas diferentes al mismo fin: la muerte. Hay hombres a quienes se les ordena marchar por el camino de las flores, y hombres a quienes se les manda tirar por el camino de los cardos y de las chumberas. Aquellos gozan de un mirar sereno y al aroma de su felicidad sonríen con la cara del inocente; estos otros sufren del sol violento de la llanura y arrugan el ceño como las alimañas por defenderse. Hay mucha diferencia entre adornarse las carnes con arrebol y colonia, y hacerlo con tatuajes que después nadie ha de borrar ya.

CAMILO JOSÉ CELA, *La familia de Pascual Duarte*

**2** Lee este fragmento de *Nada*, de Carmen Laforet, y di qué pensamientos expresan el vacío existencial que siente la protagonista.

**¡Cuántos días inútiles!**

Días llenos de historias, demasiadas historias turbias. Historias completas, apenas iniciadas e hinchadas ya como una vieja madera a la intemperie. Historias demasiado oscuras para mí. Su olor, que era el podrido olor de mi casa, me causaba cierta náusea… Y sin embargo, había llegado a constituir el único interés de mi vida. Poco a poco me había ido quedando ante mis propios ojos en un segundo plano de la realidad, abiertos mis sentidos solo para la vida que bullía en el piso de la calle de Aribau. Me acostumbraba a olvidarme de mi aspecto y de mis sueños.

- Explica qué relación tiene el título de la novela con esos pensamientos.

### Claves para estudiar

Resuelve estas actividades:

- Menciona los principales rasgos de la novela de la década de los cuarenta y las obras fundamentales de este periodo.
- Explica las características de la novela social a través de algunos rasgos de *La colmena* y *El Jarama*.
- Resume los rasgos de la novela experimental y di qué obra inaugura esta corriente.

### *Tiempo de silencio*

La publicación de esta novela en 1962 marca el inicio de la novela experimental. Luis Martín-Santos (1924-1964) emplea técnicas narrativas, como el **monólogo interior**, mediante el que los personajes expresan sus pensamientos y sentimientos de forma libre. También experimenta con el lenguaje alternando **estilos muy distintos**, que a menudo contrastan con el tema o el ambiente. La descripción de unas chabolas, por ejemplo, se realiza en un tono grandilocuente, propio de los géneros literarios más elevados. Con este contraste paródico, el autor busca poner de relieve el **sinsentido de la existencia** que llevan los personajes y la sordidez que envuelve a la sociedad española.

La novela cuenta la historia de Pedro, un médico que vive en Madrid y que es detenido a causa de un aborto clandestino en el que se ha visto involucrado. Aunque después se descubre su inocencia, pierde su trabajo y abandona la ciudad. La obra va desvelando las miserias de los círculos sociales en los que se desenvuelve el protagonista: la clase alta, los intelectuales, los marginados…

### *Cinco horas con Mario*

Esta novela, escrita en 1966 por Miguel Delibes (1920-2010), representa la incorporación a la corriente renovadora del autor, que había publicado ya con anterioridad algunas novelas notables: *La sombra del ciprés es alargada*, *El camino*, *Las ratas*… En *Cinco horas con Mario*, reproduce el monólogo de Carmen mientras vela el cuerpo de su esposo, Mario. En realidad, el texto enfrenta dos ideologías: una visión conservadora y convencional, encarnada en Carmen; y una visión liberal e idealista, representada por Mario. En esta novela el autor consigue persuadir al lector de la frivolidad e inconsistencia de las ideas de Carmen valiéndose precisamente del propio discurso de esta.

## ACTIVIDADES

**3** **Lee este fragmento de *Tiempo de silencio*, de Luis Martín-Santos, y di qué técnica narrativa se emplea en él. Justifica tu respuesta.**

> Tú no la mataste. Estaba muerta. Yo la maté. ¿Por qué? ¿Por qué? Tú no la mataste. Estaba muerta. Yo no la maté. Ya estaba muerta. Yo no fui. No pensar. No pensar. No pienses. No pienses en nada. Tranquilo, estoy tranquilo. No me pasa nada. Estoy tranquilo así. Me quedo así quieto. Estoy esperando. No tengo que pensar. No me pasa nada. Estoy así tranquilo, el tiempo pasa y yo estoy tranquilo porque no pienso en nada. Es cuestión de aprender a no pensar en nada, de fijar la mirada en la pared, de hacer otro dibujo con el hierrecito del zapato, un dibujo cualquiera, no tiene que ser una muchacha, puedes hacer un dibujo distinto aunque siempre hayas dibujado mal.

- Redacta un texto en el que expongas el conflicto de emociones y pensamientos que sufre el personaje en este fragmento.

**4** **¿En qué consiste el enfrentamiento entre Carmen y su marido que se refleja en este fragmento de *Cinco horas con Mario*, de Miguel Delibes?**

> No hay quien te entienda, Mario, cariño, y me hace sufrir lo que nadie sabe ver que no eres normal, que la vida no te digo que no tenga contrariedades, ojalá, pero hay que sobreponerse, hay que disfrutarla creo yo, ya ves mamá, a todas horas, «nena, solo se vive una vez», que lo oyes así y parece que no, que es una tontería, pero te paras a pensar y en esa frase hay mucha filosofía, tiene mucha miga, Mario, más de lo que parece, bueno, pues tú, no señor, lo primero, los defectos. Y no es que yo vaya a decir que no haya injusticias, ni corrupción, ni cosas de esas que tú dices, pero siempre las ha habido, ¿no?, como siempre hubo pobres y ricos, Mario, que es ley de vida, desengáñate.

- Pon ejemplos de los rasgos característicos del lenguaje coloquial que se dan en el fragmento.
- ¿Por qué crees que el autor utiliza ese registro?

SABER HACER

## Narrar empleando el monólogo interior

**Un ejemplo de monólogo interior**

*tuiiiituoooor algún tren silbando por ahí la fuerza que tienen estas locomotoras como gigantes enormes con el agua agitándose por todos lados y saliéndose por mil sitios como el final de la vieja y dulce canción de amor los pobres hombres que tienen que estar todas las noches alejados de sus mujeres y familias esos hornos de las locomotoras hoy fue un día sofocante suerte que quemé la mitad de esas revistas viejas deja las cosas así por ahí se está poniendo muy descuidado...*

JAMES JOYCE, *Ulises*

El monólogo interior es una técnica mediante la cual el narrador o narradora muestra las sucesiones de pensamientos e impresiones de un personaje. Es una técnica compleja, ya que pretende reproducir mediante el lenguaje el pensamiento humano. Vamos a escribir un monólogo interior.

**1** Imagina una situación concreta en la que se encuentre un personaje de una narración. Si quieres, puedes elegir una de las siguientes:

- Una actriz en su camerino antes de un estreno teatral.
- Una persona atrapada en un ascensor.
- Alguien que intenta dormirse y no lo consigue.

**2** Escribe al menos cuatro pensamientos o sensaciones a los que el personaje va a volver una y otra vez, de forma recurrente.

*No hemos ensayado lo suficiente... Al ayudante de dirección no le gusta mi papel... Qué melancólica me siento... Tengo hambre...*

**3** Lee este ejemplo de monólogo interior y compáralo con el ejemplo del texto de James Joyce del margen:

*Relajación autógena. Yoga. Estar tendido quieto. Tocar la pared despacio con la mano. Relax. Dominar la angustia. Pensar despacio.*

LUIS MARTÍN-SANTOS, *Tiempo de silencio*

▶ Indica qué diferencias sintácticas y ortográficas hay entre ambos y elige una de esas dos modalidades para tu monólogo.

**4** Escribe tu monólogo evitando la narración de movimientos, las descripciones y las explicaciones.

*Cinco minutos para la función, el ayudante qué antipático, no hace falta que lo diga a gritos, tengo un nudo en el estómago, no estoy segura, no saldrá bien, y este día tan gris, qué nervios, se me están agarrando al estómago...*

▶ Ten en cuenta que el pensamiento no está sujeto a la planificación ni a la lógica. Es frecuente que se hagan asociaciones libres y surjan pensamientos espontáneos, bruscos, violentos o irreverentes.

**5** Completa tu monólogo interior siguiendo estas pautas:

Asocia libremente ideas.

Evita construir frases completas.

No pretendas ser comprensible.

*No tendría que haber comido una mancha puaj sucio que está esto asco, no esto no, solo si, no está bien, acaso ¿pero estás...? si es que este día es insoportable, me gustan los días, le esperaré esta maldita frase, no ensayé se atasca suficiente se atasca...*

Prescinde de reglas sintácticas y de signos de puntuación.

Sé espontáneo y directo.

Incluye contradicciones.

Recurre a repeticiones.

# Daniel, el Mochuelo

*Daniel, un niño de once años al que apodan el Mochuelo, se encuentra en la cama pensando en el viaje que emprenderá al día siguiente para comenzar los estudios de Bachillerato en la ciudad.*

Las cosas podían haber sucedido de cualquier otra manera y, sin embargo, sucedieron así. Daniel, el Mochuelo, desde el fondo de sus once años, lamentaba el curso de los acontecimientos, aunque lo acatara como una realidad inevitable y fatal. Después de todo, que su padre aspirara a hacer de él algo más que un quesero era un hecho que honraba a su padre. Pero por lo que a él afectaba...

Su padre entendía que esto era progresar; Daniel, el Mochuelo, no lo sabía exactamente. El que él estudiase el Bachillerato en la ciudad podía ser, a la larga, efectivamente, un progreso. Ramón, el hijo del boticario, estudiaba ya para abogado en la ciudad, y cuando les visitaba, durante las vacaciones, venía empingorotado como un pavo real y les miraba a todos por encima del hombro; incluso al salir de misa los domingos y fiestas de guardar, se permitía corregir las palabras que don José, el cura, que era un gran santo, pronunciara desde el púlpito. Si esto era progresar, el marcharse a la ciudad a iniciar el Bachillerato constituía, sin duda, la base de este progreso.

Pero a Daniel, el Mochuelo, le bullían muchas dudas en la cabeza a este respecto. Él creía saber cuanto puede saber un hombre. Leía de corrido, escribía para entenderse y conocía y sabía aplicar las cuatro reglas.

Bien mirado, pocas cosas más cabían en un cerebro normalmente desarrollado. No obstante, en la ciudad, los estudios de Bachillerato constaban, según decían, de siete años y, después, los estudios superiores, en la Universidad, de otros tantos años, por lo menos. ¿Podría existir algo en el mundo cuyo conocimiento exigiera catorce años de esfuerzo, tres más de los que ahora contaba Daniel?

Seguramente, en la ciudad se pierde mucho el tiempo –pensaba el Mochuelo– y, a fin de cuentas, habrá quien, al cabo de catorce años de estudio, no acierte a distinguir un rendajo de un jilguero o una boñiga de un cagajón. La vida era así de rara, absurda y caprichosa. El caso era trabajar y afanarse en las cosas inútiles o poco prácticas.

Daniel, el Mochuelo, se revolvió en el lecho y los muelles de su camastro de hierro chirriaron desagradablemente.

Que él recordase, era esta la primera vez que no se dormía tan pronto caía en la cama. Pero esta noche tenía muchas cosas en que pensar. Mañana, tal vez, no fuese ya tiempo. Por la mañana, a las nueve en punto, tomaría el rápido ascendente y se despediría del pueblo hasta las Navidades. Tres meses encerrado en un colegio.

A Daniel, el Mochuelo, le pareció que le faltaba aire y respiró con ansia dos o tres veces. Presintió la escena de la partida y pensó que no sabría contener las lágrimas, por más que su amigo Roque, el Moñigo, le dijese que un hombre bien hombre no debe llorar aunque se le muera el padre.

MIGUEL DELIBES, *El camino*

# Comentario de texto

## Comprensión

**1** Explica por qué se ve obligado Daniel a abandonar el pueblo.

**2** Responde de forma razonada. ¿En qué consiste el progreso para los padres de Daniel? ¿Comparte él esa opinión?

**3** ¿Qué piensa Daniel sobre lo que se aprende en la ciudad? ¿Qué conocimientos valora él como importantes? Señala las partes del texto en las que se reflejen los pensamientos del protagonista.

**4** La mayoría de los personajes de *El camino* tienen un apodo, que sintetiza su carácter o pone de manifiesto algún detalle significativo de su personalidad.

Responde.

- ¿Qué rasgos de la forma de ser de Daniel asociarías con su apodo? Justifica tu respuesta.
- ¿Qué otros rasgos del carácter de Daniel se podrían deducir del texto?

## Estructura

**5** Responde.

- ¿Es la voz narrativa un personaje de la novela?
- ¿En qué momento de la historia de Daniel comienza el relato?
- ¿Qué procedimiento narrativo se emplea para dar a conocer los pensamientos del protagonista?

**6** Explica razonadamente si el narrador del texto es interno o externo, es decir, si se expresa en primera o en tercera persona.

▸ ¿Cuál es el punto de vista desde el que se cuentan los hechos? ¿Coincide con los pensamientos y sensaciones de algún personaje o es el propio de una figura externa, ajena a la historia?

**7** PARA PENSAR. Deduce de tus respuestas a la actividad anterior las relaciones que pueden darse entre los conceptos de narrador y punto de vista.

## Estilo

**8** Caracteriza brevemente el estilo del autor a partir del texto que has leído. Pon ejemplos de los rasgos que señales.

**9** En *El camino*, Delibes incluye muchas palabras propias del ámbito rural.

Identifica en el texto algunos vocablos pertenecientes a ese campo.

## Valoración

**10** Responde de forma razonada.

- ¿Opinas que el texto de la página anterior es, desde el punto de vista literario, un buen texto? ¿Por qué?
- ¿Te ha gustado? ¿Por qué?

**11** Una de las etapas de la trayectoria literaria de Miguel Delibes es el realismo social, cuyos rasgos se aprecian en la obra a la que pertenece el texto que has leído. ¿Qué aspectos del texto se podrían relacionar con esa tendencia artística?

▸ ¿Crees que existe en el texto algún tipo de crítica social? Argumenta tu respuesta.

**12** Uno de los temas que se abordan en esta novela es el despoblamiento de las zonas rurales. ¿Te parece que este hecho constituye un problema en la actualidad? Razona tu opinión.

**13** ¿Dónde preferirías vivir tú: en el campo o en la ciudad? Explica los motivos de tu preferencia con argumentos que apoyen tu respuesta.

### TALLER DE CREACIÓN

Escribe el texto en primera persona, con Daniel como narrador.

Puedes suprimir alguna parte y añadir lo que consideres necesario para expresar los pensamientos del protagonista y sus sentimientos en relación con el momento vital en el que se encuentra.

## El destino incierto

Martín lía un pitillo y empieza a leer el periódico.

–Esto de la guerra es la gran barbaridad. Todos pierden y ninguno hace avanzar ni un paso a la cultura.

Por dentro sonríe, va de éxito en éxito.

De vez en cuando, piensa sobre lo que lee, mirando para el horizonte.

–En fin, ¡sigamos!

Martín lee todo, todo le interesa, las crónicas internacionales, el artículo de fondo, el extracto de unos discursos, la información teatral, los estrenos de los cines, la liga…

Martín nota que la vida, saliendo a las afueras a respirar aire puro, tiene unos matices más tiernos, más delicados que viviendo constantemente hundido en la ciudad.

Martín dobla el diario, lo guarda en el bolsillo de la americana, y rompe a andar. Hoy sabe más cosas que nunca, hoy podría seguir cualquier conversación sobre la actualidad. El periódico se lo ha leído de arriba abajo, la sección de anuncios la deja para verla con calma, en algún café, por si hay que apuntar alguna dirección o llamar a cualquier teléfono. La sección de anuncios, los edictos[1] y el racionamiento[2] de los pueblos del cinturón es lo único que Martín no leyó.

Al llegar a la plaza de toros ve un grupo de chicas que le miran.

–Adiós, preciosas.

–Adiós, turista.

A Martín le salta el corazón en el pecho. Es feliz. Sube por Alcalá a paso picado, silbando la Madelón[3].

–Hoy verán los míos que soy otro hombre.

Los suyos pensaban algo por el estilo. Martín, que lleva ya largo rato andando, se para ante los escaparates de una bisutería.

–Cuando esté trabajando y gane dinero, le compraré unos pendientes a la Filo. Y otros a Purita.

Se palpa el periódico y sonríe.

–¡Aquí puede haber una pista!

Martín, por un vago presentimiento, no quiere precipitarse… En el bolsillo lleva el periódico, del que no ha leído todavía la sección de anuncios ni los edictos. Ni el racionamiento de los pueblos del cinturón.

–¡Ja, ja! ¡Los pueblos del cinturón! ¡Qué chistoso! ¡Los pueblos del cinturón!

CAMILO JOSÉ CELA
*La colmena*

[1] **edictos:** en la sección de edictos se publicaban requerimientos judiciales para personas opuestas al régimen franquista.

[2] **racionamiento:** organización y limitación del consumo debido a la escasez de la posguerra.

[3] **la Madelón:** célebre canción francesa de ritmo alegre.

### ACTIVIDADES

**1** **Lee el texto y contesta.**

- ¿Qué secciones del periódico no ha leído Martín?
- ¿Qué justificación se deduce del texto para que haya actuado así?

▶ Di, teniendo en cuenta tus respuestas anteriores, a qué clase social pertenece Martín.

**2** **Enumera las características de la novela social de los años cincuenta que se aprecian en el texto que has leído y pon ejemplos tomados de él.**

▶ ¿A qué otra característica propia de la novela de ese periodo alude el título del texto?

**3** **Caracteriza al narrador.**

▶ ¿Crees que se trata de un narrador objetivo? Justifica tu respuesta acudiendo al texto.

## Una chispa de belleza

–¿Se puede saber a dónde vas?

–Pues a ningún sitio concreto. Me gusta ver las calles. Ver la ciudad...

–Pero te gusta ir sola, hija mía, como si fueras un golfo. Expuesta a las impertinencias de los hombres. ¿Es que eres una criada, acaso?... A tu edad, a mí no me dejaban ir sola ni a la puerta de la calle. Te advierto que comprendo que es necesario que vayas y vengas de la universidad..., pero de eso a andar por ahí suelta como un perro vagabundo... Cuando estés sola en el mundo haz lo que quieras. Pero ahora tienes una familia, un hogar y un nombre. A pesar de todo, espero que no irías a corretear por las calles del pueblo. No habrás bajado hacia el puerto por las Ramblas.

–¿Por qué no?

–Hija mía, hay unas calles en las que si una señorita se metiera alguna vez, perdería para siempre su reputación. Me refiero al barrio chino... Tú no sabes dónde comienza...

–Sí, sé perfectamente. En el barrio chino no he entrado... pero ¿qué hay allí?

Angustias me miró furiosa.

–Perdidas, ladrones y el brillo del demonio, eso hay.

Y yo, en aquel momento, me imaginé el barrio chino iluminado por una chispa de belleza.

Carmen Laforet
*Nada* (Adaptación)

### ACTIVIDADES

1. ¿Qué personajes aparecen en *Una chispa de belleza*? Caracterízalos y explica su papel en la novela basándote en el texto.
2. El título de la novela recoge el tema principal que se trata en ella. Explica cuál es.
   - ¿Qué aspecto de ese tema muestra el fragmento?

## Introspección

Pedro volvía con las piernas blandas. Asustado de lo que podía quedar atrás. Violentado por una náusea contenida. Intentando dar olvido a lo que de absurdo tiene la vida. Repitiendo: Es interesante. Repitiendo: Todo tiene un sentido. Repitiendo: No estoy borracho. Pensando: Estoy solo. Pensando: Soy un cobarde. Pensando: Mañana estaré peor. Sintiendo: Hace frío. Sintiendo: Estoy cansado. Sintiendo: Tengo seca la lengua. Deseando: Haber vivido algo, haber encontrado una mujer, haber sido capaz de abandonarse como otros se abandonan. Deseando: No estar solo, estar en un calor humano, ceñido de una carne aterciopelada, deseado por un espíritu próximo. Temiendo: Mañana será un día vacío y estaré pensando, ¿por qué he bebido tanto? Temiendo: Nunca llegaré a saber vivir, siempre me quedaré al margen. Afirmando: A pesar de todo no es, a pesar de todo yo quizá, a pesar de todo quién puede desear con una así. Afirmando: La culpa no es mía. Afirmando: Algo está mal, algo no solo yo. Afirmando: El mal está ahí. Interrogando: ¿Quién explica el mal? Reflexivo-recordante: Aquella mujer que estaba allí y no tenía que estar allí porque era como si no estuviera porque no servía. Incisivo-perdonador: No tiene nada de ángel porque además de no tener alas parece que lo único a que aspira es a la aniquilación. El ángel puede volverse contra su dios, pero este medioángel no se vuelve más que contra su madre. Acusador-disoluto: Era una vieja horrible, solo una vieja horrible. Conclusivo: Soy un pobre hombre.

Luis Martín-Santos
*Tiempo de silencio*

### ACTIVIDADES

1. Lee el fragmento y contesta.
   - ¿De qué forma presenta el autor a su personaje?
   - Como lector o lectora, ¿a qué te obliga esa enumeración de pensamientos y sentimientos?
2. Explica qué características de la novela experimental se pueden apreciar en este texto de Luis Martín-Santos.
   - Indica las diferencias que presenta frente a la novela social del periodo anterior.

## NIVEL I

**1** COMUNICACIÓN. Elabora un esquema detallado de los tipos de textos dialogados. Incluye los rasgos lingüísticos más característicos de cada uno.

**2** LÉXICO. Sustituye el término destacado en cada oración por un sinónimo del recuadro.

horizonte ubicación lugar

- Era un **paraje** desolado por la sequía.
- Las oficinas tenían una **situación** idónea.
- Desde la ventana contemplaba un bello **paisaje**.

**3** LÉXICO. Escribe un antónimo de cada palabra.

- pequeña
- abrir
- enfermo
- oscuro
- fría
- dar

➤ ¿De qué clase es cada uno de los antónimos que has escrito?

**4** ORTOGRAFÍA. Explica a qué categoría gramatical pertenecen las palabras destacadas en las siguientes oraciones:

- Me preguntó el **porqué** de mi comportamiento.
- Comí deprisa **porque** tenía hambre.
- La razón por **que** no quería ir era obvia.
- ¿Por **qué** te fuiste?

➤ Escribe tú otras oraciones con *porque*, *porqué*, *por que* y *por qué*.

**5** GRAMÁTICA. Completa añadiendo una oración subordinada sustantiva en cada caso:

- Todos pensamos ____.
- Me gusta mucho ____.
- Dime ____.
- Explicadnos ____.
- Tu amigo se jacta ____.
- Mi tía es partidaria ____.

**6** GRAMÁTICA. Di qué función desempeñan los sintagmas preposicionales que incluyen una subordinada en las siguientes oraciones compuestas:

- La jueza dará la razón a quien la tenga.
- No me acordaba de que ellos fueran así.
- He localizado a quien buscaba.
- Estuve en el parque hasta que me cansé.
- Ha pasado un año entero sin que me haya dado cuenta.

**7** LITERATURA. Explica la evolución de la novela de posguerra en España.

➤ Cita una novela de cada periodo, di quién es su autor o autora y explica qué rasgos las caracterizan.

## NIVEL II

**1** COMUNICACIÓN. Lee este fragmento de *La sirena varada*, de Alejandro Casona. ¿Qué tipo de texto dialogado reproduce? Indica qué estructura tiene.

FANTASMA. *Pedrote.*

PEDROTE. *¡Eh!, ¿cómo usted por aquí?*

FANTASMA. *Perdóneme, me aburro solo allá arriba.*

PEDROTE. *El señorito tiene prohibido que salga usted de su desván hasta las doce campanadas de la noche. Todavía es temprano.*

FANTASMA. *Ya sé, pero ahora no hay nadie.*

PEDROTE. *Pueden llegar de un momento a otro.*

FANTASMA. *Los sentiremos venir.*

PEDROTE. *No, por Dios; me está usted comprometiendo.*

FANTASMA. *Un ratito nada más, hombre…*

**2** COMUNICACIÓN. Di qué tipo de texto es un debate y describe sus características.

**3** LÉXICO. ¿Qué son los sinónimos parciales? ¿Y los antónimos de grado? Pon ejemplos.

**4** ORTOGRAFÍA. Escribe un texto en el que aparezcan, al menos una vez, las palabras y expresiones *porque*, *por que*, *por qué* y *porqué*.

**5** GRAMÁTICA. Localiza las oraciones subordinadas sustantivas e indica qué función desempeñan.

- Me asombró que Julia llegara pronto.
- Contestó sin que le hubieran preguntado.
- Solo pide que confíes más en ella.
- Ir al teatro les entusiasmará.
- Él averiguará quién es la responsable.
- Es aconsejable tener más paciencia.

**6** LITERATURA. Lee este texto y di a qué obra crees que pertenece y cuál es su autor o autora.

*Porque escudo es la ciencia y escudo es la riqueza, pero excede de su sabiduría, que da la vida al que la tiene, aunque reconoce, Mario, que si en vez de emplear tanto tiempo en esos librotes absurdos, te hubieras dedicado a algo más provechoso, un banco por ejemplo, cualquier cosa, otro gallo nos cantara.*

➤ Describe las características de esa obra y compárala con las novelas de los años cuarenta y cincuenta.

## Hablar seguidito

–¡Acción!

Mi padre comenzó a hablar. Yo ya le había oído muchas veces, pero en la plaza, sin público, delante de la cámara, al oírle empezó a entrarme cierto temor. Aquella voz profunda, aquella solemnidad, aquel énfasis… No había concluido la primera frase, cuando gritó el director:

–¡Corten! Le dije a usted en el ensayo que hablara más bajo, que no lo dijera todo a voces. Vamos. Otra. –Y pidió de nuevo acción.

–Estaba deseando que viniera usted –comenzó mi padre con una voz profunda que iba ascendiendo poco a poco para acabar en una especie de chillido histérico al decir–: ¡señorito!... para decirle... –Aquí se desmelenó–. El Blas… ¡¡es una mala persona!! –Atronó la plaza con sus gritos.

El director se había levantado de su silla, indignado, rugiendo:

–Pero ¿¡de dónde habéis sacado a ese monstruo!? ¡Corten! –Y se volvió hacia mi padre–. ¿No puede usted hablar seguidito?

–Yo pensé que como la situación era dramática…

–¡Que hable seguidito! Otra. ¡Acción!

A partir de aquí mi padre perdió todo control sobre sí mismo. No conseguía frenar sus ímpetus dramáticos. No había dicho ni una docena de palabras cuando se escuchó el feroz rugido del director:

–¡Corten! ¿Pero quién ha sido el idiota que ha traído a este hombre?

Mientras mi padre actuaba frente a la cámara, los de la compañía le mirábamos con los ojos como platos. Yo no sabía qué hacer. Le di una palmada en la espalda. Mi padre murmuró:

–Es una porquería esto de las películas. No tiene nada que ver con el teatro.

FERNANDO FERNÁN GÓMEZ, *El viaje a ninguna parte* (Adaptación)

## ACTIVIDADES

**1** PARA PENSAR. En *Hablar seguidito*, ¿el autor quiere reproducir un texto dialogado espontáneo o planificado? Justifica tu respuesta.

**2** Imagina que participas en un debate sobre si es mejor trabajar en la industria del cine o en la del teatro. Escribe tu postura acerca del tema y argumenta tu opinión.

**3** Escribe un sinónimo y un antónimo de la palabra destacada en la siguiente oración:

Mi padre estaba **histérico** durante la grabación.

**4** USA LAS TIC. Busca en el diccionario de la Real Academia (*dle.rae.es*) la palabra *murmurar* y escribe un sinónimo y un antónimo para la tercera acepción.

**5** Completa las siguientes oraciones con *porqué*, *porque*, *por qué* o *por que*:

- Le preguntó a mi padre ___ no hablaba seguidito.
- No entendían la razón ___ estaba nervioso.

**6** Identifica las oraciones subordinadas sustantivas y di qué función sintáctica desempeñan.

- Le dije a usted en el ensayo que hablara más bajo.
- A mi padre le encantaría trabajar de nuevo en el teatro.
- Daría el papel a quien mejor interpretase al personaje.

**7** Di si estas obras son novelas sociales o experimentales, cita a sus autores y escribe un breve texto sobre ellas.

*Tiempo de silencio* | *El Jarama*

# MI PROGRESO

Resuelve este test para comprobar si has asimilado correctamente los principales contenidos de la unidad.

**1** Identifica la afirmación errónea sobre los diálogos.

**a.** Siempre tienen un carácter espontáneo.
**b.** Pueden ser orales o escritos.
**c.** Permiten la intervención de varios interlocutores.
**d.** Necesitan de la cooperación de los interlocutores.

**2** ¿Cuál de estas características no es propia del debate?

**a.** Consta de una introducción y una exposición inicial.
**b.** Los interlocutores intercambian puntos de vista.
**c.** Suele cerrarse con una conclusión y una despedida.
**d.** Las intervenciones se asignan previamente.

**3** Los rasgos paralingüísticos...

**a.** son elementos lingüísticos y no lingüísticos.
**b.** favorecen el éxito del intercambio comunicativo.
**c.** dependen siempre de la voluntad del emisor.
**d.** se emplean solo en los diálogos no planificados.

**4** Son antónimos de grado...

**a.** limpio y pulcro.
**b.** lleno y vacío.
**c.** aprobar y suspender.
**d.** atado y desatado.

**5** Identifica la oración mal escrita.

**a.** No sé por qué cantas tan a menudo esa canción.
**b.** Se desvive por que todo el mundo se sienta bien.
**c.** Me gustaría saber el porqué de esa manía tuya. Porque habrá un motivo, ¿no?
**d.** Iré porque tengo ganas, no por que lo digas tú.

**6** ¿Qué oración contiene una subordinada sustantiva?

**a.** Me pidió que lo acompañara a su casa.
**b.** Eva, explícame quién te ha dicho eso.
**c.** Él esperaba recordar el camino de vuelta.
**d.** Todas las opciones anteriores.

**7** ¿Cuál de estas subordinadas sustantivas es declarativa?

**a.** Julia ignora quién llegó antes a la meta.
**b.** No recuerdo bien dónde vive el hermano de Miguel.
**c.** Me aclaró que aquello no era asunto mío.
**d.** Me pregunto cómo lo hice la última vez.

**8** ¿Cuál de estas oraciones contiene una subordinada sustantiva en función de sujeto?

**a.** Jorge reconoce que se equivocó.
**b.** Me gusta que valoren mi esfuerzo.
**c.** Lo felicitaron por haber logrado el puesto.
**d.** Debemos saber quién llegará primero.

**9** ¿Qué corriente surgió en la década de 1940?

**a.** El naturalismo.
**b.** La novela experimental.
**c.** El tremendismo.
**d.** La novela de técnica objetivista.

**10** ¿Qué novela destaca en la corriente experimental?

**a.** *Nada*.
**b.** *Cinco horas con Mario*.
**c.** *La colmena*.
**d.** *Entre visillos*.

## AUTOEVALUACIÓN Piensa y comprueba:

Lo que sabes:

- ✓ Qué son los textos dialogados y cuáles son sus clases y estructuras.
- ✓ Qué es sinonimia y antonimia.
- ✓ Cuándo se escribe *porqué*, *porque*, *por qué* y *por que*.
- ✓ Qué clases y funciones tienen las oraciones subordinadas sustantivas.
- ✓ Cuáles son las características propias de las novelas de posguerra.

Lo que sabes hacer:

- ✓ Reconocer y crear distintos tipos de textos dialogados.
- ✓ Identificar y emplear sinónimos y antónimos.
- ✓ Escribir correctamente secuencias.
- ✓ Analizar oraciones subordinadas sustantivas.
- ✓ Reconocer las novelas de posguerra y sus características.

# UNIDAD 9

**Comunicación**
- Los géneros periodísticos (I)

**Léxico**
- Hiperonimia e hiponimia

**Ortografía**
- Secuencias de una o más palabras (II)

**Gramática**
- La subordinación adjetiva

**Literatura**
- El teatro de posguerra

**Escucha y resuelve.**
- Organizaos en grupos de cuatro e intentad transcribir el audio completo.
- Intercambiad los textos que habéis transcrito con otro grupo. Volved a escuchar el audio y anotad la información que falte para completarlo.
- Comentad el contenido del audio en clase y elegid entre todos un título adecuado.

**Son muchos los escritores y escritoras que publican artículos, reportajes y crónicas en los que combinan elementos literarios y periodísticos. Documéntate y resuelve.**
- Busca en Internet y elabora una lista de escritores y escritoras que publican en prensa. En parejas, elegid un nombre e investigad sobre su obra.
- Poned en común la información que habéis encontrado y exponedla en clase.

# Una nueva generación de 'malalas' y 'gretas'

## Jóvenes desde India, Brasil o Kenia conforman una red que lucha contra la falta de agua, la deforestación, la exclusión social... Quieren cambiar el mundo

Malala Yousafzai, a sus 15 años, se convirtió de forma trágica en el símbolo mundial de la defensa de los derechos civiles y la educación para las niñas en Pakistán. Años más tarde, pero a la misma edad, en Suecia, Greta Thunberg comenzaría una huelga escolar que la auparía a portadas de todos los medios de comunicación como símbolo de la lucha contra el calentamiento global. Estas dos adolescentes acaparan la atención mediática y los *flashes* allá donde van. Sin embargo, no son las únicas que abanderan una lucha desde tan temprano.

Garvita Gulhati, Vitor Zanellato y Sophia Andrews comenzaron sus proyectos entre los doce y los quince años. Pertenecen a la red de jóvenes *changemaker*, una iniciativa de la Fundación Ashoka, que busca a menores de 21 años que tengan proyectos que solucionen problemas localmente y sean referentes y embajadores del mensaje de que todos podemos cambiar el mundo. Estas son sus iniciativas.

Vitor Zanellato (abajo, de verde) junto con otros jóvenes de Ashoka Brasil.

**Garvita Gulhati, salvaguardia del agua en India**

«En 2015 India vivió una de las peores sequías que recordamos. Aquella situación me marcó», explica desde Bangalore Garvita Gulhati, que con 15 años y junto con su amiga Pooja creó *Whywaste?* ('¿Por qué desperdiciar?'), una organización que educa a los ciudadanos para reducir el desperdicio de agua, principalmente en los restaurantes.

Gulhati promovió la iniciativa «El vaso medio lleno» que con el *hashtag* *#GlassHalfFull* se hizo muy popular en India en 2019. El método era que cada restaurante solo llenara la mitad de cada vaso del consumidor, y así salvar miles de litros de agua cada día.

Su organización también trabaja con estudiantes de Secundaria para que se atrevan a plantear soluciones a los problemas que les interesan.

**Vitor Zanellato, guardián de los bosques de Brasil**

Vitor creció en la localidad de Atalanta en Santa Catarina, una comunidad ubicada en medio del bosque atlántico en Brasil, en la que la mayoría de sus habitantes viven de la producción agrícola de sus granjas familiares.

Su proyecto, *Plantando o futuro*, comenzó en 2016, en una reunión informal entre Vitor y 10 amigos más. Su propósito era trabajar para la defensa, preservación y recuperación del medio ambiente, promoviendo la educación ambiental. «No quiero imaginar cuál sería el impacto si, además de los jóvenes, también otros sectores de la sociedad civil lucharan unidos», añade el joven.

La ONG local Apremavi se interesó por su trabajo y juntos, desde el verano de 2019, han desarrollado más de 30 proyectos enfocados a la preservación ambiental.

**Sophia Andrews, bailarina contra la exclusión social en Kenia**

Su viaje a Kenia, en 2016, la cambió para siempre. «Fue mi primer viaje sin mis padres. Allí pude conocer la realidad de muchas niñas que, como yo, querían bailar, pero no tenían los recursos». En Nairobi conoció a Esther, una niña huérfana a la que, con el dinero que Sophia ganaba como niñera, había apoyado para que pudiera bailar.

Pero para Sophia no era suficiente. En 2017 fundó *Ngoma Kenya*, una organización para igualar el acceso a las artes y la capacidad de los jóvenes para alcanzar su máximo potencial a través de la expresión cultural y personal en los barrios con menos recursos en la capital keniana.

Su proyecto fomenta el baile y la integración con la cultura local. «Siendo mujer y sabiendo que soy la más joven en una habitación llena de adultos a los que convencer de una idea, sé que tengo que trabajar diez veces más para conseguirlo», explica Andrews.

Belén Hernández, *elpais.com*
6 de agosto de 2020 (Adaptación)

# Comentario de texto

## Comprensión

**1** El texto que has leído es parte de un reportaje publicado en un periódico.

Explica cuál es el tema del reportaje y resume brevemente su contenido.

**2** Contesta.

- ¿A qué dos personas alude el titular? ¿En qué parte del reportaje se habla de ellas y por qué motivo?
- ¿Qué podemos saber gracias al subtítulo?
- ¿Quiénes son los protagonistas del reportaje? ¿Por qué lo son?
- ¿Cómo se llama la red de la Fundación Ashoka a la que pertenecen? ¿Qué significa esa expresión inglesa?
- ¿Qué países y lugares se mencionan en el texto?

**3** Señala las referencias temporales que aparecen en el texto.

▶ ¿Cuánto tiempo ha pasado en cada uno de los casos desde que los jóvenes tuvieron su primera iniciativa local hasta que iniciaron su proyecto?

**4** Explica por qué comenzó cada uno de los protagonistas del reportaje su iniciativa y por qué crees que lo han convertido en un proyecto que va más allá de su localidad.

▶ Copia el nombre de cada uno de los proyectos. ¿Te parecen adecuados?

**5** USA LAS TIC. Visita la página de la fundación Ashoka (*spain.ashoka.org*) y resume brevemente cuál es su misión y su historia.

## Estructura

**6** Numera los párrafos del texto e identifica estas partes:

- Introducción.
- Cuerpo del reportaje.

▶ ¿En cuántas partes se divide el cuerpo del reportaje? ¿Hay una estructura en cada una de esas partes? Si la hay, explícala.

**7** En el cuerpo del reportaje se intercalan testimonios de los protagonistas.

Indica en qué párrafos aparecen y explica cuál es, a tu juicio, el propósito de incluir citas textuales dentro de una información periodística.

**8** Si tuvieras que alargar el reportaje, ¿sobre qué información o testimonio buscarías más información? ¿Ampliarías alguna explicación sobre los protagonistas?

## Estilo

**9** ¿Crees que el titular es lo suficientemente informativo para saber sobre qué trata el reportaje?

▶ ¿Qué información nos aporta el subtítulo? ¿Te parece que es atractivo; es decir: anima a la lectura?

**10** Explica qué formas del discurso se emplean en el texto (narración, exposición, descripción, diálogo…) y cuál predomina sobre las demás.

**11** ¿Crees que el lenguaje empleado es objetivo o subjetivo? ¿Es adecuado para el tipo de personas a las que se dirige? Explícalo con ejemplos del texto.

▶ ¿Te parece adecuado que la periodista emplee palabras inglesas como *changemaker* o *hashtag*? ¿Por qué crees que lo hace?

## Valoración

**12** ¿Qué utilidad crees que puede tener para un lector un texto como este?

▶ Ahora explica qué información te ha proporcionado a ti y si crees que es importante.

**13** USA LAS TIC. Busca en Internet las páginas web de los tres proyectos que se mencionan en el reportaje (el traductor del buscador te permitirá traducirlas) y valora la presentación de cada una de esas páginas contestando a estas preguntas:

- ¿Permiten un fácil acceso a los contenidos? ¿Qué información se ofrece en cada una?
- ¿En todas hay una explicación del proyecto, de sus fundadores y sus patrocinadores?
- ¿Crees que después de visitar esas páginas sabes más sobre cada proyecto? Explica en cuáles y por qué.

**14** Al comienzo del reportaje se habla de Malala Yousafzai y Greta Thunberg.

En grupos, averiguad cuál es la historia de cada una de ellas y cuál fue el detonante de sus iniciativas.

▶ Debatid en clase. ¿Qué os parece la implicación de estas dos mujeres con sus proyectos? ¿Son comparables a los proyectos del resto de los protagonistas del texto?

# Los géneros periodísticos (I)

## 1 Los textos periodísticos. Características

Son **textos periodísticos** los que tienen como función principal transmitir una información o interpretación sobre los hechos de la actualidad.

Los textos periodísticos son propios de los medios de información tradicionales: la prensa, la radio y la televisión. Estos textos se dirigen a un público general cuya atención tratan de captar. Para ello, los mensajes deben cumplir las siguientes características:

- **Claridad y sencillez.** El orden en la exposición de los contenidos y el uso de un lenguaje sencillo contribuyen a la comprensión del texto.
- **Brevedad y concisión.** La información se debe dar en el mínimo espacio.
- **Dinamismo.** El uso de un estilo ágil ayuda a que se capten con rapidez las ideas e incita a seguir leyendo.

SABER MÁS

**Las funciones de los medios de comunicación**

Las tres funciones esenciales de los medios de comunicación son **informar**, **opinar** y **entretener**. En los últimos años, este último objetivo está adquiriendo cada vez más peso, hasta el punto de que todo, incluso la información, se tiñe de espectáculo.

## 2 Los géneros periodísticos. Clases

Atendiendo a la intención comunicativa que predomina en ellos, los textos periodísticos se pueden clasificar en dos grandes géneros:

- Pertenecen a los **géneros periodísticos de información** los textos en los que predomina la intención de contar los hechos de actualidad. Son géneros periodísticos de información la noticia y el reportaje.
- Pertenecen a los **géneros periodísticos de opinión** aquellos textos en los que quien escribe expresa su opinión o interpretación de los hechos. Son géneros periodísticos de opinión el editorial y el artículo de opinión.

Además, existen **géneros mixtos**, en los que se informa sobre los hechos y, a su vez, se ofrecen las impresiones personales del autor o autora. Son géneros periodísticos mixtos la crónica y la crítica.

## 3 La noticia

La **noticia** es un texto narrativo breve sobre unos hechos considerados de interés general.

Para que una noticia sea completa, debe aportar información sobre estas cuestiones: los **hechos** y sus **participantes**, el **lugar**, el **tiempo** y el **modo** en que suceden y sus **causas** (qué, quiénes, cuándo, cómo y por qué).

En la estructura de una noticia suelen distinguirse estas partes:

- El **titular**, que presenta la información básica de forma breve.
- El **subtítulo**, que destaca algún contenido de la noticia.
- La **entrada** o **entradilla**, que constituye el párrafo inicial de la noticia y resume sus datos fundamentales.
- El **cuerpo**, en el que se desarrolla la información y se aportan detalles.

## 4 El reportaje

El **reportaje** es un texto periodístico expositivo en el que se desarrolla extensamente un tema de interés general.

El reportaje puede versar sobre personas, lugares, sucesos concretos… Para que la información del reportaje sea lo más completa y objetiva posible, el periodista habrá de llevar a cabo una investigación exhaustiva, en el curso de la cual procurará resumir datos y testimonios de otras personas.

En el reportaje se suelen integrar diversas formas discursivas, en especial la descripción, la narración y la entrevista.

## 5 La crónica

La **crónica** es un texto periodístico expositivo en el que se desarrolla y se comenta extensamente una noticia.

La crónica se caracteriza principalmente por el subjetivismo y la expresividad. El cronista no se limita a exponer los hechos, sino que los presenta, analiza y evalúa desde su punto de vista. Además, el lenguaje se aleja de la neutralidad propia de la noticia y admite recursos que dotan al texto de mayor vivacidad.

EL PAÍS
EL PERIÓDICO GLOBAL
"Solo veo el drama con mujeres"
Pau Gasol firma el partido de su vida
PARÍS, LA CIVILIZACIÓN FRENTE A LA BARBARIE
Unidos por la libertad
Casi cuatro millones de personas marchan en París y el resto de Francia en apoyo a 'Charlie Hebdo'
La presencia de medio centenar de jefes de Estado hace del acto un gran frente contra el terrorismo
Europa vive
idealista.com
el portal inmobiliario líder

La imagen tiene una función importante en los textos periodísticos informativos: ambienta la noticia, sirve para mostrar la magnitud de un hecho…

### ACTIVIDADES

**1** Identifica los contenidos de la siguiente noticia. Debes contestar a las siguientes preguntas:

- ¿Qué sucedió?
- ¿Quién participó?
- ¿Cuándo y dónde sucedió?
- ¿Por qué ocurrió?

**Descubierta la obra de arte más antigua**

**Una escena de caza pintada hace 43 900 años en Indonesia puede ser la primera narración conocida**

En diciembre de 2017, un hombre llamado Pak Hamrullah descubrió la entrada a una cueva desconocida en un acantilado de la isla de Célebes (Sulawesi, en lengua vernácula), en Indonesia. Trepó por una higuera hasta alcanzarla y al llegar al fondo apareció ante sus ojos una escena de caza pintada en un lienzo de roca de más de cuatro metros de largo. Tras años de estudio, el equipo de arqueólogos que acompañaba ese día a Hamrullah asegura que esta es la obra de arte figurativo más antigua del mundo.

Nuño Domínguez, *elpais.com* (Adaptación)

**2** Localiza varias noticias en la prensa e identifica las distintas partes.

**3** Inventa el titular y la entradilla de una noticia.

**4** Selecciona en un periódico o revista un reportaje que te parezca interesante e identifica en él los pasajes narrativos, descriptivos o argumentativos.

**5** Explica de qué género periodístico es este texto:

**El día después**

Un espectador imparcial solo vería ruinas. Pero lo que se despliega ante mis ojos es algo muy distinto: es un mural del sufrimiento, protagonizado por cientos de familias a las que el terremoto ha dejado sin hogar y que vagan ahora como fantasmas por las calles de la ciudad muerta.

**6** Describe cómo sería una noticia y una crónica sobre esta imagen:

RECURSOS

## La infografía

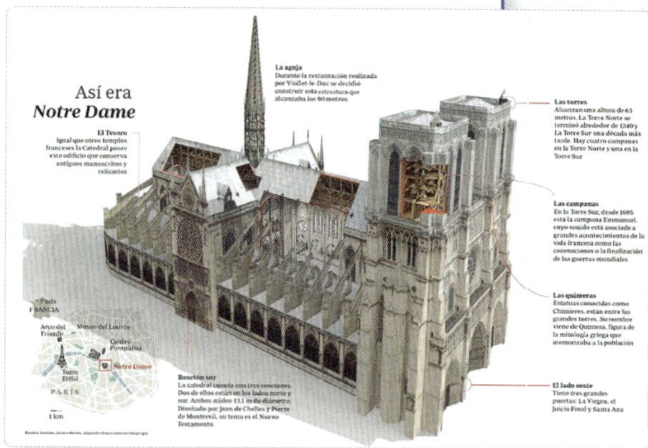


La **infografía** es una técnica de elaboración de imágenes por ordenador. También se denomina así la propia imagen obtenida mediante esa técnica.

Los medios de comunicación visual recurren con frecuencia a las infografías, ya que permiten **presentar visualmente** una información determinada. La mayoría de las infografías suelen aparecer complementadas con **textos breves** que se incluyen junto al elemento gráfico con el que se relacionan o se ligan de algún modo a un punto concreto de la imagen, por ejemplo, mediante líneas o flechas.

Las infografías que aparecen en la **prensa escrita** (tablas, gráficos, esquemas, mapas...) son **estáticas**, ya que el soporte físico en papel no admite otra posibilidad.

En televisión y especialmente en los **periódicos digitales**, además de las infografías estáticas, aparecen también infografías **dinámicas** que incluyen algún tipo de **movimiento** o **animación**. Estas infografías permiten distribuir la información de forma **secuencial** e **interactiva**: el receptor visualiza una serie de imágenes animadas que aparecen consecutivamente, ya sea en un vídeo o en una presentación.

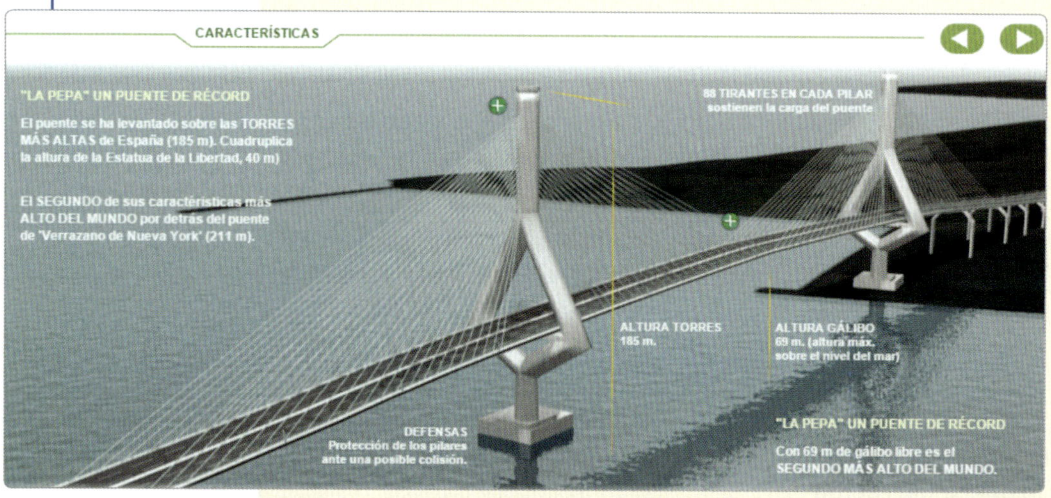

*elmundo.es*

**1** Estas imágenes pertenecen a una infografía relativa al puente sobre la bahía de Cádiz.

¿Crees que es un tema apropiado para este recurso informativo? ¿Por qué?

- Explica al menos tres tipos de información que transmiten las imágenes.

**2** ¿Qué tipo de infografía dirías que es? Explica qué te permite afirmarlo.

- ¿Qué función crees que tienen las flechas que aparecen en las imágenes? ¿Qué otro elemento muestra la posibilidad de interactuar?

**3** Comenta cómo se distribuye la información en las imágenes.

**4** USA LAS TIC. Busca en un periódico digital una infografía interactiva y explica sus características: tema que trata, disposición de la información…

SABER HACER

## Elaborar un reportaje audiovisual

El reportaje es un género periodístico en el que se trata con detalle una noticia de la actualidad. Los medios audiovisuales son los que mayores posibilidades ofrecen para la realización de un reportaje, ya que permiten combinar textos, imágenes y sonidos. Vais a elaborar en grupo un reportaje audiovisual.

**1** TRABAJO COOPERATIVO. Elegid una noticia de actualidad que interese y anotad los datos esenciales de la misma (qué sucedió, quién participó, dónde y cuándo ocurrió, cómo sucedió, cuáles fueron las causas...).

**2** Documentaos sobre la noticia.

Podéis buscar información en prensa impresa o digital, en páginas web de radio y televisión... Fotocopiad, imprimid y grabad los materiales que puedan resultaros útiles.

**3** Elaborad el guion narrativo del reportaje.

1. Introducción expositiva de la noticia.
2. Narración de los hechos.
3. Informaciones complementarias: entrevistas, descripciones...
4. Cierre o conclusión.

**4** Organizad el guion técnico (audiovisual) del reportaje.

- Seleccionad la música que usaréis en el reportaje: para marcar el comienzo y el final del mismo, como fondo para presentar algunos contenidos del texto o las imágenes...
- Decidid cómo daréis la información en el reportaje, quién la comunicará y si lo hará apareciendo en pantalla o mientras se muestran algunas imágenes.
- Seleccionad las imágenes que vais a ofrecer. Describid en cada caso los planos y perspectivas que queréis utilizar.

**5** Redactad en columnas los dos guiones.

| NARRATIVO | TÉCNICO |
|---|---|
| Introducción expositiva de la noticia: *Una lluvia de estrellas ha sido vista la pasada noche...* | Música de entrada. Fotografía nocturna de la ciudad. |
| Explicación de los hechos. | Vídeo con el relato periodístico de lo sucedido. |

**6** Grabad con una cámara de vídeo las distintas partes del reportaje.

**7** Unid y editad los distintos vídeos incluyendo los textos necesarios.

Añadid una portada con el título del reportaje e incluid al final una relación con el nombre de quienes habéis participado en él.

**El documental**

El documental es un género audiovisual próximo al reportaje. Mientras el reportaje es un género periodístico en el que predomina la objetividad en la exposición de una información de actualidad, el documental es un género cinematográfico en el que se aborda un tema que se presenta desde un punto de vista determinado y con cierta intención artística y no puramente informativa.

# Hiperonimia e hiponimia

La sustitución de una palabra por su hiperónimo o por su hipónimo es un recurso habitual para evitar repeticiones en los textos.

## 1 Hiperónimos e hipónimos

Entre algunas palabras de la lengua se establecen relaciones basadas en la extensión del significado, de modo que unas incluyen el significado de otras. Este tipo de relación nos permite distinguir entre términos **hipónimos** e **hiperónimos**.

Los **hiperónimos** son aquellos términos que tienen un significado de gran extensión e incluyen a otros con un significado más específico.

Así ocurre, por ejemplo, con la palabra *mueble*, que es un hiperónimo cuyo significado abarca el de otras muchas palabras: *mesa, silla, armario, sofá…*

Los **hipónimos** son términos con un significado más restringido con los que se puede concretar a otros de significado más amplio.

Las palabras *mesa, silla, armario, sofá…* son hipónimos de *mueble*.

## 2 La definición de las palabras

Para la definición de muchas palabras, frecuentemente, se recurre a su clasificación por medio de un término genérico y se especifican a continuación los rasgos concretos que distinguen al ser o al objeto definido de otros de su misma clase.

> ***caballo.*** m. *Mamífero de gran tamaño, con extremidades, cabeza y cuello largos, que suele utilizarse como montura o animal de tiro.*

En este tipo de definición, la palabra definida (*caballo*) es el hipónimo y el término genérico (*mamífero*) es el hiperónimo.

### ACTIVIDADES

**1** Escribe el hiperónimo de los siguientes grupos de palabras:

- Amapola, rosa, margarita, clavel.
- Constipado, alergia, jaqueca, faringitis.
- Triángulo, círculo, polígono, cuadrado.
- Pintor, bailarina, cantante, poeta.
- Calabacín, berenjena, puerro, zanahoria.

**2** Escribe tres hipónimos para cada uno de estos hiperónimos:

astros
publicaciones
sentimientos

**3** Completa estas definiciones con un hiperónimo adecuado:

- **naranjo.** *m.* ______ frutal de climas templados, cuyo fruto es la naranja.
- **cardiólogo, -ga.** *m.* y *f.* ______ especialista en enfermedades del corazón.
- **áloe** o **aloe.** *m.* ______ perenne con hojas largas y carnosas cuyo jugo se emplea en medicina.

**4** Sustituye el término repetido por un hiperónimo o un hipónimo e identifícalo.

- El lunes abrieron una tienda especializada en calzado infantil. La tienda tiene muy buenos precios.
- Las ballenas son mamíferos acuáticos. Estos mamíferos están en peligro de extinción.

# Secuencias de una o más palabras (II)

SABER MÁS

**Conque, con que y con qué**

No deben confundirse las formas *conque*, *con que* y *con qué*.

Mientras que ***conque*** es una conjunción ilativa o consecutiva y ***con que*** es un grupo de palabras formado por la preposición *con* más el relativo *que* o la conjunción *que*, ***con qué*** es un grupo de palabras formado por la preposición *con* más el interrogativo o exclamativo *qué*:

*No sé con qué finalidad lo hizo.*

*¡Mira con qué viene ahora!*

## 1 Homofonía entre palabras y grupos de palabras

Hay palabras y grupos de palabras que se escriben de distinta forma pero se pronuncian igual. Algunas de estas coincidencias son las siguientes:

| UNA PALABRA | | VARIAS PALABRAS | |
|---|---|---|---|
| **así** | Adverbio: 'de esta manera'. *La limonada se hace así.* | **a sí** | Preposición + pronombre personal: 'a uno mismo'. *Se corta el pelo a sí mismo.* |
| **conque** | Conjunción ilativa: 'así que'. *Está lloviendo, conque coge el paraguas.* | **con que** | Preposición + relativo *que*. *Es la pluma con que escribe.* |
| | | | Preposición + conjunción *que*. *Es suficiente con que vengas.* |
| **demás** | Adjetivo: 'el resto'. *Dejad los demás deberes.* | **de más** | Locución adverbial: 'de sobra'. *Tú nunca estás de más.* |
| **entorno** | Sustantivo: 'ambiente'. *Noto la presión en el entorno.* | **en torno** | Locución preposicional: 'alrededor de', 'cerca de'. *Corrían en torno a su madre.* |
| **haber** | Verbo *haber*: 'existir', 'ocurrir'. *Va a haber elecciones.* | **a ver** | Preposición + verbo *ver*. *Voy a ver cómo lo soluciono.* |
| **sinfín** | Sustantivo: 'infinidad'. *Hizo un sinfín de preguntas.* | **sin fin** | Locución adjetiva: 'sin límite'. *Parece una espera sin fin.* |
| **sino** | Conjunción adversativa que indica contraposición. *No es música, sino actriz.* | **si no** | Conjunción *si* seguida del adverbio *no*, indica condición. *Te lo contaré si no te enfadas conmigo.* |
| | Sustantivo: 'destino'. *Cada uno labra su sino.* | | |

## ACTIVIDADES

**1** Copia las oraciones y elige la opción adecuada.

- Es un hombre que se hizo (así / a sí) mismo.
- Me conformo (conque / con que) quedemos finalistas.
- Tu respuesta estuvo (demás / de más).
- Debes estudiar en un (entorno / en torno) adecuado.
- Puede (haber / a ver) cambios de última hora.
- (Sino / Si no) cooperamos, no terminaremos nunca.

**2** Escribe una oración con cada una de las siguientes palabras o grupos de palabras:

entorno / en torno — sinfín / sin fin

**3** AUTODICTADO. Copia y completa el texto con palabras o grupos de palabras de la tabla de arriba.

**Una mujer muy ocupada**

No tenía tiempo para los ______ porque siempre tenía que hacer un ______ de tareas. Ni siquiera se dedicaba tiempo ______ misma: ______ era el trabajo, era un examen, y ______ era una ponencia… Siempre que la llamaban para salir, ella contestaba: «¡______ si puedo mañana!». ______, un día dejaron de llamarla, pero no se dio cuenta.

# La subordinación adjetiva

## Claves para empezar

- Explica la principal diferencia entre una oración subordinada sustantiva y una oración subordinada adjetiva.
- Di qué clase de sintagma tiene como núcleo un adjetivo y qué funciones pueden desempeñar esos sintagmas.

## 1 Oraciones subordinadas adjetivas o de relativo

Las **oraciones subordinadas adjetivas** o **de relativo** son oraciones subordinadas que desempeñan la función de complemento del nombre y están introducidas por un relativo.

En la oración *Me gustan las zapatillas que me habéis regalado*, el segmento subrayado es una oración subordinada adjetiva con función de complemento introducida por el relativo *que*, cuyo antecedente es el sustantivo *zapatillas*.

## 2 Características de las subordinadas adjetivas

Las oraciones **subordinadas adjetivas** o **de relativo** se introducen con los relativos *quien, que, cual, cuyo, donde, adonde, como, cuando* y *cuanto*. Las formas *cual, cuales* van siempre precedidas de artículo: *el cual, la cual, los cuales, las cuales, lo cual*.

Características de las oraciones subordinadas adjetivas:

- Vienen introducidas por un **relativo** que tiene un antecedente expreso en la oración principal:

  *Esa es la nave que nos llevará al espacio.*

  *Mañana visitaré a un tío que vive lejos.*

- Desempeñan la función de **complemento del nombre** y, a veces, pueden sustituirse por un **sintagma adjetival** o por un **demostrativo**:

  *Ve con gente cuya honradez te conste.*

  ▶ *Ve con gente honrada.*

  *Me gustan los lugares donde se nota la elegancia.*

  ▶ *Me gustan los lugares elegantes; Me gustan los lugares esos.*

## ACTIVIDADES

**1** Copia estas oraciones y acota la oración adjetiva que contienen:

- El verano que pasó con sus primas conoció el mar.
- Notó algo raro en el camino, algo que no era habitual.
- No recordaba el modo como se había convertido en esa cosa sin forma.
- Tenía dos cerebros: uno que ideaba el mal y otro que lo detenía.
- Iremos al restaurante adonde tenía pensado ir.
- Añoro el tiempo cuando nos conocimos.

▶ Identifica el relativo y el antecedente de cada una de esas oraciones.

**2** PARA PENSAR. Este texto contiene varias subordinadas adjetivas, unas contenidas dentro de otras.

**Delimita todas las oraciones adjetivas del fragmento.**

### El sistema

El sistema que programa la computadora que alarma al banquero que alerta al embajador que cena con el general que emplaza al presidente que intima al ministro que amenaza al director general que humilla al gerente que grita al jefe.

EDUARDO GALEANO, *Días y noches de amor y de guerra*

▶ Responde. ¿Qué clase de unidad lingüística es el texto en su conjunto?

## Los relativos en la oración adjetiva

Los relativos, además de introducir la oración subordinada adjetiva, desempeñan en ella una **función sintáctica**.

Los relativos pueden realizar las siguientes funciones sintácticas:

| | |
|---|---|
| **Sujeto** | *Hablad con Sonia, que se encarga de esas cuestiones.* |
| **Complemento directo** | *El libro que me recomendaste es divertidísimo.* |
| **Término de preposición** | *¿Has pensado en la propuesta de la que te hablé?* |
| **Complemento circunstancial** | *El cine donde ponen esa película está cerrado hoy.* |

## Los relativos complejos

Los **relativos complejos** son aquellos relativos (*que* y *cual*) a los que se les añade un artículo determinado: *el que, la que, el cual, la cual…*

En las siguientes oraciones el relativo complejo aparece destacado:

*El latín es la lengua de la que proceden las lenguas románicas.*

*Me contó historias sobre las cuales no voy a indagar.*

Características de los relativos complejos:

- Pueden tener las siguientes **formas**: *el que, la que, los que, las que, lo que*; *el cual, la cual, los cuales, las cuales, lo cual*.
- Todos los relativos formados por «artículo + *cual*» son **complejos**. Sin embargo, los formados por «artículo + *que*» solo son relativos complejos si tienen un **antecedente expreso**.

### SABER MÁS

**Las oraciones de participio**

Se suelen considerar subordinadas adjetivas las construcciones formadas por un participio y sus complementos:

*Llegó cansada por el esfuerzo.*

*Los cuadros colgados en el salón eran bonitos.*

No obstante, también es posible analizar estas construcciones como sintagmas adjetivos:

SAdj.

*Llegó cansada por el esfuerzo.*

Adj. Compl.

## ACTIVIDADES

**3** Copia las oraciones e identifica los relativos que hay en ellas. Después, realiza las actividades.

- La persona que contratamos no ha llegado aún.
- Conocí a la pintora cuya obra vimos en el museo.
- Ayer saludé a Antonio, que escribe comentarios de prensa.
- Poned la ropa que haya que lavar dentro del cesto.
- Fuimos a la pastelería que nos recomendaste para comprar la tarta de cumpleaños.
- Las personas en las cuales confío no me decepcionan.
- El fin de semana iremos a algún lugar donde no haya mucha gente.

➤ Indica cuál es el antecedente de cada relativo.

➤ Delimita las oraciones adjetivas y especifica la función del relativo en cada oración.

**4** Escribe una oración compuesta que contenga una subordinada adjetiva con cada uno de los siguientes relativos:

que | cuyos | donde

**5** Copia y completa las siguientes oraciones con una subordinada adjetiva:

- El antifaz ____ no parecía de superhéroe.
- Aquella niña ____ es alumna mía.
- Han reabierto el restaurante ____.
- El avión ____ llegó con retraso.
- La periodista ____ hizo preguntas muy inteligentes.

➤ Indica en cada caso la función que desempeña el relativo de la subordinada.

## 3 Clases de oraciones subordinadas adjetivas

Las oraciones subordinadas adjetivas pueden ser de dos clases: **explicativas** o **especificativas**.

- Las **oraciones adjetivas especificativas** restringen la extensión del sintagma al que se refieren. En el siguiente ejemplo, solo los espectadores que habían reservado entrada previamente accedieron a la sala:

  *Accedieron a la sala los espectadores que habían reservado entrada previamente.*

  Estas oraciones subordinadas van unidas a la principal, sin pausas ni comas, y no pueden suprimirse sin que se vea alterado el significado de la oración:

  *Accedieron a la sala los espectadores.*

  ▶ Al suprimir la oración subordinada, se dice que accedieron a la sala todos los espectadores, no solo una parte de ellos.

- Las **oraciones adjetivas explicativas** no restringen la extensión del sintagma al que se refieren, sino que añaden algún detalle. En el siguiente ejemplo, ninguno de esos perros pudo participar en el concurso y, además, ninguno tenía pedigrí:

  *Mis perros, que no tenían pedigrí, no pudieron participar en el concurso canino.*

  Estas oraciones subordinadas están acotadas entre pausas en el habla y normalmente entre comas en la escritura y se introducen en la oración principal como una explicación. Si se suprimen, no varía el significado:

  *Mis perros no pudieron participar en el concurso canino.*

  ▶ Al suprimir la oración subordinada, el significado básico de la oración no varía: ninguno de esos perros pudo participar.

### Claves para estudiar

Comprueba lo que has aprendido resolviendo estas actividades:

- Explica qué es una oración subordinada adjetiva y enuncia sus clases.
- Nombra las características de las oraciones subordinadas adjetivas.
- ¿Qué clase de palabras introducen las oraciones subordinadas adjetivas? Especifica qué funciones sintácticas pueden tener esas palabras.

### ACTIVIDADES

**6** **Identifica las oraciones subordinadas adjetivas presentes en estas oraciones y clasifícalas en explicativas y especificativas:**

- Las bicicletas que no estén debidamente registradas no podrán utilizarse.
- La casa, donde el poeta vivió, se convertirá en museo.
- La norma a la que me refiero está recogida en la página cuatro del documento.
- Los empleados, que han hecho horas extras, recibirán una bonificación.

**7** **Explica en términos gramaticales la diferencia que hay entre estas dos oraciones:**

- El fantasma que tenía poca práctica se aparecía en los lugares equivocados.
- El fantasma, que tenía poca práctica, se aparecía en los lugares equivocados.

**8** **Observa esta oración y determina si las afirmaciones siguientes son verdaderas o falsas:**

> Observó con atención el cuadro en el que pululaban decenas de figurillas que realizaban acciones sin sentido.

- La oración contiene dos oraciones adjetivas.
- La oración contiene una oración adjetiva y una oración sustantiva.
- Las dos oraciones subordinadas contienen un relativo.
- El primero de los relativos que aparece es complejo.
- Las dos oraciones adjetivas son explicativas.
- Una de las oraciones subordinadas está contenida en la otra.

▶ Corrige la última de las afirmaciones falsas.

## APLICACIÓN

**1** **Fíjate en el título de la novela del margen e identifica la oración subordinada adjetiva que contiene. Después, resuelve.**

- Inventa otros títulos que contengan oraciones subordinadas adjetivas.
- Incluye estos títulos de novelas juveniles en oraciones compuestas que contengan subordinadas adjetivas:

Alan Gratz

Susan E. Hinton

Rosa Huertas

Rafael Salmerón

**2** **Lee los mensajes e identifica las oraciones subordinadas. Después, subraya los relativos y di qué función sintáctica realiza cada uno.**

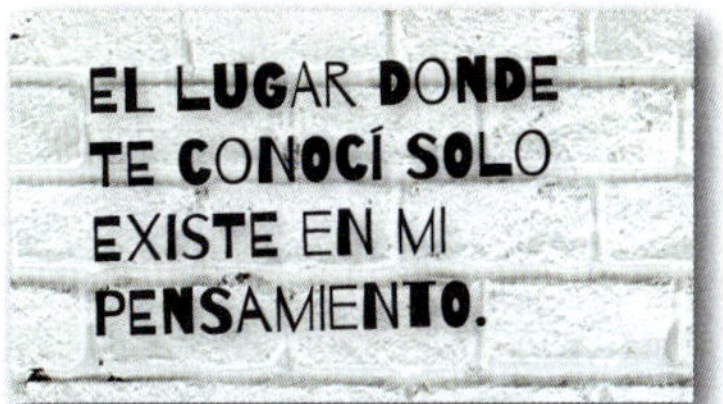

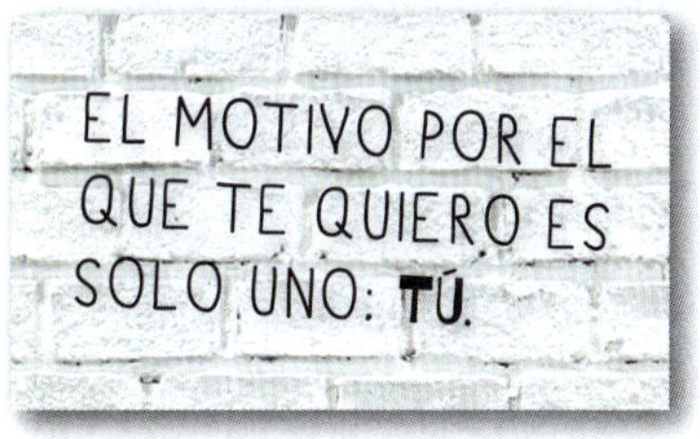


➤ Jugad en parejas a crear otros mensajes parecidos.

**3** **Lee este titular de prensa y resuelve.**

**Los vecinos que presenciaron el robo fueron interrogados**

- Identifica la oración subordinada adjetiva y di de qué clase es.
- ¿Qué cambios gramaticales y semánticos se producen si esa subordinada aparece entre comas?

**4** ANÁLISIS SINTÁCTICO. **Analiza estas oraciones como en los ejemplos:**

- Los chistes que me contó son desternillantes.
- Las cámaras informan del tráfico que tiene la carretera.
- La sala, donde proyectan la película, es grande.
- La gente de la que hablo siempre logra sus objetivos.
- Entrega el sobre al vecino que vive ahí.
- Les gusta el reloj que eligieron en la tienda.

| *Los* | *zapatos* | *que has elegido* | *tienen* | *tacón.* |
|---|---|---|---|---|
| Det. | N | CN (Or. sub. adjetiva) | N | CD |
| Sujeto | | | Predicado | |

| *Me* | *gusta* | *el* | *lugar* | *donde estuvimos ayer.* |
|---|---|---|---|---|
| CI | N | Det. | N | CN (Or. sub. adjetiva) |
| Predicado | | Sujeto | | |

# El teatro de posguerra

## 1 El teatro durante el franquismo

El teatro estuvo marcado en la época franquista por la censura, que estableció un severo control sobre el contenido de las obras representadas.

En la década de 1940 tuvo gran éxito de público un teatro de evasión y enredo, la **alta comedia**, que desarrollaba temas típicamente burgueses. Frente a este teatro comercial, surgieron dos tendencias: el **teatro humorístico**, de Enrique Jardiel Poncela y Miguel Mihura, y el **teatro social**, cuyo iniciador fue Antonio Buero Vallejo.

Ya en la década de 1960 aparece un **teatro experimental**, que se inserta en la corriente renovadora que domina la literatura de la época. Con la llegada de la democracia desaparece la censura y entran con más facilidad las novedades que se producen en el extranjero. Aunque hay estéticas muy diversas, se aprecia cierta tendencia a recuperar un realismo de carácter costumbrista y crítico, que se hace eco de los problemas de la sociedad.

## 2 El teatro humorístico

La mayoría de las comedias de los cuarenta se basaban en el chiste y la ambientación costumbrista de intención caricaturesca. A este tipo de teatro se opone una nueva corriente de **humor intelectual**, que funda su eficacia cómica en la ruptura de las convenciones realistas. Los autores que protagonizan esta renovación del teatro humorístico son Enrique Jardiel Poncela y Miguel Mihura.

- **Enrique Jardiel Poncela** (1901-1952) concibió un «teatro de lo inverosímil», en el que tienen cabida los hechos y situaciones más absurdos. *Eloísa está debajo de un almendro*, *Los ladrones somos gente honrada* y *Los habitantes de la casa deshabitada* son algunas de sus piezas más conocidas.
- **Miguel Mihura** (1905-1977) creó una nueva manera de abordar el humor, en la que se combinan el absurdo y la reflexión existencial. Sus obras plantean con frecuencia situaciones incongruentes y diálogos absurdos. Esta distorsión de la realidad pretende en última instancia denunciar la estupidez y la insustancialidad de los convencionalismos sociales. Estos rasgos se pueden apreciar en su obra *Tres sombreros de copa*.

### SABER MÁS

**El teatro europeo del siglo XX**

En el teatro europeo del siglo XX se produce una renovación que se manifiesta en tres corrientes:

- El **teatro épico** fue creado y representado por el dramaturgo Bertolt Brecht (1898-1956). Brecht se propone en sus obras que el espectador reflexione críticamente sobre lo que ve en escena.
- El **teatro existencialista**, representado por Jean-Paul Sartre (1905-1980) y Albert Camus (1913-1960), trata temas como la dificultad de comunicación y el conflicto entre libertad y moral.
- El **teatro del absurdo** refleja el sinsentido de la existencia y la banalidad de las relaciones sociales mediante situaciones y diálogos incoherentes. Se adscriben a esta tendencia Samuel Beckett (1906-1989) y Eugène Ionesco (1909-1994).

### ACTIVIDADES

**1** Señala y explica la incongruencia humorística que se produce en el siguiente diálogo teatral:

DIONISIO. ¡Yo haré algo extraordinario para poder ir contigo! ¡Siempre me has dicho que soy un muchacho muy maravilloso!

PAULA. Y lo eres. Eres tan maravilloso, que dentro de un rato te vas a casar, y yo no lo sabía...

DIONISIO. Aún es tiempo. Dejaremos todo esto y nos iremos a Londres.

PAULA. ¿Tú sabes hablar inglés?

DIONISIO. No. Pero nos iremos a un pueblo de Londres. La gente de Londres habla inglés porque todos son riquísimos y tienen mucho dinero para aprender esas tonterías. Pero la gente de los pueblos de Londres, como son más pobres y no tienen dinero para aprender esas cosas, hablan como tú y como yo... ¡Hablan como en todos los pueblos del mundo!... ¡Y son felices!

MIGUEL MIHURA, *Tres sombreros de copa*

- ¿Crees que bajo esa incongruencia hay alguna reflexión más profunda? Argumenta tu respuesta.

## 3 El teatro social

A finales de la década de 1940 surge una **corriente teatral realista**, que reacciona frente a la banalidad dominante. Es un teatro social, comprometido políticamente, que denuncia la injusticia, las desigualdades y la falta de autenticidad de la sociedad de su época. El iniciador y principal representante de esta tendencia fue el dramaturgo Antonio Buero Vallejo, un autor de estilo sobrio, cuyos personajes se expresan con un lenguaje sencillo, pero muy elaborado y de fuerte expresividad dramática. Es un teatro en el que el texto cobra protagonismo y consigue eliminar la distancia entre la escena y los espectadores, logrando que estos lleguen a comprender al personaje.

Escena de *Historia de una escalera*, dirigida por Juan Carlos Pérez de la Fuente en el Teatro María Guerrero de Madrid en 2003.

### Antonio Buero Vallejo (1916-2000)

La obra de este autor, ganador del Premio Cervantes en 1986, se caracteriza por su compromiso social. Él mismo se definía como alguien solitario y solidario. Sus obras teatrales combinan elementos muy diversos: realismo, simbolismo, reflexión existencial, crítica social. La acción se sitúa con frecuencia en una época pasada, recurso que le permite analizar problemas de su época con la objetividad del distanciamiento que propicia el paso del tiempo.

En su trayectoria se pueden distinguir estas tres etapas:

- **Primera etapa**, donde predomina el **drama existencial**. Destaca ***Historia de una escalera*** (1949), obra que rompe el inmovilismo del teatro español, que prácticamente había eludido hasta ese momento los temas sociales. La acción se desarrolla en torno a la escalera de una vivienda de varias familias humildes. A lo largo de la obra, se transmite un mensaje desesperanzado: la frustración de los individuos a los que la realidad les impide cumplir sus sueños.
- **Segunda etapa**, integrada por **dramas históricos**. La acción se sitúa en una época pasada, recurso que permite al autor sortear la censura y analizar los problemas de su época con mayor integridad. Pertenecen a esta etapa ***Las Meninas***, ***El concierto de San Ovidio*** y ***El sueño de la razón***.
- **Tercera etapa**, en la que la **crítica social** se hace más explícita y se incorporan algunas innovaciones técnicas. ***La Fundación***, la obra más importante de esta etapa, presenta a un hombre, Tomás, que –tras haber confesado un delito bajo tortura– cumple condena en la cárcel. Ante la dureza de la situación, Tomás crea la fantasía de vivir en una importante institución, la Fundación, hasta el momento en que la cordura lo enfrenta con la sórdida realidad de la cárcel.

**SABER MÁS**

**Otros autores**

- **Alfonso Sastre** (1926) destaca por su espíritu de protesta y el empleo del teatro como instrumento de transformación social. Entre sus obras se encuentran *Escuadra hacia la muerte* o *El pan de todos*.
- **Max Aub** (1903-1972) tuvo una primera etapa vanguardista con obras como *Espejo de avaricia*. Su exilio, en 1939, da lugar a una etapa de angustia y dolor, con *Morir por cerrar los ojos* o *El rapto de Europa*.

### ACTIVIDADES

**2** USA LAS TIC. *El concierto de San Ovidio*, de Antonio Buero Vallejo, está basado en un hecho real. **Averigua con ayuda de Internet o de una enciclopedia de cuál se trata y explícalo.**

**3** **Lee el texto y explica, a partir de él, todos los rasgos de la obra de Buero Vallejo que estén reflejados.**

TOMÁS. Ella... no ha venido. *(Mira hacia el ventanal).*

ASEL. ¿Lo reconoces?

TOMÁS. Nunca vino. *(Absorto en la noche que inunda el paisaje).* Estoy delirando.

MAX. Ahórranos tu comedia. Ya no nos vas a embaucar.

TOMÁS. Pobre de mí.

*(Oculta la cara entre las manos. LINO se aparta y se sienta sobre su colchoneta. Silencio).*

ASEL. *(Que miraba a TOMÁS con vivísima atención).* No es una comedia.

MAX. ¡Por favor, Asel! Resulta ya imposible creerle.

ASEL. Al contrario. Ahora es cuando se le puede creer. [...] ¡Lleva días regresando a la cordura!

ANTONIO BUERO VALLEJO, *La Fundación*

## 4 El teatro experimental

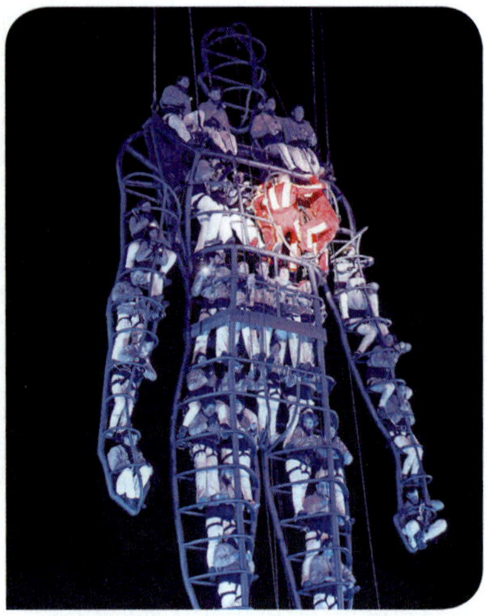

*L'ésser del mil·leni* ('el ser del milenio'). Esta figura humana de hierro de quince metros de altura que combinaba agua, pirotecnia y música fue usada por La Fura dels Baus en una celebración en Barcelona.

En la década de 1960 surge una corriente que se propone subvertir el concepto tradicional de teatro, alejándose de las convenciones realistas dominantes. Se trata de un **teatro experimental**, al que pueden adscribirse autores como **José Ruibal** (1925-1999), con obras como *Los mendigos* o *El hombre y la mosca*; y, sobre todo, **Fernando Arrabal** (1932), quien se convirtió en un claro exponente de este movimiento con obras como *El triciclo* o *Pic-nic*.

Las obras de esta corriente se distinguen por las siguientes características:

- Las nociones de **personaje** y **acción dramática pierden importancia**, quedando reducidos, en la mayor parte de los casos, a mero soporte del mensaje que el autor pretende transmitir.
- El uso de **recursos alegóricos y simbólicos**, que obligan al espectador a reinterpretar lo que ve o a buscar una interpretación más allá de lo que está viendo en el escenario.
- La **renovación de la puesta en escena**, empleando todo tipo de objetos mecánicos para suscitar una reacción crítica ante la deshumanización presente en la sociedad.

### El teatro independiente

En ese contexto de experimentación, desde finales de los sesenta, surgen distintos grupos teatrales que abordan nuevos temas y formas de representación en las llamadas «salas alternativas». Son las compañías de teatro independiente, entre las que destacan Els Joglars, Els Comediants o La Fura dels Baus.

- **Els Joglars**, fundada por Albert Boadella, logra aunar la experimentación artística con la popularidad. Sus representaciones se basan en un teatro crítico con la sociedad.
- **Els Comediants** es, además de una compañía teatral, un colectivo de artistas que buscan activar los sentidos del público para provocar reacciones que pueden ir desde la crítica o el rechazo hasta la sorpresa o el placer.
- **La Fura dels Baus** juega con la improvisación y la incorporación del espectador a la función, convertida en un gran espectáculo visual en el que tiene más importancia la imagen que el texto.

**Claves para estudiar**

Asegúrate de que puedes contestar a estas preguntas:

- ¿Cuáles son las características del teatro de posguerra?
- ¿Qué tres tipos de teatro se desarrollan en esta época? Explica qué tienen en común y en qué se diferencian.

### ACTIVIDADES

**4** Lee este fragmento y explica qué mensaje sobre la guerra quiere transmitir el autor. ¿Qué procedimiento humorístico emplea para lograrlo?

ZAPO. Perdonadme. Os tenéis que marchar. Está prohibido venir a la guerra si no se es soldado.

SR. TEPÁN. A mí me importa un pito. Nosotros no venimos al frente para hacer la guerra. Solo queremos pasar un día de campo contigo, aprovechando que es domingo.

SRA. TEPÁN. Precisamente he preparado una comida muy buena. He hecho una tortilla de patatas, que tanto te gusta, unos bocadillos de jamón, vino tinto, ensalada y pasteles.

ZAPO. Bueno, lo que queráis, pero si viene el capitán yo diré que no sabía nada. Menudo se va a poner. Con lo que le molesta a él eso de que haya visitas en la guerra. Él nos repite siempre: «En la guerra, disciplina y bombas, pero nada de visitas».

SR. TEPÁN. No te preocupes, ya le diré yo un par de cosas a ese capitán.

ZAPO. ¿Y si comienza otra vez la batalla?

SR. TEPÁN. ¿Te piensas que me voy a asustar? En peores me he visto. Y si aún fuera como antes, cuando había batallas con caballos gordos. Los tiempos han cambiado, ¿comprendes? (*Pausa*). Hemos venido en motocicleta. Nadie nos ha dicho nada.

FERNANDO ARRABAL, *Pic-nic*

SABER HACER

## Realizar un trabajo sobre una compañía teatral

*Siegfried,* de Richard Wagner, en el teatro de la Maestranza de Sevilla, interpretado por La Fura dels Baus.

Las compañías de teatro independientes de finales del siglo XX buscaban nuevas formas de expresión que rompiesen con las convenciones presentes desde el siglo XIX en la representación escénica. Vamos a realizar un trabajo sobre una compañía teatral.

**1** USA LAS TIC. Busca información en Internet sobre las siguientes compañías teatrales y elige una de ellas:

- Els Joglars.
- Els Comediants.
- Los Goliardos.
- La Fura dels Baus.
- Tábano.
- Teatro Experimental Independiente.

**2** Elabora una ficha con todos los datos que encuentres sobre la compañía que has elegido.

| | |
|---|---|
| Año de fundación. | Sede. |
| Quiénes la fundaron. | Montajes destacados. |
| Quién la dirige. | Últimas funciones. |

Si crees que hay alguna otra información relevante, añádela a tu ficha.

**3** Elige uno de los montajes destacados y averigua todo lo que puedas sobre él.

- Título.
- Autor o autora.
- Año de estreno.
- Reparto.
- Argumento.
- Género de la obra.
- Características.
- Crítica.
- ...

**4** USA LAS TIC. Obtén en Internet algunas imágenes de ese montaje de la compañía. Si no es posible, busca fotografías de la compañía: sede, componentes, carteles, otras representaciones...

▶ Escribe un pie de foto para cada una de las imágenes.

**5** Con la información obtenida, elige un formato para presentar tu trabajo.

Debes tener en cuenta a qué formato se adaptará mejor la información de la que dispones.

- Trabajo monográfico.
- Presentación digital.
- Mural informativo.
- Infografía.

**6** Elabora tu trabajo en el formato elegido. Para ello, redacta el texto, distribuye las imágenes, organiza la estructura, confecciona los esquemas, revisa la redacción y la ortografía...

▶ Revisa el material, corrígelo y añade la información necesaria.

**7** TRABAJO COOPERATIVO. Presentad en clase vuestros trabajos y poned en común al menos un aspecto positivo y un aspecto negativo de cada uno.

**Formatos para presentar trabajos**

Si tienes dudas sobre el formato que debes elegir para presentar tu trabajo, haz una breve búsqueda en Internet para recordar las características de cada uno y las posibilidades que te ofrecen. El trabajo monográfico será más expositivo, la presentación digital permitirá emplear más recursos digitales, el mural será más gráfico y la infografía, una mezcla de texto y gráficos.

# El cobrador de la luz

*En una humilde casa de vecinos, un cobrador de la luz llama de puerta en puerta.*

COBRADOR. La luz. Tres veinte.

DOÑA ASUNCIÓN. *(Cogiendo el recibo).* Sí, claro… Buenos días. Espere un momento, por favor. Voy adentro…

*(Se mete. PACA sale refunfuñando, mientras cuenta las monedas).*

PACA. ¡Ahí va! *(Se las da de golpe).*

COBRADOR. *(Después de contarlas).* Está bien.

PACA. ¡Está muy mal! ¡A ver si hay suerte, hombre, al bajar la escalerita!

*(Cierra con un portazo. ELVIRA sale).*

ELVIRA. Aquí tiene usted. *(Contándole la moneda fraccionaria).* Cuarenta…, cincuenta…, sesenta… y cinco.

COBRADOR. Está bien.

*(Se lleva un dedo a la gorra y se dirige al IV).*

ELVIRA. *(Hacia dentro).* ¿No sales, papá?

*(Espera en el quicio. DOÑA ASUNCIÓN vuelve a salir, ensayando sonrisas).*

DOÑA ASUNCIÓN. ¡Cuánto lo siento! Me va a tener que perdonar. Como me ha cogido después de la compra y mi hijo no está…

*(DON MANUEL, padre de ELVIRA, sale vestido de calle. Los trajes de ambos denotan una posición económica más holgada que la de los demás vecinos).*

DON MANUEL. *(A DOÑA ASUNCIÓN).* Buenos días. *(A su hija).* Vamos.

DOÑA ASUNCIÓN. ¡Buenos días! ¡Buenos días, Elvirita! ¡No te había visto!

ELVIRA. ¡Buenos días, doña Asunción!

COBRADOR. Perdone, señora, pero tengo prisa.

DOÑA ASUNCIÓN. Sí, sí… Le decía que ahora da la casualidad que no puedo… ¿No podría volver luego?

COBRADOR. Mire, señora: no es la primera vez que pasa y…

DOÑA ASUNCIÓN. ¿Qué dice?

COBRADOR. Sí. Todos los meses es la misma historia. ¡Todos! Y yo no puedo venir a otra hora ni pagarlo de mi bolsillo. Conque si no me abona tendré que cortarle el fluido.

DOÑA ASUNCIÓN. ¡Pero si es una casualidad, se lo aseguro! Es que mi hijo no está, y…

COBRADOR. ¡Basta de monsergas! Esto le pasa por querer gastar como una señora en vez de abonarse a tanto alzado. Tendré que cortarle.

*(ELVIRA habla en voz baja con su padre).*

DOÑA ASUNCIÓN. *(Casi perdida la compostura).* ¡No lo haga, por Dios! Yo le prometo…

COBRADOR. Pida a algún vecino…

DON MANUEL. *(Después de atender a lo que le susurra su hija).* Perdone que intervenga, señora. *(Cogiéndole el recibo).*

DOÑA ASUNCIÓN. No, don Manuel. ¡No faltaba más!

DON MANUEL. ¡Si no tiene importancia! Ya me lo devolverá cuando pueda.

DOÑA ASUNCIÓN. Esta misma tarde; de verdad.

DON MANUEL. Sin prisa, sin prisa. *(Al COBRADOR).* Aquí tiene.

COBRADOR. Está bien. *(Se lleva la mano a la gorra).* Buenos días. *(Se va).*

DON MANUEL. *(Al COBRADOR).* Buenos días.

DOÑA ASUNCIÓN. *(Al COBRADOR).* Buenos días. Muchísimas gracias, don Manuel. Esta misma tarde…

DON MANUEL. *(Entregándole el recibo).* ¿Para qué se va a molestar? No merece la pena. Y Fernando, ¿qué se hace?

(*Elvira se acerca y le coge del brazo*).

Doña Asunción. En su papelería. Pero no está contento. ¡El sueldo es tan pequeño! Y no es porque sea mi hijo, pero él vale mucho y merece otra cosa. ¡Tiene muchos proyectos! Quiere ser delineante, ingeniero, ¡qué sé yo! Y no hace más que leer y pensar. Siempre tumbado en la cama, pensando en sus proyectos. Y escribe cosas también, y poesías. ¡Más bonitas! Ya le diré que dedique alguna a Elvirita.

Elvira. (*Turbada*). Déjelo, señora.

Doña Asunción. Te lo mereces, hija. (*A don Manuel*). No es porque esté delante, pero ¡qué preciosísima se ha puesto Elvirita! Es una clavellina. El hombre que se la lleve...

Don Manuel. Bueno, bueno. No siga, que me la va a malear. Lo dicho, doña Asunción. (*Se quita el sombrero y le da la mano*). Recuerdos a Fernandito. Buenos días.

Elvira. Buenos días.

Antonio Buero Vallejo, *Historia de una escalera*

## Comentario de texto

### Comprensión

**1** Fíjate en el título de la obra a la que pertenece el texto y responde.

- ¿Qué es lo que resulta chocante en ese título, desde el punto de vista del significado de las palabras?
- ¿Qué conjeturas sobre la obra puedes realizar basándote en su título?
- ¿Se confirman estas conjeturas, o al menos algunas de ellas, en el texto que has leído? Di cuáles y cómo.

### Estructura

**2** Diferencia en el texto dos partes atendiendo a los distintos interlocutores que intervienen en la escena.

Indica de forma precisa el criterio que has empleado.

**3** Explica las distintas funciones que desempeñan las acotaciones en el texto.

**4** Clasifica las acotaciones del texto. Debes elegir un criterio, que tendrás que explicar.

### Estilo

**5** ¿Cómo dirías que es el registro de los personajes: familiar, coloquial, elevado...? Justifica tu respuesta.

**6** Observa el tono que emplean los personajes para dirigirse a su interlocutor. ¿Te parece respetuoso en todos los casos o encuentras alguna excepción? Si es así, di cuál y coméntala.

### Valoración

**7** ¿Crees que en el texto existe una intención crítica? ¿Por qué? Justifica tu opinión.

**8** TRABAJO COOPERATIVO. Investigad por grupos la repercusión que tuvo en el panorama teatral español el estreno en 1949 de *Historia de una escalera*.

Buscad información en Internet o en una biblioteca. Después, poned en común los resultados y, a partir de ellos, redactad un texto en el que se recojan de forma ordenada y coherente.

El autor y algunos actores y actrices saludan al público en el estreno de *Historia de una escalera*, el 10 de octubre de 1949.

**9** USA LAS TIC. En el teatro español de posguerra ha sido costumbre distinguir tres grupos de dramaturgos: los que se mostraban condescendientes con el régimen franquista, los que manifestaban una abierta oposición a dicho régimen y los llamados «posibilistas».

Investiga en Internet y averigua en cuál de esos grupos se ha solido encasillar a Buero Vallejo y por qué.

**TALLER DE CREACIÓN**

Escribe un texto narrativo en el que se cuente, desde el punto de vista de doña Asunción, lo que ocurre en la escena que has leído.

Redacta otro texto en que sea Elvira quien narre los hechos.

## Los refranes de la discordia

SEÑORA. Es lo que yo digo: que hay gente muy mala por el mundo...

AMIGO. Muy mala, señora Gregoria.

SEÑORA. Y que a perro flaco *to* son pulgas.

AMIGO. También.

MARIDO. Pero, al fin y al cabo, no hay mal que cien años dure, ¿no cree usted?

AMIGO. Eso, desde luego. Como que después de un día viene otro, y Dios aprieta, pero no ahoga.

MARIDO. ¡Cabal! Conque le abordé al Melecio, porque los hombres hablando se entienden, y le dije: «Las cosas claras y el chocolate espeso: esto pasa de castaño oscuro, así que cruz y raya, y tú por un *lao* y yo por otro; ahí te quedas, mundo amargo, y si te he visto, no me acuerdo». ¿Y qué le parece que hizo él?

AMIGO. ¿El qué?

MARIDO. Pues contestarme con un refrán.

AMIGO. ¿Qué le contestó a *usté* con un refrán?

MARIDO. *(Indignado).* ¡Con un refrán!

SEÑORA. *(Más indignada aún).* ¡Con un refrán, señor Eloy!

AMIGO. ¡Ay, qué tío más cínico!

MARIDO. ¿Qué le parece?

SEÑORA. ¡Será sinvergüenza!

ENRIQUE JARDIEL PONCELA
*Eloísa está debajo de un almendro* (Adaptación)

### ACTIVIDADES

**1** Indica cuáles son las tres corrientes del teatro de posguerra y a cuál de ellas corresponde la obra de Jardiel Poncela a la que pertenece el texto.

**2** Di qué recurso emplea Enrique Jardiel Poncela en este texto para lograr la comicidad.

- ¿En qué difiere este recurso de los empleados en las comedias costumbristas?

## El motín de Esquilache

ESQUILACHE. Tú has conspirado fríamente para encender el infierno en toda España. Por fortuna, yo lo he apagado.

ENSENADA. ¿Tú?

ESQUILACHE. *(Se enardece).* ¡No eres tú quien me destierra, Ensenada, sino yo mismo! ¡Una sola palabra mía y el infierno de la guerra habría ardido! Pero yo no he dicho esa palabra. Al teniente general, al ministro de la Guerra Esquilache, no le gusta la guerra, ni la crueldad... Abomina del infierno en la tierra... Y decide no aumentar el sufrimiento. *(Mira a FERNANDITA).* De esa pobre carne triste, ultrajada..., de los de abajo, que todo lo soportan.

ENSENADA. *(Hosco).* Déjame salir.

ESQUILACHE. ¡Puedes hacerlo! *(Se acerca a FERNANDITA y le rodea los hombros con su brazo).* Nosotros dos, que valemos menos que tú, te condenamos. El pueblo te condena.

ENSENADA. ¿El pueblo?

ESQUILACHE. Nací plebeyo, Ensenada... Fui y soy como ella. Tú dices: nunca comprenderán. Nosotros decimos: todavía no comprenden.

ENSENADA. ¡Deliras! ¡Sueñas!

ESQUILACHE. Tal vez. Pero ahora sé una cosa: que ningún gobernante puede dejar de corromperse si no sueña ese sueño.

ANTONIO BUERO VALLEJO
*Un soñador para un pueblo* (Adaptación)

### ACTIVIDADES

**1** USA LAS TIC. Busca información en Internet sobre el motín de Esquilache y explica a qué figuras históricas representan los personajes del texto.

**2** Explica las características propias de la obra de Buero Vallejo que se reflejan en este fragmento.

## La bondad de don Rosario

DIONISIO. Pero ¿qué veo, don Rosario? ¿Un teléfono?

DON ROSARIO. Sí, señor, un teléfono.

DIONISIO. Pero ¿un teléfono de esos por los que se puede llamar a los bomberos?

DON ROSARIO. Sí, señor. Y a los de las pompas fúnebres.

DIONISIO. ¡Pero esto es tirar la casa por la ventana, don Rosario! *(Mientras DIONISIO habla, DON ROSARIO saca de la maleta un chaqué, un pantalón y unas botas y los coloca dentro del armario).* Hace siete años que vengo a este hotel y cada año encuentro una nueva mejora. Primero quitó usted las moscas de la cocina y se las llevó al comedor. Después las quitó del comedor y las llevó a la sala. Y el otro día las sacó usted de la sala y se las llevó de paseo, al campo, en donde, por fin, las pudo usted dar esquinazo… ¡Fue magnífico! Luego, puso usted la calefacción. Después suprimió usted la carne aquella de membrillo que hacía su hija. Ahora el teléfono… De una fonda de segundo orden ha hecho usted un hotel confortable… Y los precios siguen siendo económicos. ¡Esto supone la ruina, don Rosario!

DON ROSARIO. Ya me conoce usted, don Dionisio. No lo puedo remediar, soy así. Todo me parece poco para los huéspedes de mi alma.

DIONISIO. Pero, sin embargo, exagera usted. No está bien que cuando hace frío nos meta usted botellas de agua caliente en la cama; ni que cuando estemos constipados se acueste usted con nosotros para darnos más calor y sudar; ni que nos dé usted besos cuando nos marchamos de viaje. No está bien tampoco que, cuando un huésped está desvelado, entre usted en la alcoba con su cornetín de pistón e interprete romanzas de su época, hasta conseguir que se quede dormidito… ¡Es ya demasiada bondad…! ¡Abusan de usted…!

DON ROSARIO. Pobrecillos… Déjelos…, casi todos los que vienen aquí son viajantes, empleados, artistas… Hombres solos… Hombres sin madre… Y yo quiero ser un padre para todos, ya que no lo pude ser para mi pobre niño…

MIGUEL MIHURA
*Tres sombreros de copa*

### ACTIVIDADES

**1** Lee el texto y contesta.

- ¿Qué particularidad tiene la conversación que entablan los dos personajes en este fragmento?
- ¿Qué finalidad persigue Mihura con ella?
- ¿Se trata de un rasgo presente en otras obras de la época? ¿En qué difiere del humor de Enrique Jardiel Poncela?

▶ Localiza en el texto ejemplos que justifiquen tus respuestas.

**2** Explica qué es el teatro del absurdo.

▶ ¿Crees que Mihura se aproxima a él? ¿Por qué?

# BANCO DE ACTIVIDADES

## NIVEL I

**1** COMUNICACIÓN. **Describe las características de los textos periodísticos de información.**

➤ Explica las diferencias entre los siguientes textos periodísticos: la noticia, el reportaje y la crónica.

**2** LÉXICO. **Copia estas listas de palabras e identifica el hiperónimo de cada una.**

| | | | |
|---|---|---|---|
| camarero | fontanero | abogada | profesión |
| sofá | mesa | estantería | mueble |
| miedo | tristeza | sentimiento | alegría |

➤ ¿Cómo se denominan los términos que están incluidos en un hiperónimo? Define ambos conceptos.

**3** ORTOGRAFÍA. **Escribe una oración con cada palabra o grupo de palabras.**

- conque
- demás
- haber
- así
- a ver
- si no
- sinfín
- sino

**4** GRAMÁTICA. **Identifica las oraciones subordinadas adjetivas de estas oraciones compuestas:**

- Habla con esa amiga a quien vimos ayer.
- Han cerrado el restaurante donde trabajaba Juan.
- Compró el televisor que más prestaciones tenía.
- El niño que jugaba en el parque es amigo de Sandra.
- Tomó una decisión de la que no se arrepiente.
- La vecina con la que coincidió iba al mismo piso.

➤ Especifica la función que desempeñan los relativos en las oraciones subordinadas.

**5** GRAMÁTICA. **Explica en términos gramaticales la diferencia que hay entre una oración adjetiva especificativa y una oración adjetiva explicativa.**

➤ Escribe ejemplos de esos dos tipos de oraciones adjetivas.

**6** LITERATURA. **¿Qué tendencia teatral surgió a finales de los años cuarenta? Describe sus características e indica quién fue su representante más destacado y algunas de sus obras.**

➤ ¿Contra qué característica del teatro precedente reacciona esa tendencia teatral? Explica por qué.

**7** LITERATURA. **Busca en Internet una representación de Els Joglars e identifica algunos recursos dramáticos.**

## NIVEL II

**1** COMUNICACIÓN. **Inventa una noticia a propósito de la imagen.**

➤ Describe cómo has estructurado la información y nombra las partes de la noticia.

**2** LÉXICO. **Lee este texto e identifica las palabras que designan tipos de parentescos.**

*Mi primo Paco es el hijo pequeño de mi tía Julia, hermana de mi padre. Nació el mismo día que mi sobrina y en el mismo hospital. Es el nieto preferido de mi abuela... siempre están juntos.*

➤ Explica la relación de significado que existe entre esas palabras y el término *pariente*.

**3** ORTOGRAFÍA. **Copia las oraciones escribiendo la opción adecuada.**

- La conversación giró en torno (así / a sí) misma.
- No tengo frío, (si no / sino) calor.
- Es el mismo argumento (conque / con que) defiende todo.
- Mi madre tiene un (sinfín /sin fin) de cosas que hacer.
- Voy (a ver / haber) si ya está hirviendo la sopa.

➤ Escribe oraciones con el resto de las palabras que no has utilizado.

**4** GRAMÁTICA. **Escribe oraciones compuestas con subordinadas adjetivas que cumplan estos requisitos:**

- Que el relativo de la oración subordinada tenga función de sujeto.
- Que la oración subordinada sea explicativa.
- Que la oración subordinada incluya un relativo complejo.

**5** LITERATURA. **Elabora un resumen sobre las tres tendencias teatrales surgidas durante la posguerra en España.**

# Caro y Cuervo lleva la corrección ortográfica a los tatuajes

El Instituto Caro y Cuervo, dedicado al estudio de la lengua castellana en Colombia, ha extendido a los tatuajes su defensa del buen uso del español con una campaña para corregir errores de ortografía en la piel.

Con el nombre #Caroycuervoink, la campaña fue lanzada en redes sociales para estimular a todos aquellos que tuvieran tatuajes con errores de escritura a presentarse en la sede del Instituto, donde un especialista en el manejo de la tinta y la aguja corrigió de manera gratuita las faltas ortográficas.

La jornada de corrección de tatuajes estuvo a cargo de Carlos Eduardo Herrera, un tatuador con casi 30 años de experiencia. «Tuvo mayor éxito entre el público joven, que es el que más se tatúa», dijo a Efe la directora ejecutiva de la Asociación de Amigos del Instituto Caro y Cuervo, María Paula Alzate.

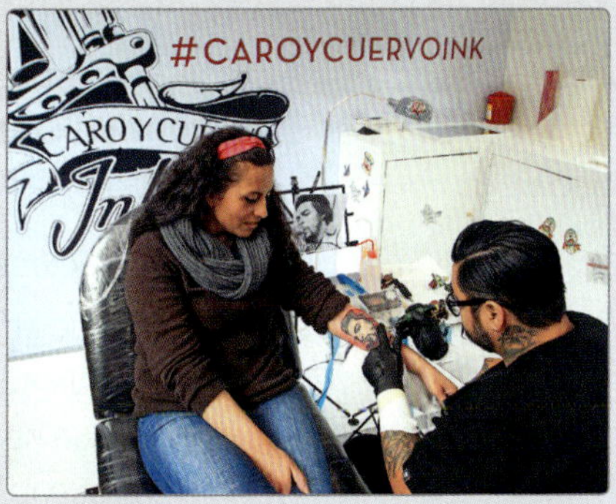


«Nos ha dejado el buen uso del nombre del Instituto Caro y Cuervo, la reflexión de qué significa el español y por qué debemos respetarlo como tal», manifestó Alzate.

Herrera afirmó que los errores ortográficos cometidos en un tatuaje son responsabilidad del tatuador y del cliente, pero gracias a campañas como esta «se promueve que tanto el artista como las personas que se tatúen un texto tengan la prudencia de estudiarlo con anticipación».

Entre los errores ortográficos que Herrera tuvo que arreglar figuraban palabras como «imaginacion», «segidme» y «sonrrisa».

«Ha sido una forma de acercar la población joven al buen manejo del idioma», dijo Alejandro León, una de las personas que se sometió a la corrección.

El Instituto Caro y Cuervo fue creado en 1942 con el propósito de cultivar la investigación científica en el campo de la lingüística, la literatura y la historia colombiana, entre otros.

*efe.com* (Adaptación)

## ACTIVIDADES

**1** Indica a qué género periodístico pertenece el texto.

- ¿Qué hechos se cuentan en él, quiénes participan, cuándo sucedió...?
- Averigua en Internet en qué año comenzó esta campaña y si continúa en la actualidad.

**2** Define las siguientes palabras empleando un hiperónimo en la definición:

castellano | tatuador | literatura

**3** Completa con las palabras adecuadas.

- El texto gira (entorno / en torno) a la corrección de tatuajes.
- No está (demás / de más) esta iniciativa de Caro y Cuervo.
- El tatuador hizo un (sinfín / sin fin) de correcciones.
- No se especifica en el texto (conque / con qué) técnica se corrigen los tatuajes.

**4** Localiza la oración subordinada.

Fue en la sede del Instituto donde el tatuador realizó su trabajo.

- Identifica el relativo y su antecedente.
- ¿Cuál es la función que desempeña el relativo?

**5** Indica de qué clase son las oraciones subordinadas adjetivas de estas oraciones compuestas.

- Los tatuajes que tenían errores ortográficos fueron modificados.
- Los tatuajes, que tenían errores ortográficos, fueron modificados.
- Explica la diferencia de sentido entre las dos oraciones compuestas.

**6** Explica las características de las obras de Jardiel Poncela y de Antonio Buero Vallejo.

## MI PROGRESO

Resuelve este test para comprobar si has asimilado correctamente los principales contenidos de la unidad.

**1** No es característico del texto periodístico...

a. exponer los hechos de forma clara y sencilla.
b. ofrecer mucha información en poco espacio.
c. tener un estilo dinámico que invite a leer.
d. usar un lenguaje dirigido a un público especializado.

**2** Son géneros periodísticos mixtos los que...

a. informan y ofrecen impresiones personales.
b. usan información de diversas fuentes.
c. incluyen informaciones y testimonios de personas.
d. Ninguna de las opciones anteriores.

**3** ¿Cuál es un género periodístico de información?

a. La noticia.
b. El reportaje.
c. La crónica.
d. Las opciones a y b.

**4** ¿Cuál de estas series no contiene solo hipónimos?

a. Lápiz, bolígrafo, rotulador, cera, pluma...
b. Droguería, zapatería, panadería, carnicería...
c. Animal, herbívoro, carnívoro, omnívoro...
d. Mercurio, Venus, Tierra, Marte, Júpiter...

**5** Identifica la oración que contiene un error.

a. Haber si hemos entendido el problema.
b. Los demás podéis ir saliendo en orden.
c. No es solo que no quiera ir, sino que además no tengo tiempo.
d. Es siempre así, conque no te preocupes.

**6** ¿Qué oración no contiene una subordinada adjetiva?

a. El bolso que tiene la hebilla es el más bonito.
b. Recuérdame quiénes van a la cena de esta noche.
c. Indica los estantes donde quieres colocar los libros.
d. Esa mujer es Belén, la cual se encarga de las gestiones.

**7** Son oraciones subordinadas adjetivas especificativas...

a. las que amplían la extensión del sintagma.
b. las que no restringen la extensión del sintagma.
c. las que no modifican la extensión del sintagma.
d. las que restringen la extensión del sintagma.

**8** ¿Cuál de estas funciones no realizan los relativos de las subordinadas adjetivas?

a. Sujeto.
b. Complemento directo.
c. Complemento indirecto.
d. Complemento circunstancial.

**9** ¿Cuál de estos rasgos define el teatro experimental?

a. La pérdida de importancia de la acción y los personajes.
b. La adopción de una estética realista.
c. La intención de hacer reír con situaciones absurdas.
d. La crítica social expresada en un lenguaje claro y sencillo.

**10** ¿Qué obra es una comedia y no un drama?

a. *El concierto de San Ovidio*.
b. *Eloísa está debajo de un almendro.*
c. *Historia de una escalera*.
d. *El sueño de la razón*.

### AUTOEVALUACIÓN Piensa y comprueba:

Lo que sabes:

- ✓ Cuáles son las clases de textos periodísticos y cómo es su lenguaje.
- ✓ Qué relaciones de significado hay entre homónimos e hiperónimos.
- ✓ Cómo escribir algunos grupos de palabras.
- ✓ Cuáles son las características de las oraciones subordinadas adjetivas.
- ✓ Cuáles fueron las características del teatro de posguerra.

Lo que sabes hacer:

- ✓ Reconocer las características de la noticia, la crónica y el reportaje.
- ✓ Distinguir homónimos e hiperónimos.
- ✓ Reconocer en qué contexto se escriben ciertos grupos de palabras.
- ✓ Identificar relativos y distinguir los tipos de oraciones adjetivas.
- ✓ Conocer los dramaturgos de posguerra y las características de sus obras.

# UNIDAD 10

## Comunicación
- Los géneros periodísticos (II)

## Léxico
- Significado denotativo y connotativo

## Ortografía
- Ortografía de las formas verbales

## Gramática
- La subordinación adverbial (I)

## Literatura
- La novela actual

**Escucha y resuelve.**

- Explica razonadamente qué predomina en el audio: la información o la opinión.
- ¿Sobre qué tema trata el texto? ¿Qué opinión defiende el autor?
- ¿Qué pretende el locutor con la pregunta con la que cierra la grabación?
- Expresad en clase vuestra opinión sobre ese tema.

**Piensa en un tema de actualidad que te interese y busca en la prensa o la radio digital un texto en el que se opine sobre él.**

- ¿Cuál es el tema? ¿Por qué te interesa? ¿Qué opinión expresa el texto? ¿Estás de acuerdo?
- Prepara un comentario en respuesta a ese texto en el que ofrezcas tu opinión.
- Graba un *podcast* con tu comentario y compártelo en clase.

# 300 000 energúmenos

## España es el país de Europa en el que más animales se abandonan en verano con motivo de las vacaciones

Es muy probable que, a estas alturas de agosto, ya hayas visto a unos cuantos. Vagando por las carreteras, cabecigachos y con cara de susto, o quizá ya muertos en alguna cuneta. En España se abandonan 300 000 animales domésticos al año, fundamentalmente perros. Uno cada tres minutos. Estamos a la cabeza de Europa en este *ranking* miserable. Ahora bien: lo más inquietante es pensar que posiblemente también nos hemos cruzado, sin saberlo, con el energúmeno sin entrañas que los ha abandonado. Quién sabe, quizá fuera ese tipo que estaba detrás de nosotros en la cola del súper. O esa señora tan fina con la que compartimos espera en el dentista.

Porque no te creas que a los energúmenos sin entrañas se los distingue por sus caras de neandertales. Nada de eso. Como es natural, hay canallas de todo pelaje y condición, y también pueden ser ciudadanos la mar de elegantes, que compran al niño, en Navidades, un cachorrito, y que luego, cuando el juguete empieza a hacerse caca y pis, prefieren llevárselo un día al campo y abandonarlo ahí en algún despiste del animal.

Quiero conocerlos. Yo quiero que me presenten a esos 300 000 conciudadanos capaces de cometer una atrocidad de este calibre. Capaces de convivir durante un tiempo con una criatura absolutamente indefensa, que te ama con adoración y que depende en todo de ti, para luego, de pronto, sin ningún remordimiento, normalmente con sigilo y alevosía, de noche, en algún lugar remoto, abandonar a su suerte (al dolor, a la mutilación, a la muerte) a ese tembloroso y anhelante puñado de pelos.

Quiero conocerlos. Quiero que la policía haga carteles con los caretos de esos desalmados que van disfrazados bajo la apariencia de seres normales. Que empapelen los aeropuertos, las estaciones, las calles de nuestras ciudades con sus fotos, que los retraten como los delincuentes que son. Varios trabajos internacionales han demostrado que hay una relación directa entre el maltrato animal y la criminalidad contra las personas. Por supuesto: quien hace eso a su cachorro probablemente maltrate también a su hijo, a su esposa, a los viejos a su cargo. Y no solo eso: según los estudios, también hay una relación con los delitos públicos: secuestros, violaciones, robos con violencia. Sí, en efecto: pensar en los 300 000 animales que se abandonan cada año me pone los pelos de punta, pero aún me espeluzna más pensar en los 300 000 humanos inhumanos que hay detrás. Quiero conocerlos para poder defenderme de esos tipos feroces.

En España carecemos de una ley nacional de protección animal. Cada autonomía tiene sus propias normas, y difieren muchísimo entre sí. La insensibilidad española en este tema es una vergüenza dentro del contexto europeo. Este país está tan atrasado en cuanto a la educación «animalista» que todavía se escucha el roñoso topicazo de «¡con la que está cayendo, cómo vamos a preocuparnos de los animales!». Una frase absurda que, además de despertarme la sospecha, quizá injusta, de que quien la profiere probablemente tampoco mueva un dedo por los humanos, me recuerda las muchas veces que, a lo largo de la historia, la causa feminista ha sido supeditada a otros logros supuestamente superiores. ¿Pedir el voto para las mujeres? ¡Nooo, primero hay que hacer la revolución!

Pero el caso es que los principios éticos no se pueden trocear sin traicionarlos. La libertad, la igualdad y la fraternidad de los hombres no puede ser negada a las mujeres (aunque se negó durante casi dos siglos); la empatía hacia los seres vivos no puede interrumpirse para pisotear a los otros animales. De hecho, la manera en que una sociedad trata a sus animales es un claro indicativo de su nivel de desarrollo democrático y cívico.

Rosa Montero
*El País* (Adaptación)

# Comentario de texto

## Comprensión

1 ¿Por qué el texto se titula *300 000 energúmenos*?

2 La opinión de Rosa Montero se construye a partir de un hecho noticiable. Indica cuál es y en qué partes del texto aparece.

3 Resume en dos o tres frases el contenido del artículo.

4 En el penúltimo párrafo, Rosa Montero menciona otra causa social, además de la «animalista». ¿Cuál es? ¿Por qué alude a ella?

5 En el segundo y el cuarto párrafo a continuación del texto que está en negrita y con mayor tamaño, aparecen una serie de términos insultantes.

Señala cuáles son y cuál crees que ha sido la intención de la autora al incluirlos.

- ¿Te parecen apropiados en este texto? ¿Y en cualquier otro artículo de opinión? ¿Por qué?

6 ¿Cuál crees que es el estado de ánimo de la autora? Justifica tu respuesta con menciones al texto.

7 ¿Qué significa la expresión *caras de neandertales* que se encuentra hacia la mitad de la primera columna?

8 La autora usa la primera y la segunda persona para referirse a aquellos que respetan a los animales –incluyendo al receptor– y la tercera persona para los que los maltratan y abandonan.

¿Cuál crees que es su propósito al establecer estos dos grupos claramente diferenciados? ¿Y al incluir al receptor directamente en el primero?

9 ¿Qué opinión tiene la autora de las personas que abandonan animales? Explícalo utilizando datos extraídos del texto.

## Estructura

10 Observa estos comienzos de párrafo y describe los mecanismos de cohesión con el párrafo anterior a ellos.

- Porque no te creas que a los energúmenos sin entrañas…
- Quiero conocerlos. Yo quiero que me presenten a esos 300 000 conciudadanos…
- Quiero conocerlos. Quiero que la policía haga carteles…
- Pero el caso es que los principios éticos no se pueden trocear sin traicionarlos.

11 Rosa Montero ha decidido organizar el artículo del siguiente modo:

- Introducción: parte de un dato concreto (en España se abandonan cada año 300 000 animales domésticos).
- Argumentación: reflexiona sobre la realidad que se esconde detrás de ese dato y expresa su opinión.
- Conclusión: formula una serie de generalizaciones éticas sobre el ser humano y la sociedad.

Indica dónde empieza y acaba cada parte.

- ¿Qué utilidad tiene organizar de este modo un discurso argumentativo?

## Estilo

12 Recuerda que el oxímoron es un recurso que consiste en relacionar dos términos de significado opuesto.

Busca un oxímoron en el párrafo largo de la segunda columna y explica su significado.

13 Explica qué rasgos de este texto denotan que se trata de un artículo de opinión.

14 Identifica elementos del registro coloquial en el penúltimo párrafo y escríbelos en tu cuaderno. Después indica por qué sabes que son coloquiales.

- ¿Con qué objetivo introduce Rosa Montero elementos coloquiales en su artículo?

## Valoración

15 Expón los motivos que, a tu juicio, han llevado a la autora a expresar su opinión en este artículo. ¿Qué imagen de sí misma transmite aquí Rosa Montero?

16 ¿Te parece que este texto podría ir sin firmar en un periódico? Justifica tu respuesta.

17 Expresa tu opinión sobre la necesidad de una ley nacional de protección animal y piensa qué contenido debería incluir la ley en relación con los siguientes temas:

- Medidas de protección para los animales.
- Designación de la autoridad responsable de que se cumpla la ley.
- Penas que deben imponerse a los maltratadores.
- Medidas de prevención del abandono y concienciación de las personas que tienen animales domésticos.
- Regulación del cuidado en refugios de los animales que ya han sido abandonados.

# Los géneros periodísticos (II)

## 1 La opinión en los medios

Además de informar, los medios de comunicación tienen la misión de orientar al público para que pueda interpretar adecuadamente los hechos y los acontecimientos. Por eso, en numerosas ocasiones, los periodistas no solo exponen una información, sino que también transmiten sus ideas o sus opiniones y argumentan sobre ella.

Gracias a su capacidad de argumentación, los medios de comunicación influyen directamente en la opinión pública orientándola en un determinado sentido. Por eso, para muchos, los medios de comunicación se han convertido en una especie de «cuarto poder» de nuestra sociedad.

### Los géneros periodísticos de opinión

Existen distintos tipos de textos periodísticos de opinión. Los principales géneros periodísticos de carácter argumentativo son el **editorial** y el **artículo de opinión** o **de fondo**. Además, en la prensa podemos encontrar otros textos, como la **carta al director**, en la que personas anónimas expresan sus opiniones, y la **crítica**, que es un género mixto, de opinión e información.

SABER MÁS

**La opinión de los lectores**

En la prensa escrita existe un espacio destinado a mostrar la opinión de quienes leen los periódicos: la sección de las **cartas al director**. Esta carta es un texto en el que una persona expone sus ideas u opiniones con relación a un tema de actualidad. Formalmente se dirigen al director o directora del periódico, aunque realmente se destinan a todos los lectores.

En la prensa digital existe también un espacio al final de las noticias en el que se pueden escribir comentarios, con algunas condiciones que el propio periódico establece. Estos comentarios son textos breves y menos formales que las cartas al director.

## 2 El editorial

El **editorial** es un texto periodístico argumentativo en el que se refleja la actitud o la opinión general del periódico ante una cuestión.

Todos los periódicos poseen un conjunto de valores y principios, no siempre explícitos, a partir de los cuales seleccionan y valoran las informaciones que ofrecen. Esos principios y valores son los que se reflejan en el editorial.

La principal característica de los editoriales es la **ausencia de firma**. El verdadero emisor no es quien redacta el texto, sino el mismo periódico en su conjunto.

## 3 El artículo de opinión

El **artículo de opinión o de fondo** es un texto periodístico argumentativo en el que se expresa una opinión sobre un tema de actualidad.

Los artículos de opinión siempre aparecen **firmados** y sus autores o autoras suelen ser especialistas o personas de prestigio.

Existen dos finalidades posibles en estos textos:

- **Valorativa.** Se interpreta un hecho o tema exponiendo una opinión.
- **Explicativa.** Se explica al público alguna cuestión referente al ámbito del especialista o la persona de prestigio.

Existe un tipo de artículo de opinión peculiar, por la forma externa que suele adoptar, que es la **columna**. Los columnistas suelen ser colaboradores fijos del periódico en distintos ámbitos o disciplinas.

## 4 La crítica

La **crítica** es un texto periodístico en el que se valora una obra, un espectáculo o un hecho de actualidad.

Las críticas aparecen, sobre todo, en las secciones culturales y deportivas. Suelen versar sobre estrenos de cine, lanzamientos musicales o literarios, exposiciones, eventos deportivos…

La función principal de la crítica es **asesorar** al público. Para ello ofrece los principales datos sobre el asunto que trata, destacando los más sobresalientes. A menudo las críticas contienen una valoración que se expone de manera gráfica o simbólica, por ejemplo, con estrellas o asteriscos.

### ACTIVIDADES

**1** Lee el siguiente editorial de un periódico y contesta a las preguntas.

**Concienciados**

**Los españoles son conscientes del cambio climático y se esfuerzan en combatirlo**

En el ámbito cotidiano, más de la mitad de los españoles creen que se esfuerzan por realizar acciones encaminadas a combatir el cambio climático: reciclar la basura, no desperdiciar alimentos, reducir el consumo de luz y de agua, usar el transporte público o reutilizar los objetos en lugar de comprarlos. Perciben, igualmente, las ventajas del coche eléctrico y la compra de productos locales y apuestan por evitar los viajes en avión en trayectos cortos. Incluso estarían dispuestos a pagar más impuestos para financiar la lucha contra el calentamiento global.

Al margen de las contribuciones domésticas de los ciudadanos, las medidas de calado deben ser diseñadas por los Estados y asumidas por instituciones, empresas, inversores y organizaciones sociales. Conseguir un efectivo recorte de emisiones requiere apostar por mecanismos sostenibles que conlleven el desarrollo de nuevos modelos productivos. Ante las evidencias científicas de que la humanidad se enfrenta a una emergencia sin precedentes son necesarias actuaciones también sin precedentes.

*elpais.com* (Adaptación)

- ¿Qué características del texto revelan que se trata de un editorial?
- ¿A qué hecho hace referencia?
- ¿Qué opinión manifiesta sobre ese hecho quien escribe el texto?
- ¿Qué otras ideas aporta?

**2** Localiza en dos periódicos diferentes un editorial sobre un mismo tema de actualidad y explica las diferencias de opinión que contienen.

**3** Lee el siguiente fragmento de un artículo de opinión y explica qué tema trata y qué ideas expone sobre él. Después, inventa un título.

De un tiempo a esta parte, no somos ajenos a un ciclo caracterizado por nuevas actitudes y formas en el ejercicio de representación política.

Por ejemplo, la relación entre lenguaje y realidad. Nunca a tanta distancia el uno de la otra en la política nacional. Nunca tantas palabras con tan breve fecha de caducidad. A veces, una cuestión de días. Otras, simplemente de horas. Palabras que, en no pocas ocasiones, se presentan ante nosotros sin respeto alguno por el principio de contradicción, que tratan de convencernos exactamente de lo contrario de lo que intentaron ayer. Palabras a menudo pronunciadas en mayúsculas y que, paradójicamente, suenan cada vez más pequeñas.

No tendría por qué ser así, podríamos ser merecedores de un lenguaje obsesivo de su relación innegociable con la verdad, que se llenara de palabras con vocación de permanencia y de memoria, pronunciadas con retrovisor, con algún tipo de respeto por el principio de contradicción.

Sin embargo, empezamos a aceptar que este sea el lenguaje que reserva para nosotros la política nacional.

EDUARDO MADINA, *elpais.com* (Adaptación)

- Busca información y redacta una noticia sobre el hecho al que hace referencia el fragmento.

**4** Escribe la crítica de una película que hayas visto.

RECURSOS

## Humor y opinión periodística

Los medios de comunicación transmiten en muchas ocasiones interpretaciones u opiniones sobre los hechos de la actualidad, y de esa manera tratan de influir en la opinión pública. Para ello, se emplean diversos procedimientos: uno de ellos es el **humor** en sus diversas variantes (sutil, mordaz, sarcástico...).

### El humor gráfico: las viñetas

Entre los géneros periodísticos que utilizan el humor para transmitir una opinión se encuentran las **viñetas**. La viñeta es un género periodístico gráfico en el que se aborda un tema de actualidad de forma caricaturesca. Su intención es, por una parte, **hacer reír**, y por otra, mostrar una opinión crítica que invite al receptor a **reflexionar** sobre el tema abordado.

### La prensa satírica

Algunos medios periodísticos utilizan el humor como único recurso para presentar los temas de actualidad y exponer una opinión crítica sobre ellos: es la **prensa satírica**. Estas publicaciones suelen incluir viñetas de opinión y diversos textos en los que se interpreta la actualidad y se expresan ideas sobre temas de interés en clave de humor.

El fuerte contenido crítico, y en ocasiones mordaz, de algunas de estas publicaciones ha generado intensos debates en torno al ejercicio de la **libertad de expresión** del que hacen uso en sus textos y dibujos, y al **respeto** que merecen las personas, grupos o ideas a los que critican.

### Los medios radiofónicos y audiovisuales

El recurso al humor en la transmisión del contenido informativo tiene también cabida en la radio y en la televisión. Algunos programas de actualidad emiten contenidos que pretenden divertir al telespectador o radioyente, ya sea para hacer más atractiva la información o para transmitir una opinión crítica sobre ella. En televisión se aprecia en los últimos años el desarrollo de un tipo de programas informativos que persiguen más el entretenimiento que la comunicación rigurosa y objetiva.

## Humor y libertad de expresión

Son ya demasiados los casos polémicos en los cuales se ha visto involucrado el humor, en todas sus vertientes. Caricaturistas encarcelados por realizar su trabajo, dibujantes despedidos porque las editoriales sentían que su trabajo era demasiado crítico, atentados como los cometidos contra la revista *Charlie Hebdo*, publicaciones censuradas, humoristas que pasan por los juzgados, etc.

Todo esto sucede en un contexto lleno de cambios muy profundos y rápidos a nivel global, y en un ambiente de ultracorrección política y moralismo. Un contexto muy complejo, ligado a cambios sociales provocados en parte por las redes sociales, y que afectan a ámbitos tan diferentes como el arte, la política, el periodismo o las relaciones entre las personas.

Tengo la sensación de que los humoristas, cuyo trabajo ha sido siempre explorar y moverse por espacios delicados a través de la crítica, son los primeros en sufrir algo que acabará afectando a todos.

David Pintor (Dibujante de Pinto & Chinto)
*lavozdegalicia.es* (Adaptación)

1. Resume el contenido del texto y di si estás de acuerdo con la opinión del autor.
2. Busca en la prensa (ya sea en papel o en Internet) una viñeta humorística y escribe un texto en el que expongas qué se cuenta en ella y de qué modo.
   - Expón después tu opinión sobre el tema que aborda.

SABER HACER

## Escribir un artículo de opinión

La mayoría de los periódicos incluyen artículos escritos por personas relevantes o que colaboran habitualmente para expresar su opinión sobre un tema. Vas a escribir tú un artículo expresando tu opinión sobre un tema de actualidad.

**1** Elige un tema que te interese para escribir sobre él un artículo de opinión.

El uso del móvil en las aulas.

La práctica de deportes de riesgo entre adolescentes.

**2** Recopila toda la información que puedas sobre el tema.

- Ventajas.
- Inconvenientes.
- Opinión de personalidades.
- Condiciones.

**3** Fórmate una opinión y expresa la tesis que vas a defender en tu artículo.

*El móvil es un soporte útil para aprender.*

**4** Plantea distintos argumentos para apoyar tu opinión:

- Argumentos de apoyo y contraargumentos.
- Argumentos basados en distintos tópicos.
- Argumentos lógicos y argumentos afectivos.

– *La entrada de la tecnología en el aula no tiene marcha atrás.*
– *Los dispositivos permiten acceder a toda la información.*
– *Puede ocurrir que se utilicen inadecuadamente.*
– ...

**5** Realiza un esquema que recoja las ideas que vas a desarrollar en tu artículo:

1. Introducción del tema.
2. Exposición de la situación.
3. Argumentación.
4. Conclusiones.

**6** Redacta el artículo teniendo en cuenta estas pautas:

- Usa los argumentos más apropiados para justificar tu tesis.
- Expresa con claridad tus opiniones introduciéndolas con expresiones como *desde mi punto de vista*, *en mi opinión*...
- Introduce ejemplos.
- Usa comillas cuando cites palabras o textos de otras personas.

**7** Revisa el texto y pásalo a limpio dándole la forma adecuada.

Ponle un título atractivo y comprueba la coherencia de tus argumentos y la corrección gramatical y ortográfica del texto.

**El argumento de autoridad**

El argumento de autoridad es aquel que se basa en la opinión de una persona de reconocido prestigio en un campo de conocimiento. Dado que los artículos de opinión publicados en los periódicos son a menudo escritos por personas de reconocido prestigio, las ideas que se exponen en ellos se suelen apoyar en el argumento de autoridad.

# Significado denotativo y connotativo

El color blanco suele tener una connotación de limpieza y pureza; por este motivo en la decoración de muchos centros sanitarios se aprecia un predominio del uso de este color.

## 1 Denotación y connotación

Todas las palabras tienen un significado léxico o gramatical objetivo que comparten sus hablantes y se recoge en las definiciones de los diccionarios.

El significado objetivo que tienen las palabras se denomina **significado denotativo**.

Por ejemplo, el significado denotativo de la palabra *gris* es 'color resultante de la mezcla de color negro y blanco'.

Además, muchas palabras adquieren a veces otros significados que no aparecen en el diccionario y que se relacionan con lo que esas palabras sugieren a cada persona. Por ejemplo, la palabra *gris* puede significar para unas personas 'tristeza' y para otras 'lluvia', 'frío'...

El significado subjetivo que adquieren las palabras se denomina **significado connotativo**.

## 2 Los estereotipos

Determinadas palabras tienen un significado connotativo social y cultural, compartido por un grupo de hablantes. Así, por ejemplo, la palabra *Navidad* significa para la mayoría de las personas 'amor, concordia, familia...'.

El significado connotativo de una palabra que está comúnmente aceptado es un **estereotipo**.

A veces los estereotipos transmiten matices despectivos que se superponen al significado objetivo de la palabra. Así, la palabra *lobo* tiene connotaciones provenientes de los cuentos, que conforman un estereotipo negativo.

## ACTIVIDADES

1 Explica qué significados connotativos tienen para ti las siguientes palabras:
- vacaciones
- hospital
- examen

2 Escribe palabras que tengan para ti estos significados connotativos:
- alegría
- frío
- miedo

3 Explica qué te sugieren las expresiones destacadas en estas oraciones:
- Conducía un **deportivo rojo** totalmente nuevo.
- Unos **negros nubarrones** llegaban a su vida.

4 ¿Qué valor connotativo te sugiere el nombre de la flor de la imagen?

➤ Escribe oraciones en las que se aprecie el valor denotativo y el valor connotativo de ese término.

5 PARA PENSAR. Busca en el diccionario el significado de *hasta*, *sin* y *además*, y contesta a estas preguntas:
- ¿Pueden tener las palabras anteriores significado connotativo? Explica por qué.
- ¿Crees que los nombres propios de persona tienen un significado connotativo? ¿Por qué?

# Ortografía de las formas verbales

## 1 Normas ortográficas de las formas verbales

Al escribir algunas formas verbales pueden surgir dudas sobre cómo se escriben. Por eso, es importante conocer estas normas ortográficas:

| SE ESCRIBEN CON *B* | EJEMPLOS |
|---|---|
| Las formas verbales cuyos infinitivos terminan en *-aber*, *-bir* y *-buir*, excepto *precaver*, *hervir*, *servir* y *vivir*. | *sabemos* (de *saber*), *recibe* (de *recibir*), *distribuyo* (de *distribuir*) |
| Las terminaciones del pretérito imperfecto de indicativo de los verbos de la primera conjugación y del verbo *ir*. | *cantaba*, *soñabais*, *estudiaba*, *íbamos* |

| SE ESCRIBEN CON *V* | EJEMPLOS |
|---|---|
| Las formas verbales que, sin tener *b* ni *v* en su infinitivo, contienen el sonido B, excepto las formas verbales mencionadas en la norma anterior. | *anduve* (de *andar*), *tuviste* (de *tener*), *estuviste* (de *estar*) |

| SE ESCRIBEN CON *J* | EJEMPLOS |
|---|---|
| Las formas de los verbos cuyo infinitivo termina en *-jar* o en *-jear*. | *dejé* (de *dejar*), *ojeamos* (de *ojear*) |
| Las formas verbales que, sin tener *g* ni *j* en su infinitivo, contienen el sonido J. | *trajeron* (de *traer*), *condujesen* (de *conducir*), *dije* (de *decir*) |

| SE ESCRIBEN CON *Y* | EJEMPLOS |
|---|---|
| Las formas verbales que, sin tener *ll* ni *y* en su infinitivo, contienen el sonido Y. | *huyamos* (de *huir*), *oyeron* (de *oír*), *leyéramos* (de *leer*) |

### ACTIVIDADES

**1** Conjuga el pretérito imperfecto de indicativo de los verbos *mirar*, *pasear* e *ir*.

**2** Copia y completa con *b* o *v*.

- retu✻isteis
- mantu✻e
- sostu✻o
- viaja✻an
- obtu✻ieron
- su✻áis

**3** Escribe la forma verbal que se indica en cada caso.

- Primera persona del singular, del pretérito perfecto simple de indicativo del verbo *atraer*. ▶ ____
- Tercera persona del plural, del pretérito perfecto simple de indicativo del verbo *traducir*. ▶ ____
- Primera persona del plural del presente de indicativo del verbo *barajar*. ▶ ____

**4** Escribe formas verbales que contengan el sonido Y, pero que no tengan *ll* ni *y* en su infinitivo.

**5** AUTODICTADO. Copia y completa el texto con las grafías *b*/*v*, *g*/*j* y *ll*/*y*.

**A oscuras**

Está✻amos ✻iendo una película de terror en el salón cuando se fue la luz. Dedu✻imos que ha✻ían saltado los plomos, así que di✻e: «Va✻amos al cuadro eléctrico». Cuando ✻egamos a la cocina, se o✻eron ruidos en el salón. Poco después, sentimos que algo se aproxima✻a hacia nosotros y tu✻imos miedo de encender la luz. Finalmente, acti✻é el interruptor. ¡Ha✻ía un gato en casa!

# La subordinación adverbial (I)

## Claves para empezar

- Define qué es una oración subordinada adverbial.
- Di qué clase de sintagma tiene como núcleo un adverbio y qué funciones puede desempeñar.
- Enumera las clases de adverbios que conoces y pon un ejemplo de cada uno.

## 1 Oraciones adverbiales de lugar

Las **oraciones adverbiales de lugar** son oraciones subordinadas que expresan circunstancias espaciales relativas al predicado de la oración principal.

Estas oraciones van introducidas por los adverbios relativos *donde* o *adonde:*

*Deja las cosas donde están.* *Viajaré adonde yo quiera.*

Las oraciones adverbiales de lugar desempeñan la función de complemento circunstancial o de término de un sintagma preposicional con esa función:

*Trabajo donde vivo.* (CC) *Iremos hacia donde conducen las huellas.* (CC)

## 2 Oraciones adverbiales de tiempo

Las **oraciones adverbiales de tiempo** son oraciones subordinadas que señalan circunstancias temporales relativas al predicado de la oración principal.

Estas oraciones pueden ir introducidas por el adverbio relativo *cuando* o por nexos como *mientras, en cuanto, tan pronto como, a medida que…*

*El timbre sonó cuando salí.* *Escucha la radio mientras duerme.*

Las oraciones adverbiales de tiempo desempeñan la función de complemento circunstancial o término de un sintagma preposicional con esa función:

*Avisa cuando acabes.* (CC) *Déjalo para cuando vuelvas.* (CC)

Son también oraciones subordinadas temporales las encabezadas por «*al* + infinitivo»:

*Al coger el vaso se cayó.* *Al despertar me sentía bien.*

## SABER MÁS

**Las subordinadas adverbiales**

Para la RAE, el análisis tradicional de las oraciones subordinadas adverbiales plantea problemas. Entre otros, el solapamiento conceptual en las encabezadas por *cuando*, *donde* y *como* o el hecho de aplicar el término *oración* a algunas estructuras que no lo son en sentido estricto.

## ACTIVIDADES

**1** Identifica las oraciones subordinadas adverbiales de lugar y de tiempo e indica su función.

- Comprendí lo que pasaba en cuanto llegué.
- Podemos vivir donde tú quieras.
- Nos iremos cuando tengas el equipaje listo.
- Te acompañaré donde vayas.
- Haz el viaje cuando estés mejor.
- Yo recojo mientras tú terminas de comer.

➤ ¿Qué otra subordinada hay en la primera oración?

**2** Identifica las oraciones adverbiales e indica su clase.

- Habla con él cuando se siente donde están ellos.
- Estuvimos donde viviste tú cuando eras joven.

**3** Escribe oraciones compuestas en las que estas oraciones sean subordinadas adverbiales:

- Cuando salí de la tienda.
- Mientras ellos llamaban.
- Donde fuimos ayer.
- Hacia donde quieras.

## 3 Oraciones adverbiales de modo

Las **oraciones adverbiales de modo** son oraciones subordinadas que indican la manera como se realiza la acción presentada en la oración principal.

Estas oraciones van introducidas por el adverbio relativo *como* u otros enlaces como *según, según como, tal como, tal y como*… También pueden adoptar la forma de oraciones de gerundio:

*Deja las cosas como estaban.* *Hazlo siguiendo las reglas.*

Las oraciones adverbiales de modo desempeñan la función de complemento circunstancial:

*Lo hizo según lo explicaste.* (CC) *Te esperó tal como le pediste.* (CC)

## 4 Oraciones de lugar, tiempo y modo de carácter adjetivo

Las oraciones subordinadas que van introducidas por los relativos *donde, cuando* y *como* son proposiciones adjetivas cuando funcionan como complemento de un sustantivo, que es su antecedente. En los siguientes ejemplos, aparece en azul el antecedente del relativo que introduce la oración subrayada:

*La casa donde vivo es bastante amplia.*

*Recuerdo el momento exacto cuando ocurrió.*

*No me gusta la forma como has contestado.*

Hay que distinguir estas oraciones adjetivas de las introducidas por *donde, cuando* y *como* sin antecedente, que son adverbiales y suelen funcionar como complemento circunstancial.

### SABER MÁS

**Oraciones con *donde*, *cuando* y *como***

Frente al análisis tradicional, la RAE, en su *Nueva gramática de la lengua española*, considera relativas las oraciones encabezadas por *donde*, *cuando* y *como*, tengan o no antecedente expreso:

*Su prima nació en la ciudad donde vivían.*

*Su prima nació donde vivían.*

### ACTIVIDADES

**4** Identifica las oraciones subordinadas y clasifícalas en adverbiales de lugar, de tiempo y de modo.

- Haré los deberes mientras esté en casa de Mario.
- Al final fui donde me sugeriste.
- Se peina como lo hacía su madre a su edad.
- Clasifica las fichas como te enseñé.
- Olvidé el enfado en cuanto la vi.
- ➤ Indica la función sintáctica de cada subordinada.

**5** Escribe a partir de esta imagen oraciones compuestas que contengan una oración adverbial de cada tipo.

**6** Fíjate en estas oraciones y responde.

Cuando termines con el libro ponlo en la estantería donde lo encontraste.

- ¿Cuáles son las oraciones subordinadas? ¿Y la oración principal?
- ¿Qué tipo de subordinadas son?
- ➤ Transforma en adverbial la última oración subordinada.

**7** Escribe oraciones compuestas que incluyan subordinadas de estos tipos:

- Una oración adjetiva de lugar.
- Una oración adverbial de tiempo.
- Una oración adjetiva de modo.

## 5 Oraciones adverbiales causales

Las **oraciones adverbiales causales** son oraciones subordinadas que expresan la causa de lo que se afirma en la oración principal.

Estas oraciones van introducidas por las conjunciones *porque*, *como* y *pues*, o por locuciones del tipo *ya que*, *puesto que*, *dado que*, *a causa de que*…, y desempeñan la función de complemento circunstancial:

*No veo bien porque no hay luz en el descansillo.* (CC: *porque no hay luz en el descansillo*)

*Se desviaron de la ruta ya que la carretera estaba cortada.* (CC: *ya que la carretera estaba cortada*)

## 6 Oraciones adverbiales finales

Las **oraciones adverbiales finales** son oraciones subordinadas que expresan la finalidad con que se realiza la acción enunciada en la oración principal.

Estas oraciones van introducidas por las locuciones conjuntivas *para que*, *a que*, *a fin de que*, *a efectos de que*, *con objeto de*…, y desempeñan la función de complemento circunstancial:

*Limpiaron las huellas para que nadie notara nada.* (CC: *para que nadie notara nada*)

*Se encerró en su cuarto a fin de que no le molestaran.* (CC: *a fin de que no le molestaran*)

Cuando el sujeto de la oración principal y el de la subordinada coinciden, el verbo de esta última suele ir en infinitivo:

*Andábamos de puntillas para no hacer ruido.*

### SABER MÁS

**Análisis de las oraciones que expresan finalidad**

Las oraciones que expresan finalidad se pueden analizar como subordinadas sustantivas. En ese caso, funcionan como término de un sintagma preposicional que realiza la función de complemento circunstancial en la oración principal:

*Te prepararé un gran bocadillo para que meriendes.* (CC: *para que meriendes*)

*Te prepararé un gran bocadillo para merendar.* (CC: *para merendar*)

### Claves para estudiar

Comprueba lo que has aprendido resolviendo estas actividades:

- Explica qué es una oración subordinada adverbial.
- Escribe una oración compuesta con subordinadas adverbiales de varios tipos y analízalas.

## ACTIVIDADES

**8** Identifica las oraciones subordinadas de estas oraciones:

- Dado que estaba cómoda, decidió quedarse allí.
- Se arruinó porque especuló en la bolsa.
- Se calló para que no discutieran.
- Cantaba porque se sentía feliz.
- Me mudaré para que tengas más espacio.
- Se levantó tarde, puesto que era festivo.
- Transigiré a fin de que las cosas se calmen.
- Reescribió la redacción para que se leyera mejor.

➤ Indica cuáles de esas oraciones son causales y cuáles son finales.

**9** Añade a cada oración una subordinada causal o una subordinada final.

- No sé si hay vida extraterrestre.
- Me gustaría conocerla mejor.
- Se llevó un paraguas.
- En este asunto, protejo mis intereses.
- La recogeré en el parque de atracciones.

**10** Explica qué tipo de construcciones son estas:

Lo llamó para que supiera la noticia.

Felicitó a Lara porque supo la respuesta.

## APLICACIÓN

**1** Fíjate en este mensaje de ordenador y resuelve.

**No apague el ordenador mientras se actualiza el equipo.**

- ¿Cuándo hay que apagar el equipo?
  a) Hay que apagarlo cuando se esté actualizando.
  b) Hay que apagarlo antes de que se actualice.
  c) Hay que apagarlo cuando acabe la actualización.
- Haz el análisis sintáctico de la oración compuesta del mensaje de ordenador y el de la opción que has elegido.

**2** Leed esta información sobre el chorlitejo patinegro y comentad en clase qué es lo que más os llama la atención de esta ave.

En algunas playas de Galicia es posible encontrar ejemplares de chorlitejo patinegro (*Charadius alexandrinus*), conocido allí como «píllara das dunas». Se avista fácilmente porque es un ave diurna. Fabrica sus nidos donde hay suelos arenosos con poca vegetación o en playas sin vegetación que son ricas en restos marinos. Nervioso y frágil, necesita tranquilidad mientras cría. Recientemente se han adoptado medidas para evitar su desaparición, como el balizamiento de zonas de cría o el uso de enormes jaulas de protección de los nidos.

- Copia las oraciones subordinadas adverbiales que reconozcas.
- Identifica y copia una oración subordinada sustantiva y una subordinada adjetiva y analízalas.

**3** Fíjate en la fotografía del margen y su pie de foto y resuelve.

**Protestamos porque contaminaron el río con vertidos tóxicos.**

- ¿De qué tipo es la subordinada adverbial del pie de foto?
- Identifica las subordinadas de estos pies de foto e indica su clase.

**Hice esta foto cuando acabó el curso.**

**El recorrido en bici acabó como lo planeamos.**

**Sonrío porque quiero un buen selfi.**

**Nos preparamos para vivir una gran aventura.**

- Busca fotografías y escribe pies de foto que contengan oraciones subordinadas adverbiales de lugar, tiempo, modo, causales o finales.

**4** ANÁLISIS SINTÁCTICO. Analiza estas oraciones como en los ejemplos:

- Llegaron sus amigas cuando nos íbamos.
- El público protestó porque se suspendió la obra.
- Ellos trabajan donde vivíamos antes.
- Iremos para que no te enfades conmigo.
- Haremos el pastel según dices.
- Me fui de allí ya que hacía demasiado frío.

| *Mercedes* | *aplaudió* | *cuando supo la noticia.* |
|---|---|---|
| | N | CCT (Or. sub. adv. de tiempo) |
| Sujeto | Predicado | |

| (Vosotros) | *Dejad* | *los paquetes* | *donde no molesten.* |
|---|---|---|---|
| | N | CD | CCL (Or. sub. adv. de lugar) |
| Sujeto tácito | Predicado | | |

# La novela actual

La llegada de la democracia impulsó la creación de nuevos organismos e instituciones culturales, entre los que se encuentra el Instituto Cervantes, dedicado a la promoción de la lengua y la literatura españolas. En la imagen, sede del instituto en Madrid.

## 1 Contexto histórico

Tras la muerte del general Francisco Franco (1975) comienza la **Transición** democrática. En 1976, se aprobó en referéndum la Ley para la Reforma Política propuesta por Adolfo Suárez. Se inició así un **proceso de legalización de los partidos políticos** que condujo a la celebración de elecciones libres en 1977 y a la promulgación en 1978 de la **Constitución**, por la que España quedó configurada como una monarquía parlamentaria.

Después del fallido intento de golpe de Estado del 23 de febrero de 1981 y la posterior normalización política, España obtuvo el reconocimiento internacional como **Estado democrático**, lo que allanó el camino para que, en 1986, pasase a formar parte de la Unión Europea.

En el plano internacional destaca el **fin de la Guerra Fría** con la caída del muro de Berlín en 1989 y la disolución de la Unión Soviética. Una vez superada esta etapa, comenzó un **proceso de globalización** favorecido por el desarrollo de las comunicaciones, los sistemas informáticos e Internet.

## 2 La novela española actual

En la literatura actual el género más destacado es la **novela**. A partir del año 1975, con la desaparición de la dictadura y de la censura, se produce un proceso de abandono del experimentalismo en un intento de acercarse al lector y despertar su interés.

La narrativa de este periodo se caracteriza por la vuelta a los patrones narrativos clásicos: el **interés por el argumento**, que cobra peso frente a la estructura, y el **desarrollo lineal de la historia**, en la que destaca la **voz única del narrador**.

Predominan los **temas urbanos** y se prefieren los **personajes antiheroicos**, cuyas andanzas se narran en un estilo muy cuidado y salpicado por frecuentes notas de humor.

### Eduardo Mendoza (1943)

La publicación en 1975 de ***La verdad sobre el caso Savolta***, de Eduardo Mendoza, puede considerarse el punto de partida de la narrativa actual. En esta obra el autor combina las técnicas experimentales heredadas con un **argumento** de tipo policiaco que **atrapa la atención del lector**.

Posteriormente, Mendoza ha mostrado su excepcional capacidad paródica en obras como *El misterio de la cripta embrujada*, *El laberinto de las aceitunas*, *Sin noticias de Gurb* o *El secreto de la modelo extraviada*, entre otras. En ellas se actualizan y subvierten los tópicos de tres géneros consagrados: la novela de misterio, la novela negra o policiaca y la novela de ciencia ficción.

***La ciudad de los prodigios*** es la más ambiciosa de sus obras y probablemente la más lograda; en ella se recrea la **evolución histórica y social** de la ciudad de Barcelona en el periodo comprendido entre las exposiciones universales de 1888 y 1929, tomando como hilo conductor la progresión social del protagonista. Esta novela retoma y renueva algunos de los presupuestos de la **novela realista decimonónica**: el propósito de reflejar y explicar el mundo real y el pormenorizado análisis psicológico de los personajes.

**SABER MÁS**

**La literatura en lengua gallega, catalana y vasca**

A partir de 1975, las literaturas en lengua gallega, catalana y vasca experimentan un notable desarrollo.

- En **lengua gallega** destacan, entre otros, **Xosé Luís Méndez Ferrín** (1938), **Suso de Toro** (1956) y **Manuel Rivas** (1957).
- En **lengua catalana** cabe citar a **Terenci Moix** (1942-2003), **Carme Riera** (1948) o **Quim Monzó** (1952).
- En **lengua vasca** los escritores más relevantes son **Bernardo Atxaga** (1951), **Kirmen Uribe** (1970) y **Unai Elorriaga** (1973).

### La posmodernidad

Los cambios políticos y sociales de la década de 1980 en Europa hicieron surgir una nueva forma de pensamiento conocida como **posmodernidad**.

El pensamiento posmoderno se caracteriza por **rechazar las ideologías y las escuelas estéticas** y por practicar una **mezcla de lenguajes** de diferentes disciplinas: la literatura, la música, el cine...

En literatura, el pensamiento posmoderno se refleja en aspectos como el gusto por la **fusión de géneros**, que permite incluir en un texto literario elementos propios del cine, del cómic o de la publicidad. También es habitual que se juegue con **referencias conocidas** por el lector para construir textos sorprendentes, así como la **reescritura de obras literarias consagradas**.

El **relativismo** –por el que la interpretación de las obras depende de cada sujeto, sin valores universales– propio del pensamiento posmoderno favorece el empleo de recursos como **el humor y la ironía**.

La novela gráfica es una publicación a medio camino entre el cómic y la novela. Uno de sus exponentes es Paco Roca, historietista e ilustrador, cuya obra *Arrugas* fue llevada al cine por el realizador Ignacio Ferreras.

## 3 Tendencias de la narrativa actual

No resulta fácil discernir unas corrientes definidas en una narrativa que aún sigue en evolución; sin embargo, es posible identificar ciertas tendencias temáticas:

- La **novela policiaca**, cuyo argumento gira en torno a la investigación de un caso. Destacan las novelas del detective Pepe Carvalho, de **Manuel Vázquez Montalbán**; las obras de **Juan Madrid**; la serie de Bevilacqua y Chamorro, escrita por **Lorenzo Silva**; o la del detective Arturo Zarco, de **Marta Sanz**.
- La **novela histórica**, que recrea hechos del pasado. Tras el éxito de *Urraca*, de **Lourdes Ortiz**, se pueden citar *La vieja sirena*, de **José Luis Sampedro**; *El hereje*, de **Miguel Delibes**; y algunos *best seller* como *La catedral del mar* o *El pintor de almas*, de **Ildefonso Falcones**.
- La **novela intimista**, que se centra en los conflictos personales y emocionales de los personajes. Cabe mencionar *Contra natura*, de **Álvaro Pombo**; *La lluvia amarilla*, de **Julio Llamazares**; o *Malena es un nombre de tango*, de **Almudena Grandes**.
- La **novela testimonio**, que plantea temas de actualidad desde un punto de vista crítico, con novelas como *Te trataré como a una reina*, de **Rosa Montero**; *Sefarad*, de **Antonio Muñoz Molina**; o *Soldados de Salamina*, de **Javier Cercas**.

**SABER MÁS**

**La metaficción**

La metaficción es un recurso narrativo que consiste en introducir una reflexión o una referencia sobre la propia obra, convirtiéndola en un tema más del relato. Se emplea, por ejemplo, en *El cuarto de atrás*, de Carmen Martín Gaite, o en *Estela de fuego que se aleja*, de Luis Goytisolo.

### ACTIVIDADES

**1** Lee estos fragmentos y explica de forma razonada a qué temática pertenece cada uno.

> En los buenos tiempos, las jovencitas se casan por amor. En los malos, muchas lo hacen por interés. Yo me casé con un preso en los peores, por dos multicopistas que nadie sabía poner en marcha. Tenía dieciocho años, y hasta que a mi hermano se le ocurrió complicarme la vida, ni siquiera sabía que existieran máquinas con ese nombre.
>
> ALMUDENA GRANDES
> *Las tres bodas de Manolita*

> –¿Ha oído usted hablar de Stuart Pedrell? Puede haber oído hablar del publicitario, del bioquímico, de la pedagoga o del constructor. Yo quiero hablarle del constructor.
>
> Dejó ante Carvalho una serie de cartulinas donde estaban enganchadas gacetillas recortadas de los periódicos: «El cuerpo de un desconocido aparece en un descampado de la Trinidad». «Ha sido identificado como el de Carlos Stuart Pedrell».
>
> MANUEL VÁZQUEZ MONTALBÁN
> *Los mares del sur* (Adaptación)

Gonzalo Torrente Ballester, Camilo José Cela, Miguel Delibes, Carmen Martín Gaite o Ana María Matute son algunos de los autores y autoras que habían triunfado en épocas anteriores y siguieron destacando en la novela actual.

## 4 Novelistas actuales

Entre los novelistas actuales destacan los siguientes:

- **Luis Landero** (1948) se dio a conocer con su primera novela, *Juegos de la edad tardía*, en 1989. En su obra, Landero combina influencias de la tradición española –especialmente, de Cervantes– y del realismo mágico latinoamericano con una prosa clara y sencilla, lo que lo ha llevado a tener una gran aceptación entre los lectores. Otras obras destacadas son *Caballeros de fortuna, El mágico aprendiz, Hoy, Júpiter, Absolución* o *Lluvia fina*.
- La obra de **Javier Marías** (1951) se distingue por la presencia de temas como el misterio de la identidad personal, la reflexión sobre el tiempo y las implicaciones del propio acto de narrar o contar algo. Su estilo, muy elaborado, posee una capacidad envolvente que difumina y transforma la realidad. Entre sus obras destacan *Todas las almas, Corazón tan blanco, Mañana en la batalla piensa en mí*, la trilogía *Tu rostro mañana* o *Los enamoramientos*.
- **Rosa Montero** (1951) tiene una larga trayectoria como novelista. En sus comienzos, ofreció un tipo de novela testimonial en la que destaca su facilidad para narrar. Con el tiempo, ha ido desplazando esa técnica narrativa a novelas existenciales, como *La hija del caníbal*, o de ciencia ficción, como *Lágrimas en la lluvia* y las protagonizadas por la detective Bruna Husky.
- En la narrativa de **Antonio Muñoz Molina** (1956) se conjugan el rigor en la construcción del relato y la preocupación por elaborar un argumento atractivo para el lector. Destaca la calidad de su prosa, que se desarrolla en periodos amplios, pero con un ritmo muy cuidado. Sobresalen entre sus obras *El invierno en Lisboa, El jinete polaco, Plenilunio, La noche de los tiempos* o *Tus pasos en la escalera*.
- La obra de **Almudena Grandes** (1960) se caracteriza por abordar temas como el amor, la soledad y las relaciones sociales desde el punto de vista de la mujer, demostrando una gran capacidad para contar historias. Entre sus obras cabe citar *Malena es un nombre de tango, El corazón helado* o *Castillos de cartón*. También destaca su serie de novelas históricas *Episodios de una guerra interminable*.

Otros novelistas destacados son Manuel Vicent, José María Merino, Luis Mateo Díez, Maruja Torres, Juan José Millás, Arturo Pérez-Reverte, Dulce Chacón, Clara Sánchez, Manuel Rivas, Belén Gopegui, Enrique Vila-Matas…

### Claves para estudiar

Desarrolla por escrito los siguientes temas:

- El contexto histórico en el que surge la literatura actual.
- Características de la novela de este periodo.
  - Eduardo Mendoza.
  - El posmodernismo.
- Principales características de la prosa de Luis Landero, Javier Marías, Rosa Montero, Antonio Muñoz Molina y Almudena Grandes.

### ACTIVIDADES

**2** **Lee el texto y explica a partir de él las características de la prosa de Rosa Montero y la temática que predomina en esta obra. ¿Crees que es una obra de sus inicios o de una época posterior?**

Ana calla esperando nuevas preguntas, esperando que Curro se decida por fin. Pero el niño cierra la boca mientras se afana inútilmente en buscar quién sabe qué en la hebilla de su pequeño zapato, como siempre, aprendiendo a disimular a los cuatro años, temeroso de saber ya en la niñez. ¿Se acordará de Juan? ¿Guardará algún olor, o el volumen, o la sombra, la forma aproximada de aquel Juan al que no ha vuelto a ver desde que tenía cinco meses? La casa está fría y hay que desvestir al Curro con rapidez, meterle los pololos de lana, taparle con el embozo, menos mal que mi madre le ha dado ya la cena, estoy tan cansada.

Rosa Montero
*Crónica del desamor*

**3** USA LAS TIC. **Busca en Internet o en una biblioteca alguna de las obras citadas en esta unidad de Luis Landero, Javier Marías, Rosa Montero, Antonio Muñoz Molina o Almudena Grandes, y elige un fragmento en el que se puedan apreciar algunas de las características de su prosa.**

SABER HACER

## Escribir una escena teatral basada en una noticia

**El monólogo**

Un monólogo es una manifestación en voz alta de sentimientos o pensamientos que hace un personaje en escena. Tradicionalmente, los monólogos han tenido lugar cuando un personaje estaba solo en escena, sin otra presencia que la del público.

Sin embargo, el teatro actual lo ha utilizado como un recurso más en obras en las que solo hay un personaje o como una forma de diálogo con objetos. Si lo deseas, puedes emplear este recurso en tu escena.

El teatro siempre ha reflexionado sobre los temas que preocupaban a su momento histórico y su sociedad. En la actualidad, continúa ocurriendo. Incluso los espectáculos más intrascendentes reflexionan sobre temas que preocupan al público. Vamos a escribir una escena teatral basada en una noticia.

1. Busca en distintos periódicos una noticia que consideres que puede formar parte de una escena teatral.

   *Un tren se avería en un túnel y se produce un fuerte enfrentamiento entre los pasajeros.*

2. Piensa qué situación concreta vas a recrear en la escena.

   Procura que tenga lugar una situación que implique algún tipo de conflicto que motive que los personajes se enfrenten entre ellos o se esfuercen por conseguir un objetivo.

3. Indica qué personajes intervendrán en la escena y define brevemente su carácter.

4. Traza un esquema de lo que va a suceder en la escena.

   Un tren se detiene en medio de un túnel por una avería. → La tensión, al principio, genera comentarios intrascendentes. → Un comentario ofende mucho a uno de los pasajeros...

5. Escribe tu escena teniendo en cuenta las siguientes pautas:
   - Comienza la escena con una acotación inicial, es decir, con una indicación que sitúe la acción en un tiempo y espacio concretos.

     *(Vagón de tren bastante lleno, pero no abarrotado. Es un trayecto largo y aún es pronto. La mayoría de la gente lee algo o mira el móvil; dos grupos charlan tranquilamente. De repente, el tren pierde velocidad y se detiene en medio de un túnel).*

   - Escribe las intervenciones. Debes procurar que de las palabras de los personajes se deduzca lo que ocurre.
   - Incluye acotaciones con indicaciones para las actitudes, tonos de voz y movimientos de los personajes.
   - Puedes añadir algún aparte: un comentario de un personaje que se supone que no oyen los demás, pero sí el público.

     CARLOS. (Tenso, en voz alta). *¡El tren se ha parado en el túnel!* (En voz baja). *¿Qué hace este señor?* (Aparte). *Pero... ¿cómo se atreve a decir eso?*

▶ Revisa y corrige la escena que has escrito.

# La ducha

Fue el último verano que vivió con nosotros cuando mi tío Pedro decidió que iba a instalarnos la ducha. Yo tenía doce años y había terminado el curso con un suspenso vergonzoso en Gimnasia. Esa mañana de julio, mi tío Pedro sacó el bidón metálico al corral y nos mostró todas las cosas que había comprado en la ferretería o conseguido en su taller de carpintería metálica, donde estaba a punto de que lo ascendiesen a soldador de primera: una alcachofa de ducha, varios tubos de cobre de distintas longitudes y grosores, una manguera remendada con parches de bicicleta. Mi madre y mi abuela lo miraban con admiración y algo de alarma, sobre todo cuando me pidió que le acercara la escalera de mano y la apoyara contra el muro de la caseta exterior donde estaba el retrete. Se echó el bidón al hombro, subió por la escalera sujetándose con una sola mano, fornido, enérgico, en camiseta, con su pantalón azul de soldador, la cara y los brazos muy blancos, porque ya no le daba el sol sin misericordia del trabajo en el campo. Yo sujetaba la escalera y mi madre y mi abuela le hacían advertencias asustadas, agárrate bien, no mires para abajo, que te puede dar mareo, no vayas a caerte. Mi tío se pasó la mañana al sol, atareado en el tejadillo, ajustando el bidón con anclajes metálicos, soldando junturas, la cara protegida por su careta de metal con una mirilla como de morrión de película, la pistola de soldadura soltando chorros de chispas que dejaban un olor muy acre en el aire y caían al suelo como tenues plumas de ceniza. Con su careta de soldador mi tío se parecía al Hombre de la Máscara de Hierro. Yo permanecía alerta al pie de la escalera, dispuesto a alcanzarle lo que él me pidiera con sus ademanes recién adquiridos de experto: un destornillador, un martillo, un tubo de cobre, mientras mi tío sudaba en la ofuscación del sol de julio.

–Ya casi ha terminado mi hermano la ducha –le dijo mi madre a mi padre cuando llegó él del mercado a la hora de comer, y le señaló el bidón ya instalado en el tejadillo del retrete, por encima de las hojas tupidas de la parra–. Dice que mañana podremos ducharnos.

–¿Y el agua? –dijo mi padre, con su mirada escéptica y el aire entre reservado e irónico que tenía siempre en casa, y que podía oscilar fácilmente hacia el malhumor y el silencio–. ¿De dónde pensáis traer el agua para ducharos?

Al día siguiente, domingo, mi tío se levantó temprano y salió del cuarto con sigilo, como temiendo despertarme. Desde la cama yo escuchaba cada mañana los aleteos y el piar de las golondrinas que anidaban todos los años en el hueco de mi balcón. Oía también los pregones de los vendedores ambulantes y los cascos de los caballos y los mulos, las ruedas de los carros retumbando sobre el empedrado. Distinguí de lejos, todavía sin desprenderme por completo del sueño, los martillazos que daba mi tío sobre la chapa del bidón, en el corral, y luego el gruñido de la polea del pozo, y el del agua pasando de un recipiente a otro. Con la ayuda de mi madre, mi tío sacaba agua del pozo, la trasvasaba a otro cubo, subía con él la escalera y vaciaba

el agua en el bidón del tejadillo. Había procurado no despertarme y no me había pedido que le ayudara: quería que al levantarme me encontrara la sorpresa. Oí su voz gritando mi nombre. Bajé al corral y allí estaba mi tío en calzoncillos, unos calzoncillos blancos y rudimentarios de tela idénticos a los míos, y a los de mi padre y mi abuelo, la cara y el cuello muy morenos y el torso muy blanco, con un estropajo y un trozo de jabón en la mano, triunfal.

–Venga, prepárate, que vamos a ducharnos. ¿Tú cuántas veces te has duchado en tu vida?

–Yo, ninguna.

–Pues esta va a ser la primera.

Antonio Muñoz Molina, *El viento de la luna* (Adaptación)

## Comentario de texto

### Comprensión

**1** Responde de forma razonada.

- ¿Quién es el protagonista del texto?
- ¿Qué papel desempeña el narrador?
- ¿Crees que se puede afirmar que el padre es en cierto modo un antagonista? ¿Por qué?

**2** El texto tiene carácter autobiográfico. Averigua la fecha de nacimiento de Antonio Muñoz Molina para saber aproximadamente en qué época se sitúan los hechos.

**3** Identifica los indicios que nos proporciona el texto acerca del ámbito espacial de la narración.

**4** La descripción del tío contrasta con los datos que nos ofrece el narrador sobre su padre.

Caracteriza brevemente a uno y otro personaje.

**5** En un momento del texto, la figura del tío aparece casi mitificada, siempre desde un punto de vista infantil.

Explica en qué consiste la mitificación.

**6** PARA PENSAR. Los hechos ocurren en una época en la que en España se asistía a un cierto despegue económico, basado en el turismo y una incipiente industrialización.

Explica cómo se refleja este hecho en el texto.

### Estructura

**7** El elemento que da unidad temática al texto es la ducha.

Identifica los distintos procedimientos –repetición de palabras, empleo de sinónimos, uso de expresiones anafóricas…– que, basados en dicho elemento temático, dotan de cohesión al texto.

**8** En el texto se cuenta la construcción de una ducha.

Divide el texto en partes atendiendo a estos tres momentos: manifestación del propósito de llevar a cabo el proyecto, realización del proyecto, finalización del mismo.

**9** Fíjate en los pasajes en los que el narrador describe al tío Pedro. ¿Qué es lo que se destaca sobre todo en esas descripciones?

- Defiende la opinión de que esos pasajes descriptivos muestran el punto de vista peculiar del narrador y tienen, al menos en parte, un carácter subjetivo. Para hacerlo, debes basarte en una información que hay al comienzo del texto.

### Estilo

**10** Localiza las intervenciones verbales de los distintos personajes en el texto. ¿Qué dos procedimientos emplea el autor para reproducir esas intervenciones?

### Valoración

**11** PARA PENSAR. Busca en Internet información sobre la obra a la que pertenece el texto. ¿Se trata de una obra de ficción o de unas memorias?

**TALLER DE CREACIÓN**

Escribe un texto sobre un personaje –real o inventado– que fuera un héroe o heroína de tu infancia.

Debes adoptar el punto de vista de esa época, no el que puedas tener en la actualidad.

## El asesinato de Savolta

A la medianoche Savolta se subió a la escalera del vestíbulo y reclamó silencio. Unos criados atenuaron las luces salvo aquellas que iluminaban directamente al magnate. Sin otro punto donde mirar, los invitados concentraron su atención en Savolta.

–Queridos amigos –dijo este–, tengo de nuevo el placer de veros a todos reunidos en esta vuestra casa. Dentro de unos minutos, el año 1917 dejará de existir y un nuevo año empezará su curso. El placer de reuniros en estos segundos memorables…

Entonces, o quizá después, empezaron a sonar los disparos. Cuando decía no sé qué del cambio de año y pasar el puente todos unidos.

AL PRINCIPIO FUE SOLO UNA EXPLOSIÓN

Al principio fue solo una explosión y un ruido de cristales rotos. Luego gritos y otra explosión. Oí silbar las balas sobre mi cabeza, pero no me moví, paralizado como estaba por la sorpresa. Varios invitados se habían agazapado, tirado por los suelos o refugiado detrás del que tenían más próximo. Todo fue muy rápido, no recuerdo cuántos disparos siguieron a los dos primeros, pero fueron muchos y muy seguidos. Creo que vi a Lepprince y a María Rosa Savolta boca abajo y pensé que los habían matado. Y a Claudedeu ordenando que apagasen las luces y que todo el mundo se pusiese a cubierto. Había quien chillaba «¡La luz! ¡La luz!», y otros gritaban como si hubiesen sido heridos. Los disparos cesaron en seguida.

NO HABÍAN DURADO CASI NADA

No habían durado casi nada. En cambio, los gritos se prolongaron y la oscuridad, también. Al final, viendo que no había más disparos, un criado hizo funcionar los interruptores y volvió la claridad y nos dejó cegados. A mi alrededor había llantos y nervios desbocados y unos decían que había que llamar a la policía y otros decían que había que cerrar las puertas y las ventanas y nadie se movía. La mayor parte de los invitados seguía tendida, pero no parecían heridos, porque miraban a todas partes con los ojos muy abiertos. Entonces sonó un grito desgarrador a mi espalda y era María Rosa Savolta que llamaba a su padre así: «¡Papá!», y todos vimos al magnate muerto. Las barandillas de la escalera habían saltado en pedazos, la alfombra se había convertido en polvo y los escalones de mármol, acribillados, daban la impresión de ser de arena.

EDUARDO MENDOZA
*La verdad sobre el caso Savolta*

### ACTIVIDADES

1. **Lee el texto y di a qué tipo de novela pertenece.**
   Pon ejemplos que justifiquen tu respuesta.

2. **Caracteriza al narrador del texto *El asesinato de Savolta*.**
   Di qué tipo de narrador es: interno o externo, protagonista o testigo.

3. El argumento de la novela a la que pertenece el texto revela un cambio respecto a la novela experimental de la época anterior a ella.
   **Explica en qué consiste ese cambio.**
   - ¿Cómo consigue el autor mantener la atención del lector? Explícalo apoyándote en el texto.

## El recuerdo de los que faltan

La última vez que vi a Miguel Desvern o Deverne fue también la última que lo vio su mujer, Luisa, lo cual no dejó de ser extraño y quizá injusto, ya que ella era eso, su mujer, y yo era en cambio una desconocida y jamás había cruzado con él una palabra. Ni siquiera sabía su nombre, lo supe solo cuando ya era tarde, cuando apareció su foto en el periódico, apuñalado y medio descamisado y a punto de convertirse en un muerto, si es que no lo era ya para su propia conciencia ausente que nunca volvió a presentarse: lo último de lo que se debió de dar cuenta fue de que lo acuchillaban por confusión y sin causa, es decir, imbécilmente, y además una y otra vez, sin salvación, no una sola, con voluntad de suprimirlo del mundo y echarlo sin dilación de la tierra, allí y entonces. Tarde para qué, me pregunto. La verdad es que lo ignoro. Es solo que cuando alguien muere, pensamos que ya se ha hecho tarde para cualquier cosa, para todo –más aún para esperarlo–, y nos limitamos a darlo de baja. También a nuestros allegados, aunque nos cueste mucho más y los lloremos, y su imagen nos acompañe en la mente cuando caminamos por las calles y en casa, y creamos durante mucho tiempo que no vamos a acostumbrarnos. Pero desde el principio sabemos –desde que se nos mueren– que ya no debemos contar con ellos. No sé cómo lo resistimos, ni cómo nos recuperamos. No sé cómo nos olvidamos a ratos, cuando el tiempo ya ha pasado y nos ha alejado de ellos, que se quedaron quietos.

Pero lo había visto muchas mañanas y lo había oído hablar y reírse, casi todas a lo largo de unos años, temprano, no demasiado, de hecho yo solía llegar al trabajo con un poco de retraso para tener la oportunidad de coincidir con aquella pareja un ratito, no con él –no se me malentienda– sino con los dos, eran los dos los que me tranquilizaban y me daban contento, antes de empezar la jornada. Se convirtieron casi en una obligación. No, la palabra no es adecuada para lo que nos proporciona placer y sosiego. Quizá en una superstición, aunque tampoco: no es que yo creyera que me iba a ir mal el día si no compartía con ellos el desayuno, quiero decir a distancia; era solo que lo iniciaba con el ánimo más bajo o con menos optimismo sin la visión que me ofrecían a diario, y que era la del mundo en orden, o si se prefiere en armonía. Aquel último en que su mujer y yo lo vimos, no pudieron cenar juntos. Ni tan siquiera almorzaron. Ella lo esperó veinte minutos sentada a una mesa de restaurante, extrañada pero sin temer nada, hasta que sonó el teléfono y se le acabó su mundo, y nunca más volvió a esperarlo.

JAVIER MARÍAS
*Los enamoramientos*

### ACTIVIDADES

1. Explica cuáles son los temas predominantes en la obra de Javier Marías y di cuál es el tema del presente texto.

2. Describe, a partir del texto, cómo es el estilo literario de este autor.

3. La literatura de Javier Marías se caracteriza por la fusión de narración y reflexión.
   Explica cómo está reflejado este aspecto en el texto.

## NIVEL I

**1** COMUNICACIÓN. Indica de qué tipo es el siguiente texto de Víctor López G. publicado en *espinof.com* y describe sus características.

### Manhattan sin salida

Manhattan sin salida *es una muy grata sorpresa: un* thriller *de ritmo endiablado que evoca el cine policiaco de los 70.*

*Con* Manhattan sin salida ('21 Bridges'), *Brian Kirk recupera la esencia del* thriller *policiaco de espíritu* pulp *propio de los años setenta y huye de complicaciones innecesarias en un relato electrizante que, pese a no aspirar a revolucionar el subgénero de ningún modo, ofrece 100 soberbios minutos de acción, suspense y diversión a raudales.*

**2** COMUNICACIÓN. Explica qué características tienen en común los artículos de opinión y los editoriales. Después, di en qué se diferencian.

**3** LÉXICO. ¿Cuál es el significado denotativo de la palabra *bebé*? ¿Y el connotativo? Escribe algún ejemplo.

**4** ORTOGRAFÍA. Copia y completa con las grafías *b* o *v*.

- lava*a
- sucum*ía
- prohi*ido
- contri*uir
- ser*ida
- sostu*isteis

**5** ORTOGRAFÍA. Copia y completa las oraciones con la forma verbal correspondiente.

- ¡Ojalá Sandra (trabajar) en la profesión que elija!
- Hace un rato ellos (decir) que se iban.
- Ellas no (oír) el mensaje hasta ayer.
- Reconocer los errores (contribuir) a mejorar.

**6** GRAMÁTICA. Señala las oraciones adverbiales e indica de qué tipo son.

- Verás la televisión cuando termines los deberes.
- Lo hizo como se lo indicaste.
- Dado que no hay cena, me voy a la pizzería.
- Iremos donde pronostiquen buen tiempo.
- Le mandó un correo para que recordara la cita.

**7** LITERATURA. ¿Cuál es el género más destacado en la literatura española actual? Explica las características generales y cita algunas obras representativas.

## NIVEL II

**1** COMUNICACIÓN. Busca un editorial en un periódico y escribe un breve artículo de opinión que trate sobre el mismo tema.

**2** LÉXICO. Pon ejemplos de palabras que tengan para ti un significado connotativo y explícalo.

**3** LÉXICO. ¿Qué es un estereotipo? Escribe un ejemplo.

**4** ORTOGRAFÍA. Explica la norma ortográfica que siguen estas formas verbales:

- recibía
- homenajearon
- estuvimos
- cabía
- reduje
- cayeron

➤ Pon otros ejemplos de palabras que sigan esa misma norma.

**5** GRAMÁTICA. Sustituye la palabra destacada por una oración subordinada adverbial.

- Montó la estantería **así**.
- Iremos a casa de la abuela **más tarde**.
- La entrega de premios se realizará **allí**.

➤ ¿De qué clase son las oraciones que has escrito? ¿Qué función desempeñan?

**6** GRAMÁTICA. Identifica las oraciones subordinadas y especifica de qué tipo son.

- Compraremos un bocadillo para que no tengas hambre.
- Se acostó pronto, ya que estaba muy cansada.

➤ Escribe otras oraciones con subordinadas del mismo tipo introducidas por palabras diferentes.

**7** LITERATURA. Lee el siguiente fragmento de la novela *La ciudad de los prodigios*, de Eduardo Mendoza, y explica a partir de él algunas de las características de la obra.

*El año en que Onofre Bouvila llegó a Barcelona la ciudad estaba en plena fiebre de renovación. Esta ciudad está situada en el valle que dejan las montañas de la cadena costera al retirarse un poco hacia el interior, entre Malgrat y Garraf, que de este modo forman una especie de anfiteatro.*

➤ Explica la importancia de Eduardo Mendoza en la novela actual.

**8** LITERATURA. Describe los rasgos posmodernos de la década de 1980.

➤ Localiza alguna novela actual y selecciona algún fragmento que pueda servir para ilustrar los rasgos que has descrito.

# Basta de palabrería

**A los que deciden los sueldos y los puestos: adquieran ustedes compromisos reales. Las mujeres no tenemos menos lectores o menos público. Estamos educadas, eso sí, para darnos menos importancia**

No hay partido político ni medio de comunicación que no quiera estar presente en una manifestación contra la violencia de género. No faltan editoriales, declaraciones públicas ni ceños fruncidos. Y es lógico. ¿Qué organización, qué líder no se sumaría en estos momentos a la repulsa unánime contra estos crímenes dictados por el desprecio a las mujeres? Poco se habla, en cambio, de la educación que cimenta esta violencia, y menos aún de esas actuaciones relacionadas con la infravaloración de la mujer de la que tanto medios de comunicación como partidos son cómplices. Hay un silencio asombroso sobre la desigualdad de los sueldos a favor de los hombres. No se habla porque los datos suelen ser secretos: en el mercado arbitrario de los autónomos nunca llegarás a enterarte de lo que gana tu compañero y de por qué la dirección de una empresa entiende que la recompensa al trabajo de una mujer ha de ser menor.

Diría, y espero que se me entienda, que es más fácil condenar la violencia que actuar a diario para que las mujeres participen en el mundo social y laboral en igualdad de condiciones. Y aquí entran estos mundos supuestamente más abiertos, el de la cultura y el de la comunicación. Mientras las mujeres no tengamos idénticas posibilidades de mando, mientras nuestro trabajo no sea considerado como el de nuestros colegas, mientras se requiera nuestra voz en un foro solo para compensar la abrumadora presencia masculina, no podemos hablar de compromiso real con la igualdad.

Desde aquí me dirijo a los que deciden los sueldos y los puestos: basta de palabrería, adquieran ustedes compromisos reales. No tenemos menos lectores, ni menos telespectadores, ni menos público. Estamos educadas, eso sí, para darnos menos importancia.

ELVIRA LINDO
*elpais.com*

## ACTIVIDADES

**1** Resume el contenido del texto e identifica el tema.

- Piensa otras iniciativas para promover la igualdad entre hombres y mujeres.

**2** ¿Qué estereotipo sobre la mujer secundan las empresas que no recompensan por igual el trabajo de hombres y mujeres?

**3** Di a qué género periodístico pertenece el texto *Basta de palabrería* y explica qué rasgos permiten afirmarlo.

**4** Escribe las formas verbales correspondientes.

- Aún hoy hay empresas que (contribuir) a la desigualdad.
- Cuando se publicó el artículo, muchos directivos no (decir) nada; (abstenerse) de hacer comentarios.

**5** Identifica las oraciones subordinadas adverbiales y di de qué clase son y qué función sintáctica desempeñan.

- Habrá igualdad cuando se adquieran compromisos reales.
- Dijo las cosas como las sentía.
- Escribió el artículo porque está cansada de palabrerías.
- Habla claro para que te entiendan.

**6** USA LAS TIC. Busca en Internet más información sobre una de estas novelistas y escribe un breve texto sobre ellas.

Rosa Montero | Almudena Grandes

- Relaciona alguna de sus obras con las tendencias temáticas de la narrativa actual.

## MI PROGRESO

Resuelve este test para comprobar si has asimilado correctamente los principales contenidos de la unidad.

**1** Los medios de comunicación...

**a.** solo ofrecen información objetiva.
**b.** influyen en la opinión pública.
**c.** nunca emplean la argumentación.
**d.** no tienen importancia para la sociedad.

**2** ¿En qué texto periodístico aparece la opinión del lector?

**a.** En los editoriales.
**b.** En los artículos de opinión.
**c.** En las críticas.
**d.** En ninguna de las opciones anteriores.

**3** Una crítica periodística de una película...

**a.** analiza el argumento, pero no a los personajes.
**b.** incluye siempre los créditos.
**c.** ofrece una opinión razonada.
**d.** indica en qué cines se proyecta.

**4** El significado connotativo...

**a.** es el significado objetivo de una palabra.
**b.** es el significado que una palabra puede sugerir a un hablante concreto.
**c.** aparece siempre en el diccionario.
**d.** es una forma distinta de denominar una realidad.

**5** ¿En qué serie hay una palabra intrusa?

**a.** estu*e, tu*imos, her*ido
**b.** o*ear, condu*eron, di*eron
**c.** sa*íamos, distri*uisteis, contri*uimos
**d.** le*eron, ha*é, hu*amos

**6** ¿Qué oración no incluye una subordinada adverbial?

**a.** Fue recordando a medida que pasó el tiempo.
**b.** Iremos adonde nos permita el mal tiempo.
**c.** Ella actuó como si lo hubiera hecho siempre.
**d.** El restaurante donde comimos es de mi amiga.

**7** ¿En qué opción hay una subordinada adverbial de modo?

**a.** Comeré cuando esté hambriento.
**b.** Ella aprobó corrigiendo todos los errores.
**c.** Esther viajará donde le llegue el dinero.
**d.** Te lo permito mientras hagas todo lo que prometiste.

**8** Las oraciones adverbiales finales...

**a.** se coordinan con la oración principal.
**b.** expresan el propósito de la acción enunciada en la oración principal.
**c.** se introducen con la conjunción *que*.
**d.** son aquellas cuyo sujeto coincide con el de la principal.

**9** ¿Qué característica no es de la narrativa actual?

**a.** Los patrones narrativos donde destaca el argumento.
**b.** La presencia de personajes heroicos.
**c.** El predominio de paisajes urbanos.
**d.** Un desarrollo lineal en el que destaca el narrador.

**10** ¿Qué relación es incorrecta?

**a.** Luis Landero. / Capacidad paródica.
**b.** Almudena Grandes. / Punto de vista femenino.
**c.** Eduardo Mendoza. / Técnicas experimentales.
**d.** Rosa Montero. / Novela testimonial.

### AUTOEVALUACIÓN Piensa y comprueba:

Lo que sabes:

- ✓ Cuáles son los géneros periodísticos de opinión.
- ✓ Qué es la denotación y la connotación.
- ✓ Cuáles son las normas ortográficas de algunas formas verbales.
- ✓ Cómo reconocer y clasificar las oraciones subordinadas adverbiales.
- ✓ Cuáles son las características de la narrativa actual.

Lo que sabes hacer:

- ✓ Identificar las características del editorial, los artículos de opinión y la crítica.
- ✓ Reconocer y emplear palabras con significado connotativo.
- ✓ Escribir correctamente formas verbales.
- ✓ Identificar algunas clases de oraciones subordinadas adverbiales.
- ✓ Conocer y analizar las obras de novelistas actuales.

# UNIDAD 11

**Comunicación**
- La publicidad

**Léxico**
- Creación de nuevos significados

**Ortografía**
- Las grafías *b*, *v*, *g* y *j*

**Gramática**
- La subordinación adverbial (II)

**Literatura**
- La poesía y el teatro actuales

**Escucha y resuelve.**
- Copia la definición que se da de publicidad.
- Explica por qué se afirma en la grabación que la publicidad es un arte.
- Escribe dos afirmaciones falsas y dos verdaderas sobre lo que has oído. Intercambiad los textos por parejas y descubrid las falsas.
- Explica cuál fue el origen de la publicidad y con qué dos grandes revoluciones está relacionada.

**Busca en Internet carteles de anuncios de algún producto concreto como, por ejemplo, bicicletas.**
- ¿Qué tienen en común esos anuncios? ¿Qué tipo de imágenes emplean? ¿A qué público se dirigen?
- Debatid en clase sobre la publicidad: ¿qué imagen ofrecen del hombre? ¿Y de la mujer? ¿Creéis que esa imagen ha cambiado a lo largo del tiempo? Si es así, ¿por qué?

# Los anuncios se meten en tu cabeza

## La investigación neuronal detrás de la publicidad es cada vez más sofisticada

¿Cuántas veces la expresión *edición limitada* en el envoltorio de algún producto acelera tu deseo de comprarlo? ¿Se venden más productos si los promocionan personas atractivas? ¿Puede un olor hacer que saques antes la tarjeta de crédito? Nada es casual: las técnicas utilizadas para saber qué atrapa al consumidor son cada vez más sofisticadas, aunque a veces apelen a instintos muy primitivos. «Estamos intentando entender el patrón neuronal de la compra», afirma Francis Blasco, coordinadora académica del Máster en *Neuromarketing* y Comportamiento del Consumidor de la Universidad Complutense de Madrid. ¿El objetivo? Quieren mirar en nuestro cerebro para vender más.

Pedro Bermejo, neurólogo y presidente de la Asociación Española de Neuroeconomía (ASOCENE), explica que, cada vez que tomamos una decisión, «en nuestro cerebro se pueden activar dos partes, una del *sí* y otra del *no*». En función de cuál de las dos tendencias prevalezca sobre la otra, estaremos más o menos inclinados a gastarnos el dinero en lo que nos está ofreciendo un vendedor, una publicidad. Pero ¿cuáles son los mecanismos que se ponen en marcha para que una determinada estrategia impacte en el consumidor? He aquí algunos:

**Provocar el miedo a la pérdida y jugar con el tiempo.** Los seres humanos sentimos aversión a las pérdidas: es más grande el dolor experimentado al perder dinero que la alegría causada por ganar la misma cantidad. «Por esa razón se utilizan mensajes como *edición limitada* o *si no lo compras ahora lo pierdes para siempre*. El cerebro entra en la zona de pérdida y el cliente lo quiere evitar», explica Pedro Bermejo. A este miedo se le puede añadir el factor tiempo. «Cuanto menos tiempo tiene el consumidor para decidir, más emocional e influenciable es. Por otro lado, cuanto más tiempo tiene, más piensa y más racional será», argumenta el neurólogo. «El ejemplo más típico son las rebajas: se crea el miedo a perderlas».

**Efecto Pigmalión.** Si los maestros formulan expectativas positivas sobre ciertos alumnos y les dan un trato distinto, estos acaban cumpliendo con esas expectativas y alcanzan mejores resultados. En las ventas, se trata al cliente de una determinada forma para que reaccione de acuerdo con ella. «Por ejemplo, siendo muy amables o haciéndonos creer que nos merecemos algo que el resto no», detalla Bermejo.

**Efecto halo.** Cuanto más nos gusta alguien a primera vista, más probable es que le atribuyamos cualidades positivas. «En *marketing*, se transmite el atractivo de una persona a la calidad de un producto», explica Bermejo. También funciona con los objetos, por ejemplo, utilizando algún artículo que tuvo mucho éxito para generar interés en otro de la misma marca.

**Efecto *goggle*** (que no Google). El término *goggle* se traduce como *gafas de bucear*, y hace referencia a la distorsión de la realidad que causa el recibir determinados estímulos justo antes de decidir. «Si, por ejemplo, me quieren vender algo en el banco, antes me invitarán a un café: es el intento de crear una predisposición favorable para que se valore el producto positivamente», aclara Bermejo.

**Efecto *bandwagon* o arrastre.** «Significa querer estar con el mejor. Parecido es el efecto manada, la propensión a seguir lo que hacen los demás. Se usa mucho en los anuncios publicitarios y un ejemplo son las agencias inmobiliarias, cuando ponen

un *vendido* encima del anuncio de un piso. ¿Por qué no lo quitan? «Quieren decir que, si han vendido a otra persona, también son capaces de hacerlo contigo», aclara el presidente de ASOCENE.

**Efecto señuelo.** Esta técnica se utiliza para conseguir que un producto parezca más ventajoso que otro y se suele jugar con los precios. «El cerebro ya no evalúa de forma racional», señala Bermejo. Por ejemplo, cuando en el cine nos ofrecen un formato más grande de palomitas por cinco euros y otro más pequeño por dos, puede que optemos por el más barato. Pero, al introducir una tercera opción, el señuelo, que podría ser una cantidad mediana por 4,50 euros, la primera opción nos parecerá más conveniente y gastaremos más.

¿Podemos hacer algo para evitar que otros tomen decisiones por nosotros? «Hay que informarse: la única manera para defendernos es tener conocimientos y tomar las decisiones con tiempo. El consejo: nunca compres sobre la marcha», concluye el neurólogo.

Laura Delle Femmine
*El País* (Adaptación)

# Comentario de texto

## Comprensión

**1** Resume la información que proporciona el texto.

**2** Responde a las tres preguntas iniciales de la noticia con los datos que hayas obtenido de su lectura.

**3** ¿Qué expertos son citados en el reportaje? ¿Por qué se ha acudido a ellos para comprender las aplicaciones de la investigación neuronal en publicidad?

**4** ¿A qué *instintos primitivos*, a los que apelan las técnicas de venta, crees que se refiere la redactora en el primer párrafo?

**5** ¿De qué mecanismos de persuasión publicitaria se habla en el texto?

➤ Junto a cada uno de esos mecanismos aparece un ejemplo aclaratorio. Responde.
- ¿Se comprendería igual el texto si se eliminaran los ejemplos? ¿Por qué?
- ¿Se te ocurren otros posibles ejemplos? Cita al menos uno para cada mecanismo.

**6** El titular de este reportaje otorga a la locución verbal *meter en la cabeza* un doble sentido, real y figurado. Explica ambos significados.

➤ ¿Cuál de los dos crees que es de uso más común? Arguméntalo.

**7** Señala qué tipo de abreviación léxica es *ASOCENE* y explica por qué.
- Abreviatura.
- Acortamiento.
- Acrónimo.
- Sigla.

**8** Define, a partir de su uso en el texto, los siguientes efectos:
- *Bandwagon.*
- *Goggle.*
- Halo.
- Señuelo.

➤ ¿Qué palabras castellanas usarías en lugar de *goggle* y *bandwagon*? ¿Por qué crees que aparecen en inglés?

## Estructura

**9** Numera los párrafos y responde.
- ¿Cuáles describen los mecanismos que pretenden influir en el comportamiento del consumidor?
- ¿Qué función dirías que tienen los dos primeros párrafos? ¿Y el último?

**10** Señala cuál de las siguientes funciones se corresponde mejor con el titular y cuál con el subtítulo y explica por qué.
- Presentar el tema de modo condensado.
- Llamar la atención del lector y despertar su interés para que lea el texto.

**11** Si tuvieras que suprimir un párrafo, ¿cuál sería?

## Estilo

**12** La autora utiliza varios de los recursos expositivos más habituales: definiciones, ejemplos y preguntas que se responden inmediatamente después.

Localiza un ejemplo de cada uno de esos recursos y explica cómo ayuda a una mejor comprensión del texto.

**13** Repasa los verbos que introducen las citas en estilo directo (*afirma*, *explica*, *argumenta*, *detalla*, *aclara*, *señala* y *concluye*) y contesta.
- ¿Crees que podrían sustituirse por formas del verbo *decir* o añaden algún significado más al de ese verbo? Aclara tu respuesta.
- ¿Por qué la autora va cambiando los verbos y no emplea siempre el mismo?
- ¿Qué indica la forma *concluye* en el último párrafo?

## Valoración

**14** Señala qué mecanismos de los mencionados en el reportaje se emplean en los siguientes mensajes publicitarios y explica su finalidad.
- Te mereces unas rebajas como estas. (El Corte Inglés).
- El 26 y el 27 de junio descontamos el IVA. Aprovéchate de nuestro descuento animal. No lo dejes escapar. (FNAC).
- Si te gustó *Los pilares de la tierra*, te encantará *El sol bajo la seda.* (Círculo).
- Más de veinticinco empresas y marcas han confiado en nosotros. (Mrs. Broos).
- Compra dos unidades y ahorra en la segunda. (Carrefour).

**15** ¿Qué otras aplicaciones piensas que puede tener la investigación neuronal, además del *neuromarketing*?

**16** USA LAS TIC. Busca información sobre el personaje de Pigmalión y resume el mito que protagoniza.

➤ ¿Qué relación encuentras entre el mito y el efecto Pigmalión del que se habla en *marketing*?

# La publicidad

## 1 La publicidad. Clases

La **publicidad** es una actividad con la que se pretende informar acerca de productos, servicios o ideas para incitar al consumo o convencer.

La publicidad se utilizó muy pronto como instrumento para impulsar las ventas. Su alianza con la prensa, iniciada en las primeras décadas del siglo XIX, la convirtió en uno de los principales medios de financiación de los periódicos. Con el desarrollo de la radio y la televisión, la publicidad se adaptó también a estos medios.

Se pueden distinguir dos tipos de actividad publicitaria, según cuál sea su finalidad:

- La **publicidad comercial**, que persigue fines económicos, ya que da a conocer productos y servicios de consumo.
- La **propaganda**, que pretende persuadir de la validez de una ideología o de la conveniencia de adoptar un determinado comportamiento (dejar de fumar, ponerse el cinturón de seguridad, no abandonar a los animales...).

## 2 La comunicación publicitaria. Recursos

Los elementos de la comunicación tienen unas características peculiares en el caso de la publicidad:

- El **emisor** es la empresa que comercializa el producto o desea transmitir una idea, y que encarga a una segunda empresa –la agencia publicitaria– la elaboración del mensaje.
- El **receptor** es un grupo de personas cuyas características condicionan en gran medida el modo de transmitir el mensaje.
- El **mensaje** constituye el anuncio. Contiene, además de la información básica sobre las cualidades del producto o sobre la idea a transmitir, una serie de elementos que pretenden convencer al **receptor**.

Entre los recursos de persuasión usados en la comunicación publicitaria están los siguientes:

- La **exaltación de los valores del producto** que lo singularizan.

  *1/4 de crema hidratante*. (Dove).

- La **promesa de un valor añadido** que el receptor conseguirá si adquiere el producto anunciado.

  *Zumosol es fuerza y energía, un ejército de vitaminas, un manantial de salud para todo el año.*

- La **apelación a los sentimientos básicos** del ser humano, tales como el afán de seguridad, la necesidad de ser amado o el deseo de poder.

  *La libertad es el premio*. (Loterías y Apuestas del Estado).

- La **manipulación del código lingüístico** (empleo de figuras retóricas, modificaciones de frases hechas...) para llamar la atención sobre el mensaje.

  *Destapa la felicidad*. (Coca-Cola).

SABER MÁS

**El mensaje publicitario**

El mensaje publicitario utiliza un código mixto con distintos tipos de signos:

- **Verbales.** Son los textos, tanto orales como escritos, que tienen distintas funciones (informativa, persuasiva, estética...), y se supeditan al propósito básico de incitar al receptor al consumo.
- **Paralingüísticos.** Son los elementos de diseño y tipográficos que añaden valores al mensaje.
- **Icónicos.** Son las imágenes estáticas de la publicidad impresa y las imágenes en movimiento de la publicidad audiovisual. Poseen connotaciones y valores simbólicos.
- **Sonoros.** Se usan para la publicidad en la radio y la televisión.

## 3 El lenguaje de la publicidad

Los principales rasgos del lenguaje publicitario son los siguientes:

- **Variedad.** El mensaje publicitario emplea un léxico variado y adopta todos los registros lingüísticos: científico, culto, coloquial…
- **Brevedad y concisión.** El objetivo es que el mensaje llegue al receptor de forma eficaz y rápida, por lo que se elimina todo lo que no es esencial.

  *12 horas protección anti-bacteriana*. (Colgate).
- **Innovación.** Se recurre frecuentemente a la creación de palabras nuevas: *bioalcohol, bragapañal, telemando, desestreñir*…

  *Reenamórate de la conducción*. (Toyota).
- **Originalidad.** Se emplean a menudo recursos retóricos propios del lenguaje literario con la intención de sorprender al receptor.

  *Un día redondo*. (Donuts).
- **Ponderación.** Debido a la necesidad de destacar las excelencias del producto, el lenguaje publicitario utiliza procedimientos de realce, como el uso de palabras de signo positivo (*gratis, nuevo, fácil, joven*…) o el empleo del comparativo de superioridad y del superlativo (*lo más fresco, superligero*…).

  *Yo no soy tonto*. (Media Markt).
- **Capacidad connotativa.** Las palabras se escogen cuidadosamente atendiendo a su capacidad de connotar o evocar toda una serie de valores. Estos valores se convierten en estereotipos y acaban siendo asumidos por los receptores.

  *Pon en hora tu estilo*. (Swatch).

La publicidad utiliza con frecuencia símbolos, como el corazón para aludir a la generosidad.

### ACTIVIDADES

**1** Observa y realiza las tareas que se proponen sobre el siguiente cartel:

- Describe la imagen del anuncio.
- Analiza las emociones y sentimientos que esa imagen transmite.
- Describe las características del lenguaje publicitario que se ponen de manifiesto en él.
- Explica por qué crees que puede seducir al receptor.

**2** Comenta los rasgos lingüísticos de estos textos publicitarios:

> Por el buen camino. El nuestro es un trabajo que deja huella y lo hacemos para que todos sigamos avanzando. (ONCE).

> Plántale cara al hambre: siembra. (Manos Unidas).

**3** ¿Qué imágenes utilizarías tú en cada caso?

- Para concienciar de la importancia del reciclaje.
- Para favorecer los buenos hábitos alimenticios.
- Para fomentar el deporte.

RECURSOS

## Evolución de la publicidad

Durante el siglo XIX la **Revolución Industrial** originó un aumento de productos manufacturados. Esto propició que las empresas se vieran en la necesidad de **estimular** las ventas de sus productos para maximizar los beneficios. Así nació la **publicidad**.

Las empresas han recurrido a **medios publicitarios** diferentes: la prensa y los carteles en el siglo XIX; la radio y la televisión en el siglo XX; Internet en el siglo XXI... La promoción de las ventas sigue siendo su principal finalidad, pero las **estrategias publicitarias** han evolucionado:

> *La mayoría de las campañas publicitarias de fines del siglo XIX y de comienzos del XX empleaban un conjunto de normas rígidas y seudocientíficas. Pero en la industria publicitaria había quienes pensaban que su actividad era también espiritual. Las marcas podían producir sentimientos y las grandes empresas podían llegar a adquirir su propio significado. A finales de la década de 1940 se comenzó a percibir que las marcas eran más que una imagen impresa en las etiquetas de los productos; las compañías en su totalidad pueden tener una identidad de marca.*
>
> NAOMI KLEIN, *No logo* (Adaptación)

Esta evolución de las estrategias se ha manifestado especialmente en el **lenguaje publicitario**: en sus orígenes utilizaba un modo de expresión objetivo que transmitiera rigor y credibilidad al mensaje. Pero paulatinamente fue recurriendo a una argumentación persuasiva que apela a los sentimientos.

La actividad publicitaria se ha ido adecuando a la época en la que se desarrolla: observa las pautas socioculturales para **adaptarlas** a su modelo de consumo; pero, a veces, también percibe una tendencia social y la **explota**. En la serie televisiva *Mad Men*, el protagonista, un publicista estadounidense de la década de 1960, explica el fundamento de la publicidad:

> *La publicidad se basa en una cosa, la felicidad. Y, ¿sabes lo que es la felicidad? La felicidad es el olor de un coche nuevo. Es ser libre de las ataduras del miedo. Es una valla en un lado de la carretera que te dice que lo que estás haciendo lo estás haciendo bien.*

## Porque yo lo valgo

En 1973 Ilon Specht trabajaba de redactora publicitaria en la agencia de publicidad McCann-Erickson de Nueva York. Trabajaba con L'Oréal, una marca francesa que intentaba desafiar la hegemonía de Clairol en el mercado estadounidense de los tintes para el pelo. Rememorando hace poco los años setenta, comentó: «Me senté y lo hice, en cinco minutos. Era muy personal. Puedo recitarte el anuncio, porque estaba tan enfadada cuando lo escribí que me lo aprendí». Specht se sienta y baja la voz: «Yo uso el tinte más caro del mundo. Preference, de L'Oréal. No es que no me importe el dinero: es que sí me importa mi pelo. Porque no es solo el color. Yo quiero color, pero también me importa cómo se me queda el pelo: liso, sedoso, pero con cuerpo. Por eso no me importa pagar un poco más por L'Oréal –aquí Specht se aporrea el pecho con el puño–. Porque yo lo valgo».

Al principio se pensó que la potencia del anuncio residía en su justificación sutil del hecho de que Preference costaba diez centavos más que Nice 'n Easy. Pero rápidamente se hizo obvio que la contundencia del eslogan final era lo que contaba.

MALCOLM GLADWELL
*Lo que vio el perro y otras aventuras*
(Adaptación)

1. Comenta las características del lenguaje que se usa en el anuncio mencionado en el texto.
2. PARA PENSAR. ¿Crees que la publicidad actual sigue basando su actividad en la persuasión y la seducción? Razona tu respuesta y cita algún anuncio actual que lo justifique.

SABER HACER

## Escribir el guion de un anuncio

**Convencer sin argumentos**

Uno de los fines de la publicidad es convencer al destinatario para usar un producto o servicio, pero generalmente lo hace sin utilizar argumentos racionales. Los procedimientos persuasivos más frecuentes en publicidad son la exaltación de los valores del producto o servicio, la apelación a las emociones del receptor y el apoyo en tópicos o valores compartidos.

En los medios audiovisuales se transmiten frecuentemente anuncios publicitarios en los que se combina el texto, la imagen y el sonido. Vais a elaborar en grupo el guion de un anuncio publicitario.

**1** TRABAJO COOPERATIVO. **Pensad y elegid un producto o servicio para hacer un anuncio audiovisual sobre él.**

Puede ser un objeto o un servicio real o algo imaginario.

**2** **Identificad a quién va dirigido el producto o servicio que vais a anunciar y sus características principales.**

*Jóvenes entre 15 y 18 años: alegres, inquietos, dinámicos, sociables, deportistas, solidarios...*

**3** **Determinad la información esencial que queréis transmitir sobre el producto o servicio.**

Si tenéis varias posibilidades, anotad solo las más destacadas.

- Nombre y marca.
- Características principales.
- Valores asociados.
- Argumentos para usarlo.

**4** Una escena es la parte de una representación que ocurre en un mismo lugar y en la que están presentes los mismos personajes.

**Pensad una o varias escenas con las que queráis presentar el producto o servicio y describid sus elementos:**

- La acción que se desarrollará.
- El lugar en que sucederá.
- Los personajes que aparecerán.
- Las intervenciones que habrá.

**5** **Idead un eslogan atractivo y decidid cómo se mostrará en el anuncio: con texto escrito, pronunciado por una voz en *off*, en palabras de un personaje...**

**6** **Haced un esquema del contenido del anuncio siguiendo estas pautas:**

- Describid en orden las escenas que se presentarán.
- Especificad los planos que se mostrarán.
- Copiad las palabras que dirán los personajes.
- Intercalad indicaciones sobre la música.

**7** **Copiad el esquema dándole la forma de un guion cinematográfico.**

*(Aparecen varias personas en un parque corriendo hacia un quiosco. Una chica pide un refresco).*
JOVEN. *(Con cara de sorpresa).* ¡Qué sensación!

**8** **Podéis representar la situación que se mostrará en el anuncio y grabarla en vídeo.**

Editad después el archivo y añadid los textos escritos que queráis que aparezcan.

# Creación de nuevos significados

La metáfora es una figura retórica que se utiliza con frecuencia en los textos literarios. Por ejemplo, para indicar que una persona tiene una sonrisa bonita se puede utilizar la expresión metafórica *su perlada sonrisa*, donde se identifica la belleza de las perlas con la de los dientes.

## 1 El cambio semántico

Las palabras con el tiempo pueden cambiar de forma, y lo mismo puede ocurrir con su significado. Así, por ejemplo, el término *mascota*, que originariamente se utilizaba para designar a la persona, animal o cosa que trae buena suerte a alguien, actualmente es más utilizado con el significado de 'animal de compañía'.

## 2 La metáfora y la metonimia

Existen distintos procedimientos para la creación de nuevos significados. Dos de los más frecuentes son la metáfora y la metonimia.

> La **metáfora** consiste en nombrar una determinada realidad con el nombre de otra con la que guarda cierto parecido.

Por ejemplo, comúnmente se llama *cuello* a la parte superior de la botella por la similitud que tiene con la parte del cuerpo humano. El significado de *cuello* como 'parte exterior y estrecha de una botella' es, por tanto, un significado de origen metafórico.

> La **metonimia** consiste en nombrar una realidad con el nombre de otra con la que tiene una relación de contigüidad.

El término *índice*, cuyo significado originario era el de 'uno de los dedos de la mano', adquirió el significado de 'lista ordenada de los contenidos de un libro', debido a que suele usarse el dedo mencionado para la lectura de esa lista.

### ACTIVIDADES

**1** Escribe una oración con el significado literal y otra con el metafórico de cada una de estas palabras:

hueso | fuente | lengua

**2** Localiza las metáforas en las siguientes oraciones:

- Los dientes de la sierra están muy afilados.
- La cantante ha tenido un éxito meteórico.
- Tengo una montaña de papeles en mi mesa.
- No me funciona el ratón del ordenador.

**3** Muchos verbos (*lo borré de la mente*, *me llueven las ofertas*...) tienen significados metafóricos.

En parejas, haced una lista lo más extensa posible de otros verbos de este tipo explicando la relación que se establece en cada caso.

**4** Explica por qué se llama *ojo* la parte que se señala.

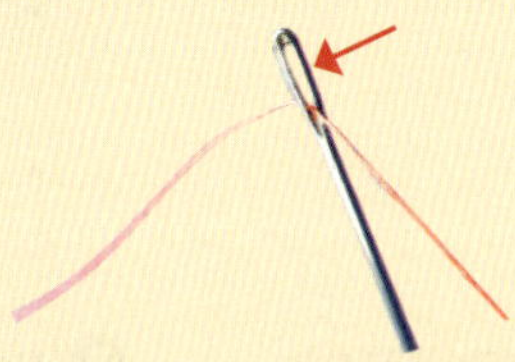

**5** Explica si las palabras destacadas se emplean con significado metafórico o metonímico.

- Mi tío está en la **cabeza** de la carrera.
- Están repoblando la **falda** de la colina.
- Esta pared necesita una **mano** de pintura.
- Ella se encuentra en la **cresta** de la ola.

**6** Explica el significado metafórico y el metonímico de *brazo*.

# Las grafías *b, v, g* y *j*

## 1 Normas de uso de las grafías *b, v, g* y *j*

En los siguientes cuadros se recogen las principales normas para escribir correctamente palabras con las grafías *b, v, g* y *j*.

| SE ESCRIBEN CON *B* | EJEMPLOS |
|---|---|
| Las palabras que empiezan por las sílabas *bu-*, *bur-* y *bus-*. Excepto *vudú*. | *bucle*, *burbuja*, *búsqueda* |
| Las palabras que empiezan por las sílabas *ha-*, *he-*, *hi-*, *hu-* seguidas del sonido B. | *hábil*, *hebra*, *hibernar*, *hube* |
| Las palabras en las que el sonido B precede a otra consonante u ocupa la posición final. Excepto *ovni*. | *obcecado*, *obsoleta*, *club*, *web* |
| Las palabras que terminan en *-bilidad*, *-bundo* y *-bunda*. Excepto *movilidad* y *civilidad*. | *amabilidad*, *meditabunda* |
| Las palabras que comienzan con los prefijos *sub-* ('debajo de') y *bi-*, *bis-*, *biz-* ('dos', 'dos veces'), y con *bien-* o *bene-*. | *subacuático*, *bidimensional*, *bienhechor* |
| Las palabras que contienen los elementos compositivos *biblio-* ('libro'), *bio-* ('vida') y *-fobia* ('temor o aversión'). | *bibliografía*, *biología*, *claustrofobia* |

| SE ESCRIBEN CON *V* | EJEMPLOS |
|---|---|
| Las palabras que empiezan por *ll* y contienen el sonido B. | *llavín*, *llevar*, *lluvia* |
| Las palabras que empiezan por la sílaba *di-* seguida del sonido B. Excepto *dibujar*. | *divagar*, *divertir*, *división* |
| Las palabras que tienen el sonido B después de la consonante *b* o *d*. | *obvio*, *advertir* |
| Las palabras que empiezan por *eva-*, *eve-*, *evi-* y *evo-*. Excepto *ébano* y sus derivados. | *evasión*, *eventual*, *evocar* |
| Las palabras terminadas en *-ívoro* y en *-ívora*. Excepto *víbora*. | *carnívoro*, *omnívora* |
| Los adjetivos de acentuación llana acabados en *-ave*, *-avo*, *-ava*, *-eve*, *-evo*, *-eva*, *-ivo* o *-iva*. | *grave*, *leve*, *pensativa* |
| Las palabras que empiezan con los prefijos *vice-*, *viz-*, *vi-* ('que hace las veces de' o 'en lugar de'). | *vicepresidente*, *vizconde*, *virrey* |

| SE ESCRIBEN CON *G* | EJEMPLOS |
|---|---|
| Las palabras que empiezan por *geo-*, *legi-* y *gest-*. Excepto *lejía*. | *geografía*, *legión*, *gesto* |
| Las palabras que contienen la sílaba *gen*. Excepto *jengibre*, *avejentar* y *ajenjo*. | *margen*, *gentil*, *imagen* |
| Las voces que terminan en *-gena*, *-geno*, *-genario*, *-gésimo*, *-gia*, *-gio* y *-ginoso*. Excepto *ajeno* y *berenjena*. | *octogenario*, *vigésimo*, *cartilaginosa* |

| SE ESCRIBEN CON *J* | EJEMPLOS |
|---|---|
| Las palabras que empiezan por *aje-*, *eje-*. Excepto *agenda*, *agencia* y sus derivados. | *ajedrez*, *ejercicio* |
| Las palabras que terminan en *-aje*, *-eje* y *-jería*. Excepto *ambages*. | *mensaje*, *hereje*, *relojería* |
| Las palabras llanas terminadas en *-jero*. Excepto *ligero* y sus derivados. | *sonajero*, *relojero*, *cerrajero* |

### ACTIVIDADES

**1** Copia estas oraciones y complétalas con *b* o *v*.

- Un *usto recibe con *eneplácito a los turistas.
- El encuentro de los e*acuados fue muy emoti*o.
- El *iznieto del *icealmirante contó en la *iografía de su a*uelo que este fue mordido por una *í*ora.

**2** Copia estas palabras y complétalas con *g* o *j*.

- e*ecutiva
- exi*ente
- kilometra*e
- sona*ero
- aler*ia
- *estación

▶ Escribe una oración con cada palabra.

**3** AUTODICTADO. Copia y completa el texto con las grafías adecuadas.

**El ár*ol del agua**

Los *ao*a*s son un tipo de ár*oles que a*undan en las re*iones tropicales. Algunas especies son ha*ituales del paisa*e africano. Sus troncos huecos crean unas ca*idades *eniales para el almacena*e de agua. Este ár*ol es, además, fuente de alimento para los her*í*oros.

# La subordinación adverbial (II)

## Claves para empezar

- Escribe una oración en la que expreses una condición.
- Completa esta oración: *Es tan alto que...*
- Di de qué clase son las oraciones que has escrito.

## 1 Oraciones adverbiales condicionales

Las **oraciones adverbiales condicionales** son oraciones subordinadas que expresan una condición que debe cumplirse para que se realice lo que se afirma en la oración principal.

Estas oraciones van introducidas por las conjunciones *si* o *como*, o por locuciones como *siempre que, a menos que, con tal de que, a condición de que...*

*Si la película empieza a las siete, quedaremos a las seis.*

*Siempre que no molestes, puedes levantarte.*

También son subordinadas condicionales las construcciones encabezadas por «*de* + infinitivo»: *De haber tenido dinero, lo habría comprado.*

En las construcciones condicionales, la oración subordinada recibe el nombre de prótasis, y la oración principal, el de apódosis.

### Tiempos y modos verbales en las oraciones condicionales

Las oraciones condicionales pueden expresar un hecho real (o verosímil), un hecho potencial (o posible) o un hecho irreal. El tipo de condición que expresan influye en el modo y el tiempo verbal de la prótasis y de la apódosis.

| HECHO | TIEMPOS Y MODOS VERBALES | EJEMPLO |
|---|---|---|
| **Real** | Prótasis: presente o pasado de indicativo.<br>Apódosis: modo indicativo o imperativo. | *Si me invitan, iré.*<br>*Si os ha invitado, id.* |
| **Potencial** | Prótasis: pretérito imperfecto de subjuntivo.<br>Apódosis: condicional simple o imperfecto de indicativo. | *Si me invitara, iría.*<br>*Si invitaras, iba.* |
| **Irreal** | Prótasis: pretérito pluscuamperfecto de subjuntivo.<br>Apódosis: condicional compuesto o pretérito pluscuamperfecto de subjuntivo. | *Si me hubiera invitado, habría (o hubiera) ido.* |

## SABER MÁS

**Construcciones**

La RAE prefiere usar el término *construcción* (condicional, concesiva...) para referirse a estructuras que transmiten esos significados y contienen una oración subordinada sustantiva:

*Iré a condición de que venga.*

Estas construcciones tradicionalmente se han considerado subordinadas adverbiales.

## ACTIVIDADES

**1** Identifica entre las siguientes oraciones las subordinadas condicionales:

- Te compraré un perro, a condición de que lo cuides.
- Preguntaron si podían aparcar allí.
- Si me lo hubieran advertido, no habría dormido allí.
- Uno se cuestiona si merece la pena.
- Aceptaría el trato si me dieran garantías.
- No sé si habrán reservado los billetes.
- Llama al mecánico, a menos que puedas arreglarlo tú.
- Como no tengo tiempo, no iré.
- De haberlo sabido, te lo habría dicho.

**2** Clasifica las oraciones subordinadas condicionales de la actividad anterior según la condición que expresan.

real | potencial | irreal

**3** Transforma estas oraciones incluyendo una adverbial condicional:

- Trae tu entrada y obtendrás un descuento.
- Presta más atención y podrás conseguirlo.
- Sé más cauta en tus gastos y no tendrás que pedir nada.
- Cuéntanos el problema y lo resolveremos.

## 2 Oraciones adverbiales concesivas

Las **oraciones adverbiales concesivas** son oraciones subordinadas que expresan un obstáculo que dificulta, pero no impide, lo enunciado en la oración principal.

Estas oraciones van introducidas por la conjunción *aunque* o por locuciones conjuntivas como *a pesar de que* o *por mucho que* y realizan la función de complemento oracional:

*Aunque no quería, salió.* (Compl. oracional: *Aunque no quería*)    *Entrena, a pesar de que no puede jugar.* (Compl. oracional: *a pesar de que no puede jugar*)

## 3 Oraciones adverbiales consecutivas

Las **oraciones adverbiales consecutivas** son oraciones subordinadas que expresan una consecuencia de lo enunciado en la oración principal.

Las oraciones consecutivas pueden ser de dos tipos:

- **Intensivas.** Expresan una consecuencia derivada de la intensidad con que se presenta una acción o cualidad y van introducidas por la conjunción *que* en correlación con *tan, tanto, tanta, tantos, tantas* o *tal, tales*.

  *Tiene tantas preocupaciones que no duerme por las noches.*

  *Es tal su optimismo que todo le parece positivo.*

- **Ilativas o no intensivas.** Expresan la consecuencia lógica de una acción y van introducidas por las conjunciones *luego* y *conque* o por locuciones conjuntivas como *así que, de modo que, de manera que, de forma que...*

  *Es pronto para entrar, luego podemos esperar.*

  *Se fue enseguida, así que no lo vimos.*

### SABER MÁS

**Función de las oraciones adverbiales consecutivas**

- Las **oraciones consecutivas intensivas** realizan la función de complemento del intensificador (*tantas*) que aparece en la oración principal:

  *Come tantas chucherías que tendrá caries.*

- Las **oraciones ilativas o no intensivas** realizan la función de complemento de la oración principal en su conjunto. Así, en la oración siguiente, *luego lo sabías* realiza la función de complemento oracional:

  *Hablaste, luego lo sabías.*

### SABER MÁS

**Consecutivas e ilativas**

La RAE distingue las oraciones subordinadas adverbiales ilativas de las consecutivas debido a sus diferencias en la expresión del significado de causa-consecuencia.

### ACTIVIDADES

**4** Identifica las oraciones concesivas y las consecutivas.

- Aunque estaba atenta, parecía distraída.
- Comí tanto que me dolió el estómago.
- Aunque vive solo, no se aburre.
- Es tal su enfado que no me habla.
- Protesta tanto que no le hacen caso.
- Era tan tímido que se ruborizaba con frecuencia.
- No obtuvo el dinero, así que desistió de su proyecto.
- Vive tan cerca que llega aquí enseguida.
- Entrenaba todos los días, aunque hiciera frío.

➤ Clasifica las oraciones consecutivas y marca el elemento que las introduce.

**5** Escribe tres buenos propósitos usando oraciones compuestas que tengan una subordinada concesiva.

**6** Completa añadiendo una oración subordinada consecutiva no intensiva.

- Tenía mucho miedo, ______.
- Valoraba tu opinión, ______.
- Había mucha gente en el local, ______.

➤ Transforma las oraciones para que incluyan consecutivas intensivas.

**7** Analiza estas oraciones:

- Lo hizo de un modo que no me gustó.
- Nadie decía nada, de modo que hablamos nosotras.

## 4 Oraciones adverbiales comparativas

Las **oraciones adverbiales comparativas** son oraciones subordinadas que contienen el segundo término de una comparación que se inicia en la oración principal.

Estas oraciones van introducidas por las conjunciones *que* o *como* en correlación con un cuantificador (*más, menos, tanto, tanta, tantos, tantas* o *tan*), que aparece en la oración principal:

*Enviaron tantas cartas como socios tenía el club.*

*Algunas personas mienten más que hablan.*

Las oraciones adverbiales comparativas realizan la función de complemento del cuantificador (Cuant.) que aparece en el sintagma de la oración principal de la que forman parte:

*Mi equipo ha ganado tantos partidos como ha jugado este año.*
Cuant. (tantos) · Núcleo (partidos) · Compl. del cuantificador (como ha jugado este año)

Se suelen distinguir tres clases de oraciones adverbiales comparativas:

| CLASE | FORMA | EJEMPLO |
|---|---|---|
| **De superioridad** | *más ... que...* | *Los precios suben más que bajan.* |
| **De inferioridad** | *menos ... que...* | *El niño corre menos que anda.* |
| **De igualdad** | *tan... como...* | *Come tan deprisa como habla.* |

### La elipsis en las construcciones comparativas

Se consideran también oraciones subordinadas adverbiales las estructuras comparativas en las que se omite el predicado o parte de él:

*Tengo más años que Ø mi hermano.* (Ø = *años tiene*).

*Él es menos fuerte que Ø mañoso.* (Ø = *él es*).

*Habla tan deprisa como Ø ella canta.* (Ø = *deprisa*).

**Claves para estudiar**

Comprueba lo que has aprendido resolviendo estas actividades:

- Enuncia las clases de oraciones adverbiales que has estudiado.
- Di el tiempo y el modo que se emplea en cada una de las partes de una oración condicional.
- Escribe ejemplos de las clases de construcciones comparativas y explica su estructura.

### ACTIVIDADES

**8** Identifica entre estas oraciones las que son subordinadas comparativas:

- Ana conduce con más cautela que tú.
- Se siente tan cómoda en el escenario como lo está en casa.
- Muestra tanta simpatía como el resto de su familia.
- Estaba tan alterado que no podía hablar.
- Pienso tanto en ti que se ha convertido en una costumbre.
- Hoy tengo más deberes que ayer.

▶ Señala el cuantificador y el nexo que las introduce.

**9** PARA PENSAR. **Propón un análisis para las siguientes construcciones comparativas:**

En enero nevó menos que en febrero.

Ella durmió tanto como tu hermano.

**10** **Compara dos jugadores o equipos de algún deporte que te guste.**

Debes emplear oraciones adverbiales comparativas.

## APLICACIÓN

**1** **Escribe cinco oraciones subordinadas adverbiales concesivas para convertir en compuesta esta oración:**

*Sonríe, por favor.*

▶ Pasad esas oraciones a una cartulina con letra bonita y compartidlas en clase.

**2** **Lee los siguientes versos y resuelve las actividades.**

Es amor fuerza tan fuerte
que fuerza toda razón.

JORGE MANRIQUE

¡Si me llamaras, sí,
si me llamaras!
Todo lo dejaría,
lo tiraría todo.

PEDRO SALINAS

- ¿Qué clase de oración subordinada adverbial contienen los versos de Jorge Manrique? ¿Y los de Pedro Salinas?
- Analiza sintácticamente esas oraciones. En el texto de Salinas, limítate al segundo y el tercer verso.
- Define un sentimiento imitando los versos de Jorge Manrique.
- Imagina algo que desees y exprésalo como Pedro Salinas.

**3** **Fíjate en esta oración y resuelve.**

Si llueve,
no sé si iré.

- Analiza sintácticamente la oración.
- Explica los distintos valores de *sí* y *si*.
- Inventa una pregunta para la respuesta del bocadillo.

**4** **Jugad en clase a construir oraciones subordinadas adverbiales.**

Seguid estas instrucciones:

- Escribid en un papel el nombre de un tipo de oración subordinada adverbial.
- Recoged los papeles y repartidlos, de forma que a nadie le toque el que ha escrito.
- Cada uno inventará en el menor tiempo posible una oración compuesta con el tipo de subordinada que le haya tocado.

**5** ANÁLISIS SINTÁCTICO. **Analiza estas oraciones como en los ejemplos:**

- A pesar de que hacía bastante frío, fuimos a la playa.
- Si hubieras ido antes, habrías conseguido el libro.
- Envié tantos correos como solicitudes recibí.
- Es tan inquieto que nunca se sienta tranquilamente.
- De haber oído la lluvia, hubiera cogido el paraguas.
- Nadie apoyó su candidatura, así que la retiró.

*Si él quisiera, yo te lo contaría.*

| Si | él | quisiera, | yo | te | lo | contaría. |
|---|---|---|---|---|---|---|
| | | N | | CI | CD | N |
| Enlace | Sujeto | Predicado | Sujeto | Predicado | | |
| Or. sub. adv. condicional | | | Oración principal | | | |

*Ella tardó tanto que perdimos el tren.*

| Ella | tardó | tanto | que | perdimos | el tren. |
|---|---|---|---|---|---|
| | | | Enlace | N | CD |
| | N | Cuant. | Or. sub. adv. consecutiva | | |
| Sujeto | Predicado | | | | |

# La poesía y el teatro actuales

En la década de 1980 surgieron grupos de música y cantantes que compartieron con la poesía de la experiencia la mirada irónica, el tono desenfadado y la presencia de las vivencias cotidianas. Algunos poetas como Luis Alberto de Cuenca compusieron letras para grupos como Loquillo o la Orquesta Mondragón. En la imagen, un concierto del grupo.

## 1 La poesía española actual

Pese a la gran diversidad de corrientes de la poesía española actual, se pueden establecer los siguientes elementos comunes en las obras que se dan a conocer después de 1975: presencia de **motivos urbanos**, **experiencias cotidianas** y **referencias culturales** como el cine, la publicidad o la música; empleo de un **lenguaje coloquial** en el que se utilizan neologismos, extranjerismos, términos de jergas marginales...; una actitud escéptica que se manifiesta en el uso del **humor** y de la **ironía**; inclusión de **diálogos** o **monólogos**, lo que produce un efecto casi teatral en el texto; y cierta preocupación por los **aspectos formales** del poema.

### La poesía de la experiencia

Entre todas las tendencias poéticas destaca la llamada poesía de la experiencia, que se caracteriza por la expresión de las **vivencias personales**, en un **tono objetivo y desengañado**, usando un lenguaje coloquial. Es notable en esta tendencia el magisterio de Jaime Gil de Biedma; y sobresalen Luis García Montero, Felipe Benítez Reyes y Joan Margarit.

## 2 Poetas destacados

Estos son algunos de sus rasgos más destacados:

- **Olvido García Valdés** (1950) desarrolla una poesía de carácter reflexivo, metaliterario y hermético. Entre sus poemarios cabe mencionar *Ella, los pájaros, Y todos estábamos vivos* y *Esa polilla que delante de mí revolotea (poesía reunida 1982-2008).*
- **Luis Alberto de Cuenca** (1950) cultiva una poesía de carácter intimista y narrativo en la que los motivos del mundo cotidiano se tratan, con frecuencia, con ironía y elegancia. Destaca su libro *Los mundos y los días. Poesía 1970-2009*, que recoge su obra completa en esos años.
- **Luis García Montero** (1958) defiende una lírica más próxima a la realidad frente a las ensoñaciones culturalistas de épocas precedentes. En su obra destacan los poemarios *El jardín extranjero, Habitaciones separadas* y *La intimidad de la serpiente*.
- **Blanca Andreu** (1959) muestra una influencia surrealista en su libro *De una niña de provincias que se vino a vivir en un Chagall*, que fue merecedor del Premio Adonáis en 1980. Más adelante, la autora se alejará de ese movimiento, hecho que se refleja en poemarios como *Báculo de Babel* o *La tierra transparente*.
- **Felipe Benítez Reyes** (1960) encarna la visión lúcida y desencantada de la existencia. Con un lenguaje brillante y preciso, el autor contempla la realidad con ironía y propósito desmitificador. Algunos de sus poemarios destacados son *Los vanos mundos, La mala compañía, Vidas improbables* o *Sombras particulares*.

Además de los mencionados, cabe citar a Andrés Sánchez Robayna, Juana Castro, Chantal Maillard, Benjamín Prado, Carlos Marzal, Amalia Iglesias Serna, Vicente Gallego, Aurora Luque, Andrés Neuman, Ana Merino, Raquel Lanseros...

SABER MÁS

**Poetas de periodos anteriores**

Junto a los autores que publican a partir de 1975, siguen publicando poetas pertenecientes a generaciones anteriores, como por ejemplo, José Hierro, Julia Uceda, José Manuel Caballero Bonald, José Ángel Valente, Antonio Gamoneda, María Victoria Atencia, Pere Gimferrer, Antonio Colinas, Jaime Siles, Luis Antonio de Villena...

## 3 El teatro español actual

Con la llegada de la democracia y la desaparición de la censura suben a los escenarios obras de teatro antes prohibidas y se representan con asiduidad las piezas de grandes autores extranjeros (Bertolt Brecht, Jean-Paul Sartre, Molière…).

Los poderes públicos se interesan por promover el teatro, y surgen instituciones vinculadas al Estado o a las Comunidades Autónomas, como el Centro Dramático Nacional (1978) o la Compañía Nacional de Teatro Clásico (1986).

A partir de 1975, en la escena española se observan, en líneas generales, las siguientes tendencias:

- El **teatro comercial**, como los musicales y comedias de tono ligero, que cosechan gran éxito de público desde el principio de la democracia.
- El **teatro alternativo**, que apuesta por la experimentación dramática.
- El **teatro sentimental**, en el que se tratan conflictos íntimos que confluyen con las inquietudes del público.
- El **teatro social**, de tintes costumbristas y críticos.
- El **teatro poético**, que realiza un retrato de la sociedad a través de una expresión de carácter lírico. El máximo exponente es Antonio Gala.
- El **teatro neovanguardista**, que se consolida gracias a la obra de los dramaturgos Fernando Arrabal y Francisco Nieva.

Los grupos independientes surgidos en el periodo anterior subsisten gracias a su capacidad para conectar con el público a través de espectáculos de gran impacto visual. Así, grupos como La Fura dels Baus, Els Joglars, Els Comediants o Dagoll Dagom conviven con compañías como La Cubana y Tricicle.

SABER MÁS

**El microteatro**

Es una modalidad que consiste en representar una pieza de corta duración (no más de 15 minutos) en un espacio reducido para pocos espectadores. La cercanía del público y la brevedad son algunos de los rasgos de este tipo de teatro.

*Dalí versus Picasso* es una de las obras vanguardistas de Fernando Arrabal. En la imagen se ve al autor junto a los protagonistas de la obra.

### ACTIVIDADES

**1** Enuncia las características de la poesía actual a partir del siguiente poema de Luis Alberto de Cuenca:

**Línea clara**

Dicen que hablamos claro, y que la poesía
no es comunicación, sino conocimiento,
y que solo conoce quien renuncia a este mundo
y a sus pompas y obras –la amistad, la ternura,
la decepción, el fraude, la alegría, el coraje,
el humor y la fe, la lealtad, la envidia,
la esperanza, el amor, todo lo que no sea
intelectual, abstruso, místico, filosófico
y, desde luego, mínimo, silencioso y profundo–.
Dicen que hablamos claro, y que nos repetimos
de lo claro que hablamos, y que la gente entiende
nuestros versos, incluso la gente que gobierna,
lo que trae consigo que tengamos acceso
al poder y a sus premios y condecoraciones,
ejerciendo un servil e injusto monopolio.
Dicen, y menudean sus fieras embestidas.

Defiéndenos, Tintín, que nos atacan.

**2** Explica las similitudes y diferencias que observas entre el poema de la actividad anterior y este.

**Disciplina secreta**

La casa como barco
en alta mar de junio.

Las calles como trenes
de noche sosegada.

Estas cosas no pasan en el mundo.
Estoy por afirmar
que ahora vivo en un libro de poemas.

Pero si tú me miras,
decidida a existir
desde el fondo templado de tus ojos,
también existe el mundo.
Y muy probablemente
yo acabaré por existir contigo.

Luis García Montero

**3** USA LAS TIC. Elabora un breve trabajo sobre una de las tendencias del teatro español actual.

## 4 Dramaturgos destacados

En el heterogéneo panorama del teatro actual destacan, entre otros muchos, los siguientes autores y autoras:

- **Fernando Fernán Gómez** (1921-2007) es una de las figuras más destacadas del cine y del teatro español de la segunda mitad del siglo XX. Su pieza teatral más conocida es *Las bicicletas son para el verano*, un retrato crítico de la sociedad durante la Guerra Civil.
- **Francisco Nieva** (1924-2016) concibe el teatro como un espectáculo en el que los aspectos estéticos priman sobre el contenido. *Nosferatu*, *Sombra y quimera de Larra* o *Delirio del amor hostil* son algunas de sus obras.
- **José Sanchis Sinisterra** (1940) debe su renombre a obras de carácter histórico, entre las que destaca *¡Ay, Carmela!*, que muestra las tribulaciones de una compañía de cómicos durante la Guerra Civil española.
- **José Luis Alonso de Santos** (1942) revitaliza el género costumbrista al llevar a las tablas con un enfoque satírico algunos de los problemas de nuestra sociedad, como la delincuencia urbana (*La estanquera de Vallecas*) o la droga (*Bajarse al moro*).
- **Paloma Pedrero** (1957) es autora de piezas teatrales de gran profundidad emocional en las que utiliza un lenguaje simbólico y poético. Entre sus obras se encuentran *La llamada de Lauren*… o *En la otra habitación*.
- **Lluïsa Cunillé** (1961) escribe obras teatrales tanto en catalán como en castellano. Con *Aquel aire infinito* obtuvo el Premio Nacional de Literatura Dramática en el 2010.
- **Juan Mayorga** (1965) es autor de numerosas obras como *Hamelin*, *Himmelweg*, *La tortuga de Darwin*, *El chico de la última fila*… En sus textos se observa un interés por la historia y por los temas sociales, y un carácter metateatral, es decir, reflexiona en los textos sobre su propia creación.

En la lista de dramaturgos del teatro español cabe citar también a autores como Adolfo Marsillach, Ana Diosdado, Fermín Cabal, Ernesto Caballero, Jordi Galceran, Sergi Belbel, Laila Ripoll, Angélica Liddell…

El éxito de muchas de las obras de teatro de esta etapa propició su adaptación cinematográfica. Ejemplos de películas de éxito basadas en obras teatrales son *Bajarse al moro*, de José Luis Alonso de Santos; *El método*, de Jordi Galceran; o *Las bicicletas son para el verano*, de Fernando Fernán Gómez. En la imagen, un fotograma de esta película.

**Claves para estudiar**

Asegúrate de que puedes desarrollar estos temas:

- Menciona las características de la poesía española actual y sus principales representantes.
- Enumera las principales tendencias del teatro actual y algunos de los dramaturgos actuales.

### ACTIVIDADES

**4** Explica el carácter crítico o satírico que tiene este texto teatral:

**Sentido de calle**

*Banquete de boda de la hija del presidente, en la cocina. MARI pela gambas; el CHÓFER chupa las cabezas.*

CHÓFER. Es mucha carretera juntos. Muchos kilómetros, mucha curva peligrosa, algún pinchazo. Ya casi no necesitamos hablar para entendernos. Dicen que no consulta las cosas con nadie, que no escucha a nadie. Ja. Yo sé con quién las consulta. A menudo me dice: «Yo tengo sentido de Estado, pero usted tiene sentido de calle». Sentido de calle. Fue él quien, por así decirlo, dio un volantazo a nuestra relación. De pronto, me dijo: «Usted, ¿cuál cree que es el problema que más preocupa en la calle?». Yo le digo lo que pienso, y a los pocos días oigo en la radio lo que él ha dicho aquí o allá y me doy cuenta de que le influyo. Y así es como se va imponiendo mi modo de ver el mundo. Hay una sintonía entre él y yo. Por eso, cuando oigo que su sustituto debería ser este o el otro, yo me meo de risa. Porque el sustituto natural soy yo. Y no lo digo con resentimiento, porque yo ya no aspiro a nada, yo ya he cubierto un ciclo, lo que yo tenía que hacer en política ya lo he hecho. Yo no hago política para salir en los libros de historia, ni para que me pongan una calle, ni para que me hagan una estatua. Yo no necesito que la gente me dé las gracias. Lo que yo he hecho por este país es un secreto entre el presidente y yo.

JUAN MAYORGA
*Teatro para minutos* (Adaptación)

**SABER HACER**

## Elaborar un microrrelato

**Un ejemplo de microrrelato**

El microrrelato es un subgénero narrativo muy cultivado en la actualidad, tal vez porque supone un reto exponer la información y lograr sorprender al lector en pocas líneas. Observa este ejemplo:

Herencia

Antes de ponerse el pendiente frotó el metal que rodeaba el zafiro con un bastoncito impregnado en líquido para limpiar plata. Cientos de estratos de tiempo levantaron el vuelo dejando la superficie luminosa y desnuda. Se acercó, curiosa, y la joya le devolvió el rostro adolescente de su abuela probándose el pendiente ante un espejo.

PAZ MONSERRAT REVILLO
*pazmonserratrevillo.blogspot.com*

El microrrelato es un tipo de narración que se caracteriza por su breve extensión, lo que implica una narración de pocas líneas en la que se condensa una situación de especial intensidad o con capacidad de sugerencia. Vamos a elaborar un microrrelato.

**1** Piensa en una situación concreta para tu microrrelato.

Puedes utilizar alguna de estas opciones:

- Una particularidad del carácter de alguien.
- Una circunstancia anodina o banal que desemboque en un final sorprendente, incluso fantástico.
- Una contradicción aparente.
- Un hecho o conducta que parezca carente de sentido, pero que esconda detrás una lógica irrefutable.

*Alguien está en una biblioteca con su ordenador portátil. Quiere descansar y vacila entre llevarse o no el ordenador. Finalmente lo deja. Cuando vuelve se encuentra su ordenador en otra mesa. En la pantalla hay una nota: «La próxima vez, me lo llevo».*

**2** Determina el tono de tu microrrelato: puede ser de carácter humorístico, reflexivo, serio, irónico, satírico...

En función del tono que elijas, la lectura del texto provocará una impresión diferente.

**3** Esboza un esquema del contenido del microrrelato y asegúrate de que contiene los elementos necesarios para causar admiración.

Ten en cuenta las siguientes consideraciones:

- Prescinde del marco narrativo: no describas el lugar ni el momento donde suceden los hechos si no es relevante.
- No des prácticamente ninguna información sobre los personajes, solo aquella que sea imprescindible para comprender la historia.
- Empieza tu texto directamente con la narración del suceso principal; sin el esquema clásico de planteamiento-nudo-desenlace.
- Procura que la trama sea muy breve, y que conduzca rápidamente al desenlace.
- Evita las descripciones y los diálogos; si tienes que incluirlos, que sean muy breves.
- Cierra el texto con un desenlace rápido que, en la medida de lo posible, provoque la sorpresa.

**4** Escribe tu microrrelato.

Si os parece oportuno, podéis poneros de acuerdo para determinar una extensión aproximada: menos de 100 palabras; entre cinco y diez líneas...

▶ Ponle un título breve que llame la atención.

# Un texto polémico

*Un profesor de Enseñanza Secundaria comenta con su mujer el ejercicio escrito que le ha entregado uno de sus alumnos.*

JUANA. ¿Qué tal el día?

GERMÁN. Nada de particular. Ah, hablé con ese chico.

JUANA. ¿Y?

GERMÁN. Charlamos y luego él me entregó el ejercicio sobre los adjetivos, ese que pongo todos los años.

JUANA. El de «Utiliza los siguientes adjetivos».

GERMÁN. Ese.

JUANA. ¿Y?

GERMÁN. Ha vuelto a hacerlo. Digamos que me ha dado el segundo capítulo. Lo anunció, ¿recuerdas? «Continuará».

*(Silencio).*

JUANA. ¿Lo tienes ahí?

*(GERMÁN abre su cartera, saca el ejercicio y se lo da a JUANA, que lo lee).*

JUANA. Repugnante.

GERMÁN. ¿Qué te parece repugnante?

JUANA. ¿No te parece repugnante?

GERMÁN. ¿Desde cuándo te has vuelto una moralista?, ¿tú te escandalizas de que un chico de diecisiete años piense lo que le dé la gana?

JUANA. No que lo piense. Que lo escriba. Deberías hablar con el director.

GERMÁN. Hablo con el director. Al chico lo castigan con una semana sin clase. O lo expulsan. O lo encarcelan. O lo fusilan. ¿Y qué? Es un chico cabreado, solo eso. Un chico enfadado con el mundo. Y no es para menos. Mejor que saque su rabia así y no quemando coches. A mí me dan más miedo los otros. Esos sí que son peligrosos. Esos no respetan nada: ni la ortografía, ni la sintaxis, ni el sentido común.

JUANA. Hablas de ellos como si fuesen una masa homogénea. Deberías acercarte a ellos, sin prejuicios, sin condenarlos *a priori*. *(Mira el ejercicio de CLAUDIO).* O tiene un problema y está intentando llamar tu atención. ¿Cómo es?

GERMÁN. Se sienta en la última fila. No habla. No participa. No crea problemas. En las demás asignaturas no destaca ni por arriba ni por abajo, salvo en Matemáticas.

JUANA. ¿Tú también te sentabas en la última fila?

GERMÁN. Es el mejor sitio. Nadie te ve, pero tú los ves a todos.

JUAN MAYORGA, *El chico de la última fila* (Adaptación)

# Comentario de texto

## Comprensión

**1** Explica por qué discuten el profesor y su mujer.

**2** El profesor defiende la actitud de su alumno. Aparte de los argumentos que da, ¿crees que puede haber entre ellos cierta afinidad de carácter? Relee el final del texto para obtener algún indicio que te permita responder.

**3** Esboza una descripción del carácter del alumno a partir de la información que se da en el texto.

## Estructura

**4** Explica la relación que mantiene con el texto que has leído este fragmento anterior de la obra:

*El pasado fin de semana, por Claudio García. El sábado fui a estudiar a casa de Rafael Artola. [...] A las once toqué el timbre y la puerta se abrió ante mí. Seguí a Rafa hasta su cuarto, que es como yo me imaginaba. [...] Continuará.*

- ¿A qué tipo de escrito crees que pertenece este fragmento? Responde de forma razonada.

**5** En *El chico de la última fila* asistimos al proceso de creación de una novela por entregas. ¿En qué parte del texto que has leído se refleja este hecho?

**6** Analiza, desde el punto de vista argumentativo, la intervención de Germán que comienza con las palabras «Hablo con el director». ¿Cuál es la tesis que defiende Germán? ¿Cómo la defiende? ¿Emplea contraargumentos? Explícalo.

**7** Haz ahora un análisis, también desde un punto de vista argumentativo, de las opiniones que sostienen acerca del alumno el profesor y su mujer.

**8** Fíjate en la última acotación del texto y explica, como lector, qué es lo que sucedería si se suprime.

## Estilo

**9** Identifica las palabras y expresiones del texto que pertenecen al ámbito de la educación.

- ¿Crees que el ambiente educativo se refleja de forma realista en la escena?

**10** ¿Qué registro emplean los personajes del texto: coloquial, íntimo, formal, elevado...? ¿Te parece un registro apropiado a la situación comunicativa?

**11** Explica el valor con que se utiliza el presente de indicativo en la intervención de Germán que comienza con las palabras «Hablo con el director».

## Valoración

**12** Consulta en una biblioteca la obra de Mayorga e indaga si finalmente el profesor sigue o no los consejos que le da su mujer.

- ¿Qué opinas de la decisión que toma el profesor? ¿La consideras acertada? Explica por qué.

**13** USA LAS TIC. Esta obra teatral de Juan Mayorga ha sido llevada al cine. Investiga en Internet y elabora una ficha técnica de la película.

En la ficha debes hacer constar los siguientes datos: título, año, director, guionista y actores principales.

- ¿Qué opinas de las versiones cinematográficas de obras literarias? Piensa en algún libro que hayas leído y del que exista una película que también hayas visto. ¿Cuál te ha parecido más interesante? ¿Por qué?

**14** Imagina que vas a realizar una representación teatral sobre el texto que has leído. Responde.

- ¿En qué lugar la harías? Define algunas características del escenario.
- ¿Qué actores y actrices elegirías?
- ¿Para qué tipo de públicos crees que sería adecuada la obra?

**TALLER DE CREACIÓN**

**Escribe en prosa el texto teatral que has leído.**

Debes emplear en tu escrito un tipo de narrador omnisciente, en tercera persona. Puedes añadir lo que consideres necesario para describir la escena.

## Me persiguen

Me persiguen
los teléfonos rotos de Granada,
cuando voy a buscarte
y las calles están comunicando.

Sumergido en tu voz de caracola,
me gustaría el mar desde una boca
prendida con la mía,
saber que está tranquilo de distancia,
mientras pasan, respiran,
se repliegan
a su instinto de ausencia
los jardines.

En ellos nada existe
desde que te secuestran los veranos.
Solo yo los habito
por descubrir el rostro
de los enamorados que se besan,

con mis ojos en paro,
mi corazón sin tráfico,
el insomnio que guardan las ciudades de agosto,
y ambulancias secretas como pájaros.

Luis García Montero
*Diario cómplice*

### ACTIVIDADES

**1** **Lee el poema y contesta.**

- ¿A quién puede dirigirse el autor?
- ¿Qué hecho da pie al poema?

**2** **Analiza los recursos estilísticos y el lenguaje que el autor emplea en el poema.**

- Explica qué rasgos de la poesía de la experiencia aparecen en él.

## En las cuadras del mar duermen…

En las caballerizas del mar, el mar se ahoga
[con su métrica ardiente,
la flora, las ojivas y las bocas del mar,
concilio de castaños en vilo verdeherido,
y alguien desde muy lejos abdicando, andando
[desde lejos a morir entre lejanas ramas empapadas:
alguien desde muy lejos esperando la flora, las ojivas
[y las bocas del mar.

Blanca Andreu
*De una niña de provincias que se vino a vivir en un Chagall*

### ACTIVIDADES

**1** **Identifica algunos de los recursos surrealistas que emplea Blanca Andreu en ese fragmento de un poema.**

**2** PARA PENSAR. **Di si reconoces en este poema alguna de las características propias de la poesía actual. Justifica su presencia.**

## El símbolo de toda nuestra vida

Debieran ser la vida,
el símbolo de toda nuestra vida,
la memoria dorada de la juventud.
Y, como el despertar repentino de una vieja pasión,
que volviesen de nuevo aquellas noches
para herirnos de envidia
de todo cuanto fuimos y vivimos
y aún a veces nos tienta
con su procacidad.
Porque debieron ser la vida.

Felipe Benítez Reyes
*Los vanos mundos*

### ACTIVIDADES

**1** **Contesta.**

- ¿Qué evoca el poeta en estos versos? ¿Es un recuerdo alegre o triste?
- ¿Qué representa para él ese recuerdo?

**2** **Explica cómo es el lenguaje y el tono que adopta el poeta en este fragmento.**

**3** **Compara los textos de esta página y explica las similitudes y diferencias que encuentras entre ellos.**

## Los nudos gorrineros

PAULINO. *(Tomando la cuerda).* Observen, señores, esta magnífica cuerda del más puro esparto, fuerte y resistente como un cable de acero… más o menos… *(La tensa y muestra su resistencia).* Ni diez hombres podrían romperla… Pues bien: mi ayudante, aquí presente, va a atarme con ella las manos y los pies, y yo, gracias a mis mágicos poderes… ¡voy a librarme en un suspirito! ¡Adelante, señorita Kal! *(Da la cuerda a CARMELA y extiende los brazos, ante sí, con las muñecas juntas. La cuerda resulta algo corta, de modo que CARMELA, para atarle los pies, obliga a PAULINO a encorvarse, en incómoda y poco airosa actitud).* Pero bueno… ¿Qué pasa aquí, señorita…?

CARMELA. La cuerda, que no da para más.

PAULINO. Ya veo, ya… Pero, en fin, no es preciso que…

CARMELA. ¿Te ato o no te ato?

PAULINO. Sí, claro, señorita… Áteme, áteme, pero… *(En voz baja).* ¿Te acuerdas de los nudos?

CARMELA. *(Ídem).* ¿Qué nudos?

PAULINO. *(Ídem).* Los que te enseñé.

CARMELA. *(Ídem).* Ay, hijo… ¿Y yo qué sé?

PAULINO. *(Ídem).* Pero bueno… Entonces, ¿qué me has hecho?

CARMELA. *(Ídem).* Pues atarte.

PAULINO. *(Ídem, inquieto).* Pero ¿así…, de cualquier manera?

CARMELA. *(Ídem).* No, hombre: con nudos gorrineros.

PAULINO. *(Angustiado).* ¿Nudos gorrineros? ¿Y eso qué es?

JOSÉ SANCHIS SINISTERRA, *¡Ay, Carmela!*

### ACTIVIDADES

**1** Recuerda en qué circunstancia histórica se desenvuelve la acción de esta obra y contesta.
- ¿Qué tono proporciona a la obra la actitud de los personajes?
- ¿Qué finalidad persigue el autor con ese tono?

**2** ¿Qué tendencias existen en el panorama teatral actual? ¿A cuál crees que pertenece el autor del texto?

## Un interrogatorio

FABIÁN. ¿Qué es para ti la disciplina?

ANGÉLICA. La disciplina me ayuda a soportar el desorden de los sentimientos.

FABIÁN. ¿Cómo practicas la disciplina?

ANGÉLICA. Intento memorizar 4000 caracteres[1], hago cuatro ejercicios al día por dos músculos, intento estar en casa a las 20:30 horas. Acostarme a las 23:30.

FABIÁN. ¿Qué ocurre cuando la disciplina se rompe?

ANGÉLICA. Cuando la disciplina se rompe siento malestar.

FABIÁN. ¿Qué haces entonces?

ANGÉLICA. Entonces lleno hojas y hojas de caracteres durante dos o tres horas, y eso me alivia.

FABIÁN. ¿Nunca piensas en divertirte?

ANGÉLICA. Me he vuelto una inútil para el placer, una discapacitada. No he encontrado mejor manera de resistir la falta de alegría que incapacitarme a mí misma para la alegría. Y la disciplina me ayuda […].

FABIÁN. ¿Qué ha pasado para llegar hasta ahí?

ANGÉLICA. Hay circunstancias que destruyen las esperanzas de cualquiera. Cuando las esperanzas se destruyen es preciso buscar lo indestructible. Y los 4000 caracteres son indestructibles. Y mi amor por China es indestructible.

FABIÁN. Pero aprender chino es una tarea colosal.

ANGÉLICA. Me impongo tareas colosales que me ayuden a soportar la desesperanza porque la desesperanza es colosal. Es como decir, «cuando aprendas los 4000 caracteres serás libre», «habrás salido de la cárcel», «cuando aprendas los 4000 caracteres te habrás salvado», no sé muy bien de qué.

ANGÉLICA LIDDELL, *Ping Pang Qiu*

[1] **4000 caracteres:** ideogramas, caracteres de escritura chinos.

### ACTIVIDADES

**1** Explica por qué esta escena se titula «Un interrogatorio».

**2** Analiza el carácter autobiográfico del teatro de Angélica Liddell a través de este fragmento.

**3** Investiga de dónde tomó la autora su seudónimo.

# BANCO DE ACTIVIDADES

## NIVEL I

**1** COMUNICACIÓN. ¿Qué dos tipos de publicidad existen? ¿Qué los caracteriza?

➤ Elabora un anuncio publicitario utilizando la siguiente imagen y explica a qué tipo de publicidad corresponde.

**2** LÉXICO. En las siguientes oraciones los términos destacados tienen un sentido literal.

Escribe oraciones en las que esas palabras tengan un significado metafórico.

- El cardiólogo le ha dicho que tiene un **corazón** fuerte.
- El **lince** ibérico es un animal protegido.
- Me duele un poco el **cuello**.

➤ Busca en el diccionario la palabra destacada en la última oración y localiza la acepción en la que esa palabra tiene un significado metonímico.

**3** ORTOGRAFÍA. Copia y completa estas palabras con las grafías *b* o *v*.

- claustrofo*ia
- *ufido
- llo*izna
- o*stinado
- su*terráneo
- di*ujo
- cue*a
- e*itar

**4** ORTOGRAFÍA. Copia y completa estas oraciones con palabras que contengan las grafías *g* o *j*.

- Vi en la orilla una botella con un ____ dentro.
- Hacer ____ físico es un buen hábito.
- Las galletas de ____ son típicas de Navidad.
- El peón es una pieza del ____.
- La ____ se ocupa de la descripción de la Tierra.

**5** GRAMÁTICA. Identifica las oraciones subordinadas e indica de qué clase son.

- Duerme tan poco que su salud se ha resentido.
- De haberte centrado en tus estudios, habrías aprobado.
- Enviaron tantas respuestas como preguntas recibieron.
- Por mucho que protestes no irás a la excursión.
- No he visto esa película, así que no daré mi opinión sobre ella.

**6** LITERATURA. Explica las características de la poesía de la experiencia y nombra algún representante.

**7** LITERATURA. Haz un resumen del panorama del teatro español posterior a 1975.

## NIVEL II

**1** COMUNICACIÓN. Busca o inventa anuncios publicitarios en los que se reflejen los siguientes recursos persuasivos:

- La exaltación de los valores del producto.
- La promesa de un valor añadido.
- La apelación a los sentimientos básicos.
- La manipulación del código lingüístico.

**2** LÉXICO. Explica la función de la metáfora y la metonimia para la creación de nuevos significados de las palabras. Pon ejemplos.

**3** ORTOGRAFÍA. Copia y completa el texto con las letras que faltan.

_Después de tanto *uscar por la we* encontramos un precioso apartamento situado al final del *ule*ar. Es a*uhardillado, tiene dos ha*itaciones y una plaza de gara*e. Una vez allí, el dueño, un señor octo*enario, nos atendió muy *entilmente. Nos comentó que había un problema e*entual: no encontraba la lla*e del apartamento y no localizaba a ningún cerra*ero. ¡Era ob*io que hoy no era nuestro día!_

**4** GRAMÁTICA. Escribe oraciones compuestas que contengan subordinadas adverbiales de estos tipos:

- Condicional.
- Consecutiva.
- Concesiva.
- Comparativa.

➤ ¿Qué tipo de condición expresa la prótasis de la oración condicional que has escrito? Escribe otra oración en la que se exprese otro tipo de condición.

**5** GRAMÁTICA. Escribe tres oraciones que contengan subordinadas comparativas de distinto tipo: de superioridad, de inferioridad y de igualdad.

➤ Analiza las oraciones que has escrito.

**6** LITERATURA. Explica, a partir de estos versos del poema *Lo fugaz*, de Felipe Benítez Reyes, las características de la obra de este autor.

*Pasarán estos años. Y en el muelle*
*donde ancló la adolescencia jubilosa*
*una tormenta espesa arrasará*
*los barcos blancos y las limpias redes*
*con que salimos al mar una mañana*
*para sentir el denso aroma de la vida.*

**7** LITERATURA. Localiza un fragmento de una obra teatral actual y describe sus características.

# ¿Es este el mejor aviso de «vuelvo en cinco minutos» de la historia?

**Un cartel de la librería sevillana Casa Tomada se vuelve viral**

Antes de abrir junto a Marta Villarejo la librería Casa Tomada, en Sevilla, María José Barrios bromeaba con la idea de que, si algún día tenía una tienda, «colgaría este cuento en la puerta».

*Estimados clientes:*
*He salido un momento a pedir la mano de Rosaura, la hija del sastre. Llevo demasiado tiempo solo. Si acepta, huiremos juntos de la ciudad, nos casaremos en la primera iglesia que encontremos en el camino, y tendremos dos hijos. Al mayor lo llamaremos Anselmo, por mi abuelo. De lo contrario, volveré en cinco minutos.*

El cartel recoge uno de los microrrelatos que Barrios ya había publicado en su libro *Cuentos mínimos* y llevaba un mes en el escaparate, pero un conocido de la tienda sacó una foto y la colgó en Facebook. A partir de ahí se fue compartiendo y llegó al diario granadino *Ideal*, aunque por el camino y en un primer momento se perdió el nombre de la librería. «Era una pequeña broma nuestra –explica Barrios–. No le pusimos ni mi nombre ni el logo de la tienda para que pareciera un cartel real».

Barrios cuenta que la gente se para a leer el cartel por la calle, tanto peatones como conductores y motoristas, que aprovechan el semáforo para interesarse por la historia. Incluso hay gente que entra preguntando por los protagonistas o para «desearle suerte a Rosaura». Es más, muchos se sorprenden «al ver que en la tienda no trabaja ningún hombre».

No es la primera vez que las propietarias de la tienda cuelgan este mismo relato. Ya lo hicieron en 2013, cuando estaban con las obras para abrir la librería. Y tampoco es la primera acción que llevan a cabo en sus escaparates: «Durante unos meses teníamos un "museo de la novela", con carteles en los que escribimos a mano los comienzos de varias novelas. Cuando íbamos a tomar café enfrente, veíamos cómo la gente se paraba a leer». Su objetivo siempre ha sido dinamizar el punto de venta y darle algo de vida a la calle, pero ahora también se han hecho virales en las redes.

JAIME RUBIO HANCOCK
*verne.elpais.com* (Adaptación)

## ACTIVIDADES

**1** PARA PENSAR. ¿Qué efecto creó el cartel que las propietarias colgaron en el escaparate de su establecimiento?

- ¿Crees que fue una reacción fortuita o era lo que esperaban? Razona tu respuesta.

**2** ¿Qué significado metafórico tiene la palabra destacada?

> El cartel de la librería sevillana Casa Tomada se vuelve **viral**.

**3** Escribe la norma ortográfica que sigue la palabra destacada en esta oración:

> El cartel fue subido a la **web**.

**4** Localiza en las siguientes oraciones compuestas las subordinadas adverbiales.

- El cartel llamaba tanto la atención que la gente preguntaba en la tienda por los protagonistas.
- Si no se hubiera colgado en Facebook el cartel, no habría sido noticia la librería Casa Tomada.
- Aunque la historia era una ficción, la gente deseaba buena suerte a Rosaura.
- Di de qué tipo es cada oración adverbial.

**5** Describe el panorama actual de la poesía española. Luego, resume las características de alguna obra.

**6** Enumera las tendencias teatrales que se desarrollan en España a partir de 1975.

## MI PROGRESO

Resuelve este test para comprobar si has asimilado correctamente los principales contenidos de la unidad.

**1** La finalidad de la publicidad comercial es...

a. dar a conocer un producto o un servicio.
b. fomentar un determinado comportamiento.
c. financiar los medios de comunicación.
d. persuadir a posibles votantes de un partido político.

**2** ¿Qué se considera propaganda?

a. Un cartel presentando un nuevo automóvil.
b. Una campaña antitabaco del Ministerio de Sanidad.
c. Una cuña radiofónica que promociona una obra literaria.
d. Un anuncio televisivo de un alimento saludable.

**3** ¿Qué rasgo no es propio del lenguaje publicitario?

a. La utilización de elementos connotativos.
b. La creación de nuevas palabras.
c. La utilización de arcaísmos.
d. El empleo de recursos literarios.

**4** ¿En qué oración la palabra *sol* se usa metafóricamente?

a. Me encanta que entre el sol por la ventana.
b. Esta chica es todo un sol.
c. El sol es una estrella enana.
d. Hace mucho sol para regar las plantas.

**5** ¿En qué lista hay una palabra intrusa?

a. a*eno, e*ercitar, lison*ero
b. furi*undo, *izconde, hu*iéramos
c. abori*en, *esticular, li*ero
d. e*olución, le*edad, lla*ero

**6** Indica cuál de estas afirmaciones sobre las oraciones adverbiales condicionales es correcta.

a. La prótasis es el nombre que recibe la oración principal.
b. La forma verbal de la apódosis es del condicional.
c. Pueden estar introducidas por locuciones conjuntivas.
d. El verbo de la prótasis expresa un hecho real o verosímil.

**7** ¿Qué condición expresa un hecho irreal?

a. Tomaremos el desayuno más tarde, si te parece bien.
b. Si te lo ha dicho, hazlo.
c. Si hubieras estudiado ayer, habrías podido salir.
d. Las tres expresan un hecho potencial.

**8** ¿Qué opción tiene una subordinada adverbial concesiva?

a. Hace tanto que no la veo, que no sé si la reconoceré.
b. Es tal su cabezonería que no puede reconocerlo.
c. A pesar de que hace mal tiempo, saldré a correr.
d. Es tan alegre como sumamente despistado.

**9** No es una característica de la poesía actual...

a. el predominio del ámbito rural.
b. la expresión de vivencias cotidianas.
c. un lenguaje alejado del registro culto.
d. las influencias de otras manifestaciones artísticas.

**10** ¿Qué correspondencia no es correcta?

a. Francisco Nieva. / Teatro neovanguardista.
b. José Luis Alonso de Santos. / Teatro experimental.
c. Antonio Gala. / Teatro poético.
d. La Fura dels Baus. / Teatro independiente.

### AUTOEVALUACIÓN Piensa y comprueba:

Lo que sabes:

- ✓ Qué es la publicidad y cuáles son sus objetivos.
- ✓ Cómo se crean nuevos significados.
- ✓ Cuáles son las reglas ortográficas para escribir bien palabras con *b* o *v* y *g* o *j*.
- ✓ Cómo se identifican las oraciones subordinadas adverbiales y sus tipos.
- ✓ Cuáles son los rasgos de la poesía y el teatro actuales.

Lo que sabes hacer:

- ✓ Identificar los recursos y el tipo de lenguaje de los textos publicitarios.
- ✓ Distinguir palabras con significados metafóricos y metonímicos.
- ✓ Escribir palabras con *b* o *v* y con *g* o *j*.
- ✓ Reconocer oraciones adverbiales de distintos tipos.
- ✓ Conocer obras representativas de la poesía y el teatro actuales.

# UNIDAD 12

**Comunicación**
- Textos y ámbitos de uso

**Léxico**
- La valoración de las palabras

**Ortografía**
- Las grafías *ll*, *y*, *x* y *h*

**Gramática**
- Análisis sintáctico de la oración compuesta

**Literatura**
- La literatura hispanoamericana del siglo XX

**Escucha y resuelve.**
- ¿Cuántas personas intervienen en el reportaje?
- ¿En qué se parecen sus testimonios? ¿En qué se diferencian?
- ¿Qué acontecimientos históricos menciona el locutor? ¿A cuáles se refieren los testimonios que se escuchan en el audio?
- ¿Qué opinión crees que quiere defender el autor del reportaje?

**Busca en Internet y escucha testimonios de personas refugiadas o que se han visto obligadas a abandonar su hogar por la guerra, el hambre, la pobreza…**
- Elige uno de esos testimonios: el que más te haya conmovido… Puede ser actual o antiguo.
- Reproduce en primera persona el testimonio que has elegido al resto de la clase, como si fueras tú el protagonista.

# El arte de rechazar una novela

Usted acaba de poner punto final a su manuscrito. Exaltado por la euforia de la tarea cumplida, se deja aturdir por la embriaguez de quien admira el resultado de su dura labor. Permítame un consejo: aférrese a este momento y saboree estos minutos de plenitud. Porque es mejor que esté prevenido: su manuscrito de trescientas y pico páginas, con esa hermosa historia de amor, esas descripciones soberbias y esos personajes tan fascinantes, irá a parar a la papelera. No encontrará quien se lo publique. ¿Quiere pruebas? Pues bien, lo invito a que lea. Yo he conservado íntegramente mi correspondencia. Podrá leer en ella negativas de todos los géneros imaginables. Desde las más clásicas a las más iluminadas.

Usted mismo podrá comprobarlo, la gente de ese ambiente no retrocede ante nada cuando se trata de rechazar el manuscrito. Vamos, lea, pero, por favor, no se desanime.

**Clásica**

Señor:

Hemos recibido su manuscrito y nuestro comité de lectura lo ha examinado con interés. Sentimos anunciarle que no ha sido seleccionado para su publicación. La obra no está exenta de calidad, pero no corresponde a lo que buscamos en el marco de nuestra política editorial. Le deseamos éxito con otro editor más apto para garantizarle una carrera digna de sus expectativas.

Le agradecemos la confianza que ha depositado en nuestra editorial.

Sin otro particular, le saludamos muy atentamente.

**Agresiva**

Pero ¿qué es esto que nos ha enviado? ¿Se ríe de nosotros? ¿Cómo se le ocurre que vamos a publicar algo parecido? Lo lamento, pero la decisión de nuestro comité de lectura fue categórica y unánime: rechazado.

Señor mío, para ser escritor hacen falta trabajo, disciplina, originalidad... y todo ello exige un mínimo de talento. Su manuscrito no se entiende y esa historia de amor no tiene ni pies ni cabeza. Los personajes, que no muestran profundidad de ninguna clase, carecen de la más mínima credibilidad.

Lo siento, pero yo en su lugar cambiaría de oficio. Hágase un favor: deje la pluma ahora que aún está a tiempo.

**Malentendido**

Estimado señor mío:

Su manuscrito es, desde todos los puntos de vista, un logro. Me encantó. Y no soy el único. Mi esposa, Viviane, y Gisèle, nuestra contable, opinan lo mismo. Lloraban mientras lo leían. Con eso se lo digo todo. Me tomé la libertad de hacerlo circular. Es tan bueno que quise compartir mi placer.

Debo admitir que al principio me desestabilizó un poco. A mí, que estoy tan habituado a Simenon, su estilo me desconcertó por un momento, pero al cabo de unas treinta páginas era imposible dejar de leer. Sin embargo, debió de producirse un error cuando escribió la dirección en el sobre. Su paquete llegó al número 20 de la calle Vaugirard, pero nosotros no somos editores, sino los dueños de una ferretería. En nuestra tienda se puede encontrar de todo, pero, lamentablemente, en lo referente a la publicación, creo que no podremos serle útiles. Lo sentimos muchísimo.

Le deseo éxito. Si tiene más manuscritos, será un placer leerlos.

Hasta pronto.

**Maternal**

¡Ay, hijo! Acabo de leer el manuscrito que enviaste. ¿Cómo puedo decirlo sin lastimarte? Detesto esta clase de situaciones, pero debo informarte de que no lo hemos seleccionado para publicarlo. Por favor, no lo tomes como una derrota. La originalidad, la psicología de tus personajes e incluso tu relato funcionan. Es una historia de amor clásica y los ingredientes están bien dosificados. Lo único que te falta, y se nota mucho, es el acabado. Te lo digo con todo el afecto de quien desea tu bien. No sé qué edad tienes, pero estoy seguro de que aún estás a tiempo de aprender tu oficio. La literatura, como tú mismo no tardarás en saber, puede ser despiadada con una primera novela. Como solía decir mi tía Armande, la bibliotecaria: no hay malos escritores, solo libros malos.

Ánimo. Ponte a trabajar, tienes talento para triunfar. Un abrazo. Te deseo el mejor de los éxitos.

CAMILIEN ROY
*El arte de rechazar una novela* (Adaptación)

## Comentario de texto

### Comprensión

**1** Según se afirma en el texto, ¿cuál es el estado de ánimo de quien ha escrito una novela al acabarla? ¿Y después, al recibir las cartas de las editoriales?

- ¿Qué pretende el narrador al mostrar sus cartas de rechazo?

**2** ¿A quién se dirige el autor del texto con el *usted* inicial? ¿Con qué propósito usa este pronombre de cortesía?

- Busca en el primer párrafo otras muestras de ese tratamiento de cortesía.

**3** Señala los elementos presentes en la segunda carta que hacen que se considere agresiva.

- ¿Por qué la última carta, en cambio, es maternal?

**4** Las obras del escritor Georges Simenon tienen tramas fácilmente comprensibles y un lenguaje sencillo.

¿Cómo será entonces el estilo del manuscrito, dado que al ferretero, que está habituado a Simenon, le ha desconcertado?

**5** Señala cuál de las siguientes definiciones del adjetivo *clásica* se corresponde con el uso empleado en el título de la primera carta de rechazo y explica por qué.

- Perteneciente al periodo de esplendor de una civilización.
- Que se tiene por un modelo digno de imitación.
- Que no se aparta de lo establecido por la costumbre y el uso.

### Estructura

**6** Enumera las partes en las que se divide el texto y explica de qué trata cada una.

**7** Explica los elementos de que consta una carta formal utilizando una de las que aparecen como ejemplos.

- Dos de las cartas se apartan de la estructura convencional. Identifícalas y señala sus peculiaridades.

### Estilo

**8** Ordena las cuatro cartas de rechazo desde la que tiene el registro más formal hasta la más coloquial. Después, justifica esa ordenación con ejemplos de cada uno de los textos.

**9** La perífrasis o circunloquio es una figura retórica que consiste en dar rodeos empleando más palabras de las necesarias para expresar una idea.

¿Cuál de las cartas tiende más al circunloquio?

- Explica la relación que hay en estas cartas entre el uso de circunloquios y el registro utilizado (formal o informal).

**10** Localiza algún pasaje que te parezca especialmente divertido y explica el motivo por el cual te lo parece.

- ¿Crees que el humor es un elemento importante en este texto? ¿Por qué?

### Valoración

**11** Repasa las valoraciones y críticas literarias del manuscrito que aparecen en cada una de las cartas de rechazo y responde.

- ¿Qué cartas muestran verdaderas críticas literarias y cuáles expresan una simple opinión personal?
- Las que realizan críticas literarias, ¿en qué aspectos de la obra inciden?
- ¿Qué importancia tienen esos aspectos dentro de cualquier novela? Di por qué en cada caso.
- ¿Te parecen justificados los argumentos empleados en las cartas agresiva y maternal? Razona tu respuesta.

**12** ¿Cuál es la carta que más te ha gustado? ¿Y la que menos? ¿Por qué?

**13** Imagina que tienes que escribir una carta de aceptación o rechazo del manuscrito de la última novela que has leído. Hazlo alegando razones literarias y con la estructura de una carta formal.

# Textos y ámbitos de uso

## 1 Ámbitos de uso y tipos de textos

SABER MÁS

**Los textos jurídicos y administrativos**

Son también propios del ámbito social los textos jurídicos y administrativos, como los textos legales, las sentencias, las instancias, los contratos, los recursos...

El **ámbito de uso** es el entorno comunicativo en el que frecuentemente se usa un texto.

Básicamente, existen cuatro ámbitos de uso de los textos: personal, social, profesional y académico.

- En el **ámbito personal**, que pertenece a la esfera privada de las personas, existe un predominio de la comunicación oral espontánea. Sin embargo, se usan también en ese ámbito muchos textos escritos, tanto planificados como espontáneos: la nota, la lista, la carta, el diario, las instrucciones de uso, las reglas del juego, las presentaciones, las recetas...
- En el **ámbito social**, propio de las relaciones con otras personas fuera de la esfera íntima, se usan textos como la reclamación, el discurso, el mitin, la asamblea, la solicitud, la carta al director...
- En el **ámbito profesional**, propio del ejercicio de cualquier trabajo o profesión, se usan textos como el informe, el currículum...
- En el **ámbito académico**, en el que se desarrollan las relaciones que se establecen en la enseñanza, se usan textos como las disertaciones, los esquemas, los resúmenes, los exámenes, las fichas...

Hay textos, como el examen, que solo se usan en un ámbito. Sin embargo, algunos textos se emplean en distintos ámbitos y adquieren en cada uno ciertas características propias. Así sucede con la carta, usada en el ámbito personal, en el social (carta al director) o en el profesional (carta de presentación).

A continuación se presentan algunos textos de los ámbitos de uso personal, social y laboral.

## 2 El correo personal

El correo personal es un mensaje que se envía a través de Internet con el programa adecuado. A pesar de su relación con la carta, el correo electrónico tiene unas características diferentes entre las que destacan estos elementos:

- **Dirección del destinatario.** Se especifica la dirección de correo electrónico del destinatario en un apartado que normalmente se identifica con la palabra *Para*.
- **Asunto.** Es un enunciado que indica el tema o la finalidad del correo.
- **Cuerpo del correo.** Suele comenzar con una fórmula de saludo y termina con otra fórmula de cierre y una despedida. A diferencia de las cartas, no siempre se firma, ya que normalmente se puede identificar al emisor a través de la dirección desde la que se envía.
- **Ficheros adjuntos.** Son ficheros de distinto tipo (de texto, de imagen...) que se envían a la vez que el texto del correo.

En los correos, como en otros textos personales que se envían a través de Internet, es frecuente el uso de onomatopeyas (*ja, ja, ja, puff*...) y elementos no lingüísticos como los emoticonos.

## 3 La reclamación

Una reclamación es un texto argumentativo en el que se expresa una queja. En el ámbito social, la reclamación es un tipo de texto formal que se suele presentar en un modelo establecido: la hoja de reclamación.

Tanto si se redactan personalmente como si se presentan en el modelo impreso, las reclamaciones contienen los siguientes elementos:

- **Datos personales del reclamante.** Incluyen el nombre, el domicilio, el DNI y otros datos que puedan resultar de interés en el caso concreto (edad, profesión...).
- **Motivo de la reclamación.** Contiene de forma clara y ordenada los hechos que dan lugar a la queja.
- **Petición.** Incluye la solución que se espera obtener.
- **Cierre.** Contiene el lugar y la fecha en que se efectúa la reclamación y la firma del reclamante.

## 4 El currículum

El currículum es un texto que contiene un breve historial de una persona y se presenta para optar a un puesto de trabajo, solicitar una beca...

La organización y los datos que se recogen en el currículum pueden variar, pero en todo caso debe contener los siguientes elementos:

- **Datos personales.** Nombre completo, fecha y lugar de nacimiento, domicilio, número de teléfono, dirección de correo electrónico...
- **Formación académica.** Relación detallada de los estudios realizados, con las fechas de realización, y de los idiomas conocidos, con expresión del nivel.
- **Experiencia profesional.** Relación de los trabajos realizados anteriormente y en el momento actual, con indicación del tiempo.

### ACTIVIDADES

**1** Explica a qué ámbito de uso pertenece cada texto y las diferencias que observas entre los dos.

Hola, Elena:

Acabo de escribir pidiendo información sobre las actividades que vimos en el Centro Cultural el otro día.
Ya te contaré. Tienen muy buena pinta.
¿Te apuntarías conmigo? Anda, porfa, porfa. ☺
Nos vemos mañana,

Besos
Pau

Buenos días:

Desearía recibir información sobre las actividades para jóvenes de 14 a 18 años de su programa "CONOCIENDO NUESTRA REGIÓN".
Pueden responderme a esta misma dirección.
Muchas gracias por su atención.

Un saludo
Paula Arenas

**2** Los recursos son reclamaciones dirigidas contra resoluciones dictadas por una autoridad.

Lee y explica las características de este recurso.

Andrés Vic Díaz, con DNI 888888 y domicilio en Orevalillo, en relación con la multa de referencia S-88, expongo las siguientes

ALEGACIONES:

El vehículo a que se refiere no es de mi propiedad ni dispongo de carné de conducir, por lo que

SOLICITO:

Que me sea retirada la multa objeto del recurso.

En Orevalillo, a 15 de diciembre de 2016.

DEPARTAMENTO DE GESTIÓN DE MULTAS

**3** Imagina y escribe tu currículum de dentro de diez años.

RECURSOS

## Ámbitos de uso y características de los textos

La relación que se establece entre el emisor y el receptor en los distintos ámbitos de uso de los textos condiciona sus características lingüísticas.

**Textos del ámbito personal**

En los textos del ámbito personal, el emisor y el receptor mantienen una proximidad: son familiares o tienen una relación de amistad. El registro que emplean es informal y el discurso suele caracterizarse por la espontaneidad (una conversación informal o un texto de mensajería instantánea) y por la abundancia de elementos extralingüísticos (gestos, emoticonos…).

**Textos del ámbito social**

Estos textos se caracterizan por el uso de un léxico denotativo y formal, como corresponde a la inexistencia de una relación de proximidad entre el emisor y el receptor. La comunicación puede ser oral (una asamblea o un debate) o escrita (una reclamación o una ley).

**Textos del ámbito profesional**

La principal característica de estos textos es la abundancia de tecnicismos, que el receptor y el emisor conocen al compartir el conocimiento sobre el tema. Sin embargo, el registro que empleen en cada texto dependerá de la relación que se establezca entre ellos. Así, en una entrevista de trabajo o un informe laboral se adoptará un registro formal, mientras que en un correo entre compañeros de trabajo o en un congreso de colegas de profesión se usará un registro más informal.

**Textos del ámbito académico**

En los textos de este ámbito el léxico es objetivo y preciso, aunque no tan técnico como en el ámbito profesional, ya que los receptores no son especialistas en la materia. Asimismo, se emplea un registro formal, aunque no excesivamente rígido. La comunicación puede ser oral (lecciones en el aula o ponencias) o escrita (exámenes o libros de texto).

### Precio y forma de pago

SEGUNDA. Precio.

Las partes acuerdan fijar el precio total de la compraventa en la cantidad de DOSCIENTOS MIL EUROS, según el siguiente detalle: precio de la vivienda, 180 000; precio del garaje, 20 000.

TERCERA. Forma de pago.

En este acto D.ª Eva Galán García entrega a D. José Villar Martín la cantidad de VEINTE MIL EUROS, a cuenta del precio total. El resto de la cantidad convenida, CIENTO OCHENTA MIL EUROS, se abonará en el acto de entrega de llaves y otorgamiento de escritura pública, mediante cheque nominativo a nombre del vendedor.

### La mímesis

Desde sus orígenes, es decir, desde los escritos de Platón y Aristóteles, el pensamiento estético occidental ha sido dominado por la idea de la mímesis: las ficciones se derivan de la realidad, son imitaciones o representaciones de entidades realmente existentes. Durante su largo reinado, la idea se ha interpretado de muy diversas maneras y, consiguientemente, el término «mímesis» ha ido acumulando varios significados distintos. Sin duda, estas ambigüedades solo pueden resolverse mediante un cuidadoso análisis teórico y semántico del concepto.

LUBOMIR DOLEZEL
*Heterocósmica: ficción y mundos posibles*

**1** Indica el ámbito de uso de cada uno de los textos anteriores.

- ¿Qué tipo de registro se ha empleado en cada uno? ¿Cuál te parece más rígido? Justifica tu respuesta con ejemplos.

**2** Caracteriza los siguientes textos según la relación entre el emisor y el receptor.

- Un certificado de nacimiento.
- Un manual universitario.
- Una postal.
- Un informe sobre un balance empresarial.

SABER HACER

## Preparar un blog

Los blogs son sitios web en los que una o varias personas incluyen periódicamente textos o entradas sobre un tema y comentarios de los lectores. Vais a idear en grupo un blog y vais a preparar algunas entradas y comentarios para incluirlos en él.

**1** USA LAS TIC. **Buscad en Internet algún blog que os guste y analizad con detalle su contenido.**

- ¿Cuál es el título del blog? ¿Qué tema trata?
- ¿Qué secciones aparecen en la cabecera?
- ¿Cómo se titula la última entrada del blog? ¿Qué contiene? ¿Cómo está etiquetada?
- ¿Quién ha escrito el blog?

➤ Exponed en clase los resultados de vuestro análisis.

**2** TRABAJO COOPERATIVO. **Pensad y elegid en grupo el tema de un blog que pueda resultar interesante.**

Procurad que sea un tema sobre el que podáis escribir con cierta regularidad.

➤ Inventad un título para el blog.

**3** **Escribid cada uno una entrada para el blog teniendo en cuenta las siguientes pautas:**

- Pensad el tema que queréis tratar, seleccionad la información que queréis incluir y haced un esquema del contenido.
- Redactad el texto de la entrada. Intentad emplear un tono personal al expresaros y realizad alguna apelación al receptor.

> *Mi afición por los animales me ha llevado a ver infinidad de documentales espectaculares, pero el vídeo del que voy a hablaros es algo especial. Ya me diréis si opináis lo mismo.*

- Buscad imágenes atractivas para ilustrar el contenido.
- Decidid las etiquetas que vais a ponerle a vuestra entrada para que pueda ser localizada.
- Corregid el texto y editadlo teniendo en cuenta que deberá leerse en la pantalla de un ordenador: Ponedle un título adecuado, incluid las imágenes, introducid vínculos a otros contenidos...

**4** **Intercambiad las entradas que habéis escrito en grupo y escribid algún comentario sobre ellas.**

**5** **Cread el sitio web del blog usando alguna de las herramientas gratuitas disponibles en Internet.**

- Emplead los elementos de diseño teniendo en cuenta el contenido del blog.
- Introducid las entradas que habéis escrito. Posteriormente, entrad en el blog y haced comentarios de los demás contenidos.

**Los derechos de autor**

Cualquier texto es propiedad de quien lo ha creado, que debe responsabilizarse de su contenido y a su vez goza de ciertos derechos.

Actualmente, muchos de los contenidos que se crean en Internet están protegidos con la licencia *Creative Commons*, que permite ciertos usos y explotaciones no comerciales de las obras por otras personas.

# La valoración de las palabras

La expresión *crecimiento negativo* es un eufemismo con el que se evita el uso de la palabra *crisis*.

## 1 Palabras tabú

La mayoría de las palabras del vocabulario se emplean sin ningún reparo en cualquier situación comunicativa. Sin embargo, existen términos de uso más restringido debido a que los hablantes los consideran poco elegantes, ofensivos o inapropiados.

Son **palabras tabú** aquellas que los hablantes tienden a evitar en situaciones formales.

Se consideran palabras tabú, por ejemplo, muchas de las que están relacionadas con la escatología, el sexo, las enfermedades...

Algunas palabras tabú que los hablantes evitarían en contextos formales se pueden utilizar en situaciones de mayor confianza.

## 2 Eufemismos

Cuando en un determinado contexto se evita utilizar una palabra tabú, los hablantes recurren a otro tipo de términos.

Las palabras o expresiones que los hablantes utilizan en sustitución de las palabras tabú se denominan **eufemismos**.

Es un eufemismo, por ejemplo, la palabra *fuerte* que se usa en lugar de *gordo*, o la expresión *enfermo mental*, en vez de *demente* o *loco*.

De la misma manera que el uso de algunas palabras tabú en un contexto formal puede resultar grosero, el empleo de ciertos eufemismos puede sonar también cursi o inapropiado; así ocurre, por ejemplo, con términos como *pipí* o *trasero*. Tan inoportuno puede ser usar una palabra tabú en una situación formal como emplear un eufemismo en un ámbito coloquial o familiar.

### ACTIVIDADES

**1** Localiza las palabras tabú que aparecen en estas oraciones y reemplázalas por eufemismos.

- Van a construir un psiquiátrico en la sierra.
- Mi vecino lleva varios meses en el paro.
- La criada limpió por la mañana la casa.

**2** Explica el significado de las siguientes señales usando eufemismos:

Espacio reservado para ______.

**3** Identifica los eufemismos que se utilizan en estos titulares. ¿Qué palabras tabú intentan evitar?

**Nuevo centro para la tercera edad**

**Ajustes de plantilla en la televisión**

**La ONU debatirá sobre el nuevo conflicto bélico**

# Las grafías *ll, y, x* y *h*

## 1 Normas de uso de las grafías *ll, y, x* y *h*

En los siguientes cuadros se recogen las principales normas para escribir correctamente palabras con las grafías *ll, y, x* y *h*.

| SE ESCRIBEN CON *LL* | EJEMPLOS |
|---|---|
| Las palabras que empiezan por las sílabas *fa-*, *fo-* y *fu-* seguidas del sonido LL. | *fallo, follón, fullero* |
| Las palabras que terminan en *-illo*, *-illa* o en *-ello*, *-ella*. Excepto *leguleyo*, *plebeyo*, *omeya*, *epopeya* y *onomatopeya*. | *castillo, sombrilla, bello, centella* |

| SE ESCRIBEN CON *Y* | EJEMPLOS |
|---|---|
| Las palabras que contienen la sílaba *yer*, excepto a final de palabra, o la sílaba *yec*. | *reyerta, inyección* |
| Las palabras que empiezan por los prefijos *ad-*, *dis-* y *sub-* seguidos del sonido Y. | *adyacente, disyuntiva, subyugar* |

| SE ESCRIBEN CON *X* | EJEMPLOS |
|---|---|
| Las palabras que comienzan por *ex-* seguido de vocal. Excepto *eso, esa, ese, esencia, esófago* y *esotérico*. | *examen, exiguo, exención, exonerar* |
| Las palabras que empiezan por *ex-* seguido de *pl-* o *pr-*. Excepto *esplendor* y sus derivados, *espliego*, *espray* y *esprínter*. | *explosión, explicar, expresar* |
| Las palabras que empiezan por los prefijos *ex-* ('que ya no es', 'fuera') y *extra-* ('fuera de', 'sumamente'), y los elementos compositivos *hexa-* ('seis') y *maxi-* ('muy grande'). | *exalcalde, extrarradio, hexágono, maxifalda* |

| SE ESCRIBEN CON *H* | EJEMPLOS |
|---|---|
| Las palabras que empiezan por *hie-* y *hue-*, y las que comienzan por *hum-* seguido de vocal. | *hielo, hueso, humedad* |
| Las palabras que contienen la secuencia *ue* precedida de vocal. | *ahuecar, cacahuete* |
| Las palabras que empiezan por *homo-* ('igual'), *hexa-* ('seis'), *hepta-* ('siete'), *hecto-* ('cien'), *hetero-* ('diferente'), *hemi-* ('medio o mitad'), *hidro-* ('agua'), *hiper-* ('muy grande', 'con exceso'), *hipo-* ('debajo de' o 'escasez de'), *hemo-*, *hema-* o *hemato-* ('sangre'). | *homogéneo, heterodoxo, hidromasaje, hipermercado, hipotenso, hematoma* |

### ACTIVIDADES

**1** Completa las palabras con la grafía que corresponda y copia las oraciones con las palabras adecuadas.

dis*untiva cue*o fo*aje sub*ace

- Se compró un vestido de ____ de cisne.
- Me gusta contemplar el color del ____ de los árboles en otoño.
- En toda historia ____ una moraleja.
- Antes, la ____ entre el modo de vida rural y el urbano era más acusada.

**2** Completa estas oraciones con palabras que contengan las sílabas *yer* o *yec*.

- Miguel se casó con la hija de Juan; así que Miguel es el ____ de Juan.
- En los cines de verano, las películas se ____ al aire libre.
- La próxima parada del tren es final de ____.
- Hubo una ____ entre bandas callejeras.

**3** Lee las definiciones y escribe el término con *x* que corresponde a cada una.

- Quitar a alguien una posesión a cambio de una indemnización. ▶ ____
- Magnífico. ▶ ____
- Que tiene seis sílabas. ▶ ____

**4** Piensa dos palabras que empiecen por *hie-*, por *hue-* y por *hum-*, y escribe una oración con cada una.

**5** AUTODICTADO. Copia y completa las palabras con las grafías *ll*, *y*, *x* o *h*.

**Un verano *iperactivo**

Tengo muchos pro*ectos este verano: pasear en came*o, visitar un *acimiento de *ierro, acudir a un curso de *idroterapia, aprender a *acer ganchi*o y jugar al fútbol en la e*planada con Matías y Sabrina. Mis amigos no se e*plican cómo aprovecho tanto las vacaciones. Basta con e*primir el tiempo al má*imo.

# Análisis sintáctico de la oración compuesta

**ORACIONES COMPUESTAS**
- Sin relación de dependencia
  - Por yuxtaposición
  - Por coordinación
    - Copulativas
    - Disyuntivas
    - Adversativas
- Con relación de dependencia ► Por subordinación
  - Sustantivas
    - De sujeto
    - De complemento directo
    - De término de preposición
  - Adjetivas
    - Especificativas
    - Explicativas
  - Adverbiales
    - De lugar
    - De tiempo
    - De modo
    - Causales
    - Finales
    - Condicionales
    - Concesivas
    - Consecutivas
    - Comparativas

Para reconocer una oración compuesta y su clase, sigue estos pasos:

1. Comprueba que contiene **más de un verbo** (las perífrasis equivalen a una forma verbal).
2. Localiza el **sujeto** y los **complementos de cada verbo** con el fin de delimitar las oraciones que constituyen la oración compuesta.
3. Identifica el **tipo de oración compuesta**. Para ello, determina si existe o no un **enlace** que relacione las oraciones que forman la oración compuesta y, en su caso, el tipo de relación que establece:
   - Si no existe enlace, es una **oración compuesta por yuxtaposición**.
   - Si hay un enlace y es una conjunción coordinante, se trata de una **oración compuesta por coordinación** (ver punto 4).
   - Si hay un enlace y es una conjunción subordinante, se trata de una **oración compuesta por subordinación** (ver punto 5).
4. En las **oraciones compuestas por coordinación**, determina la **clase** identificando el tipo de enlace que las une:
   - Si el enlace expresa adición (*y*, *e*, *ni*), son **copulativas**:

     *Recogí la habitación e hice la cama.*
   - Si el enlace indica opción o alternancia entre dos posibilidades (*o*, *u*), son **disyuntivas**:

     *¿Te acercas tú o nos desplazamos nosotros?*
   - Si el enlace expresa contraposición (*pero*, *mas*, *sino*), son **adversativas**:

     *Estaban cansadas, pero caminaron unos kilómetros más.*

**SABER MÁS**

**Subordinadas sin enlace**

Ten en cuenta que existen oraciones compuestas por subordinación en las que uno de los verbos está en **forma no personal** (infinitivo, gerundio o participio) y que **carecen de enlace**:

*Quiero salir.*

*Escribe el texto respetando las normas ortográficas.*

*Terminada la reunión, nos fuimos a casa.*

**5** En las **oraciones compuestas por subordinación**, determina el **tipo** de oración subordinada:

- Si funciona como un **sintagma nominal**, es **sustantiva** (ver punto 6).

  *Avisé de que llegaría tarde.* ▶ *Avisé de ello.*

- Si está introducida por un **relativo** (*que, quien, cual, cuyo, donde, adonde, como, cuando* y *cuanto*) con antecedente expreso y funciona como **complemento del nombre** es **adjetiva** (ver punto 7).

  *Llegó la chica que siempre sonríe.* ▶ *Llegó la chica sonriente.*

- Si se comporta como **complemento circunstancial** o **complemento oracional**, es **adverbial**. Si es complemento de un **cuantificador o intensificador**, es comparativa o consecutiva (ver punto 8).

  *Se despertó cuando amanecía.* ▶ *Se despertó entonces.*

  *Estaba tan cansado que me dormí.* ▶ *Estaba así de cansado.*

**6** En las **subordinadas sustantivas**, identifica la **función sintáctica** de la oración subordinada:

- Si no se puede cambiar el número del verbo en la oración principal sin que la oración deje de tener sentido, es **sujeto**.

  *Es conveniente que madruguemos.*

- Si puede sustituirse por el pronombre *lo*, es **complemento directo**.

  *Decidme quién se presenta.* ▶ *Decídmelo.*

- Si va precedida de una preposición, es **término de preposición**. El sintagma preposicional en el que se integra tendrá una función sintáctica dentro de la oración compuesta (complemento directo, indirecto, de régimen, etc.).

  *Me conformo con que hayan aparecido.*

**7** En las **subordinadas adjetivas**, identifica la **clase** de oración adjetiva:

- Si la oración subordinada no está delimitada por pausas y no puede suprimirse sin alterar el significado, es adjetiva **especificativa**.

  *Recorrimos con una piragua el río que pasa por tu pueblo.*

- Si la oración subordinada está entre pausas y puede eliminarse sin alterar el significado, es adjetiva **explicativa**.

  *Finalmente, visitamos tu pueblo, que nos pareció precioso.*

**8** En las **subordinadas adverbiales**, determina la **clase** de oración adverbial atendiendo a su significado y al enlace subordinante que la introduce:

- **De lugar:** *Estuvimos donde nos dijiste.*
- **De tiempo:** *Ocurrió mientras todos estábamos durmiendo.*
- **De modo:** *Contó los hechos según sucedieron.*
- **Causal:** *Mañana iremos a la montaña porque tenemos el día libre.*
- **Final:** *Me levanté para que me vieran.*
- **Condicional:** *Me pondré corbata, si tengo que ir con traje.*
- **Concesiva:** *Aunque no me apetecía, fui a la fiesta.*
- **Consecutiva:** *Hay tanto ruido que no me concentro.*
- **Comparativa:** *Puedes repetir eso tantas veces como quieras.*

SABER MÁS

**Función sintáctica del relativo**

Para averiguar la función sintáctica del relativo dentro de la subordinada adjetiva, sigue estos pasos:

- Localiza el antecedente al que se refiere el relativo:

  *Traigo los libros que me pediste.*

- Extrae la oración subordinada: *que me pediste.*
- Sustituye el relativo por su antecedente, ordena los elementos de la oración y analízala como una oración simple:

  *Libros me pediste* ▶ (Tú) *me pediste libros* (complemento directo).

## ACTIVIDADES

**1** **Indica qué clase de oraciones compuestas son las siguientes:**

- No dijeron que solucionarían el problema.
- Se mudaron porque ella consiguió un nuevo trabajo.
- Es importante que conozcas la ruta.
- Construye el prototipo como mejor sepas.
- No hay ninguna mesa; estamos completos.
- Era tan alto que no cabía en el coche.
- Ande yo caliente y ríase la gente.
- Cuenta con los mismos recursos que yo.
- O paras en los semáforos o te multarán.
- Calcula el espacio para que te quepa.
- No se enfadó, sino que estaba molesto.
- Aunque la carretera estaba cortada, llegué a tiempo.
- Estoy mejor, pero todavía me duele.
- Empezamos cuando tú digas.
- Vi a Marta, que está muy feliz en París.
- Ahora mismo se dirige adonde tú estás.
- No estoy de acuerdo con que se atribuyan el mérito ellos solos.
- Como nos quedemos sin papel, no terminaremos el proyecto a tiempo.
- El documento que he preparado no sirve.

➤ Clasifica las oraciones subordinadas.

**2** **Identifica la función sintáctica del relativo siguiendo los pasos indicados anteriormente.**

- Las plantas que dan flores se denominan angiospermas.
- Tú eres la persona que buscamos.
- Estoy con Carlos, a quien conociste en verano.
- Ya se vendió el cuadro por el cual pujamos.
- La actriz, que cuenta con tan solo diecinueve años, ya ha logrado su primer papel protagonista.
- Nadie ha comprado todavía esa casa que se vende desde el año pasado.

➤ Determina el tipo de oración adjetiva.

**3** **Señala la función sintáctica de las oraciones subordinadas sustantivas.**

Me preguntan si has recibido el paquete.

Es bueno hacer ejercicio semanalmente.

Está seguro de que ganará el concurso.

**4** **Clasifica las siguientes oraciones subordinadas sustantivas identificando la función que realizan en cada oración.**

- Me pareció fatal que no me avisases de la presentación de tu libro.
- Atenderemos con gusto a quien quiera información sobre el tema.
- Se arrepiente de no haber comprado aquellos pantalones azules.
- Debemos averiguar qué ha pasado con las mercancías desaparecidas.
- Fíjate en qué bien lee ese niño tan pequeño.

**5** **Identifica el tipo de subordinada de cada oración e indica su función.**

Como no corras más, no llegamos.

Como estudié, aprobé.

Vivo como quiero.

➤ Escribe dos oraciones de distinto tipo con *como*.

**6** **Analiza las siguientes oraciones:**

- Volveremos más tarde que vosotras.
- Conviene solucionar los asuntos personales.
- O hacemos algo en casa o comemos en un restaurante.
- Creo que mañana no habrá fiesta.
- Los bomberos llegaron enseguida y apagaron el fuego.
- Como no termines el trabajo, no iremos al concierto.
- ¿Estás preocupada por lo que te ocurrió la semana pasada?
- Tiene tal lío en la cabeza que no actúa con racionalidad.
- Diego tiene mucho carácter, pero le falta tacto.
- Ha entrenado durante meses: hará un buen papel en la carrera.
- Recuerdo con agrado aquel día en el que caminamos sin rumbo fijo por las calles de Turín.
- A pesar de que lo intenté varias veces, no superé la última pantalla.
- El temporal, que causó graves destrozos, no remitió hasta ayer.
- El accidente ocurrió donde se cruzan las dos carreteras.
- Te compré fruta para que la tomases por el camino.

## APLICACIÓN

**1** Fíjate en el eslogan que aparece en el cartel del margen y resuelve.

- Haz los cambios necesarios para convertirlo en…
  - una oración compuesta por yuxtaposición.
  - una oración compuesta con una subordinada adverbial ilativa.
  - una oración compuesta con una subordinada adverbial causal.
- Inventa otro eslogan para esa campaña con una oración subordinada adverbial condicional.

**2** El dequeísmo consiste en usar la preposición *de* ante la conjunción *que* cuando no es necesaria. El queísmo es el error contrario: se usa la conjunción *que* cuando corresponde usar la secuencia *de que*.

En parejas, identificad las oraciones incorrectas y corregidlas. Después, explicad sintácticamente por qué eran incorrectas.

- Me alegro de que hayas venido a casa con tus padres.
- Temo de que hoy haya un gran atasco en esa carretera.
- Te advierto que así no aprobarás.
- Nos preocupa de que no lo hayamos hecho bien.
- Se preocupó de que todo funcionara correctamente.

Coloqué la ropa que estaba en el cesto.

Coloqué la ropa, que estaba en el cesto.

**3** Fíjate en las oraciones de los bocadillos y explica los tipos de oraciones subordinadas adjetivas que conoces.

Debes aclarar cuál de las dos tiene un significado más restrictivo y poner otros ejemplos similares.

**4** Copia las oraciones compuestas de esta receta, indica sus clases y explica sus estructuras.

**Espaguetis de calabacín a la veneciana**

Lava bien los calabacines en agua fría y córtalos en tiras muy finas. Corta el queso fresco en dados mientras las tiras de calabacín se doran en la plancha…

**Trucos útiles**

- Utiliza cualquier vegetal que haya en tu nevera. ¡Échale imaginación!
- Si añades manzana, elige una variedad dulce para aportar sabor.

- Añade a la receta estas oraciones:
  - Una oración compuesta por coordinación disyuntiva.
  - Una oración subordinada sustantiva en función de CD.

**5** Analiza sintácticamente estos titulares de periódicos:

El juez rechaza investigar al alcalde por paralizar las obras

La bolsa sigue desplomándose y alcanza mínimos históricos

Se creará un comité de expertos para mejorar el estado de las playas

Un detective recupera cuatro pinturas barrocas que desaparecieron tras la Primera Guerra Mundial

# La literatura hispanoamericana del siglo XX

Algunas de las naciones independizadas sufrieron situaciones de inestabilidad política. Los periodos democráticos se vieron truncados por golpes de Estado y movimientos revolucionarios. En la imagen, *La reforma y la revolución*, un detalle del mural del pintor mexicano Diego Rivera.

## 1 Contexto histórico y cultural

Durante la **primera mitad del siglo XIX**, la mayor parte de los países hispanoamericanos alcanzaron **la independencia**. Esto no impidió que España continuara ejerciendo su influjo cultural. Así, por ejemplo, en la América hispana se desarrolló el Romanticismo con características similares a las del Romanticismo español.

La independencia, no obstante, favoreció la apertura a otras culturas como la francesa, que a finales de siglo influyó en la gestación del Modernismo. A partir de la segunda mitad del siglo XX, la literatura hispanoamericana adquiere un desarrollo autónomo y extiende su influencia sobre la literatura europea.

### Una cultura de síntesis

La diversidad cultural que encierra Hispanoamérica se unifica bajo una lengua común, el castellano, y tres factores fundamentales:

- El **mestizaje cultural** que resulta de la síntesis de las culturas de los pueblos precolombinos (azteca, maya, inca…), la cultura española dominante durante siglos, las culturas de origen africano llegadas con el tráfico de esclavos y las que llevaron los emigrantes europeos a partir del siglo XIX.
- La **naturaleza americana**, con sus peculiaridades climáticas y geográficas –los Andes, la selva amazónica, la pampa…–, que condiciona el modo de vida y las costumbres de los pueblos.
- La **preocupación por la realidad** americana, inmersa en convulsiones políticas y desigualdades sociales. Las obras creadas en este periodo denuncian las situaciones de injusticia que se producen.

## 2 La literatura del siglo XX

El siglo XX es el gran siglo de la literatura hispanoamericana, en cuya evolución podemos establecer las siguientes etapas:

- **Desde finales del siglo XIX hasta la década de 1940.** El Modernismo, abanderado por el nicaragüense Rubén Darío, marcará el inicio de una nueva poesía hispanoamericana. Más adelante, los **movimientos de vanguardia** y la posterior humanización de la poesía dejarán sentir su influjo. La narrativa, por su parte, encuadrada en el **realismo tradicional**, refleja la realidad americana con una intención crítica y de denuncia social.
- **De la década de 1940 a nuestros días.** A partir de esta década la poesía se acerca a los **movimientos surrealistas**, a la vez que incide en una **crítica de la realidad y la política** americana. La narrativa experimenta un gran desarrollo: indaga nuevos caminos a través de una tendencia original llamada **«realismo mágico»** y a través de la experimentación formal y la innovación lingüística. A partir de los años sesenta, esta nueva novela dará lugar al llamado **«boom» de la narrativa hispanoamericana**, es decir, a la eclosión de un conjunto de magníficos novelistas cuya calidad será reconocida en todo el mundo. La nómina de narradores hispanoamericanos del siglo XX es extensísima, con autores como Jorge Luis Borges, Juan Rulfo, Julio Cortázar, Gabriel García Márquez, Mario Vargas Llosa y otros muchos.

SABER MÁS

**El español de América, factor de unidad cultural**

El principal factor que determina la unidad cultural de Hispanoamérica es su lengua común: el español de América.

Se trata de un castellano que presenta ciertas diferencias respecto al español peninsular, como la presencia del seseo; el empleo de *ustedes* en lugar de *vosotros* como pronombre de confianza; la presencia en amplias zonas del voseo (uso del pronombre *vos* en lugar de *tú*); y bastantes diferencias léxicas debidas a factores históricos.

## 3 La poesía

Desde finales del siglo XIX, se pueden distinguir en la poesía hispanoamericana una serie de corrientes o tendencias:

- El **Modernismo** fue un movimiento literario autóctono, aunque influido por el Simbolismo francés. Destacan el nicaragüense **Rubén Darío** y el cubano **José Martí**, considerados precursores de esta corriente que se cierra con cuatro autoras denominadas posmodernistas: **Delmira Agustini**, **Juana de Ibarbourou**, **Alfonsina Storni** y **Gabriela Mistral**.
- La actitud experimental que caracterizó a las **vanguardias** en Europa tuvo también su reflejo en América. En este movimiento destacan el chileno **Vicente Huidobro**, artífice del creacionismo, y el peruano **César Vallejo**.
- En la década de 1930 se produjo en muchos poetas una evolución hacia una poesía comprometida. Esta **humanización** de los temas la cultivan **César Vallejo**, el chileno **Pablo Neruda** y el cubano **Nicolás Guillén**.
- En la última mitad del siglo XX se desarrolló la **poesía surrealista** o **mágica**, como la del mexicano **Octavio Paz**. Esta corriente coexistió con otro tipo de **poesía comprometida**, **realista y comunicativa**, de tono coloquial y fácil lectura, cuyo máximo representante es el uruguayo **Mario Benedetti**.

### Poetas destacados

En las distintas tendencias de la poesía hispanoamericana del siglo XX hay poetas destacados como los siguientes:

- **César Vallejo** (1892-1938) pasa por varias etapas desde la obra modernista de *Los heraldos negros* a la temática intimista con procedimientos vanguardistas de *Trilce*. Los poemas posteriores se publican de manera póstuma en *Poemas humanos*. En ellos el poeta muestra cierta humanización, que revela su compromiso y su deseo de compartir el sufrimiento del ser humano.
- **Pablo Neruda** (1904-1973), Premio Nobel de Literatura en 1971, tuvo comienzos románticos y modernistas en *Veinte poemas de amor y una canción desesperada*. Posteriormente, evolucionó hacia el vanguardismo de *Residencia en la tierra* y la poesía comprometida de *Canto general*.
- **Octavio Paz** (1914-1998) fue galardonado en 1990 con el Premio Nobel. Tras unos comienzos neorrománticos y modernistas, escribe *Libertad bajo palabra* y *Salamandra*, obras de temática existencial y lenguaje abstracto. Después, vuelve al vanguardismo en *Ladera este* y, en sus últimas obras, cultiva una poesía reflexiva que se vale de un estilo más sobrio.

**SABER MÁS**

**Algunas obras poéticas destacadas**

- Gabriela Mistral (1889-1957), que obtuvo el Premio Nobel de Literatura en 1945, es una de las poetas más relevantes del siglo XX. Sus libros más importantes son *Desolación*, *Ternura* y *Tala*.
- Juana de Ibarbourou (1895-1979), cuya poesía evolucionó desde un carácter apasionado hacia un tono más sereno e intimista. Entre sus obras figuran *Las lenguas de diamante* y *Mensaje del escriba*.
- Nicolás Guillén (1902-1989) es el principal defensor de la cultura negra o mestiza cubana. Entre las obras de esta temática destacan *Motivos de son* y *Sóngoro Cosongo*.
- Mario Benedetti (1920-2009) tuvo una primera etapa realista, con obras como *Poemas de la oficina*. Tras el exilio, adquirió el tono comprometido de obras como *Despistes y franquezas*, que resume los modos de escritura del autor.

### ACTIVIDADES

**1** Identifica los rasgos de la poesía modernista en estos versos de «La musa gris», de Delmira Agustini.

Es blanca y es honda, muy honda y muy blanca
–¡solemne, tremenda blancura de cirio!–
con grises ojeras tal rubras de muerte,
con gestos muy lentos, muy lentos, muy místicos.

Y tiene un perfume de tristes violetas,
y perlas tal lágrimas de náyades pálidas,
y largos cabellos de sombra nublando
la torre de nieve que forma la espalda.

**2** Lee este poema, incluido en *Salamandra*, de Octavio Paz, y explica qué preocupación expresa en él el autor.

Mis pasos en esta calle
resuenan
en otra calle
donde
oigo mis pasos
pasar en esta calle
donde
solo es real la niebla.

La importancia de la obra de Jorge Luis Borges no fue internacionalmente reconocida hasta la década de 1960. Hoy es considerado uno de los autores fundamentales de la literatura del siglo XX. En la imagen, retrato de Borges, de Álvaro Delgado.

## 4 La narrativa

En la **década de 1940**, surge una corriente que combina el realismo con lo fantástico, por lo que recibe el nombre de **realismo mágico**. Se conserva el **interés por la naturaleza y lo rural**, pero aparecen **ambientaciones urbanas** y se incorporan **innovaciones narrativas** que muestran el influjo europeo y norteamericano. Algunos escritores destacados son el guatemalteco Miguel Ángel Asturias, el cubano Alejo Carpentier, el mexicano Juan Rulfo, el uruguayo Juan Carlos Onetti y el argentino Jorge Luis Borges.

- **Jorge Luis Borges** (1899-1986) es autor de espléndidos cuentos, en los que trata temas como el paso del tiempo, la muerte, la eternidad, la incapacidad de comprender el universo… Su prosa, elegante y concisa, ofrece una combinación de elementos: referencias culturales, símbolos y juegos entre lo real y lo fantástico. Destacan obras como *Historia universal de la infamia* o *El Aleph*.

En la **década de 1960**, la narrativa hispanoamericana conoce un momento de excepcional esplendor. Un grupo de escritores **desarrollan el realismo mágico** e insisten en **la experimentación técnica y la elaboración del lenguaje**. Entre ellos destacan el argentino Julio Cortázar, el colombiano Gabriel García Márquez, el peruano Mario Vargas Llosa, el mexicano Carlos Fuentes, el cubano Guillermo Cabrera Infante, el paraguayo Augusto Roa Bastos…

- **Julio Cortázar** (1914-1984) escribió cuentos en los que suele presentar la irrupción de un elemento fantástico o inquietante en una situación cotidiana que se ve transformada, como ocurre en *Bestiario* o *Las armas secretas*. Su novela más importante es *Rayuela*, en la que introduce grandes innovaciones técnicas, como una estructura compleja y dos itinerarios posibles de lectura.
- **Gabriel García Márquez** (1928-2014) cultivó el periodismo, la novela y el cuento. En 1982 recibió el Premio Nobel de Literatura. *Crónica de una muerte anunciada* o *El amor en los tiempos del cólera* son algunas de sus novelas. Pero su obra fundamental es *Cien años de soledad*, que constituye la máxima expresión del realismo mágico y es su novela más emblemática.
- **Mario Vargas Llosa** (1936) es el autor de *La ciudad y los perros*, de 1962, obra que supuso el inicio del «boom». En ella aparecen ya algunos de los rasgos de su narrativa: historias cruzadas, técnicas innovadoras, denuncia de la violencia y la injusticia… En la producción de Vargas Llosa, que obtuvo el Premio Nobel de Literatura en 2010, destacan también obras como *Conversación en la catedral*, *La guerra del fin del mundo* o *La fiesta del chivo*.

### Claves para estudiar

Realiza estas actividades para comprobar lo que has aprendido:

- Explica el contexto histórico que da lugar a la literatura hispanoamericana del siglo XX.
- ¿Qué dos etapas se distinguen en la literatura hispanoamericana del siglo XX? Menciona sus características.
- Elabora un esquema de la poesía y la narrativa hispanoamericana de este periodo.

### ACTIVIDADES

**3** Explica las características de la obra de Borges que puedas deducir de este cuento suyo titulado *Un sueño*.

En un desierto lugar del Irán hay una no muy alta torre de piedra, sin puerta ni ventana. En la única habitación (cuyo piso es de tierra y que tiene la forma del círculo) hay una mesa de madera y un banco. En esa celda circular, un hombre que se parece a mí escribe en caracteres que no comprendo un largo poema sobre un hombre que en otra celda circular escribe un poema sobre un hombre que en otra celda circular… El proceso no tiene fin y nadie podrá leer lo que los prisioneros escriben.

**4** Lee el comienzo de *Cien años de soledad* y explica qué es el realismo mágico a partir de él.

Muchos años después, frente al pelotón de fusilamiento, el coronel Aureliano Buendía había de recordar aquella tarde remota en que su padre lo llevó a conocer el hielo. Macondo era entonces una aldea de veinte casas de barro y cañabrava construidas a la orilla de un río de aguas diáfanas que se precipitaban por un lecho de piedras pulidas, blancas y enormes como huevos prehistóricos. El mundo era tan reciente, que muchas cosas carecían de nombre, y para mencionarlas había que señalarlas con el dedo.

SABER HACER

## Elaborar un relato fantástico

**Una reflexión sobre el relato fantástico**

*En la mala literatura fantástica, los perfiles sobrenaturales suelen introducirse como cuñas instantáneas y efímeras [...]. La peor literatura de este género es sin embargo la que opta por el procedimiento inverso, es decir el desplazamiento de lo temporal ordinario por una especie de «full-time» de lo fantástico, invadiendo la casi totalidad del escenario con gran despliegue de cotillón sobrenatural, como en el socorrido modelo de la casa encantada donde todo rezuma manifestaciones insólitas.*

JULIO CORTÁZAR
*Del cuento breve y alrededores*

La literatura fantástica recrea a menudo mundos imaginarios. Sin embargo, algunos relatos fantásticos se enmarcan en un contexto real, que resalta ese elemento fantástico y lo dota de significado. Vamos a elaborar un relato fantástico que se desarrolle en un contexto realista.

1. El escritor italiano Gianni Rodari acuñó el concepto *binomio fantástico*, que es un procedimiento para hacer brotar historias.

   **Elige dos palabras al azar; por ejemplo, buscándolas a ciegas con el dedo en el diccionario.**

   - Desecha aquellas palabras que no sean sustantivos concretos.
   - Comprueba que la pareja de palabras forma un *binomio fantástico*: para que así sea, no deben pertenecer al mismo marco semántico, léxico o conceptual:

   *caliente / fuego*
   *pera / manzana* ➧ NO

   *reloj / playa*
   *sal / árbol* ➧ SÍ

2. **Reflexiona sobre qué relaciones se pueden establecer entre ambas palabras. Para ello, haz distintas combinaciones:**

   *Un reloj en la playa, en la playa sin reloj, el reloj de la playa, otro reloj para la playa…*

3. **Escribe tu relato fantástico.**

   Debes seguir estas directrices:

   - Ambienta tu texto en un marco narrativo real: un lugar y un momento definidos.
   - Haz que los personajes asimilen con naturalidad los elementos fantásticos del relato, como si apenas se sorprendieran.
   - No des una explicación al hecho fantástico. Simplemente, inclúyelo con naturalidad en tu narración.

   *Carla veía cómo los relojes en la orilla, que al principio eran solo cuatro o cinco, empezaban a aumentar: llegaban arrastrados por las olas. Unos niños que estaban jugando con la arena descubrieron tres relojes más en un agujero que estaban cavando.*

   *Al cabo de media hora, la orilla entera estaba cubierta de relojes: no se veía la arena. Carla se tumbó y cerró los ojos, sintiendo con agrado el sol en su piel...*

4. TRABAJO COOPERATIVO. **En clase, intercambiad los relatos y valorad los siguientes aspectos:**

   - Quién ha introducido mejor el elemento fantástico.
   - Quién ha logrado el marco narrativo más real.
   - Qué texto os ha gustado más.

# Las transformaciones de Macondo

*El pueblo sufre diversas guerras, cambios de gobierno y transformaciones que influyen en la vida de la familia. Al igual que la realidad americana que representa, Macondo deja de ser un espacio mítico para transformarse en un espacio industrializado: la fábrica de hielo, el ferrocarril, el asentamiento de las multinacionales bananeras…*

Desde que vio al señor Brown en el primer automóvil que llegó a Macondo –un convertible anaranjado con una corneta que espantaba a los perros con sus ladridos– el viejo guerrero[1] se indignó con los serviles aspavientos de la gente, y se dio cuenta de que algo había cambiado en la índole de los hombres desde los tiempos en que abandonaban mujeres e hijos y se echaban una escopeta al hombro para irse a la guerra. Las autoridades locales, después del armisticio de Neerlandia, eran alcaldes sin iniciativa, jueces decorativos, escogidos entre los pacíficos y cansados conservadores de Macondo. Cuando llegó la compañía bananera, sin embargo, los funcionarios locales fueron sustituidos por forasteros autoritarios, que el señor Brown se llevó a vivir en el gallinero electrificado, para que gozaran, según explicó, de la dignidad que correspondía a su investidura, y no padecieran el calor y los mosquitos y las incontables incomodidades y privaciones del pueblo.

Los antiguos policías fueron reemplazados por sicarios de machetes. Encerrado en el taller, el coronel Aureliano Buendía pensaba en estos cambios, y por primera vez en sus callados años de soledad lo atormentó la definida certidumbre de que había sido un error no proseguir la guerra hasta sus últimas consecuencias.

–¡Un día de estos –gritó– voy a armar a mis muchachos para que acaben con estos gringos[2] de mierda!

En el curso de esa semana, por distintos lugares del litoral, sus diecisiete hijos fueron cazados como conejos por criminales invisibles que apuntaron al centro de sus cruces de ceniza[3]. Aureliano Triste salía de la casa de su madre, a las siete de la noche, cuando un disparo de fusil surgido de la oscuridad le perforó la frente. Aureliano Centeno fue encontrado en la hamaca que solía colgar en la fábrica, con un punzón de picar hielo clavado hasta la empuñadura entre las cejas. Aureliano Serrador había dejado a su novia en casa de sus padres después de llevarla al cine, y regresaba por la iluminada calle de los Turcos cuando alguien que nunca fue identificado entre la muchedumbre disparó un tiro de revólver que lo derribó dentro de un caldero de manteca hirviendo.

Pocos minutos después, alguien llamó a la puerta del cuarto donde Aureliano Arcaya estaba encerrado con una mujer, y le gritó: «Apúrate, que están matando a tus hermanos». La mujer que estaba con él contó después que Aureliano Arcaya saltó de la cama y abrió la puerta, y fue esperado con una descarga de máuser[4] que le desbarató el cráneo. Amaranta buscó la libreta de cuentas donde había anotado los datos de los sobrinos, y a medida que llegaban los telegramas iba tachando nombres, hasta que solo quedó el del mayor. Lo recordaban muy bien por el contraste de su piel oscura con los grandes ojos verdes. Se llamaba Aureliano Amador, era carpintero, y vivía en un pueblo perdido en las estribaciones de la sierra. Después de esperar dos semanas el telegrama de su muerte, Aureliano Segundo le mandó un emisario para prevenirlo, pensando que ignoraba la amenaza que pesaba sobre él. El emisario regresó con la noticia de que Aureliano Amador estaba a salvo. La noche del exterminio habían ido a buscarlo dos hombres a su casa, y habían descargado sus revólveres contra él, pero no le habían acertado a la cruz de ceniza. Aureliano Amador logró saltar la cerca del patio, y se perdió en los laberintos de la sierra que conocía palmo a palmo gracias a la amistad de los indios con quienes comerciaba en maderas. No había vuelto a saberse de él.

GABRIEL GARCÍA MÁRQUEZ, *Cien años de soledad* (Adaptación)

[1] **el viejo guerrero:** el coronel Aureliano Buendía, hijo de José Arcadio Buendía y Úrsula Iguarán.
[2] **gringos:** estadounidenses.
[3] **sus cruces de ceniza:** el miércoles de ceniza, el sacerdote había impuesto a los hijos de Aureliano Buendía la cruz tradicional en la frente, que resultó indeleble.
[4] **máuser:** fusil de repetición.

## Comentario de texto

### Comprensión

**1** Indica cuáles son los hechos que provocan la reacción crítica del coronel Aureliano Buendía. ¿A qué aspectos sociales y políticos se refiere esa crítica?

**2** Resume los sucesos violentos que se narran en el texto.

**3** USA LAS TIC. Busca información en Internet acerca de Aquiles y Sigfrido, dos personajes fundamentales en las literaturas épicas griega y germánica, respectivamente. Explica luego qué puntos de contacto presentan las muertes de esos personajes con las de los hijos de Aureliano Buendía.

### Estructura

**4** Distingue en el texto tres partes, según quién sea el personaje o personajes centrales: el coronel Aureliano Buendía; sus hijos Aureliano Triste, Aureliano Centeno, Aureliano Serrador y Aureliano Arcaya; Aureliano Amador y Aureliano Segundo.

- Desde el punto de vista del contenido, ¿qué relación crees que puede haber entre la primera de las partes que has diferenciado y las otras dos consideradas en su conjunto?

**5** Indica, de forma razonada, si el narrador del texto es omnisciente o puramente objetivo.

### Estilo

**6** Explica de qué dos maneras se transmiten en el texto que has leído las palabras que pronuncian los personajes.

**7** El ritmo del texto es pausado al principio, pero se acelera a partir de cierto momento.

Identifica ese momento de la historia y explica qué sensación quiere transmitir el autor con el cambio de ritmo. ¿De qué recursos lingüísticos se vale para conseguir ese efecto?

### Valoración

**8** TRABAJO COOPERATIVO. Investigad en clase la repercusión que tuvo en el panorama de la literatura en lengua española la publicación en 1967 de *Cien años de soledad*.

**9** Gabriel García Márquez es considerado una de las grandes figuras de la literatura universal del siglo XX.

Averigua con ayuda de Internet qué opina de él el crítico literario estadounidense Harold Bloom, uno de los más prestigiosos de las últimas décadas. Después, comentad vuestras impresiones en clase.

Vagón del metro de Moscú con la imagen de Gabriel García Márquez y un fragmento de una de sus obras.

**10** Tras décadas de enfrentamientos armados, en 2016 se firmó en Colombia un acuerdo final para la terminación del conflicto y la construcción de una paz estable y duradera.

Escribe un texto argumentativo en el que defiendas los beneficios de las soluciones dialogadas y pacíficas de los conflictos frente al uso de la fuerza.

**11** USA LAS TIC. El coronel Aureliano Buendía es un personaje que aparece también en otras obras de Gabriel García Márquez, entre las que destaca *El coronel no tiene quien le escriba*.

Busca en Internet información sobre esta novela y resume por escrito su argumento. ¿Te parece atractivo ese argumento? ¿Por qué?

## ACTIVIDADES

**1** **Explica con tus palabras qué ocurre en este fragmento de la novela *Rayuela*. Después, contesta.**

- ¿Te parece un hecho propio de la vida real?
- ¿Crees que el comportamiento del personaje que busca el terrón es normal? ¿Cómo describe él mismo ese comportamiento?

**2** **Di qué elementos incorpora el narrador para transformar algo cotidiano en surrealista.**

▶ Explica, a partir de tu respuesta, los rasgos propios de la producción literaria de Cortázar.

# El maldito terrón de azúcar

Desde la infancia apenas se me cae algo al suelo tengo que levantarlo, sea lo que sea, porque si no lo hago va a ocurrir una desgracia, no a mí sino a alguien a quien amo y cuyo nombre empieza con la inicial del objeto caído. Lo peor es que nada puede contenerme cuando algo se me cae al suelo, ni tampoco vale que lo levante otro porque el maleficio obraría igual. He pasado muchas veces por loco a causa de esto y la verdad es que estoy loco cuando lo hago, cuando me precipito a juntar un lápiz o un trocito de papel que se me han ido de la mano, como la noche del terrón de azúcar en el restaurante de la rue Scribe. Estábamos con Ronald y Étienne, y a mí se me cayó un terrón de azúcar que fue a parar abajo de una mesa bastante lejos de la nuestra. Lo primero que me llamó la atención fue la forma en que el terrón se había alejado, porque en general los terrones de azúcar se plantan apenas tocan el suelo por razones paralelepípedas evidentes. Un mozo[1] se acercó pensando que se me había caído algo precioso, una Parker o una dentadura postiza, y en realidad lo único que hacía era molestarme; entonces sin pedir permiso me tiré al suelo y empecé a buscar el terrón entre los zapatos de la gente que estaba llena de curiosidad creyendo (y con razón) que se trataba de algo importante. En la mesa había una gorda pelirroja, otra menos gorda y dos gerentes o algo así. Lo primero que hice fue darme cuenta de que el terrón no estaba a la vista y eso que lo había visto saltar hasta los zapatos (que se movían inquietos como gallinas). El mozo se tiró del otro lado de la mesa, y ya éramos dos cuadrúpedos moviéndonos entre los zapatos-gallina que allá arriba empezaban a cacarear como locas. Al final me dio una verdadera desesperación y empecé a agarrar los zapatos de las mujeres y a mirar si debajo del arco de la suela no estaría agazapado el azúcar, y las gallinas cacareaban, los gallos gerentes me picoteaban el lomo, oía las carcajadas de Ronald y de Étienne mientras me movía de una mesa a otra hasta encontrar el azúcar escondido detrás de una pata Segundo Imperio. Y todo el mundo enfurecido, hasta yo con el azúcar apretado en la palma de la mano y sintiendo cómo se mezclaba con el sudor de la piel, cómo asquerosamente se deshacía en una especie de venganza pegajosa, esa clase de episodios todos los días.

JULIO CORTÁZAR, *Rayuela* (Adaptación)

---

[1] **mozo:** camarero.

## La misiva

Felícito Yanaqué, dueño de la Empresa de Transportes Narihualá, salió de su casa aquella mañana, como todos los días de lunes a sábado, a las siete y media en punto [...]. Vivía en el centro de Piura y en la calle Arequipa había ya estallado el bullicio de la ciudad, las altas veredas[1] estaban llenas de gente yendo a la oficina, al mercado o llevando los niños al colegio. [...] Todo igual a todos los días, desde tiempo inmemorial.

Con una excepción. Esta mañana alguien había pegado a la vieja puerta de madera claveteada de su casa, a la altura de la aldaba de bronce, un sobre azul en el que se leía claramente en letras mayúsculas el nombre del propietario: DON FELÍCITO YANAQUÉ. Que él recordara, era la primera vez que alguien le dejaba una carta colgada así, como un aviso judicial o una multa. Lo normal era que el cartero la deslizara al interior por la rendija de la puerta. La desprendió, abrió el sobre y la leyó moviendo los labios a medida que lo hacía:

> «Señor Yanaqué:
>
> Que a su Empresa de Transportes Narihualá le vaya tan bien es un orgullo para Piura y los piuranos. Pero también un riesgo, pues toda empresa exitosa está expuesta a sufrir depredación y vandalismo de los resentidos, envidiosos y demás gentes de malvivir que aquí abundan, como usted sabrá muy bien. Pero no se preocupe. Nuestra organización se encargará de proteger a Transportes Narihualá, así como a usted y su digna familia de cualquier percance, disgusto o amenaza de los facinerosos. Nuestra remuneración por este trabajo será 500 dólares al mes (una modestia para su patrimonio, como ve). Lo contactaremos oportunamente respecto a las modalidades de pago.
>
> No necesitamos encarecerle la importancia de que tenga usted la mayor reserva sobre el particular. Todo esto debe quedar entre nosotros.
>
> Dios guarde a usted».

En vez de firma, la carta llevaba el tosco dibujo de lo que parecía una arañita.

Don Felícito la leyó un par de veces más. La carta estaba escrita en letra bailarina y con manchones de tinta. Se sentía sorprendido y divertido, con la vaga sensación de que se trataba de una broma de mal gusto. Arrugó la carta con el sobre y estuvo a punto de echarla al cubo de la basura en la esquina del cieguito Lucindo. Pero se arrepintió y, alisándola, se la guardó en el bolsillo.

MARIO VARGAS LLOSA, *El héroe discreto*

[1] **veredas:** aceras.

### ACTIVIDADES

**1** Di qué tendencia novelística inicia Vargas Llosa y cuáles son sus características.

- Explica de forma razonada si aprecias estas características en el texto.

**2** USA LAS TIC. Busca información en Internet o en una biblioteca sobre el argumento de la novela *El héroe discreto* y di qué rasgos propios de la producción literaria de Vargas Llosa están presentes en esta obra.

# BANCO DE ACTIVIDADES

## NIVEL I

**1** COMUNICACIÓN. **¿A qué ámbito de uso pertenece este texto? Justifica tu respuesta.**

> Fermín Delgado Castro
> 01-05-1980
> C/ Vergara, 23, 2-B. Huesca.
> Datos académicos:
> Licenciado en Bellas Artes por la Universidad Juan II.
> Datos profesionales:
> (2014-actualidad): Profesor de Dibujo Técnico en el IES Fernando Bachiller.

▶ Pon ejemplos de textos de otros ámbitos de uso.

**2** LÉXICO. **Escribe tres oraciones en las que incluyas un eufemismo.**

▶ Explica en cada caso la palabra tabú que se evita.

**3** ORTOGRAFÍA. **Copia y completa estas palabras con las letras *x*, *s*, *y* o *ll*.**

- molini*o
- e*cavar
- e*clarecer
- fa*a
- sub*ugar
- ad*acente
- re*enar
- e*encial
- e*plorar
- *erno
- pro*ecto
- in*ectar

**4** ORTOGRAFÍA. **Escribe palabras con *h* que correspondan a cada definición.**

- Supermercado de grandes dimensiones. ▶ ____.
- Pequeño terreno de cultivo de hortalizas. ▶ ____.
- Fobia al agua. ▶ ____.
- Polígono de seis lados. ▶ ____.

**5** GRAMÁTICA. **Identifica las oraciones compuestas y analízalas.**

- No puedes utilizar ni el ordenador ni la tableta.
- El abrigo que me regaló mi madre es de lana.
- Paloma terminó tarde los deberes: eran demasiados.
- Iré donde me diga la intuición.
- Daniel pidió a Luis que preparara la merienda.

**6** LITERATURA. **Relaciona.**

- Poesía comprometida.
- Creacionismo.
- Poesía surrealista.
- Modernismo.
- Vicente Huidobro.
- José Martí.
- Nicolás Guillén.
- Octavio Paz.

**7** LITERATURA. **Explica qué es el realismo mágico.**

## NIVEL II

**1** COMUNICACIÓN. Imagina que no funciona tu mp3 nuevo y la tienda donde lo has adquirido no se hace responsable de la reparación.

**Escribe una reclamación exponiendo el problema y la solución que pretendes.**

▶ ¿A qué ámbito de uso pertenece el texto que has escrito? Explica por qué.

**2** LÉXICO. **¿Qué es un eufemismo? Escribe dos ejemplos.**

**3** LÉXICO. **Lee estos refranes y localiza las palabras tabú.**

- Antes se coge al mentiroso que a un cojo.
- Cada loco con su tema.

▶ ¿Crees que en esos casos se puede sustituir la palabra tabú por un eufemismo? Explica por qué.

**4** ORTOGRAFÍA. **Copia y completa las palabras con asterisco:**

- El profesor e*plicó que en el e*amen los fa*os restarían puntuación.
- Al herido en la re*erta le in*ectaron un calmante.
- Un e*compañero de fútbol era alérgico a los caca*uetes.
- El *umedal tenía más de mil *ectáreas de e*tensión.
- El héroe de la epope*a liberó al pueblo sub*ugado.

▶ Escribe una oración que contenga al menos dos palabras con algunas de estas letras: *h*, *x*, *s*, *y* o *ll*.

**5** GRAMÁTICA. **Analiza sintácticamente las siguientes oraciones compuestas:**

- Le avisé para que estuviera prevenido.
- Estoy seguro de no haberme olvidado nada.
- Ignoro si este es el resultado final.
- Se alegró cuando le dieron la sorpresa.
- Comeremos en el restaurante donde estuvimos ayer.
- Si me tocara la lotería, me compraría una moto.
- Los alumnos que aprueben no harán la recuperación.
- Aunque no me gusta ese sitio, iré para complacerte.

**6** LITERATURA. **¿Qué tendencias se desarrollaron en la poesía hispanoamericana del siglo XX? Cita a algunos de los principales poetas y caracterízalos.**

**7** LITERATURA. **¿Qué autores y autoras contribuyeron al «boom» de la literatura hispanoamericana del siglo XX? Elige uno y describe las principales características de su obra con ayuda de Internet.**

## Treinta líneas

El escritor empieza a teclear. Tiene que escribir un cuento corto. Si pudiera ser sincero, confesaría que detesta los cuentos en general y los cortos en particular. Por eso le aterra la ligereza con que los dedos se le desplazan por las teclas, de forma que detrás de una palabra aparece otra y a esta le sigue otra, y otra, sin que consiga centrar el asunto, porque está avezado a las distancias largas. No le ha pasado nunca por la cabeza preocuparse por la extensión. En cambio, para escribir este cuento casi tendría que coger la cinta métrica y ponerse a medirlo. Es absurdo. En un cuento, cada nueva línea no es una línea más sino una línea menos, y en este caso, concretamente, una línea menos hasta la treinta, porque eso es el máximo: «Entre una y treinta líneas», le ha dicho la voz de terciopelo que le ha telefoneado del suplemento dominical del periódico y le ha pedido el cuento.

A regañadientes, el escritor levanta los dedos de las teclas y cuenta las líneas que lleva escritas. Pero después de escribir esta consideración –y esta otra– aún le quedan menos. Es incapaz de pensar nada y no teclearlo, de manera que cada cosa que piensa se le come una nueva línea y eso hace que se dé cuenta de que, a pocas líneas del final, no consigue centrar la historia, tal vez porque de hecho no tiene nada que decir y, aunque normalmente consigue disimularlo a base de páginas y más páginas, este maldito cuento corto lo pone en evidencia, por lo que cuando llega a la línea veintinueve suspira y, con una sensación de fracaso no del todo justificada, pone el punto final en la treinta.

QUIM MONZÓ, *Mil cretinos* (Adaptación)

### ACTIVIDADES

**1** PARA PENSAR. **En el texto se alude a la creación de un texto. ¿A qué ámbito de uso pertenece ese texto? Razona tu respuesta.**

**2** **Explica por qué el protagonista afirma al final del texto sentirse fracasado.**

**3** **Localiza en el segundo párrafo del texto una palabra equivalente a cada una de estas expresiones:**

- Sin aptitudes.
- Falta de triunfo.

➤ Explica si se trata de eufemismos y en qué situación las emplearías.

**4** **Completa las palabras con la grafía que corresponda:**

- El escritor estaba e*asperado. Le irritaba la posibilidad de fa*ar con un cuento breve.
- La dis*untiva era escribir todo lo que pensaba o ser capaz de pro*ectar un cuento más corto.
- No le parecía senci*o e*presar su ingenio en una *istoria tan corta.
- Le puso de mal *umor que le dejasen un espacio tan e*iguo, sin posibilidad de expla*arse.

**5** **Analiza sintácticamente las siguientes oraciones compuestas:**

- La periodista, que trabajaba en el suplemento dominical, le habló con una voz dulce y suave.
- El autor contaba las líneas con el fin de que el cuento no fuera extenso.
- Al escritor le aterra la ligereza con la que los dedos se le desplazan por las teclas.
- El protagonista empieza a teclear y escribe un cuento.
- Si el autor pudiera ser sincero, confesaría cierto odio hacia los cuentos.
- Él escribía el cuento como se lo había dicho el periódico.
- Le dijeron que la extensión máxima era entre una y treinta líneas.
- El protagonista suspira; tiene una sensación de fracaso.

➤ Si en la primera oración eliminaras las comas, ¿qué tipo de oración adjetiva sería?

**6** **¿Qué tendencia original influyó en la búsqueda de nuevos caminos en la literatura hispanoamericana del siglo pasado? Explica en qué consiste y cita algunas obras.**

## MI PROGRESO

Resuelve este test para comprobar si has asimilado correctamente los principales contenidos de la unidad.

**1** ¿Qué texto es exclusivo de un solo ámbito?

a. El correo electrónico.
b. La nota.
c. El diario.
d. Ninguna de las opciones anteriores.

**2** ¿Qué dato no es necesario incluir en el currículum?

a. La duración de los antiguos trabajos.
b. La fecha de nacimiento.
c. El estado civil.
d. El nivel de las lenguas que hablas.

**3** ¿Qué afirmación es correcta?

a. Las palabras tabú se evitan en contextos formales.
b. Los eufemismos empobrecen la expresión de los hablantes.
c. Los eufemismos se usan solo en el ámbito coloquial.
d. Los nombres de las partes del cuerpo son tabú.

**4** La palabra *extraoficial* se escribe con *x* porque…

a. delante de *tr* se escribe *x*.
b. es una palabra compuesta.
c. empieza por el prefijo *extra-*.
d. es una excepción.

**5** ¿Dónde se encuentra la palabra intrusa?

a. dis*untiva, a*er, pro*ecto
b. fa*ecimiento, caste*ano, epope*a
c. alca*ueta, *ipertenso, *úmero
d. e*agerar, e*plicación, e*traoficial

**6** ¿Qué oraciones no tienen una relación de coordinación?

a. O te quedas allí o vienes en tren.
b. Me lo explicó muy bien, pero no me convenció.
c. Comimos mucho y paseamos más.
d. Es tan alta que parece mayor.

**7** ¿En qué opción la oración subordinada no es sustantiva?

a. Si comes saludable, te encontrarás mejor.
b. Me gustó conversar con ellos.
c. Recuerdo cuánto te gustó el libro.
d. Pregúntale si viene tarde.

**8** ¿Cuál es una oración subordinada adverbial final?

a. Lo hizo tal y como se lo explicaste.
b. Es tan interesante como esperaba.
c. Me froté las manos para entrar en calor.
d. Si fueras más al sur, encontrarías espacios más amplios.

**9** Indica qué poeta no tuvo una etapa vanguardista.

a. Rubén Darío.
b. Pablo Neruda.
c. César Vallejo.
d. Octavio Paz.

**10** ¿Qué autor dio inicio al llamado «boom» de la narrativa hispanoamericana de los años sesenta?

a. Juan Rulfo.
b. Mario Vargas Llosa.
c. Jorge Luis Borges.
d. Alejo Carpentier.

### AUTOEVALUACIÓN Piensa y comprueba:

Lo que sabes:

- ✓ Cuáles son los ámbitos de uso de los textos.
- ✓ Qué son las palabras tabú y los eufemismos.
- ✓ Cuáles son las reglas ortográficas para escribir bien palabras con *ll*, *y*, *x* y *h*.
- ✓ Cómo se analiza una oración compuesta.
- ✓ Cuáles son las características de la literatura hispanoamericana del siglo XX.

Lo que sabes hacer:

- ✓ Reconocer textos del ámbito personal, laboral, social y académico.
- ✓ Conocer en qué contextos no se deben utilizar ciertas palabras.
- ✓ Escribir bien palabras con *ll*, *y*, *x* y *h*.
- ✓ Clasificar distintos tipos de oraciones compuestas.
- ✓ Conocer qué obras son representativas de la literatura hispanoamericana del siglo XX.

APÉNDICE

# TEXTOS PARA UN MUNDO MÁS SOSTENIBLE

# Tres historias de mujeres adolescentes que alzaron su voz para cambiar el mundo

**Payal Jangid**

Esta joven, nacida en Rajastán (India), trabaja por la educación porque considera que es la herramienta más poderosa para luchar contra la tradición del matrimonio pactado y forzoso dentro de la sociedad en la que vive.

Cuando tenía trece años, se negó a casarse en un matrimonio acordado y decidió comenzar una lucha por todas aquellas niñas a las que se les arrebataban las oportunidades de realizar sus sueños y metas personales al obligarlas a cumplir con tradiciones culturales aún vigentes, como el matrimonio infantil.

Su objetivo es empoderar a las niñas para que conozcan y defiendan sus derechos y concienciar a sus familias sobre la importancia de que asistan a la escuela.

**Zuriel Oduwole**

Hija de padre nigeriano y madre mauritana, esta joven estadounidense se identifica mucho con sus raíces africanas, razón por la que a los nueve años pidió viajar a Ghana para grabar un documental sobre la revolución de ese país. Este fue solo el primero de los muchos viajes que hizo por el continente africano para rodar varias piezas audiovisuales que la han convertido en una importante activista por los derechos y la educación de las niñas de África.

Zuriel Oduwole se ha reunido con más de treinta dirigentes africanos, ha participado en eventos de las Naciones Unidas, ha sido ponente en prestigiosas universidades y ha dado charlas sobre el poder de la educación a más de 27 000 niños y niñas en varios países. Actualmente es columnista en el periódico británico *The Guardian* y sigue encabezando proyectos que inspiran a miles de niñas en todo el mundo.

**Malala Yousafzai**

La historia de esta joven paquistaní dio la vuelta al mundo y conmovió a miles de personas.

El sueño de Malala era poder estudiar. Cuando en 2008 los talibanes ocuparon su pueblo, a las niñas les quitaron ese derecho, pero ella se negó a renunciar a él. Con solo once años, empezó a escribir en un blog donde denunciaba los problemas que vivían las niñas en su país, motivo por el que en 2012 sufrió un ataque por parte de los talibanes.

Tras meses de recuperación, lo que fue un intento de hacerla callar hizo que su voz llegara a todos los rincones del mundo. Se convirtió en una gran activista defensora del derecho a la educación de las niñas y en 2014, con solo diecisiete años, ganó el Premio Nobel de la Paz.

Actualmente está a cargo de la fundación que creó para que niñas y niños refugiados tengan acceso a la educación.

Payal, Zuriel y Malala nos demuestran que las niñas y adolescentes tienen todo el potencial para lograr un cambio positivo y nos invitan a seguir trabajando para que algún día la educación para las niñas sea una realidad y no una lucha en todos los países del mundo.

*care.org* (Adaptación)

4 EDUCACIÓN DE CALIDAD

# Tasa de alfabetización en el mundo

## % de la población con 15 años o más que sabe leer y escribir*

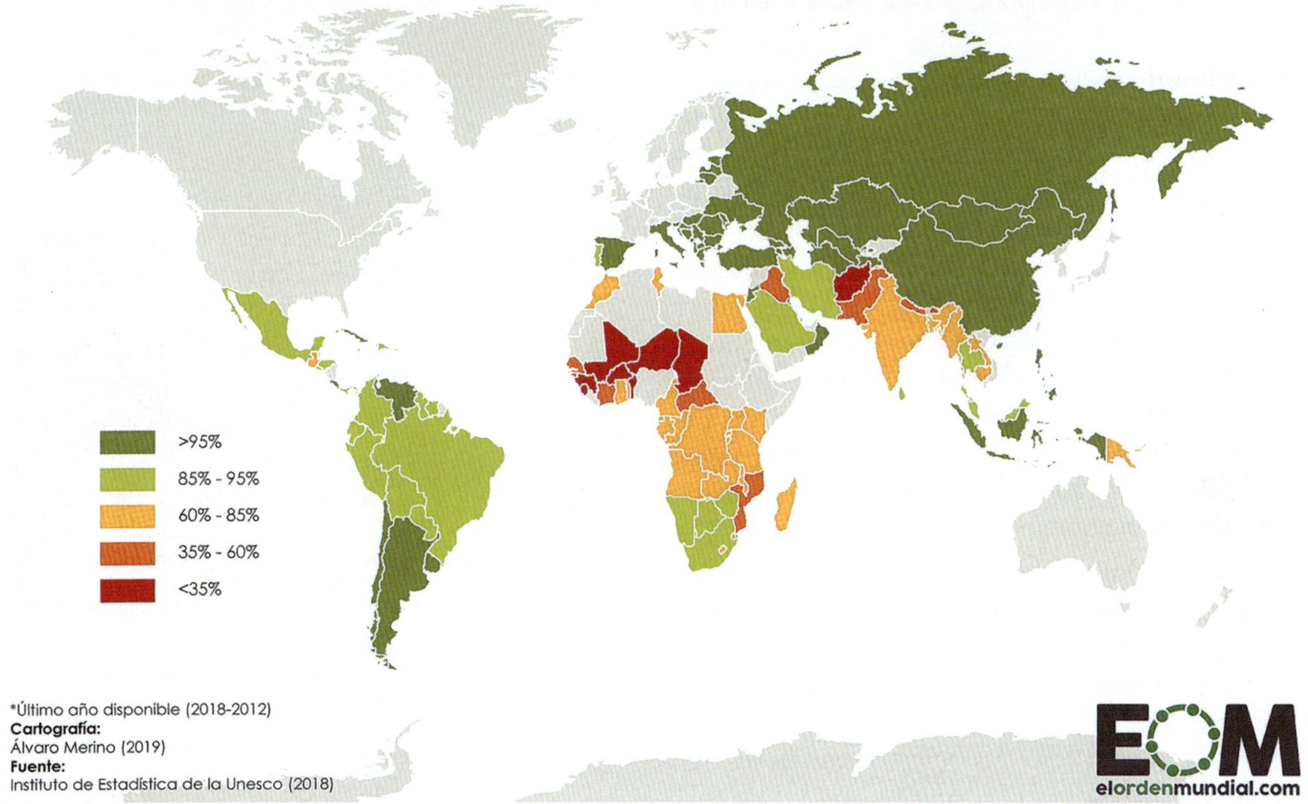


**1** Responde sobre el primer texto.

- ¿Cuál es el país de origen de cada una de las protagonistas?
- ¿Qué tienen las tres en común?
- ¿Con qué adjetivos describirías a estas jóvenes? Escribe al menos cuatro.

**2** Localiza estas palabras en el texto y defínelas de forma precisa:

vigente | ponente | potencial

➤ Después, consulta en el diccionario si tu definición es correcta.

**3** ¿Crees que el texto transmite una visión optimista o pesimista del acceso de las niñas a la educación? Explica qué fragmentos te hacen pensar así.

**4** Inventa otro titular para ese texto que no incluya ninguna de las palabras del original.

**5** Fíjate bien en el mapa y contesta.

- ¿A qué continentes corresponden las peores cifras de alfabetización? ¿Por qué crees que es así?
- ¿Te sorprenden los datos de algún país en particular? Explica por qué.
- ¿Por qué crees que en el mapa hay países en color gris? ¿Cómo podrías averiguar el motivo?

**6** Redacta un texto a partir de la información del mapa. Al final, incluye una valoración personal sobre el tema.

**Vuestro turno**

En grupos, buscad una entidad sin ánimo de lucro que trabaje con niños y niñas en situación desfavorecida y averiguad cómo enviarles material escolar.

Después, planificad una campaña de recogida de material y proponédsela a vuestro centro.

# Rana Plaza: lecciones aprendidas y tareas pendientes

El 23 de abril de 2013, el complejo de fábricas Rana Plaza (Bangladesh) crujió bajo los pies de sus miles de apretados ocupantes. Despavoridos, fueron obligados a volver a las máquinas. Al día siguiente, la factoría se derrumbó con ellos dentro: el resultado fue de 1134 cadáveres y más de 2000 heridos. Como consecuencia, se desveló el verdadero precio de una industria –la de la moda– que, además, es la segunda más contaminante del planeta. La difusión mundial de la catástrofe obligó a las marcas a cambiar sus políticas con los proveedores. El Banco Mundial y el Banco Asiático de Desarrollo concedieron ingentes préstamos y distintas organizaciones presionaron a los gobiernos para que se implicaran en la penosa situación de los trabajadores.

**Los acuerdos**

La iniciativa más notoria fue el Acuerdo de Bangladesh sobre Seguridad en la Construcción de Edificios y de Instalaciones de Sistemas contra Incendios, firmado poco después del colapso del Rana Plaza por 222 empresas, diez sindicatos y cuatro organizaciones internacionales pro derechos humanos que actuaron como observadoras. Sin embargo, explica Eva Kreisler, coordinadora en España de la campaña Ropa Limpia, «no se podrá considerar que tras Rana Plaza ha habido un antes y un después hasta que se afronten otros problemas sistémicos, como los bajos salarios de los trabajadores, la falta de transparencia y la erosión de los derechos humanos».

Muchos trabajadores no reciben un salario digno. «El gobierno no ha revisado el salario mínimo desde que en 2013 lo incrementó de 3000 a 5300 taka (unos 52 euros al mes), cantidad totalmente insuficiente para poder mantener a una familia», denuncia Eva.

**El poder del consumidor**

Campañas mediáticas como *Who Made My Clothes?* ('¿Quién hizo mi ropa?') son altavoz de una realidad cada vez más visible en Occidente. Convertida en *hashtag*, la plataforma Fashion Revolution invita al comprador a interrogar a las empresas sobre quién confeccionó su ropa. Y los resultados demuestran que el consumidor es cada vez más consciente.

**¿Qué queda pendiente?**

La representante de Fashion Revolution en España señala que no deberíamos permitir que las empresas del sector textil se lucren a costa de producir en países en vías de desarrollo sin garantizar que se respetan los derechos de los trabajadores.

Para Kavita Parmar, activista de origen indio que lucha por fomentar la sostenibilidad en la industria de la moda, «comprar localmente es fundamental. Y si hay productos o materiales que no se pueden adquirir cerca, buscad en Internet la información, contrastadla y no os quedéis solo con lo que dice la etiqueta». Y añade: «con nuestro propio consumo podemos cambiar el modelo. Da igual que las grandes cadenas hagan colecciones 'green', lo que tienen que hacer es producir menos. Y nosotros, consumir menos».

MARISA FATÁS
*elpais.com* (Adaptación)

8 TRABAJO DECENTE Y CRECIMIENTO ECONÓMICO

## ¿Qué es el comercio justo?

Estamos muy habituados a consumir cada día, pero nuestro modelo de consumo no es ni justo ni sostenible. Tal vez te preguntes qué puedes hacer tú para cambiar esta situación. ¡Pues mucho más de lo que crees y más fácilmente de lo que imaginas!

El comercio justo es una herramienta básica para combatir la desigualdad. ¿Por qué? Porque garantiza que millones de personas recibirán una recompensa justa por su trabajo.

¿Cómo lo garantiza? A través de un mercado protegido con unos precios mínimos que les permiten vivir dignamente y planes de desarrollo que ayudan a mejorar sus condiciones laborales.

Dentro de la cadena de producción del comercio justo participan diferentes personas y organizaciones:

- Las personas que trabajan con las materias primas.
- Las organizaciones comercializadoras, que hacen que los pequeños productores puedan exportar sus productos a otros lugares.
- Las empresas que importan este tipo de productos, que suelen asociarse para no competir entre ellas.
- Las tiendas de comercio justo, punto de encuentro entre los productos y los consumidores. Son los lugares donde se puede explicar más y mejor por qué es esencial apostar por este modelo de consumo.
- Las certificadoras, empresas que velan por garantizar que los productos de comercio justo se elaboran siguiendo el modelo de buenas prácticas y, también, que estos productos cumplen con todos los estándares de calidad y seguridad.

Como ves, cualquier compra puede servir para fomentar el cambio y combatir la desigualdad y la pobreza. Todo suma, ¡incluso las acciones más pequeñas!

*blog.oxfamintermon.org* (Adaptación)

**1** Lee el primer texto y contesta.

- ¿Qué sucedió en Rana Plaza? ¿Podría haberse evitado?
- ¿Qué cambió después de la catástrofe?
- ¿Qué queda por solucionar en el sector textil?

➤ Di qué podemos hacer como consumidores para que mejoren las condiciones de las personas que trabajan en el sector textil en países en vías de desarrollo.

**2** ¿Cómo le explicarías qué es el comercio justo a alguien que no lo sepa?

**3** Justifica la importancia de que los productos de comercio justo tengan un precio mínimo de venta.

➤ Reflexiona sobre las consecuencias que tiene para los trabajadores del sector textil el hecho de que haya firmas que venden ropa a precios muy bajos.

**4** En el anuncio de la campaña sobre el comercio justo, la expresión «tirar del hilo» se utiliza con un doble sentido: literal y metafórico. Explica cada uno de ellos.

**Vuestro turno**

En pequeños grupos, elaborad una encuesta sobre hábitos de consumo y sostenibilidad.

Incluid preguntas sobre la cantidad de ropa comprada y desechada, el país de fabricación de las prendas, aspectos medioambientales…

Luego, preparad un informe con los resultados y exponedlo en clase.

# Shhhh, las ballenas duermen

**Las ballenas pueden escuchar los motores de los barcos desde muy lejos. Se necesitan nuevas pautas para protegerlas del ruido humano, cuyo límite, según un nuevo estudio, se sitúa en 150 decibelios**

La observación de ballenas se ha convertido en un negocio multimillonario y las empresas tratan de brindar a sus clientes la mejor experiencia posible colocando sus embarcaciones lo más cerca que pueden de ellas. En los últimos años las autoridades públicas de todo el mundo han establecido restricciones para los barcos de observación en aras de protegerlas. Por ejemplo, en algunos países se requiere que dichos botes mantengan una distancia de al menos 100 metros de las ballenas o que se desplacen a baja velocidad cuando navegan cerca. Sin embargo, los estudios científicos han demostrado que, incluso cuando los barcos cumplen con estas restricciones, las ballenas se ven perturbadas y cambian su comportamiento: se zambullen, cambian de rumbo, nadan más rápido, respiran con más frecuencia, se dispersan y pueden emitir sonidos diferentes a los habituales.

Un equipo de investigadores de la Universidad de Aarhus en Dinamarca cree haber encontrado una explicación: los motores de algunos barcos son demasiado ruidosos. «El sentido dominante en las ballenas no es la vista, sino el oído. Así, una ballena puede no ser capaz de ver un bote situado a 100 metros, pero es probable que lo escuche», explica la australiana Kate R. Sprogis. Esta bióloga dirige un equipo de investigadores que ha experimentado para descubrir cuál es el nivel de ruido de los barcos que hace que las ballenas –en especial, las llamadas ballenas jorobadas– cambien su comportamiento.

Los experimentos se llevaron a cabo en el golfo de Exmouth, en la costa oeste de Australia, que tiene la mayor población de ballenas jorobadas del mundo. Usando un dron, los investigadores observaron a una madre y a su cría, mientras que desde un bote situado a una distancia de 100 metros emitían ruidos de motor a diferentes niveles.

Comprobaron que a 172 decibelios, lo que representa a una embarcación ruidosa, el tiempo de descanso de las madres se redujo en un 30 %, su frecuencia respiratoria se duplicó y su velocidad de nado aumentó en un 37 %. Sin embargo, a menudo volvieron a un estado de reposo cuando el ruido del bote se alejó.

Los investigadores concluyeron que, para evitar afectar el comportamiento de las ballenas, el nivel de ruido del motor de una embarcación debería estar por debajo de 150 decibelios. También señalaron que actualmente muchos barcos de observación de ballenas están equipados con motores adaptados y, por lo tanto, cumplen con la recomendación; sin embargo, hacen hincapié en que las autoridades pueden utilizar este estudio para estipular estándares de emisión del ruido de estos barcos que ayuden a regular la actividad y hacerla más coherente, ya que debería realizarse perturbando lo menos posible a los cetáceos.

*nationalgeographic.com* (Adaptación)

14 VIDA SUBMARINA

## Plásticos en el océano

Los plásticos han tomado la Tierra. Su creciente producción y uso amenazan con contaminar cada rincón del planeta, especialmente los mares, destino final de muchos de ellos, donde perjudican seriamente la salud de los ecosistemas acuáticos y la supervivencia de las especies que los pueblan. Los podemos encontrar en la playa, en las rocas, flotando en el agua e incluso en las zonas más profundas. Su efecto, aunque pueda parecernos imperceptible, es demoledor, pues se extienden desde el Ártico a la Antártida y causan estragos en las especies marinas.

El uso del plástico es insostenible y es un claro ejemplo de los impactos de la cultura de usar y tirar. Por ello, hay que ir al origen del problema y, en primer lugar, reducir la cantidad de plástico que se pone en circulación y, después, apostar por la reutilización. Ya hay un movimiento creciente de personas en todo el mundo que están apostando por un estilo de vida libre de plásticos de un solo uso.

*es.greenpeace.org* (Adaptación)

1. Lee el artículo *Shhh, las ballenas duermen* y explica brevemente en qué consistió el experimento y qué conclusiones se obtuvieron.

2. En pequeños grupos, comentad lo que pensáis sobre la observación de cetáceos como atracción turística, argumentando vuestras opiniones.

3. Además del avistamiento de cetáceos desde barcos de observación, ¿qué otras actividades humanas pueden perturbar a los animales marinos? Haz una lista y compártela en clase.

4. La portada de *National Geographic* utiliza una metáfora visual para ilustrar el problema del plástico en los océanos. Contesta.
   - ¿Cuál es el término real y cuál el metafórico?
   - ¿Cómo se relaciona la imagen con el texto que la acompaña?
   - ¿Qué crees que significa que el plástico que acaba en el océano es solo la punta del iceberg?

5. ¿Hay algún otro tema en la portada de *National Geographic* que trate de los riesgos que corre la naturaleza? ¿Cuál crees que será el contenido de ese reportaje?

6. El texto *Plásticos en el océano* tiene dos partes bien diferenciadas.

   Explica con qué intención se ha escrito cada una.

7. ¿Qué tipo de textos son los tres que hay en estas dos páginas (expositivos, instructivos, argumentativos, descriptivos…)? Justifica tu respuesta poniendo ejemplos extraídos de ellos.

### Vuestro turno

En pequeños grupos, elaborad una lista de plásticos de un solo uso que utilizáis habitualmente (bolsas, botellas, envases…).

Luego hablad sobre cómo podríais evitar usarlos y por cuáles los sustituiríais.

# Apéndice

## Las variedades de la lengua

# Las variedades sociales y de registro

## La diversidad lingüística

No todos los hablantes de una lengua se expresan de la misma manera: en el norte de la península no se habla igual que en el sur; y quienes enseñan tampoco hablan igual que sus alumnos. Incluso tú mismo no te expresas del mismo modo cuando vas a un establecimiento a comprar algo que cuando estás jugando. Hay, por tanto, distintas formas de hablar una misma lengua. Y a esas formas las llamamos **variedades de la lengua**.

La existencia de variedades de una misma lengua obedece a diversos factores:

- Una lengua cambia a lo largo del **tiempo**: cambian la pronunciación, las palabras, el modo de construir las oraciones... Surgen, de este modo, distintas variedades, propias de periodos históricos determinados. Si leemos, por ejemplo, una obra de los últimos siglos de la Edad Media, nos encontraremos con un castellano en el que hay formas distintas a las actuales:

> *Guarda tu lengua, e non quieras mucho fablar en público nin en secreto de tu menor, ygual, e mayor, en especialmente de tu señor, o rey; que, por secreto que tú el mal dixeres, guárdate que non pase alguna ave por el ayre bolando, que le lieve las nuevas.*
>
> Alfonso Martínez de Toledo, Arcipreste de Talavera
> *El Corbacho*
>
> En la era de 1324 annos murio la infanta donna Verenguela fija del rey don Fernando hermana del rey don Alfonso e yaçe en las Huelgas.
>
> *Crónica Anónima de Silos*

- Una lengua ocupa un determinado **territorio**, dentro del cual los hablantes pertenecientes a una zona geográfica concreta emplean el idioma de un modo característico. En el español hay dos grandes áreas lingüísticas: el área del español septentrional, que ocupa el norte de la península, y el área del español meridional, que se extiende por el sur de la península y Canarias. A ellas hay que añadir el área del español de América. A su vez, dentro de esas grandes áreas se pueden reconocer distintas variedades o modalidades; el español de Canarias, las hablas andaluzas, el extremeño y el murciano constituyen, por ejemplo, distintas modalidades del español meridional.
- Una lengua presenta distintos usos según el **grupo social y cultural** al que pertenecen los hablantes. No se habla de la misma manera en el ámbito marino, de la medicina o de la abogacía; en cada uno se emplea la lengua de una forma distinta.
- Una lengua se utiliza de diferente modo en función de las distintas **situaciones de comunicación**. Una persona dedicada a la ciencia, por ejemplo, no se expresa igual con su familia o sus amigos que cuando está pronunciando una conferencia.

En definitiva, una lengua no presenta una única forma que los hablantes utilicen siempre del mismo modo, sino que tiene **variantes** que dependen de las circunstancias del hablante (la época en la que vive, el lugar del que procede, el nivel sociocultural al que pertenece...) o de la situación de comunicación.

## Las variedades sociales

El habla es un espejo en el que se reflejan no solamente la procedencia de la persona o su estado de ánimo, sino otras cuestiones como su edad, su formación o su pertenencia a un determinado grupo social. En este sentido hablamos de **variedades sociales** de la lengua.

Uno de los factores que más influyen en el uso de la lengua es la formación de cada persona. Como es lógico, una persona que crece en un ambiente cultural elevado tiene mayores posibilidades de manejar el lenguaje correctamente y de adquirir un vocabulario amplio y variado. Son también factores decisivos en el dominio del lenguaje la formación académica y, sobre todo, el hábito de la lectura, que permite a quien lo adquiere enriquecer de forma muy considerable su capacidad expresiva.

## El habla juvenil

Entre los factores físicos que más influyen en nuestra forma de usar la lengua destaca la edad. El habla infantil es claramente distinta del habla de los mayores; y lo mismo cabe decir del habla que emplean los jóvenes.

Los jóvenes hacen uso de una variedad propia de la lengua, el **habla juvenil**, que les permite identificarse entre sí y distinguirse del resto de la sociedad. Se trata de una variedad que emplean sobre todo en su entorno, con otros jóvenes, está muy influida por las modas y cambia rápidamente.

Así era, por ejemplo, el habla juvenil hace más de sesenta años:

> –*¿De qué te ríes?*
> –*De ti. Que estás un poco mocho esta mañana.*
> –*¿Te diviertes?*
> –*La mar.*
> –*No sabes cuánto me alegro.*
>
> Rafael Sánchez Ferlosio, *El Jarama*

El habla juvenil se distingue especialmente por el léxico. Se acortan las palabras y las expresiones (*profe* en lugar de *profesor*; *finde* en lugar de *fin de semana*), se forman vocablos nuevos mediante el uso de ciertas terminaciones (*viejuno* en lugar de *viejo*), se incorporan con frecuencia vocablos procedentes del habla de grupos marginales (*madero* en lugar de *policía*, *trullo* en lugar de *cárcel*, *chorizo* en lugar de *ladrón*) y se recurre con frecuencia a aumentativos y diminutivos (*es un puntazo, eres un chulito*). También se emplean formas expresivas (*dar la brasa*; *rayarse*; *ser un friki*).

## Las jergas y los argots

La pertenencia a un grupo profesional o social condiciona también el uso de la lengua. Cada grupo profesional (del ámbito agrario, del periodismo, de la abogacía...) utiliza una variedad de lengua peculiar que identifica a las personas que pertenecen a ese grupo y les permite intercambiar información. Estas **variedades profesionales** se denominan **jergas**.

Las jergas se caracterizan fundamentalmente por poseer un léxico específico de la disciplina a la que pertenecen. Son propios de la jerga médica, por ejemplo, términos como *diastrofia* ('dislocación de un hueso, un músculo o un nervio') o *emoliente* ('medicamento que sirve para ablandar una dureza'), que difícilmente empleará un hablante que no se dedique al ejercicio de la medicina.

Similares a las jergas son los **argots**. Se trata de variedades de la lengua que emplean determinados grupos marginales (presos, delincuentes, mendigos...) y cuya finalidad es ocultar el significado de lo que se dice a los que no forman parte del grupo. Términos como *pasma*, *guindilla*, *picoletos* o *aceituneros*, para denominar a la policía, o expresiones como *dar el queo*, para avisar de que se acerca un peligro.

Aunque el uso de un argot suele restringirse a un grupo marginal determinado, en ocasiones algunas de las palabras que lo forman se incorporan a la lengua común; es el caso de *trola* ('mentira') o *camello* ('traficante de droga').

## Las variedades individuales. Los registros o estilos

Como ya hemos comentado, todos empleamos la lengua de distinto modo según la situación en que nos encontremos: la forma en la que hablamos con un familiar, por ejemplo, es diferente de la que usamos para dirigirnos a una persona desconocida. De hecho, un hablante competente se distingue por su capacidad para expresarse de acuerdo con lo que exige cada situación.

Las variedades que un mismo hablante emplea en función de las distintas situaciones comunicativas se denominan *registros* o *estilos*.

## Clases de registros

El hablante elige el registro que va a utilizar en función de la situación en que la comunicación se desarrolle: quiénes son los **destinatarios** del mensaje (un familiar, un amigo, una desconocida) o los **interlocutores**; cuál es el **tema** (una charla informal, un asunto serio); en qué **marco** se desarrolla la comunicación (una excursión, la consulta de una doctora, una reunión de trabajo…). También es importante el **medio** empleado: no nos expresamos del mismo modo al hablar y al escribir.

Como se deduce de lo anterior, los registros o estilos que pueden darse en una lengua son muy numerosos: recoger todos ellos en una clasificación es una tarea prácticamente imposible. De forma general, se puede afirmar que los estilos se distinguen entre sí por el grado de formalidad. Según este criterio, suelen reconocerse dos registros básicos: el coloquial o espontáneo y el formal o planificado.

- El **registro coloquial** se emplea en situaciones en las que el hablante se expresa espontáneamente, sin preocuparse por la forma en que utiliza el idioma. De ahí que sean frecuentes las inexactitudes en el vocabulario, el empleo de construcciones poco cuidadas, la presencia de oraciones que quedan en suspenso *(pues no sé yo si…)* y la actitud descuidada en la pronunciación. Son también frecuentes los recursos expresivos *(¡anda este!, ¡menuda pinta traes!…)* y la introducción de fórmulas que sirven para dirigirse al interlocutor *(oye, mira…)*.
- El **registro formal** es propio de las situaciones que exigen de los hablantes un comportamiento esmerado o en las que son precisos el rigor y la claridad. En estos casos, se utiliza un vocabulario preciso y se cuida la pronunciación y la construcción de las frases.

## La lengua estándar y la norma

Por lo general, una de las variedades de la lengua se considera más prestigiosa que las demás y acaba imponiéndose en el uso culto. Esa variedad, a la que llamamos **lengua estándar**, es la que se emplea en la Administración, en la enseñanza y en los medios de comunicación.

La lengua estándar funciona como un modelo para toda la comunidad y en ese sentido sirve como referencia a todos los hablantes, con independencia de la variedad o variedades que cada uno emplee. Es además una fuente primordial para fijar la **norma**, es decir, el conjunto de usos lingüísticos que se consideran correctos. Las gramáticas, los diccionarios y las ortografías recogen esos usos habituales de la lengua estándar y les dan valor normativo.

En el caso del español, la institución que fija la norma es la Real Academia Española, que cumple ese cometido mediante la publicación de distintas obras, entre ellas el *Diccionario de la lengua española (DLE)*. Estas publicaciones se renuevan y actualizan periódicamente, dado que la norma cambia a medida que los hablantes imponen nuevos usos que van incorporándose paulatinamente a la lengua estándar.

## Usos contrarios a la norma: los vulgarismos

El desconocimiento de la norma provoca a veces incorrecciones que se perciben como **vulgarismos**. Los vulgarismos pueden afectar a distintos planos de la lengua: a la pronunciación (**almario* por *armario*, **dentrífico* por *dentífrico*), a la ortografía (**jeriátrico* por *geriátrico*), al vocabulario (**infestar* por *infectar*) o a la construcción de las frases (**yo pienso de que* en lugar de *yo pienso que*).

Algunos vulgarismos se producen por **hipercorrección**, es decir, por el afán de evitar un uso correcto que se interpreta erróneamente como un vulgarismo. Hay hipercorrección, por ejemplo, cuando se dice **bacalado* en lugar de la forma correcta *bacalao* o cuando se dice **Tengo ganas que llueva* para evitar el grupo *de que*, que en este caso es correcto: *Tengo ganas de que llueva*.

### ACTIVIDADES

**1** Explica por qué decimos que una lengua tiene variedades y de qué factores dependen esas variedades.

**2** Escribe varios vulgarismos que hayas oído en tu entorno o en los medios de comunicación.

**3** Busca el significado de los siguientes términos e indica en cada caso a qué jergas profesionales pertenecen:

- apelación
- dueto
- ecografía
- élitro
- embolia
- venia
- pavana
- ortóptero

Ejemplo: apelación ▶ *Pertenece a la jerga jurídica.*

**4** Define qué es un argot y escribe algunas palabras que pertenezcan a un argot.

**5** Decide qué registro (coloquial o formal) emplearías en las siguientes situaciones de comunicación:

- Una declaración como testigo en un juicio.
- Una asamblea de una asociación cultural.
- Una entrevista en televisión.
- Una retransmisión televisiva de un acto deportivo.
- Un examen oral.
- Una reunión en familia.
- Una conferencia.
- Un diálogo con tu vecino.

**6** Responde las siguientes preguntas:

- ¿Qué es la lengua estándar?
- ¿En qué consiste la norma?
- ¿Qué tipo de publicaciones se emplean para establecer la norma?
- ¿Qué organismo se encarga de fijar la norma en el caso del español?
- ¿Por qué decimos que cada época tiene su propia norma?
- ¿Qué son los vulgarismos? ¿Y las hipercorrecciones? Explica si consideras que un vulgarismo es mejor o peor que una hipercorrección.

# Guía de lectura

# *Historia de una escalera*
## Antonio Buero Vallejo

### PRESENTACIÓN

#### La obra: género y ambientación

*Historia de una escalera* se estrenó en el Teatro Español de Madrid el 14 de octubre de 1949 y alcanzó casi doscientas representaciones consecutivas con un gran éxito de crítica y de público.

En el momento de su estreno, el panorama teatral estaba dominado por un teatro de evasión sustentado en una comedia elegante de tema burgués. El drama de Antonio Buero Vallejo rompe con ello e inaugura la corriente de teatro social y comprometido que se desarrollará ampliamente en la década siguiente.

La obra retrata a tres generaciones de familias que viven en el mismo modesto inmueble y pone en escena la realidad cotidiana de la primera mitad del siglo XX. Pero el cuadro costumbrista enseguida da paso a un drama existencial con un fuerte componente social, en el que se reflexiona amargamente sobre el sentimiento trágico de la vida y el paso inexorable del tiempo.

#### El autor

Antonio Buero Vallejo (Guadalajara, 1916 - Madrid, 2000) fue el principal renovador del teatro español de posguerra. La importancia de su obra se ha visto reconocida con múltiples premios y distinciones, entre ellos el Premio Cervantes y el Premio Nacional de las Letras. Asimismo, fue miembro de la Real Academia Española desde 1972 hasta su muerte.

Su juventud estuvo marcada por la Guerra Civil, que le obligó a interrumpir sus estudios de pintura en la Real Academia de Bellas Artes, y la dictadura franquista, que lo mantuvo encarcelado durante casi siete años por su apoyo a la causa republicana.

Su obra mezcla diversos elementos como el realismo con el simbolismo y la reflexión existencial con el compromiso social. Puede dividirse en tres etapas: el periodo de los dramas existenciales, inaugurado con *Historia de una escalera*; el de los dramas históricos, con obras como *Las Meninas* (1960) y *El sueño de la razón* (1969), y el de la crítica social explícita, en el que destaca *La Fundación* (1974).

#### El argumento

La acción muestra el día a día de una vecindad hacia 1919. Los padres afrontan la precariedad mientras sus hijos ven el futuro con esperanza. Pronto se descubren las relaciones personales entre cuatro de los vecinos más jóvenes (Carmina, Elvira, Fernando y Urbano), con diferentes situaciones económicas y actitudes ante la vida.

Diez años después la situación ha cambiado. Fernando y Elvira se han casado y tienen un hijo, pero su matrimonio es un fracaso por la falta de amor. Carmina pierde a su padre y Urbano le propone casarse con ella para que salga de la miseria.

Tras otros veinte años, los hijos adolescentes de ambas parejas, Fernando y Carmina, viven un amor prohibido por sus padres, que ven reflejados en ellos su propio fracaso y el recuerdo amargo de sus decisiones de juventud.

#### Los personajes

Este drama tiene un personaje colectivo: el vecindario. En él destacan figuras que representan varias clases sociales (la pequeña burguesía representada por el padre de Elvira, el proletariado por la figura de Urbano, la marginalidad por el personaje de Pepe, hermano de Carmina, etc.). No obstante, la trama principal de la obra confiere protagonismo a cuatro de los personajes:

- Carmina es una joven con valores positivos a la que el paso del tiempo y la pobreza frustrarán y debilitarán físicamente.
- A Elvira el dinero de su padre la convierte en una muchacha consentida. Conseguirá casarse con su amor, pero los años harán aflorar en ella constantes reproches y celos.
- Fernando es individualista e insolidario, con una mente pequeñoburguesa pese a su falta de dinero. Ascenderá socialmente al casarse con Elvira, pero a cambio del fracaso vital.
- Urbano es un obrero solidario, comprometido y trabajador. Logra casarse con la mujer a la que ama, pero sus anhelos de transformación social y felicidad personal no se cumplen.

## CLAVES DE LECTURA

### Contenido

*Historia de una escalera* es un drama realista en el que el conflicto dramático tiene una raíz social y existencial.

Al principio de la obra predomina el retrato costumbrista: conversaciones amables en el rellano, cuchicheos entre vecinas, muestras de amistad entre los jóvenes pese a las diferencias ideológicas, etc. Sin embargo, el conflicto empieza a aparecer en las críticas de algunos vecinos a Fernando por no trabajar y en la discusión entre este y Urbano sobre la solidaridad y el sindicalismo.

El paso del tiempo no hace sino agudizar el conflicto y hacerlo más existencial. Las esperanzas de los jóvenes de transformar la realidad (individual en el caso de Fernando, colectiva en el de Urbano) se van frustrando. Sus vidas no cambian, solo envejecen, como el rellano y la escalera. Se repiten situaciones, incluso frases ya dichas en el pasado, y la capacidad de eludir el enfrentamiento personal se va perdiendo debido a la creciente frustración y amargura.

Al final, ante la perspectiva de que la historia se repita encarnada en Carmina y Fernando, los hijos de los cuatro protagonistas, el conflicto estalla en una escena de violencia física y verbal entre las familias a la vista de todos los vecinos. Aun así, los dos jóvenes, como sus padres treinta años atrás, siguen alimentando la esperanza de un futuro mejor.

### Organización

La obra presenta una división tradicional en tres actos, que a su vez se dividen en escenas marcadas por los cambios de espacio y las entradas y salidas de personajes.

Los tres actos coinciden con una estructura interna de planteamiento, nudo y desenlace. En el primer acto se presentan el espacio y los personajes y se plantea el conflicto, el segundo acto muestra una progresión leve del conflicto y en el tercero se acelera su resolución con el enfrentamiento final, aunque el desenlace queda abierto en la última escena con el diálogo entre los dos adolescentes.

Esta estructura se combina con una concepción cíclica del tiempo. Aunque la trama avance, algunas situaciones se repiten y así, al mismo tiempo que el conflicto progresa y se resuelve, se consigue la impresión de que el tiempo pasa sin cambiar nada.

A esto contribuye la organización del tiempo interno de la acción, que es la suma del tiempo representado en cada acto y de las elipsis de diez y veinte años entre actos. El tiempo histórico de la obra se sitúa entre 1919 y 1949 aproximadamente (en el primer acto se habla de «tiempos que han pasado» y en el tercero se afirma que «es ya nuestra época», es decir, la del estreno de la obra).

El espacio de la representación es un lugar cerrado y fijo durante toda la obra: la escalera. Existen en él, sin embargo, diversas zonas: las puertas, el «casinillo» y los peldaños. El paso del tiempo se marca con pequeños detalles escenográficos. La calle y el interior de las viviendas son espacios no representados pero a los que se alude en el texto.

### Temas

El tema principal de la obra es el paso inexorable del tiempo, un tiempo cíclico que conduce a los personajes a la frustración y el fracaso. Es un tema existencial (el sentimiento trágico de la vida), pero con implicaciones sociales.

El carácter existencial de la obra se concreta en aspectos como el contraste entre la realidad vivida y la realidad soñada, la frustración de las esperanzas de juventud y el fracaso del amor. El aspecto social se materializa en la pobreza, las diferencias de clase, el inmovilismo de los personajes y el hundimiento de las expectativas de solidaridad (tras el que se encuentran tácitamente la Guerra Civil y la dictadura).

### Estilo

El lenguaje de los diálogos y las acotaciones sobre el espacio, el tiempo y los personajes están orientados a la representación; por este motivo ofrecen esencialmente información objetiva y expresan los rasgos individuales y la posición social de los personajes.

El autor se permite no obstante la inclusión de algunos elementos simbólicos y de su visión subjetiva, sobre todo en las largas acotaciones con las que se abren los actos y en las que se presenta y describe a los personajes.

## ACTIVIDADES

### Acto primero

**1** Señala el recurso que emplea el dramaturgo para ir presentando a quienes viven en el inmueble al principio de la obra.

**2** Analiza los siguientes aspectos del diálogo entre Urbano y Fernando:

- Resume el contenido de la conversación.
- Enuncia los temas sociales que van surgiendo en el diálogo. ¿Qué clase social representa cada uno de los personajes?
- Explica las distintas actitudes existenciales que adoptan ambos.
- Señala el tema que se introduce al final de la conversación. ¿Qué intereses se pueden intuir en torno a Carmina?
- Comenta los aspectos del lenguaje verbal y del lenguaje no verbal con los que se caracteriza a estos personajes.

**3** Analiza los rasgos de la personalidad de Fernando y Elvira a partir del diálogo que mantienen.

➤ ¿Se producen cambios en estos personajes a lo largo de los dos actos siguientes? Justifica tu respuesta.

**4** La conversación entre Carmina y Fernando que pone fin a este primer acto es clave para resaltar la estructura cíclica de la obra.

Responde.

- ¿Qué sentimientos expresa Fernando hacia Elvira en esa conversación? ¿Y Carmina hacia Urbano?
- ¿Cómo consigue Fernando convencer a Carmina de la autenticidad de sus sentimientos?
- ¿Por qué les asusta el derramamiento de la leche?

➤ Busca en Internet el cuento de la lechera y señala las semejanzas y diferencias con esta escena de *Historia de una escalera*. ¿Qué crees que simboliza la leche derramada?

### Acto segundo

**5** Explica el simbolismo de la acotación inicial sobre los personajes y resume la información que se ofrece de ellos.

➤ Anota algunos adjetivos valorativos y otras expresiones que pongan de manifiesto la subjetividad del autor.

**6** Elabora un relato de los hechos que suceden en el tiempo omitido entre los dos actos.

➤ Responde. ¿Cómo se dan a conocer estos acontecimientos?

**7** Explica a qué clase social representan Rosa y Pepe y expón, apoyándote en ejemplos, las características de su lenguaje.

**8** En la última escena (desde la entrada de Elvira y Fernando hasta el final), sale a la luz –aunque veladamente– el conflicto que se ha ido fraguando durante diez años.

Explica en qué consiste este conflicto.

➤ Anota los indicios del conflicto que se observan en el lenguaje no verbal de los personajes.

### Acto tercero

**9** Señala los cambios que se han producido en el inmueble.

➤ Explica el sentido que adquiere la siguiente cita:

> El casero ha pretendido, sin éxito, disfrazar su pobreza con algunos nuevos detalles concedidos despaciosamente a lo largo del tiempo.

**10** A partir de las reflexiones de Trini y Rosa, explica en qué consiste su fracaso vital.

**11** Repasa la penúltima escena de la obra, que comienza con el encuentro entre Urbano y Fernando y termina de manera violenta, y resuelve.

- Sitúa la escena dentro de la trama de la obra y resume el contenido de la conversación.
- Enuncia el tema principal y los subtemas.
- Señala los aspectos temporales y espaciales que afectan a la escena.
- Analiza los personajes que intervienen: rasgos principales, evolución, relaciones y procedimientos seguidos para su caracterización.
- Comenta con ejemplos el lenguaje de las acotaciones y de los diálogos.

**12** Explica el significado de la última escena, el diálogo entre Carmina y Fernando, y la relación que tiene este final abierto con la idea del tiempo cíclico.

## VALORACIÓN GLOBAL

- El estreno de *Historia de una escalera* trajo nuevos aires al teatro de posguerra al inaugurar una corriente de teatro comprometido con la introducción de temas sociales y existenciales en un momento en el que triunfaba la comedia de evasión dirigida a un público burgués. Algo similar sucedía en esos mismos años en la novela y la poesía.

  **Documéntate y destaca los aspectos de esta obra que resultan afines a la poesía y la narrativa de la época.**

- El drama sitúa sobre las tablas a un personaje colectivo que refleja la realidad social de un vecindario modesto durante la primera mitad del siglo XX. Pese a esto, para el desarrollo de la trama es necesario caracterizar a algunas de las figuras individuales de ese colectivo.

  **Elabora un esquema de los personajes con las principales características de cada uno y las relaciones que establecen entre ellos. Después explica la evolución psicológica que se produce en los cuatro personajes principales.**

- Aunque sin especificar los años, la acción se sitúa en un tiempo histórico concreto: entre 1919 y 1949. Ante la imposibilidad de representar todo ese tiempo en escena de manera verosímil, el autor recurre a extensas elipsis y a contar lo que sucede en estas a través de los diálogos.

  **Señala los procedimientos que se emplean para marcar el paso de los años y para dar a conocer los acontecimientos acaecidos en el tiempo que se omite.**

- Antonio Buero Vallejo toma elementos del sainete, un género teatral de carácter popular y costumbrista, para ambientar la trama en un contexto social adecuado a sus propósitos. A continuación introduce el tema existencial del paso implacable del tiempo y la reflexión sobre el sentido de la vida, que aportan el contenido trágico.

  **Explica el significado simbólico que tiene el espacio escénico en relación con los aspectos sociales y existenciales de la obra.**

- En esta obra, el aumento de la tensión dramática se apoya sobre todo en el lenguaje no verbal de los personajes, pues sus gestos y actitudes son indicios de lo que sucederá al final y expresan abiertamente frustración y amargura.

  **Extrae ejemplos de esta contribución del lenguaje no verbal al *crescendo* dramático.**

- La estructura clásica en tres actos, popularizada por Lope de Vega en el Siglo de Oro y vinculada a la organización interna de la trama en planteamiento, nudo y desenlace, le sirve a Antonio Buero Vallejo para hacer avanzar la acción. Sin embargo, la progresión dramática está marcada asimismo por una concepción cíclica del tiempo.

  **Señala las evocaciones, reiteraciones y paralelismos en los que se basa la estructura cíclica. ¿Se contradice esto con el hecho de que el conflicto evolucione desde el planteamiento hasta el desenlace?**

- El género dramático trasciende la condición de texto escrito y adquiere sentido completo cuando la obra es representada en un escenario. Por esta razón, aunque este texto no refleje una interacción con el público, la participación de este es imprescindible.

  **Reflexiona sobre la relevancia que adquiere el lector-espectador en la obra y explica por qué resulta imprescindible su participación.**

- *Historia de una escalera* es una obra fundamental en la historia de la literatura española porque introduce temas y ambientes hasta entonces ausentes de los teatros nacionales y combina formas dramáticas (el teatro popular y el drama existencial) que producen un resultado original de gran influencia en años posteriores.

  **Reflexiona y redacta una valoración personal de *Historia de una escalera* en la que expreses tu opinión sobre el sentido de esta obra, sus cualidades literarias y la importancia que tiene en el contexto histórico y literario de la época.**

**Dirección de arte:** José Crespo González.

**Proyecto gráfico:** Estudio Pep Carrió.
**Ilustración de portada:** Beatriz Costo.
**Ilustración:** Esther Gili.

**Jefa de proyecto:** Rosa Marín González.
**Coordinación de ilustración:** Carlos Aguilera Sevillano.
**Jefe de desarrollo de proyecto:** Javier Tejeda de la Calle.
**Desarrollo gráfico:** Raúl de Andrés González y Jorge Gómez Tovar.

**Dirección técnica:** Jorge Mira Fernández.

**Coordinación técnica:** Javier Pulido Martínez.
**Confección y montaje:** Victoria Lucas Díaz y Marisa Valbuena Rodríguez.
**Corrección:** José Antonio Valverde y Marta Rubio Aguilar.
**Documentación y selección fotográfica:** Marilé Rodrigálvarez Martín y Nieves Marinas Mateos.

**Fotografía:** A. Real; G. Aldana; J. Jaime; J. Lathion; J. Lucas; J. M.ª Escudero; J. V. Resino; Michele di Piccione; ORONOZ; S. Enríquez; X. S. Lobato; 123RF/Getty Images Sales Spain, xalanx, nito500, Svetlana Kutsin, fotogestoeber, luchschen, Sergii Koval, believeinme33, weedezign, aliasching, olegdudko; A. G. E. FOTOSTOCK/Science Photo Library, CSP_hemeroskopion, Hilary Jane Morgan, Carlos Nieto, See caption, BARRELLE, Salvador Álvaro Nebot, Bridgeman Images, Peter Holmes; ALBUM/STUDIO CANAL/WORKING TITLE FILMS, culture-images/fai, 2929 PRODUCTIONS, WARNER BROS., Lebrecht/Daniel González Acuña, akg-images, JET FILMS, PDS/ENIC, sfgp; COMSTOCK; CONTIFOTO/ SYGMA/METEO FRANCE; DEPOSITPHOTOS/Krakenimages; EFElafototeca.com/Mauricio Dueñas Castañeda, Shawn Thew/ EFE/Neswcom/lafototeca.com, Alberto Estévez/EFE/lafototeca.com, lafototeca.com/Luca Piergiovanni, lafototeca.com/ Juan M. Espinosa, lafototeca.com/Sergei Ilnitsky, lafototeca.com/Paco Torrente, lafototeca.com/Jorge Zapata, lafototeca. com/Rosa Veiga, Kai Försterling, lafototeca.com/Collection Christophel, lafototeca.com, Ricardo Suárez; GALLEGO & REY/ EL MUNDO; GARCÍA-PELAYO/JUANCHO; GETTY IMAGES SALES SPAIN/mixetto, gilaxia, osame, filo, , Javier Fernández Sánchez, Daniel Hernanz Ramos, Paper Boat Creative, davidgoldmanphoto, Roberto Westbrook, Photos.com Plus, Xurxo Lobato, hocus-focus, SOPA Images, Eloi Omella, Allevinatis, damircudic, Thinkstock, Peter Cade, Pablo Cuadra, LeoPatrizi, grapegeek, FatCamera, FabrikaCr, 944238186, spline_x, RapidEye, Marco Quintarelli/EyeEm, Ole Graf; GTRESONLINE/ SFGP; HIGHRES PRESS STOCK/AbleStock.com; I. PREYSLER; ISTOCKPHOTO/Getty Images Sales Spain; JOHN FOXX IMAGES; MUSEUM ICONOGRAFÍA/The Bridgeman Art Library; MUSEUM ICONOGRAFÍA/J. Martin; PHOTO RMN/Hervé Lewandowski; SHUTTERSTOCK/Wangkun Jia; STOCKBYTE; National Geographic; BackList; Siruela; Austral; Booket; BIBLIOTECA NACIONAL DE ESPAÑA/Laboratorio Biblioteca Nacional; BNF; Central Lechera Asturiana; COGERSA; COLECCIÓN GARCÍA PRIETO, MADRID; Edina Tokodi; FAD; FUNDACIÓN SANTILLANA; HEMEROTECA NACIONAL, MADRID; J. Gómez; LOQUELEO; Ministerio de Agricultura y Pesca. Alimentación y Medio Ambiente; Ministerio de Sanidad, Servicios Sociales e Igualdad/Fundación Josep Carreras; MUSÉE D'ORSAY, PARIS; MUSEO ESPAÑOL DE ARTE CONTEMPORÁNEO, MADRID; MUSEO NACIONAL CENTRO DE ARTE REINA SOFÍA; NASJONALGALLERIET, OSLO; NATIONAL GALLERY, LONDON; REAL ACADEMIA DE BELLAS ARTES DE SAN FERNANDO, MADRID; Ricado tomazoli/ Ashoka Brasil; SERIDEC PHOTOIMAGENES CD; UNITED NATIONS; VOZ NOTICIAS; ARCHIVO SANTILLANA.